·中西哲学比较与文明史研究丛书·

两种不同形态的哲学

中西哲学生存状态分析

俞宣孟　著

商务印书馆
The Commercial Press

商務印書館（上海）有限公司　出品
The Commercial Press (Shanghai) Co.Ltd

俞宣孟

浙江新昌人，1948年生于上海，1982年毕业于复旦大学哲学系，获硕士学位，同年进入上海社会科学院哲学所，历任助理研究员、副研究员、研究员。2003年5月任哲学所所务委员会主任并主持哲学所工作，2003年6月至2006年6月任哲学所党总支书记。主要从事外国哲学研究，兼及中西哲学的比较研究等。

著有《本体论研究》《现代西方的超越思考——海德格尔的哲学》，译有《结构人类学》《从非洲到禅——不同样式的哲学》《二十世纪哲学》等，参与主编《探根寻源——新一轮中西哲学比较研究论集》。代表性的论文有《Ontology与语言问题》《西方哲学中"是"的意义及其思想方式》《两种不同形态的形而上学》《马克思主义哲学与本体论研究》等。

总序：呼唤中国学术的原创时代

方松华

在这物欲横流、消费主义盛行的时代，在这人类文明经受考验的严峻时刻，仍然有不少中国的学者坚守象牙之塔，"究天人之际，通古今之变，成一家之言"。值此上海社会科学院哲学研究所建所60周年之际，我们开始推出《中西哲学比较与文明史研究丛书》，既是为了致敬哲学所创所60周年，缅怀李培南、冯契、周抗先生等前辈先贤，也是为了薪火相传，展现中青年一代学者的专业精神以及他们的天下意识和家国情怀。

上海社会科学院哲学研究所在中西哲学比较研究方向上起步较早，特别是在风起云涌、思想解放的20世纪80年代，哲学所发起召开了全国首届"东西文化比较研究学术讨论会"，不久集全所之力出版了《东西方哲学比较研究》等一批专著。新世纪以后又开始着力于新一轮中西哲学比较研究。中西哲学比较研究作为中国近现代哲学主题之一，旨在从中西哲学源流两个方面来探索哲学的元问题，这一难题引发了古今中西各种哲学思潮与流派的激烈论战。中西哲学比较研究大约肇始自16世纪，但是中国学者对中西哲学比较研究的自觉还是要到20世纪才产生：从中西文化与哲学的优劣比较，到依傍西方哲学概念谱写中国哲学史，再到20世纪三四十年代中国现代哲学进入蔚为壮观的创体系时代。一直到20和21世纪之交，中国哲学才真正告别模仿的时代，开始涉猎中西方哲学的开端、形态、要义乃至进一步追问"什么是哲学"这样的元哲学问题。经过一百多年来中外学者的共同努力，以西方传统哲学为主流的哲学观念正从其根基处开始有了历史性的突破。我们希望不失时机，进一步深入开展新一轮中西哲学比较研究，为这一人类哲学史上可能的重大变革做出贡献。

反思当代中国哲学的发展历程，我们不难看出，尽管 40 多年来中国经济的发展举世瞩目，但是当代中国的哲学并没有荣膺引领时代的先声。当代中国哲学不仅与先秦中国哲学的原创时期思潮蜂拥、学派纷呈的子学时代不可同日而语，就是与近代"五四"古今中西各种思想激荡、精神高昂的时期也相去甚远。如何结束"五四"以来对西方哲学的"依傍"，深刻反思中国现代哲学的创体系时期，进而告别模仿的时代，开启繁盛的中国原创的哲学新时代，这是当代中国哲学研究者的共同责任。

一、中国现代学术思想的缺失

当代中国经济发展所取得的巨大成就，在一定程度上改变了现有的全球发展观念，对各种西方理论和学说提出了巨大的挑战，为当代中国学术文化的发展提供了新的契机。学术思想重构特别是中国现代哲学如何出场即是中国现代学术的一大议题。

虽然近百年来各种学术思潮兴盛，但是大多匆匆而过，深度明显不够。这一方面是因为学术思想原创性不足，另一方面，在学术思想建树方面，始终没有很好地建立起中国的话语系统，更不用说"中国特色""中国风格""中国气派"的学术思想。究其原因，主要是近代中国哲学社会科学的学科体系大多是模仿或引进西方模式。就以哲学为例，"哲学"这一学科从名称到范畴再到体系，无不烙有西方哲学模式和方法的印记，所谓中国哲学合法性的讨论即是由此而起。诸多现代中国哲学家曾经非常努力地试图构建中国现代哲学新体系，可惜大多没有成功，其原因也是在于没有致力于确立中国现代的学术思想。历史上，佛学自东汉传入中国后，经过数个朝代，才使中国化的佛学从创建到成熟；要使我们这个没有断裂的古老的文明雄风再起，当务之急，仍然是一方面要真正吸收、融合西学，另一方面则要更多地关注我们的生活世界，因为它是精神世界和中国现代学术的源泉。

二、中国当代学术流派的空白

20世纪上半叶，中国社会经历了各种学术思潮的洗礼：进化论思潮、实用主义思潮、唯意志论思潮、科学主义思潮、自由主义思潮、无政府主义思潮、社会主义思潮、民族主义思潮、文化保守主义思潮、文化激进主义思潮、现代新儒学思潮、新左派思潮、新自由主义思潮，等等。而上述诸种文化与社会思潮，如果以学术思潮归纳之，则可以归结为西学思潮、现代新儒学思潮、马克思主义中国化这三种学术思潮或学术方向。这种学术思潮的多元化原本应该带来当代中国学术与思想流派的繁荣，遗憾的是，我们很少看到当代中国学术与思想流派的告示。

当代中国学术特别是哲学的原创性研究不能只是注重于学科建设、课题申报、研究方法乃至话语体系的建构与创新，留下的却是整个学术流派的空白。这是我们以往在中国学术创新中最值得反思的问题。一个时代的学术思想的兴盛既要有诸多学派的涌现，也依赖于学者原创能力的展示，以及学术环境的宽松。如果说，时代生活的苦难往往是学术发展的良好契机，那么我们有理由期盼着中国现代思想学派的崛起和文化学术的繁荣。

三、中国学术原创能力的匮乏

当代中国学术的另一个大的问题，是缺乏原创性。尽管近百年来产生了一些学术大家，也出现过创体系的时代，但是相比较于中国学术原创时期的那种思潮激荡、学派众多、哲人辈出的景象，当代中国学术的最大之"失"在于原创性思想的不足和学术大师的缺席。一百多年来，在中国的学术舞台上匆匆而过的至少有十余种比较著名的学术思潮和流派。然而，遗憾的是，它们并没有给我们留下多少有原创价值的思想与学说。在20世纪的三四十年代，中国现代哲学也曾经有过一个创体系的时代，但是深入的研究表明，那些融合中西方哲学的当代中国哲学家试图依据西方哲学的方法来构建当代中国哲学体系。因此，创体系的时代最终变成了模仿的时代。

当代中国学术特别是哲学原创性思想缺乏的原因大约有二。一是时代使然。中国文化与学术在春秋战国时代曾经经历了一个学术思潮激荡、人文精神高扬的伟大的原创时期，其时崛起的诸子百家遗存了中华学术与文化的不朽经典。然而，也许是先哲的思想过于精深，加上历代统治者的作用，使得具有原创性的思想不复再现。虽然也有宋明几代大儒的涌现，但是和先秦诸子相比，毕竟诠释远远大于原创。宋明如此，清代更是注释的时代。这种局面，直到清末民初传统儒学的价值和意义被普遍怀疑、西学蜂拥而入之时才得以改变。

当代中国学术原创性缺乏的第二个原因是职业的分工。由于近代知识的分工，学术越来越成为一种"训练有素"的专业，职业哲学家或思想家虽然有时也具有超越性，却缺乏将哲学视为生活理想的那种时代精神和使命感。正缘于此，孔子和苏格拉底的传人似乎绝迹已久。学术如果同技术一样成为专门的职业，那么，学者的学问与人类文明发展和他的人生将无干系，这正如黑格尔所说：世界精神太忙碌于现实，太驰骛于外界，而不遑回到内心，转回自身，以徜徉自怡于自己原有的家园中。当然，中国现代学术史上也有一些为学术而学术的大师，虽然寥若晨星，却是各个时代学术文化薪火相传的象征。

四、反思中国学术的原创精神

中国的未来呼唤着当代中国学术的原创，而当代中国哲学社会科学本身的发展潮流也提出了自主创新的强烈要求。中国学术的传统分类，是目录学上按照部类结集形式之不同所做出的区分，主要有"经""史""子""集"，包括了文史哲和农医百科等内容。直到晚清时代，中国并没有形成独立的哲学社会科学与人文学科的学科体系与门类，自然科学和逻辑学也相对比较薄弱，连"哲学"这个名称也是通过日本学者转译至中国，意指传统的儒家思想。西方的学科分类是根据研究内容及对象性质不同而进行的分类，它大致分为哲学、自然科学（物理、化学、生物等）、社会科学（经济学、统计学等）与人文学科（文学、史学等）等，由此构成西方现代学术系统。与传统的哲学、自然科学和人文学科相比较，西方社会科学体系的初步建立大概始于19世纪中叶，西方学术界在自然科学突飞猛进之巨大成绩的影响下，开始探索将自然科学的研究方法移植到对人和社会的研究之中，进而使人们能够像控制自然那样规划并控制人类社会。经济学与统计学便是在这种设想的驱动下产生的，它们的产生乃是现代社会科学诞生的标志。

在此后的大约一百年间，人们界定了一系列的学科，这些学科共同构成了被命名为"社会科学"的诸学科体系而与传统的有着悠久历史的自然科学和人文学科成为三足鼎立之势。所谓西学就是指以上的学术系统。

近代中国西方现代学术体系的引进和建立大约是19世纪中叶以后开始的。鸦片战争以后，西方人开始大量进入中国，并以各种媒介带来西方的新知识。而由于经历了鸦片战争之后的多次失败，清朝政府从19世纪60年代开始推行洋务运动，希望学习西方的科学技术、近代工业和军事装备。虽然他们采取的是"中学为体，西学为用"的方法来学习西学，而且过度拘泥于器物的层面，但是毕竟对古老的帝国而言是一种新的姿态，同时也客观上导致了西方现代学术体系进入中国。

"五四"以后，1925年清华国学研究院的设立与1928年中央研究院的成立乃是中国近现代学术发展的两个里程碑。清华国学研究院成立的旨趣，是要研究高深学术、培养通才硕学。此后，中国现代学术的发展如日中天，新的学术规范开始形成，基本学科以及经典著作不断面世，一批大师级的学者业已崛起。而在抗日战争时期，时代生活异常艰难，却激发了知识分子的研究热情，20世纪三四十年代的中国迎来了一个崭新的哲学社会科学创体系时代。

中华人民共和国成立70年来，我国哲学社会科学的发展经历了一个曲折的阶段，其中既有不凡的成就，也有沉痛的教训。目前，中国哲学社会科学已经形成了以马克思主义为指导、学科门类齐全、研究队伍庞大的科研和教学体系。中华人民共和国成立初期，哲学社会科学的学科建设和学科设置主要是以哲学、文学、语言学、历史学、考古学、经济学等学科为主。改革开放以后，根据世界哲学社会科学发展的潮流和当时中国发展的需要，建设起一批有较高理论水准和创新能力的基础学科、应用学科以及立足学术前沿的新兴学科和交叉学科。到目前为止，我国哲学社会科学的一级学科有 20 多种，二级学科已经达到了 400 多种。与之相应的是，新中国哲学社会科学涌现出了一批海内外知名的学术大家。他们树立起的学术风范，引领新中国哲学社会科学进入了一个新的阶段。但是，产生世界性影响的大师仍然缺乏。

毋庸讳言，尽管我们已经引进并建立起了相当完备的哲学社会科学体系，但是，相较于古代中国的学术原创时代，当代中国原创的哲学社会科学研究仍然薄弱。当今时代，我们太注重于学术的功用，在课题申报、学科建设、研究方法诸方面着力太多，而忽视了哲学社会科学传承人类文明的根本精神。

在春秋战国这一中国学术史上空前绝后、百家争鸣的大时代，各种思潮和学派蜂拥而起，这是中国学术的原创时代，也是后来诸多思潮和学派的原型。儒、道、墨、名、法、阴阳等诸子百家尽管学说不同，方法各异，但对天地宇宙、自然人生、人性善恶、治国方略等都有共同的研究讨论的兴趣，特别是某个学派共同的基本信念、基本观点和基本方法常常可以汇聚数千门客，从而形成该学派的传统，传承无数年代。先秦以后，中国学术历经两汉经学、魏晋玄学、隋唐佛学、宋代理学、明代心学，一直到清代朴学的诞生（在西方学术史上则有蒙昧的时代、信仰的时代、启蒙的时代、理性的时代和分析的时代）。当近代欧洲工业革命如日中天、科学发展一日千里之际，清代学者却只知在古籍中寻章摘句，考证校勘。这种从文本到文本的研究，并不是什么实证主义的萌芽，更不是现代科学精神的发端。难怪对清代朴学褒奖有嘉的胡适也认为：这三百年的古学研究"范围太狭，学者的聪明才力，被几部经书笼罩了。况且在这个狭小的范围里，还有许多更狭小的门户界限"。清代朴学衰落的一个重要原因在于其创造力的丧失，大量的注经活动尽管使得清代学术日益精微，但由于清代学者"太注重功力而忽略理解。学问的进步，一是材料的积聚与剖解，一是材料的组织与贯通。前者靠精勤的功力，后者全靠综合的理解"。所以胡适感叹：这三百年中，几乎只有经师而无思想家，只有校史者而无史家，只有校注而无著作。冯友兰说得很确切，他说："清朝人的思想只限于对宋明儒学作批评或修正。但他们的修正，都是使其更不近于高明。""清朝人很似汉朝人，他们也不喜欢作抽象的思维，也只想而不思。他们喜欢'汉学'，并不是偶然的。中国哲学的精神的进展，在汉朝受了一次逆转，在清朝又受了一次逆转。"现代新儒学大家方东美说得更为尖锐，他断言："中国哲学到清初已经死了。""所有创造性的思想停止了，到今天三百多年，哲学已经死了三个世纪。"方东美先生的评语虽然有些夸张，却道出了中国传统学术在近代日渐式微，并丧失其生命活力的实情。中国近代学术创造力衰败的根源在于清政府政治上的专权、文化上的闭锁，以及科举制度、文字狱等各种原因。"本来明代的学术，已经有了走向科技走向民间的趋向，与西方也开始了交流，发展下去完全可能以自己的方式走向现代。但明清易代，生产力落后的民族建立了对全国的统治，加上满汉之间的文化冲突，开放的思想被严酷的政治体制窒息了。乾嘉学术在这个意义上是一种不得已的形态。直到清朝末年，欧风美雨狂袭而至，学术思想才不得不因应以变。"

虽然如此，民国以后所引进并建立起来的哲学社会科学体系实质上是对西方诸学科的模仿，直到今天我们仍然能够听到对其西方文化侵略本质的质疑。但是，我们还是应该感恩于西方哲学社会科学进入中国，它不仅给我们带来了西方的先进文明、思想、学术和理念，还有改变中国命运的马克思主义。只是当代中国发展的生动实践，亟须我们以创新的哲学社会科学来总结与解读，这无疑要求我们尽快告别模仿的时代，以开启当代中国学术的原创时代。

五、呼唤中国学术的原创时代

改革开放以来，中国走出了一条独具特色的发展道路，积累了宝贵的发展经验，为理论创新和学术进步提供了举世罕见的广阔天地和时代场域。

我们生逢一个大的时代，有幸见证了中华民族的百年复兴之路。马克思说："理论在一个国家实现的程度，总是决定于理论满足于这个国家的需要的程度。"当代中国的伟大实践呼唤中国当代学术的原创，这实质上要求我们去揭示和切入当代中国的社会现实。一方面，中国经验、中国道路亟待我们总结；另一方面，中国问题、中国发展需要我们引领。我们哲学社会科学工作者肩负着如此重大的历史使命。为了完成这个重大的历史使命，我们首先要做的无疑是开启思想。帕斯卡尔在《思想录》中说："人只不过是一根苇草，是自然界最脆弱的东西；但他是一根能思想的苇草。用不着整个宇宙都拿起武器来才能毁灭他；一口气、一滴水就足以致他死命了。然而，纵使宇宙毁灭了他，人却仍然要比致他于死命的东西更高贵得多；因为他知道自己要死亡，以及宇宙对他所具有的优势，而宇宙对此却是一无所知。因而，我们全部的尊严就在于思想。"陈寅恪在《王国维墓志铭》中也曾写道："思想而不自由，毋宁死耳。……先生之著述，或有时而不章。先生之学说，或有时而可商。惟此独立之精神，自由之思想，历千万祀，与天壤而同久，共三光而永光。"改革开放以来，思想解放运动曾经风靡一时。但是，学术独立与思想自由在当代中国一直付之阙如，而学科体系建设、重大课题设计、学术方法创新等固然重要，但是比之于前者则无疑是末与本之关系。

其次，告别模仿的时代，呼唤中国学术原创时代的到来。中国当代伟大的实践为我们开启了一扇崭新的历史之门，使我们在成就自己的时候也同时在创造着历史。这是当代中国学术原创时代的根基所在。学者选择自己的职业，并不单纯是基于谋生的考量，更是有着更宏大、更高远的精神指向。知识分子作为社会的良心，除了献身于专业工作以外，同时还应该推进人类的文明进步与具有深切的家国情怀，这也是哲学研究者所面临的职业、事业和人生的艰难抉择。

目　录

目 录

前　言

　　这部稿子是十几年前，我在从事行政工作的几年里，断断续续写下的。之前，我写成了《本体论研究》一书，通过对本体论的研究，我对西方哲学的核心内容及其特征有了比较明确的理解，这就进一步为中西哲学比较研究提供了与以往不同的视角。我把中西哲学概括为两种不同形态的哲学，把它写下来，主要是为了自己搞清一些问题，并没有想到要发表。现在，上海社科院哲学研究所重新把中西哲学的比较研究作为一个重点项目确定下来，所长方松华先生把拙稿纳入计划，并谋划了它的出版，我很感谢。

　　趁此机会，我重新读一遍旧稿，毕竟十几年过去了，自己觉得有诸多不满意处。之所以不满意，一是因为，通过后来的阅读思考，有了一些新的想法未及表达，二来，也是深深觉察到自己有难以突破的局限。不过我相信，哲学这个观念在我们时代正在发生变化，而从事中西哲学的比较研究正是对这一变革的参与。如果我的这个信念成立，那么，总会有人把这项研究深入下去，为此，我愿意把自己那些想法提供出来，供研究者参考。

　　在此，也谢谢商务印书馆的编辑为此书出版付出的辛劳。

俞宣孟
2021 年 6 月 24 日

导　言

　　本书拟对中西两种哲学做一比较研究。这是一个老课题了，自从西方哲学流传进中国那日起，中国学者就开始在比较中了解哲学、建设哲学。我们根据自己的文化背景去理解西方哲学，又根据对西方哲学的理解建构中国哲学史。在开始的时候，这样做是可以想见的，因为我们本来并不知道哲学是什么，甚至也没有"哲学"这个词。那么，我们如今对哲学理解得怎样了？以前的比较研究取得了哪些成果？新一轮中西哲学的比较研究有什么特色？怎样开展新一轮中西哲学的比较研究？正当新一轮中西哲学比较研究兴起之时，有人提出了中国哲学合法性的问题，这又是怎么回事呢？

　　中国有自己的哲学和哲学发展的历史，这是一个不容否认的事实。但是，中国哲学是与西方哲学形态有别的哲学。关于这一点，人们虽不是没有觉察，却也说得不很明白，不理直气壮。究其原因，是由于受到西方哲学观念的钳制。这也不奇怪，因为中国古代虽有哲学，却无"哲学"这个名称，要根据"哲学"这个名称整理中国学术，开始时总难免借用西方哲学的观念。还有一个原因也迫使我们不得不接受西方哲学的观念，这就是，近代以来我们引进了由各学科组成的西方文化的整个知识体系，而这个体系是按照普遍与特殊的关系划分的。这种划分方法首先产生于哲学中，哲学本身也受到这个方法的约束，它是高踞于各门学科之上的普遍知识或第一原理。这后一个原因更隐蔽，然而也更强大：既然我们接受了由各门学科组成的近代西方的整个知识体系，我们就没有理由不接受作为高踞于各门特殊学科之上的普遍性知识的哲学。然而，问题在于，按照西方哲学的观念和框架整理出来的中国哲学史，总让人有疏离感，甚至有削足适履之嫌。例如，说近代中国受西方文化影响以后最显著的变化是走向了实证主义，如果只从表面看，中国晚清以来开始引进西方分门别类的学科，尤其注重对自然科学的学习，这也许是对的；但是，深入了解就会发现，实证主义有它自己特定的背景，它是从反对形而上学纯粹思辨的方法中发展出来的，中国传统文化中并没有这样的背景，那么，把中国清代的考据之学说成是实证主义一类的思潮就是不妥当的。又如，把宋明理学纳入普遍和特殊的范畴去观察，甚至把朱熹比为中国历史上最大的本体论哲学家，这样就把他们改造成了思辨哲学家，与他们的实际情况显然是不相符的。

近来，随着对西方哲学的深入了解，人们逐渐认识到，中国哲学与西方哲学是两种不同类型的哲学，中国哲学史的写作根本不能依傍西方哲学。对这个问题突破的契机在于对西方哲学 ontology 的深入了解。在西方哲学中，ontology 是核心，它向来被认为是第一原理或纯粹哲学，甚至也被认为是哲学之为哲学的最高标志。过去对 ontology 流行的中文译名是"本体论"，这个译名很容易使人想到中国古代哲学中有关"体用"的学说。事实上，体用学说和 ontology 根本不是一回事。中国哲学的"体"是载体，在不同的哲学家那里，它或者是道，或者是气，或者是心，"用"说的是这些载体的作用。西方哲学的 ontology 是哲学的原理体系，它或者被认为是关于世界的普遍真理，或者被认为是理性的能力，或者，如黑格尔所认为的，是统摄着主观和客观的绝对精神。不论它指的是什么，ontology 最显著的特点在于，它是以纯粹概念的逻辑推论表达的范畴体系。中国古代根本不存在这种形态的哲学。看到这个结论，以西方哲学为依归的人自然就要为中国哲学的合法性而"焦虑"了。但是，我们是不是可以问一下，虽然哲学源于希腊、长于西方，在全世界的范围内看，哲学是否局限于一种形态呢？

中国哲学显然是一种形态上不同于西方哲学的哲学，它同中华民族的身家性命是息息相关的。天地间孕育出了人，但人类并非生来就知道怎样生活，各方的人都须经历天灾人祸、内忧外患，只有生存得法者才能存活下来。自然界物种的灭绝在人类中是同样上演的，许多种族、部落早就消失在我们的视野之外。中华民族历经磨难依然生存至今，在意识到落后的情况下又能奋起直追，即所谓"周虽旧邦，其命维新"，这背后必有一种成功的指导性精神，其中包含着对世界和人生的认识，即使按西方知识体系的分类，它不属于哲学又能是什么呢？有人把它说成思想，似乎也无可厚非。但是，思想有政治思想、教育思想、伦理思想、军事思想、科学思想等等，哲学思想毕竟与上述这些思想有区别。况且，"思想"这个词应用得很广，从回忆、想象、描述、虚构、判断、推论到运用纯粹概念的思辨，都可以叫思想。如果像黑格尔那样把思想严格限定为纯粹概念的逻辑运动，那么，中国人就没有思想。中文用来翻译 philosophy 的"哲学"的"哲"有"聪明、智慧"的意思，与 philosophy 原有的"爱智"的意思契合。所以，"哲学"这个词还是我们今后讨论这类问题的一个适当的名称。

以上这些话涉及中西哲学比较研究的意义。如果哲学是同人类的生命息息相关的，它反映着各个时代人们的生存智慧，是各地人类对自身生存方式的反思，那么，不同哲学的比较说到底，是人类不同生存方式的比较。中西哲学的比较研究当前尤其值得学界重视，这不仅是因为我们的时代出现了前所未有的文化大照面、大交流，人类需要相互了解，更重要的是，我们的生存方式正处在一个激烈变动的时期，在这种形势下，缺乏生存的自觉性是真正可怕的。于是，人们需要不断追溯历史，检索我们走过的每一步的动机，回到人类创造生活的原始初衷，直至生命本身的基本要求，以便构成适当的信念，在接受现实生活的挑战中，信心百倍地创造和建设自己的生活。过去，人生是生活在各地的人们自己的事务，有迹象表明，现在的人生越来越是全体人类共同的事务。

现今的中西哲学比较研究与以往的研究不同。以往所做的工作大抵是指出中国古代典籍中某些内容与西方哲学中相关部分的同异，以证明中国哲学有"本体论"、认识论、伦理学、美学，甚至也有逻辑学，等等。也有一些涉及哲学形态的比较，如：认为西方哲学是分析的，中国哲学是综合的；西方哲学是二元的，中国哲学是整体的；等等。还有一些是个别哲学家之间某些观点的比较。这些研究是必不可少的，它唤起了人们对中西哲学比较研究的兴趣，使我们逐步加深了对中西哲学的了解。然而，过去所做的比较研究，都没有追问哲学究竟是什么？这意味着人们在进行中西哲学比较研究时，是把西方哲学当作准则的。结果，中国哲学的真正面貌遭到了肢解。现在，由于我们感觉到中国哲学与西方哲学有形态的区别，不能以西方哲学为准则，这就提出了哲学是什么的问题，甚至还提出了中西哲学能否进行比较的问题。①

事实上，哲学是什么的问题也是现代西方哲学的主要课题。自从马克思主义经典作家在一百多年前提出哲学的终结以来，不断有人重提哲学是什么的问题。其主要原因是，形而上学纯粹思辨的性质使哲学与实际世界相隔离，面对现代社会中的许多人生切要问题，哲学不仅显得无能为力，而且麻木不仁。对形而上学的批判不仅来自承袭经验主义传统的现代分析哲学，也来自源于思辨哲学故乡的存在主义，批判形而上学更是形形色色的后现代主义思潮高举的一面旗帜。形而上学是西方传统哲学的灵魂，清除了形而上学，哲学还能是什么呢？这就重新提出了哲学是什么的问题。哲学起源于古希腊，至今已有两千多年的历史，哲学史上出现过许多影响人类思想的哲学家，他们基本上都是按照柏拉图、亚里士多德指出的方向进行哲学活动的；在马克思主义经典作家之前，没有人说过传统哲学要终结，也没有人想要重提哲学是什么的问题，甚至包括黑格尔、康德这样的大哲学家。考虑到这个背景，当今时代的西方哲学界重提哲学是什么的问题，实在是一个意义重大的事件。这让人感觉到，我们正处在一个哲学观念变更的重大历史时期。在这样的形势下，中西哲学的比较研究尤其显得

① 参见倪培民：《探视比较哲学的疆域》，载《学术月刊》2006年第6期。该文透露，在美国，多数搞哲学的人认为中西哲学的比较研究是没有意义的。如果中国哲学是哲学，那么就直接谈论哲学问题，如果不是哲学，也不可能做什么比较。

意义重大。它绝不是仅仅为中国哲学的合法性做辩护的论战，也不是仅仅为了辨明中国哲学的特征、张扬中华民族文明的举措，而是有关哲学观念更新和未来哲学发展的伟大事业。

　　一方面，将来的哲学一定是在各种不同形态哲学的比较中得到发展的，这一点是可以断言的。过去唐玄奘到印度学习、交流佛学，花费在来回旅程中的时间就有数年之久，现在则可以做到坐在家里就能知道世界各地正在发生的情况。哲学的交流、比较已成不可避免之势。另一方面，西方哲学家在批判传统形而上学的同时，也需要有正面的建树，这需要突破传统哲学的眼界，中国哲学就是他们可以参考的重要资源。大家知道，海德格尔是现代西方一位富于创造的哲学大家，他在批判传统西方哲学的同时，表述了许多新的哲学思想，使西方人耳目一新。有证据表明，他研读过中国哲学。[①] 近来，法国哲学家于连提出，西方哲学要想创新，必须回到希腊哲学这一源头。然而，只有知道了某种异质的哲学的可能，才有可能从这个源头发展出不同于流传至今的哲学的哲学，于是他想到了寻找不同于西方哲学的异质哲学。他认为，能作为异质哲学的榜样必须符合三个条件：1. 它不属于希腊源流的哲学；2. 在历史上也没有与西方文化相互感染过；3. 有自己的文化典籍。[②] 算下来，能完全符合这三个条件的就只有中国哲学了。因为犹太和阿拉伯文化在历史上曾与西方文化相互影响，印度虽然不属于希腊文化源流，但它的语言属于印欧语系。出于这个目的，于连向西方人大量介绍中国哲学。他到中国来留过学，又不以为西方传统哲学是哲学唯一的样式，因此他看中国哲学的角度自然就宽广一些，中国哲学的特征揭示得比较鲜明，其价值也揭示得比较充分。他的工作正引起越

---

① 　莱因哈德·梅依（Reinhard May）在 1989 年出版了德文版的《东方的启示：东亚对海德格尔著作的影响》（*Ex oriente lux: Heideggers Werk unter ostasiatischem Einfluss*）。后来，格雷厄姆·帕克斯（Graham Parkes）将此书译成英文出版，并做了增补，更书名为《海德格尔的幕后资源——东亚对他的著作的影响》（*Heidegger's Hidden Source: East-Asian Influences on his Work*, Routledge, 1996）该书不仅分析了海德格尔一些重要观点的东亚起源，而且还追踪了海德格尔与东亚学者交往的事实，其中包括中国学者。

② 　参见杜小真：《远去与归来——希腊与中国哲学的对话》，中国人民大学出版社，2004 年，第 4—5 页。

来越多的关注。而像德里达这样的后现代主义者对传统哲学的批判虽然激烈，但是，由于缺少西方哲学之外的一种哲学的视野，他没有能够越出西方哲学的框架，以至于陷入相对主义的泥沼不能自拔。

过去一百年里，中国哲学一直是在比较中发展的，这一点是没有疑问的。问题在于，对西方哲学的过于依傍，使得中国哲学的形态走了样。大致来说，西方哲学是以追求普遍知识为目标的。而中国哲学，如果照其本来的面目来说，应当是求为圣贤之学；现在被列为中国古代哲学家的那些人，在过去大多是被称为圣人的；即使现在人们对"圣人"这个称呼不以为然，但是，不可否认，他们曾经是各个历史时期指引中华民族生存方式的楷模。当然，现在生存环境变了，生存方式自然也在发生变化，悉数照搬圣贤之学难以为继，革新求存是势所必至。但是究竟怎样革新呢？首先要记住的是，革新的根本目的是求得中华民族的生存，而生存总是自己的生存，因此革新总是站在自己的生存环境条件中的革新。这意味着，传统是不能完全丢弃的，也是丢不掉的。因为传统不仅是一个民族自我认同的标识，而且更为重要的是，传统一旦形成，就成了本民族生存条件的一部分。今后哲学的发展，只能是立足传统，会通中西。

不过，说起来容易，做起来难。什么叫会通？我们平常见某人学贯中西，纵横捭阖，可以与西方人谈柏拉图、康德，与中国人论儒、道、佛，然而，这是分别谈论两种学问，并不是我们所期待的会通。这里所谓的会通应当是一种学问，这种学问应当能够容纳中西两种哲学，对中西哲学之为哲学做同一种理由的解释，从而使人明白有各种可能的从事哲学活动的途径。这很容易使人想到普遍和特殊的关系，把中国哲学和西方哲学看作两种特殊的哲学，在一种普遍哲学中实现中西哲学的会通。时下有人就表达过这种主张，这与我所认识的会通有很大的距离。探求所谓普遍哲学的思路已经落在西方哲学的框架内了。现在我们很轻松、熟练地运用"普遍""特殊"这两个概念，已经忘记了柏拉图为了把人们的思想引导到追求普遍的东西上，曾是如何艰难。可以毫不夸张地说，正是对普遍知识的追求，对于西方哲学形态的形成起了决定性的作用。西方哲学把自己定位为最普遍的知识，它使用的是绝对普遍的概念，从柏拉图的理念论，到康德的纯粹理性范畴体系、黑格尔的绝对精神，都是这种最普遍知识的体现。尤其是黑格尔的《逻辑学》，从形式和内容上看都不能有比它更普遍的了，因而西方哲学在他这里达到了终结。试图在西方哲学和中国哲学之上再寻找普遍的哲学是不可能的。

在中西哲学比较研究的方法问题上，还有一种意见，主张采取宽容的态度，让各种方法都能够得到尝试。① 一般来说，这种意见是对的。然而，当具体着手进行比较时，总要运用一种方法，而不是仅仅停留在宽容态度上。再说，宽容也有一个限度，当对方蛮横地以自己的方法为唯一的方法，并且排斥其他方法的时候，难道不应当也把方法问题拿来辩一下吗？比较的结论总是联系着比较的方法，由于方法问题的重要性，本书的前四章主要讨论方法问题，在检讨前辈所运用的方法的基础上，提出我自己的生存状态分析法。

我的方法的基础是马克思主义的唯物史观，它对于中西哲学的比较研究具有极为重要的指导意义。它告诉我们，一切思想、观念和理论都是人们生存活动的产物；甚至看似不以人们的意志为转移的（客观）"实在"，其实也联系着人的一种生存方式。② 马克思的这一提示把我们的眼光从哲学的文本转向了产生文本的活动方式：为什么中华民族和西方民族会产生出不同的哲学文本呢？不同的哲学文本记载着他们各自关注的问题和关注这些问题的方式。这种关注不是别的，正是人们自己从事哲学活动的方式。中西哲学的比较研究所要比较的是中国人和西方人各自从事哲学的活

---

① 参见倪培民：《探视比较哲学的疆域》。

② 马克思对唯物史观有多处表述，这里特别提出他的《关于费尔巴哈的提纲》的第一条。马克思说："从前的一切唯物主义（包括费尔巴哈的唯物主义）的主要缺点是：对对象、现实、感性，只是从客体的或者直观的形式去理解，而不是把它们当作感性的人的活动，当作实践去理解，不是从主体方面去理解。"（《马克思恩格斯选集》第1卷，人民出版社，1995年，第54页）文中的"现实"一词在1935年苏联出版的英文本中作 reality，"reality"这个词在日常的使用中虽然也有"现实"的意思，但是，在哲学中应严格地被翻译为"实在"。现实和实在的区别就是现象和本质的区别。澄清这一点导致对引文中这句话的一种理解：即使作为客观本质的实在，也不是与人无关的东西，而是与人的感性活动、与实践、与主体相关的。

动方式。

　　对哲学活动方式的考察是比对哲学文本的考察更深的追问。寻常我们把对事物的深入追问叫作对它的本质的追问。"本质"是西方哲学的术语，无论是唯物主义还是唯心主义，都把它当作相对于现象而言的东西，是感觉不能直接把握而只能通过概念在思想上加以理解的东西。严格来说，西方哲学就是本质的哲学（后现代主义反叛传统哲学的口号之一就是反本质主义），如果我们追问哲学的本质，就已经落在西方哲学的框架内了。在不使用西方哲学术语的情况下，我们对问题做深入追问时常用的说法是，不仅要知其然，还要知其所以然。这"所以然"追问的是事物的来龙去脉，就是它产生的过程和情况。追问"所以然"的思路不是追问"本质"，而是要追问"根源"。对于根源的追问包含着一个前提，即，它不先为哲学下定义，而是承认存在着中西两种不同形态的哲学，从事实出发，去追问它们的所以然。现代哲学的发展已经揭示出，即使看似不以人的意志为转移的逻辑推论，也伴随着人的一种特定的操作逻辑运算的意识状态。这种意识状态和中国哲学得道的境界是异质的。揭示从事哲学的意识活动的状态，可以说明产生不同哲学文本的原因：人们可能以这种方式或那种方式从事哲学活动，从而产生出这种或那种形态的哲学。

　　然而问题并没有到此结束。我们还要追问，为什么中西哲学反映出人们可以以不同的方式从事哲学活动？这是人们任意选择的还是有所限制的？这把问题进一步引向人的生存结构问题。生存结构并不是什么复杂的东西，而就是人生在世这个基本事实，或一元的现象。对这个现象的理解可深可浅。从哲学的角度看，它可以分为人和世界两个方面，一切生存活动无非都是在这个结构中展开的。做反思时，人可以把眼光专注于自身介入其中的世界方面，也可以专注于介入世界时自身的状态，还可以把人生在世的整个现象收入眼底，于是就产生具有不同问题和方法的哲学。本书观察问题的基本出发点是，凡是向人显现出来的东西，总伴随着人介入世界的一种对应的生存方式或状态；反过来，人不论采取何种方式投入生活，也总有相应的对象向他显示出来。在人和世界这互动的两端中，人有采取这种或那种生存方式的自由，然而这种自由不是无限制的，人生是在世中的人生，自由是维系在人生在世中的自由，打破了人生在世的结构，也就取消了自由，甚至造成生命现象的终止。

根据以上这个生存结构去分析，西方传统哲学大抵是对于这个结构的世界方面的反思，他们把这种反思称为心灵之眼的"看"，表达为概念的逻辑推论；虽然这个概念世界的出现是人自身所采取的一种生存方式的结果，但是，由于其所运用的逻辑方法的必然的性质，一旦加诸人自身，结果竟是以一种创造性的生存方式掩盖了人自身这个创造生存方式的源泉。只是在现代西方哲学中，这个创造的源泉才重新从哲学中被自觉到。中国哲学从一开始就意识到人生与世界是同出一源的变化着的共生现象，哲学关注人自身对生存方式和状态的不断调整，以便自觉应对各种变化，使生命在人生世界中得到充分的展开。与此相应，身心修养中的"悟"成为哲学意识的主要方式。世界上各不同民族都是按照人生在世这个结构展开自己的生存的，哲学则是对自身生存方式的反思，由于反思对这个结构的环节的关注不同，反思的方式也不同，于是就形成了不同形态的哲学。

对这一观点的支持需要通过对哲学文本做生存状态的分析。从中国哲学方面说，问题相对比较明了，人们一般会承认中国哲学作为人生哲学的性质，对生存状态的反思是中国哲学的主要内容。然而西方哲学一向标榜自己是关于客观世界的普遍知识，好像其中并没有反映出人的生存状态，我们是否也能以这个观点去解释它呢？为了说明这个问题，本书的重点是对西方哲学与客观性相关的形而上学做生存状态分析，试图说明，所谓客观性无非是人介入世界的一种方式，形而上学的超越是人自身超越的结果，并在这一分析中把隐没在西方哲学文本中的生存结构勾勒出来。然后再依据不同的生存方式及对它们的反思产生有关不同形态的哲学的观点，结合哲学的主题内容评说中西哲学各自的特征。

根据这样的思路，本书分两个部分：第一部分，回顾以往中西哲学比较研究的历程，提出新一轮中西哲学比较研究的观念和方法；第二部分，运用生存状态分析的方法对中西哲学各自的基本特征做一分析，主要是以人的生存状态的超越性质去解说作为哲学文本的形而上学的超越性质，从而揭示中西哲学是两种形态不同的哲学。本书所做的远不是中西哲学的全面比较，而只限于揭示中西哲学是两种不同形态的哲学。我希望这一工作能对一种全面的比较有所帮助，也希望这一工作为重新审视中国哲学史提供一个视角。

笔者深知这一任务的难度，自己在中西哲学方面的素养都没有达到能完成这一任务的条件。尤其是，我没有受过阅读中国古代典籍方面的系统训练。我之所以不自量力从事这项工作，是因为感到这个课题本身的重要，希望能以此激发起更多同事的关注。事实上，哲学界已经意识到新一轮中西哲学比较研究的重要性，他们的一些讨论使我的想法不断改变、不断掘进，许多问题还来不及深入思考。但是，一项研究总有期限，所以，尽管不成熟还是要亮相。

还有一点须说明。在评述中西哲学特征的时候，我的本意并不是对它们孰优孰劣做评断。从总体上说，中西民族的哲学都是对各自生存经验的总结，都是很辉煌的，那些观念起码指引不同地域的人们成功地生存至今。如果我在字里行间总流露出对中国哲学的偏好的话，那是因为，不仅在世界范围内，即使在现今的中国，西方哲学都居于强势的地位，这不免压制了其他非西方形态的哲学，而这归根结底又会影响人类生存方式的选择和生命意义的充分展现。这一点，事实上就是在西方也已经有不少学者感觉到了。所以，我对于某些几乎被认为是天经地义的西方哲学观念做了解构（这个词是从解构主义那里学来的），为的是打破西方哲学一家独尊的局面。此外，中国哲学虽然没有发展出像西方哲学那样的概念推论的思想技巧，但是它教人"寂然不动，感而遂通"，注意看守生命的源头，保持敏锐的应变能力，以接应人生在世的种种挑战。

第一部分

比较哲学的意义及其方法

第一章　当前中西哲学比较研究的起点

　　自从西方哲学传入中国以后，哲学就是在比较中发展的，它贯穿在三个方面：中国学者对西方哲学的了解和研究，中国哲学史的写作、当代中国哲学的建设，以及专门的比较研究的开展。本书第一章先回顾中国学者对西方哲学的了解过程。对西方哲学的了解，是开展中西哲学比较研究的基础或前提。正是对西方哲学的进一步了解，使中西哲学的比较研究产生了新的话题，现在我们了解到什么地步了？它将怎样影响中西哲学比较研究的深入发展？这里重点分析近20年来中国学界研究西方哲学的新进展。

第一节　走近西方哲学

一　西方哲学初到中国

　　希腊哲学、印度佛学和中国儒学是产生在世界不同地方的三种古老的学说，迄今已有两千几百年的历史了。作为儒学之乡的中国很早就受到了佛学的浸染，乃至于中国倒成了保存佛学成就的一块净土。这期间，佛学和儒学相互影响，终于导致了具有中国特色的佛学以及吸收了佛学因素的新儒学的产生。现在，这二者都被当作中国传统文化的主要内容。从希腊哲学源头生发出来的西方哲学在很长时间里不为中国人所知，除了由于山重水长、缺乏交通之外，还因为西方历史进入罗马帝国统治时期以后，哲学本身一度失去了独立存在的地位，做了一千多年的基督教神学的附庸，只是在文艺复兴以后才苏醒过来，并且有了蓬勃的发展。大约也就是从16世纪末至17世纪初时起，有传教士把西方哲学介绍进中国。开始时，哲学混杂在神学中，如利玛窦用中文写了《天主实义》，该书于明万历三十一年（1603）获准出版。后来，有艾儒略的《西学凡》（1623）；高一志的《斐禄问答》（年份不详）；付汎际的《名理探》是与李之藻合作的（1631年杭州刻本），他们还合作翻译了亚里士多德的《宇宙学》，名《寰有诠》（明崇祯元年［1628］刻本）；毕方济的《灵言蠡勺》（1624）；等等。上列艾儒略的《西学凡》是当时欧洲大学的课程纲要，其中理科统称 philosophia［哲学］，中文音译为"斐禄所费亚"。其余尚有：1. 落日伽（Logica，逻辑学）；2. 费西伽（Physica，物理学）；3. 默达费西伽（Metaphysica，形而上学）；4. 玛得玛第伽（Mathematica，数学）；5. 厄第伽（Ethica，伦理学）。[①]有意思的是，当时所有这些学科名称都采用音译，说明中国传统文化中本来没有这样的学科分类，因而没有现成对应的名称。

中华民族对于世界上其他民族的新学问是很敏感的，如果当时介绍西方哲学的趋势得以保持，那么，我们今天对西方哲学的把握也许会更进一步。而事实上，由于康熙年间传教士的活动在中国受到禁止，通过传教士了解西方哲学的途径就中断了。要说传教活动在中国遭受禁止的原因，其中有耐人寻思的故事。天主教有一个严密的组织系统，教皇有至高的权威，直接指示在华传教士的活动。传教士们看到中国人崇拜祖先，崇拜孔圣人，与天主教教义相悖，于是就产生了两种态度。一些比

---

① 参见朱谦之：《中国哲学对欧洲的影响》，河北人民出版社，1999年，第110—112页。

较温和的传教士主张对中国文化习俗采取宽容的态度，传教也应入乡随俗；另一部分传教士则很严厉，他们觉得一边信教一边又崇拜祖先和孔圣人是难以接受的，认为中国的教民并非真正的天主教徒。用现在的话来说，这后一种传教士的信仰是更纯正的，立场是更坚定的。两种态度反映到了教廷，后者占了上风。教皇克莱门十一世于 1705 年和 1720 年两次派人向康熙传达教皇谕旨，"训示"清皇朝贯彻天主教教义。这种态度激怒了天朝大国帝王康熙，他最后批示："以后不必西洋人在中国行教，禁止可也，免得多事。"① 出现这样的结局，表面上看是因为当时教皇的傲慢态度触犯了清朝皇帝的尊严，激怒了康熙；从深层的社会原因方面去分析，则反映了两种不同文化初步接触时挟着各自的惯性而发生的冲撞，最终表现出来的竟是教皇克莱门十一世和康熙大帝个人间的交恶。

现在大家知道，将"philosophy"译为"哲学"的是日本学者西周（1829—1897）。不过，他开始曾试译为"希哲学""希贤学"，最后才确定为"哲学"。② 这一故事是颇值得注意的，它反映出具有汉文化背景的学者初始接触西方哲学时的理解，即"圣希天，贤希圣，士希贤"。这是当时理学家们认为的人生理想，也是最大的学问，想必是不能想象还有什么比这更大的学问，于是就做了这样的翻译。直接将"哲学"这个

---

①　朱谦之：《中国哲学对欧洲的影响》，第 126—131 页。

② 　现已退休的美国天主教大学教授柯雄文先生在《西方哲学对中国哲学史发展的影响》一文（载上海中西哲学与文化比较研究会编：《时代与思潮 7：20 世纪末的文化审视》，学林出版社，2000 年，第 173—199 页）的尾注（5）中披露："值得注意的是，在津田进藤于 1861 年出版的《新理论》的附录中，西周翻译'哲学'一词用的是'希贤学'或'希哲学'，意思是追求贤人之学，或追求哲人之学。这是解释性的翻译，因为西周显然借用了周敦颐《通书》（第十一章）中一段不长的话：圣人希天，贤人希圣，君子希贤。周敦颐的话被解释为希求贤哲之致知学。"在尾注（4）中又说及："我的研究生大桥胜明告诉我，西周是第一个使用'哲学'的学者，他在其《百一新论》（1874）中第一次用这个词来翻译希腊字 philosophia 和英文 philosophy。"柯雄文还指出，关于这方面的详细讨论，有钟少华的文章《清末中国人翻译哲学的探究》，载《中国文哲研究通讯》第 2 卷第 2 期。

译名引入中国的是晚清学者黄遵宪。[①] 如果我们把始于明清的传教士的著译算作西方哲学传入中国的序幕，那么，随着"哲学"这个译名的产生，正剧就揭开了，西方哲学就一浪高过一浪地向中国涌来。

1912 年，北京大学设立了哲学系，这是中国大学里的第一个哲学系。从此，哲学作为一门课程就在中国出现了。由于当时连大学这种教育形式都是从西方引进的，加上"哲学"这个名称来自西方，翻译介绍西方哲学就成了一项重要的任务。美国实用主义者杜威和英国经验主义者罗素的著作是当时的热门，这两人曾分别在 1919—1921 年间和 1920—1921 年间访问中国。从 20 世纪 20 年代起，他们的著作就捷足先登，不仅数量多，而且速度快，有的中译本几乎和英文原著同步出现。现在还可以查到的民国时期翻译过杜威著作的译者有（括号内标明的是译作的出版年份）：周谷城（1922），余家菊（不详），胡适/唐钺（1934），许崇清（1933），邹恩润（邹韬奋）（1928），张铭新（1930），张岱年/付继良（1932），丘瑾璋（1935），张裕卿/杨伟文（1923），钱希乃/诸葛龙（1923），曾昭森（1940），李柏勋/阮春芳（1946），李培囿（1946），刘伯明（1921），孟承宪/俞庆棠（1936），张静庐（1920/1923）等。翻译过罗素著作的有：陈与漪（1927），黄凌霜（1935），王星拱（1921），郑太扑（1931），余家菊（1920），郑员文（1927），王刚森（1935），刘国钧/吴世瑞（1920），程振基（1927），李元（1928），吴献书（1931），丘瑾璋（1936），钱星海（1932），柳其伟（1931），谢曼（1933），周意彪（1930），高名凯（1937/1948），严既澄（1932），野庐（1930），程希亮（1936），李惟远（1935），于熙

---

① 柯雄文上述文章的尾注（5）中引劳思光的话说，第一个把翻译"philosophy"的日文词引进中国的人是谁，已经不可能弄清了。但邢贲思为《中国大百科全书》写的"哲学"条目明确指出："中国晚清的学者黄遵宪（1848—1905）将这一表述介绍到中国之后，中国学术界逐渐接受并开始用它来表述古今中外的哲学学说。"又，据《辞海》（1999 年版）"哲学"条称："1896年前后，黄遵宪、康有为等把日本的译称介绍到中国，后渐通行。"

俭（1932），张海曙（1931），付雷（1947），赵演（1934），陈瘦石／陈瘦竹（1936），王韦修／王纯修（1937），柯硕亭（1931/1943），沈炼之（1941）等。[①] 把他们的名字列出在此，一方面可见当时译事之盛，另一方面，也表示我们对他们的纪念。他们为中国人了解西方哲学做了最初的贡献，然而他们中的大部分人已经被人忘却了，少数仍然留名的主要也不是因为他们的翻译工作，而是他们在翻译之外的成就。此外，20世纪20年代在中国走红的还有柏格森。到了30年代以后，对西方哲学的翻译面就比较广了，尤以叔本华和尼采的影响为大。

二　始终关切生存问题

起初，中国人是把哲学当作与西方科学技术一样的东西来学习的，最先介绍进来的便是进化论思想，有严复翻译出版于1898年的《天演论》。这本书给了中国人一个震惊，因为中国人向来以为天道周而复始，历史是平衡中的循环而不是在不断打破既有平衡中的前进。至此，"物竞天择之理，厘然当于人心，而中国民气为之一变"。其实，我们知道，进化论并不是西方哲学的精义，但它首先进入中国人的视野，反映了当时的人们为拯救国家民族于危难而迫切搜寻出路的意向。

当时，内忧外患，连年战乱，国家前途未卜，中国知识分子治西方哲学，绝非如亚里士多德所说，是闲暇时的消遣，而是忧心忡忡的。我的老师全增嘏先生就是一个典型的例子。他曾编写《西洋哲学小史》，作为商务印书馆编的《百科小丛书》中的一种，出版于1932年，恐怕是有史以来中国学者自己编写的第一部系统介绍西方哲学的著作。其篇幅虽然不大，却脉络清晰地介绍了从古希腊一直到现代西方的哲学史。在此书的结束语中，全先生肯定了西方现代哲学派别繁多的特点，认为这表现了哲学

---

① 参见葛力先生翻译的梯利《西方哲学史》（商务印书馆，1979年）后附的"书目对照"。

的健全性。但是，他对于这种趋势是否能保持下去，表示了深刻的忧虑：

> 当然，这种局面可以保持许久，还是一个疑问。现在世界上就有好几个国家竭力想奉一种学说为哲学的正统。他们不惟不容纳并且还要摧残异己之见。他们若胜利，眼见得西方哲学界又要回到中古时期经院哲学派要压倒一切的那种形势。此其可以为西洋哲学之前途忧者一。

> 西方现在战云密布，大有箭在弦上，一触即发之势。第二次世界大战固然发生，一定比头一次还要凶险很多倍。战争的结果恐怕就要倒退到中古黑暗时期的那种情形。所以我尝发傻想，要是我有能力，我一定把世界上古往今来哲学文学及纯粹科学的伟大著作放在一个大铁箱，再去喜马拉雅山的高峰上面挖一个大洞，拿这个铁箱藏在里面。以便将来人发现了以后知道从前的文化如何。我们现在仿佛是坐在一个炸弹上面，来日大难，真不堪设想。譬如我们现在晓得的毕太哥拉斯（Pythagoras）的学说已经只是一个大概，将来我们的后辈恐怕连他的名字都要不知道。我们现在讨论宇宙是唯心的还是唯物的，但是我们后辈连文字都不认识更谈不到讨论哲学的问题。此其可以为西洋哲学之前途忧者二。

> 不过无论将来变化如何，我们相信哲学的思想总不会消灭。好奇心是人的天性，同时人的生活与环境中总有无数的难题。被好奇心驱使去解决人生与宇宙的难题，其自然结果就是哲学之出现。

> 我们不必悲观，因为我们信仰人类不是自甘卑下。虽然现在人类处处在那里暴露他们的兽性，但我们绝对地相信人类总有一天觉悟他们不单是动物，并且是"理智的动物"。①

---

① 全增嘏：《西洋哲学小史》，商务印书馆，1932年，第87—88页。

全先生在希特勒上台之前担忧的第二次世界大战，竟不幸而被言中。由于民主力量的胜利，人类文明并没有因为那次残酷的战争而灭绝。不过，这些文字明白无误地反映了当时世事之动荡以及学者的心态，是具有代表性的。全增嘏先生 1923 年毕业于清华留美预备学堂，1923—1928 年留学美国哈佛大学，获硕士学位。回国后，他致毕生精力于西方哲学的介绍和教学。在晚年，他见到了冠他名字的两卷本的《西方哲学史》(1983) 的出版，也见到了刘放桐先生写的中国的第一部《现代西方哲学》(1981)，虽然他未曾为此写一个字，但是这些著作的作者都是在他的课堂里熏陶出来的。

现在时代不同了。然而，把哲学和人类的命运、国家的前途联系在一起，始终是中国学界的一种情结。这种情结使得哲学在中国学术界乃至整个社会生活中占有特殊重要的地位，远远超过其在西方世界的地位。虽然西方也有人把哲学看作世界观，但是，仅把它当作思想训练看待的人也不少。当他们看出这种思想训练的局限时，就会毫不犹豫地主张哲学应当终结。像分析哲学就认为哲学应当排除世界观问题，认为那是不着边际的形而上学。他们这样讲的时候，并不觉得对于生活会造成损失。我觉得，这种现象同西方社会的意识形态由两部分构成有关：西方社会的意识形态除了世俗的观念，还有宗教。哲学自从从中世纪神学中分离出来之后，就属于世俗观念。宗教是信仰，哲学为理智。宗教在约束个人、组织社会生活方面的作用要比哲学大得多。我们看到，许多西方国家领导人就职时是当着《圣经》宣誓的，这象征着他们把《圣经》当作全社会共同接受和遵守的准则。西方社会没有官方哲学，有官方宗教；中国社会没有官方宗教，有官方哲学。

我们对于哲学的格外重视与我们民族的传统有关。虽然宗教在我们民族的不同历史时期、不同地区也发挥了一定的作用，但是，大家公认真正起作用的是儒家学说。它不是宗教，但是却通过宗法制度对中国人的生存方式发挥着不可替代的作用。五四运动打倒了"孔家店"，亟须填补这片精神真空，这就找到了马克思主义。马克思主义当然与儒学有根本的区别。但是，当我们确定马克思主义在社会生活中的地位时，我想，这一定是从儒家曾经在中国社会生活中具有的地位的类似经验出发的。所以，马克思主义不仅是无产阶级进行社会革命的理论，还是世界观、方法论。而在整个马克思主义理论中，马克思主义哲学又被认为是理论的理论，这使得哲学在中国组织社会生活时受到特别的重视。哲学取代了中国古代经学的地位。胡适写作中国哲学史时为哲学下的定义是，"关于人生切要问题的回答"。这种定义未见于柏拉图、亚里士多德，也与黑格尔相异，却极为中国化，尽管他是最初依傍西方哲学写中国哲学史的人。这说明，中国人把哲学看作与人的生存休戚相关，这一观念对于今后中国哲学的发展仍将起重要的作用，它将决定中国哲学问题的取向和从事哲学活动的方式。

三　从德国古典哲学到全面的西方哲学

有关哲学在社会生活中地位的观念直接影响着哲学这门学术的发展。新中国成立以后，我国西方哲学的研究集中在德国古典哲学。这主要是出于学习和理解马克思主义哲学的需要。因为列宁在《马克思主义的三个来源和三个组成部分》一文中指出，德国古典哲学是马克思主义哲学的来源。我国研究西方哲学的著名学者大部分云集在这个研究领域，他们中有贺麟、王太庆、杨一之、齐良骥、郑昕、张世英、姜丕之、汝信、梁志学，以及钱广华、杨祖陶、王树人、薛华等著名学者。其余的领域涉足者就少了。

在德国古典哲学之外的研究，首先要提到的就是金岳霖先生。由于他的《逻辑》一书流传得较早，他被人们认为主要是一位精于西方逻辑学的学者。其实，他对于整个西方哲学有精深的造诣。甚至，与其说他是研究西方哲学的学者，不如说，他就是一个说中国话的西方学者。关于这一点，后文还要详细讨论。有专攻逻辑经验主义的洪谦先生，他本人是维也纳学派的成员。有专攻古希腊哲学的陈康先生，他大部分时间生活在海外，但是他在抗战时期任教于西南联大时开设的希腊哲学课程，尤其是其讲稿《柏拉图的〈巴曼尼得斯篇〉》，对于中国学者深入理解西方哲学所起的作用越来越大。其学生中专攻古希腊哲学而卓有成就的当首推汪子嵩先生，汪子嵩先生撰写了当时我国唯一的一部研究亚里士多德的专著《亚里士多德的本体学说》，由他主持编写的 4 卷本《希腊哲学史》巨著现在也已经全部出齐。值得称道的是，汪子嵩和王太庆先生在年届八旬的时候论述了，亚里士多德的那个一向被译成"存在"的希腊文 on（being）当译作"是"①，这对中国学界深入把握西方哲学有很大的推动。

我国对于西方哲学的研究在过去 20 余年里有很大的发展。这一方面得益于学术空气的普遍活跃，另一方面也多亏研究生教育制度的恢复。从 20 世纪 80 年代初起，一届又一届的硕士生和博士生的毕业论文题目反映出视野之开阔。现在，大家写论文时为了发掘别人没有研究过的对象，只能找那些二流、三流，不那么有名望的人。最初受到关注的是存在主义，曾经有过一阵热潮，然后逐渐扩大到整个西方哲学。其中，对现代西方哲学的研究胜于对历史上的西方哲学的研究，对现象学、人文传统哲学的研究胜于对分析哲学、科学哲学的研究。先后出版的关于海德格尔的专著就有十余部之多，数量上大大超过了过去对黑格尔哲学的研究。一些西方重要哲学家的全集已经或正在翻译出版。这种状况对于对哲学进行严肃看待的态度是有一点冲击的，但我们不能说，在这里哲学背离了生存的关切。相反，倒正是通过这种大面积的掘进，

---

① 汪子嵩、王太庆：《关于"存在"和"是"》，载《复旦学报》2000 年第 1 期。

中国学界对西方哲学的理解越来越深入。此外，对外学术交流也开展得很频繁。终有一天，当外界知道中国人把哲学不仅看作思想训练，更是安身立命的指导时，他们对中国哲学的关注也会像对中国经济的关注一样。当然，这也有赖于中国哲学的新发展。

第二节　研究西方哲学的新阶段

一　曲折的理解过程

中西哲学的比较需要有一批学者对中西哲学双方有深入、准确的把握，这样才能在讨论对话的氛围中使哲学发展起来。对于我们中国学者来说，总是要在西方哲学方面多花一点功夫。这不仅是因为一般地说，我们天生站在中国的文化背景中，而且是因为，对于一种外来文化的深入理解需要一个较长的学习研究的过程。对于这一点，我觉得我们似乎思想准备不足。经常听到人说，目前中国学者对于西方哲学的了解要比西方学者对中国哲学的了解深，这个结论难以验证。在我们还没有进一步深入了解西方哲学之前，我们总是容易认为西方哲学就是我们已知的那样多，只有当我们深入了解以后，回头一想，我们才知道原来自己的了解是欠缺的。但是，正因为我们所了解的总是我们已经了解了的东西，于是，糟糕的是，对于尚不了解的东西往往根本就不知道有那么回事的存在，这主要不是指学问的广度方面，而是指深度方面。为了说明这种情况，可以用中国历史上接触、理解、消化佛学的过程举例。佛学初传到中国的时候，中国人开始是根据自己已经理解的东西去理解佛学的，即以已知解未知，这也是一般理解全新事物时会出现的情况。反映在翻译中，这叫作"格义"。例如，对于佛学中追求的最根本、原始的境界，中国人曾经把它标识为"道"。到了隋唐时，中国才有人真正懂得了佛学，其间过去了少说有五六百年。至于佛学被吸收到儒学中，那是在宋以后，距佛学的传入大约有一千年了。我们现在能说西方哲学就比佛学浅吗？从思想方式上来说，西方哲学与中国哲学的距离恐怕比佛学与中国哲学的距离要大呢。即使现代的交通更方便了，我们接触西方哲学毕竟只有大约一百年的时间。可能在以后的某个时候，回头看才明白，说不定我们现在正经历着"格义"的阶段。

事实上，只要对过去做一回顾就可以明白，了解西方哲学的过程并不是容易的。在新中国成立以后，曾经有一段时间，一部西方哲学史就被简单地介绍为唯物论和唯心论、辩证法和形而上学的斗争史，从最初的希腊哲学家到近代西方哲学家都按照这个标准站队。这种做法现在说起来可笑，不过却是真实的故事。至于现代西方哲学家则都是属于资产阶级的，关于他们的思想资料，是以《现代西方资产阶级哲学批判资料选》的书名出版的。这种气氛当然无助于学术，也不可能使人真正了解西方哲学。直到我国进入改革开放时期，对西方哲学的研究才开始走上学术的轨道。1981 年 9 月 9—12 日，中国社会科学院哲学研究所主持召开了有国外学者参加的"纪念康德《纯粹理性批判》出版 200 周年、黑格尔逝世 150 周年学术讨论会"，可以说标志着我国西方哲学研究新时期的到来。不过，就是在这种时候，整个气氛还是很小心的。记得李泽厚先生在大会上发言，说德国现在正发生一场争论，要康德还是要黑格尔，如果定要他选择的话，他选康德。这种现在听来很平常的话，在当时竟具有爆炸性的震撼力，因为它与我们平时经过教育树立起来的态度有明显反差，以至于有同事"纠正"他道，我们既不要康德，也不要黑格尔，而要马克思。又如，杨祖陶先生在发言中认为，黑格尔的《逻辑学》是本体论、认识论、辩证法和逻辑学四者合一。这个观点在今天大概会被多数学哲学的人接受，但当时他同样受到了"纠正"，说马克思主义是不讲本体论的。马克思主义不讲本体论的这个结论我是接受的，但是不能因此就否认黑格尔的哲学是讲本体论的。在以上两件事情中，学术问题和政治观念都被做了不适当的联结。后来证明，李泽厚先生通过张扬康德而提出的主体性问题以及杨祖陶先生关注的黑格尔哲学的本体论问题都成为西方哲学研究中的重要课题。并且通过对许多类似问题的研究，中国最近 20 余年来对西方哲学的研究才逐渐有了突破性的进展，并且带动中西哲学的比较研究进入了一个新的阶段。

二 聚焦形而上学

20 余年来我国对于西方哲学的研究，首先，如前面讲过的，在研究的范围方面大大地扩展了；其次，更重要的是在深度方面也大大地掘进了。虽然有几位前辈学者对西方哲学达到过很深的理解，但是，当中断一段时间后，好像有一切都从头学起的感觉。不过这次学习的环境和心态与新中国成立前不同，学者们很快就把研究的注意力集中到西方哲学的核心精神方面上来了，也即，把深入研究的重点放到了西方哲学形而上学的方面。其中一个重要的原因，我认为是比较研究的自觉性。

以比较研究的眼光看待研究西方哲学的核心精神，会不会带上自己片面的看法？我以为不仅不会，还必须这样做。法国哲学家于连谈起过他与福柯的一个分歧。福柯认为，并不存在什么具有西方传统特点的问题。他的理由是，这个传统还在向各个方向继续发展。他这样说是因为，他反对一切占统治地位和中心地位的文化，为处于边缘地位、遭冷落的文化张目。这是后现代主义的重要观点之一。于连不同意这种说法。他认为，福柯是站在里面看问题，要是站在西方文化之外看，那么，西方文化就不能讲是没有特点可言的。[①] 我以为，在这个问题上，于连的观点是对的。一切东西的特征都是在比较中显示出来的，离开了比较，便失去了特征。中国学者向来都是带着比较的眼光看西方哲学

---

① 参见孙景强：《中西哲学比较研究中的几个关键问题——俞宣孟和于连的对话》，载《世界哲学》2006 年第 3 期。

的，我们应当有这种自觉的态度。

以比较的眼光看西方哲学，使我们逐渐把注意力集中到了西方哲学的形而上学方面，这和许多现代西方哲学家对形而上学采取批判的态度并不矛盾。形而上学是西方传统哲学的灵魂，传统哲学的分类就是这样的，而现代西方哲学正是要批判传统哲学。

然而，什么是形而上学呢？首先，经过研究，我们终于划清了作为西方传统哲学灵魂的形而上学和与辩证法相对的形而上学之间的界限。过去，我国的教科书讲的形而上学只是相对于辩证法的形而上学，辩证法主张一切都在变化、相互联系以及对立面的矛盾运动中；与之相反，形而上学则主张静止、片面、割裂的观点。现在人们可能会觉得，划清这两种形而上学之间的界限应当是很简单的。然而，过去学过一点儿哲学的人只知道与辩证法相对意义上的形而上学，而不知道作为传统西方哲学灵魂的形而上学。出现这种情况也事出有因。黑格尔确实批评过与辩证法相对立的那种形而上学，当黑格尔哲学作为马克思主义哲学的来源之一被研究时，这种关于形而上学的见解就流传开来了。事实上，黑格尔批判的是运用形式逻辑的康德的形而上学。对于形而上学本身，黑格尔不仅不反对，相反，正是黑格尔把形而上学当作哲学的灵魂来看的。①

确定形而上学是西方哲学的灵魂，对于我们准确理解西方哲学之为哲学是很重要的。现在我们对于哲学的定义似乎很明确。例如，1999 年版的《辞海》写道：哲学"是理论化、系统化的世界观和方法论，是关于自然界、社会和人类思维及其发展的最一般规律的学问"。但是，如果以这种知识为对照查西方人的工具书，倒反而使人感到糊涂了。例

---

① 黑格尔说："假如一个民族觉得它的国家法学、它的情思、它的风习和道德已变为无用时，是一件很可怪的事；那么，当一个民族失去了它的形而上学，当从事于探讨自己的纯粹本质的精神，已经在民族中不再真实存在时，这至少也同样是很可怪的。"又说："一个有文化的民族竟没有形而上学——就像一座神庙，其他各方面都装饰得富丽堂皇，却没有至圣的神一样。"（黑格尔：《逻辑学》，杨一之译，商务印书馆，1974 年，第 1—2 页）

如，1993 年版《不列颠百科全书》"哲学"条写道："（源于希腊文，经由拉丁文，写作 philosophia，意为'热爱智慧'）对基本的信仰之根据做批判性的考察，以及对表述这些信仰所使用的概念的分析，哲学的追问在历史上许多文明的理智中都具有核心重要的地位。"1999 年第 2 版的《剑桥哲学词典》中居然没有"哲学"这个条目，而只有二级条目，如生物学哲学、经济学哲学、教育哲学、历史哲学、语言哲学、法哲学、文学哲学、逻辑哲学、数学哲学、心哲学（philosophy of mind）、心理学哲学、宗教哲学、科学哲学等。又如，由布宁和余纪元编著的《西方哲学英汉对照辞典》对"哲学"这个条目同样没有一般的介绍。他们采取的办法是，对康德、逻辑实证主义、赖尔、维特根斯坦的哲学观做分别叙述。我把其中对康德和维特根斯坦的哲学观的介绍摘抄如下，这对于我们讨论的问题很重要。

哲学（康德）

康德认为，哲学只是一可能科学的观念，它并非具体地存在于任何地方，但我们可以通过不同途径来努力接近它。我们所学的不是哲学本身，而是如何进行哲学思考，即在某些已存在的哲学尝试中去锻炼我们的推理能力，因为人类理性总是主动的，对"什么是哲学"和"谁拥有哲学"的问题作出最终的和独断性的回答是不可能的。那只意味着哲学思考的终结，因而是哲学的死亡。

因此对于康德来说，哲学是一种理性的活动，而不是静态的知识系统。他认为，经院哲学的传统把哲学作为知识的逻辑完满，但构成哲学真正基础的另一概念是把它看做连接一切知识与人类理性本质目的的科学。所谓的哲学家乃是人类理性的立法者。哲学知识既可产生于纯粹理性，也可产生于经验研究。康德自己的哲学是体系性的，企图以单一的模式回答所有的哲学问题；其哲学又是批判的，它通过对理性自身的考察来规定我们知识的界限和范围。

康德把纯粹理性哲学划分为设计理性官能的先天知识预备性学科，和作为纯粹理性体系的形而上学。后者又依次划分为论及"什么是"的自然形而上学和"什么应当是"的道德形而上学，它们分别是纯粹理性的理论应用和实践应用。

哲学（维特根斯坦）

哲学并不呈现实在的图像，它既不能说明，也不能演绎任何东西。如果哲学企图这么做，它就成了传统的形而上学，对于其表达的东西不能赋予意义。合适的哲学应停止这种误入歧途的研究方式。哲学不同于各门自然科学，与它们没有共同的方法。它既不能肯定，也不能否定科学研究。因为整个自然科学是由真命题的总体构成的，因此哲学命题并非真理。

哲学与其是一种理论，倒不如说是一种活动，其目的是借助于澄清命题而医治我们对于日常语言的误用。大多数传统的哲学问题是由于误用语言而产生的，因此我们不应追求对它们的回答（不存在对这些问题的解决）。我们倒应该像对待疾病那样对待这些问题。我们应指明它们是如何违反逻辑句法的，以此来使之消失。维特根斯坦在《逻辑哲学论》中提出，澄清语言的方法就是揭示其隐蔽的逻辑结构，但在《哲学研究》中，他转而研究语言游戏以澄清语言。

我相信，这些话对于我们大多数人来说都很陌生。也许有人会不同意他们关于哲学的观念。但是既然我们要比较中西哲学，就不能不了解西方人的哲学观念，而康德和维特根斯坦是西方哲学的重镇，是我们无法绕过的。那么，我们在他们那里读到了什么呢？也许还有人会说，就是西方哲学家之间对哲学的看法也不一致，我们就可以不管他们了。如果仔细理解上面两段文字，我们还是可以发现，他们都提到了形而上学，只是作为传统哲学家的康德站在形而上学的立场上，而维特根斯坦则对形而上学采取批判态度。还有，他们都提到了哲学是人自己的一种活动方式。对于康德来说，哲学是人的理性活动，它是形而上学性质的；对于维特根斯坦来说，哲学是解读、清除形而上学的活动。

我们现在主要是从哲学是怎样一门学科、它的知识的性质方面理解哲学的。受这种眼光的引导，我们就把哲学理解为一门关于社会、自然和人类思维的一般规律的学问。这个定义并没有错，然而，它忽略了一个重要的方面：这种学问是怎么向人呈现出来的？那是一种特殊的追求、追问方式的结果，这种方式就是所谓形而上学。哪怕唯物主义也是一种形而上学。它认为世界是物质的，物质是运动的，运动的规律是客观的、不以人的意志为转移的。然而我们注意到，唯物主义也反对经验主义，它"透过"现象才"看"出了本质，这就是人自己从事哲学活动的方式。

哲学的观点，包括世界观，是人自己从事哲学活动的结果。不过，结果显示出来的时候，与这种观点相应的人自己从事哲学活动的（生存）方式却常常是隐没着的。对西方哲学的理解就要求我们揭示、进入那种活动状态，否则，读哲学著作时就可能只是识字而非会意。再者，如果我们承认，在一种哲学观点和形成这种观点的人从事哲学的方式的关系中，人的活动具有主动的优势，那么，我们就更应当重视人的活动方式。所以，海德格尔认为，要真正了解哲学是什么，不能只站在哲学之上谈论哲学，而是要进入哲学，"to philosophize"，也即去从事哲学，或哲学一番。他还说，"哲学所探讨的东西是与我们本身相关涉的、触动着我们的，而且是在我们的本质深处触动着我们的"[1]。

---

[1] 海德格尔：《什么是哲学?》，载海德格尔：《海德格尔选集》上卷，孙周兴选编，上海三联书店，1996年，第589页。

　　用这样的观点去看，一本普通的英文词典《兰登书屋大学词典》(*The Random House College Dictionary*，1997)对 "philosophy" 的一条释文倒是很简洁明了：the rational investigation of the truths and principles of being, knowledge and conduct（哲学：对于 being、知识和行为的诸真理、原理的理性研究）。这个界说既指出了哲学的形式（being）、内容（知识、行为）和特征（真理、原理性知识），又指出了哲学是一种理性研究，即，是人自己以理性从事研究的活动。

　　只有从形而上学方面理解哲学，并且把形而上学与人的一种生存方式联系起来，我们才能对西方哲学有深入的了解，进而把中西哲学的比较研究深入开展下去。近年来，中国西方哲学史界对形而上学的关注多起来了，反映为对 being 和 ontology 的讨论，深入开展这方面的讨论定能为新一轮中西哲学的比较研究打好坚实的基础。

三　关于 being 问题的讨论

　　Being 是西方哲学中一个重要的术语。前引英文词典关于哲学的释文就表明，哲学是研究 being 的，这是从亚里士多德以来就有的说法。那么 being 究竟是什么？首先遇到一个翻译问题。我读哲学的时候，只知道它译作 "存在" 或者 "有"，以 "存在" 这个译名最流行。后来读陈康先生注释柏拉图的《巴门尼德篇》，才知道也可译作 "是"。又后来，我读海德格尔的 *Being and Time*，看到海德格尔讨论 being 是从系词的 to be（"是"）开始的。在阐述重新研究 being 的意义的理由时，海德格尔说，传统哲学中的 being 或者是最高、最普遍的范畴，因而没有进一步的规定性，人们对它不能更有所说；或者，与此相关，being 既是最高、最普遍的范畴，就是不能被定义的；此外还有一种情况，对于 being，人们似乎又很明白，因为在日常语言中，人们不假思索就到处使用着 being，如，"天是蓝的"（The sky is blue），"我是愉快的"（I am merry），这似乎意味着 being 的意义是自明的。而恰恰对于 being 为什么是自明的，却从来没有人做过说明。他还引柏拉图的话说，"对于 being 这个词，我们一向以为是懂得的，现在却糊涂了"。海德格尔明确表示，他要从这个自明的 being 深究下去，但是他并不抛弃作为传统哲学范畴的 being，而是要通过对自明意义上的、用作系词的 being 的讨论，从人的生存状态方面说明作为范畴的 being 的出处。说得更明白一点，他认为人在不同场合使用系词 being 时，总伴随着自身的一种状态：或是赞同，或是疑问，或是表白，或是陈述，或是判断，等等。就是说，所谓 being 的意义当从人自身的生存状态方面去追问，结果，对 being 的意义的追问也就成了对人生意义的追问。既然海德格尔明确说，他是从作为系词的 being 入手追问其意义的，我想到陈康先生能用"是"这个译名，于是也就照样译作"是"。当然，海德格尔所谓的 being 与作为传统哲学范畴的 being 是有区别的：前者是系词，以不定式 Sein 表示，后者由分词变成的名词 Seiende 表示，这两个词在英文里无法区别；如果说，前者表示人自身的生存状态过程（即赞成、陈述、判断等），后者则表示这个过程产生的结果。用海德格尔的话来说："是"必是"所是"，"所是"也作"是者"。1984 年，我的一篇论文《关于海德格尔"是"的意义问题》被熊伟先生看到了，他很认真地向我提出三个问题：1. 海德格尔 *Being and Time* 一书中的 being 如果可以译成"是"的话，那么是不是适用于海德格尔所有的著作？ 2. 如果海德格尔的 being 能被译成"是"，整个西方哲学的 being 能被译成"是"吗？ 3. Being 译成"存在"已成约定俗成，那又怎么办？我体会到熊先生婉转地表达了他的不同意，但我愿意把他的话当成一种激励。作为尝试，我用"是"这个译名去读巴门尼德残篇，写成《论巴门尼德哲学》一文。①

---

① 参见俞宣孟：《本体论研究》，上海人民出版社，1999 年，附录。

事实上，being 的译名问题不久就成为大家共同关心的议题。尤其是，前辈汪子嵩先生、王太庆先生论述了，亚里士多德的 being 应译成"是"，对学界影响很大。清华大学的宋继杰先生把有关 being 的翻译讨论的一部分论文收集出版，分上、下两册，竟有一百万字。王树人先生为此书作序说："这是中土外国哲学界几代学者对西方哲学思考和研究的一次重要聚焦。聚焦的焦点是西方哲学奠基性范畴 einai（to be，sein）。在这里不仅有反映当今中土学者研究水准的学术争鸣，而且还有经过学术积淀的历史回应和对未来充满创新的希冀。"① 对于西方哲学某一术语的讨论如此热烈，肯定是我国有史以来的第一次。

虽然参与这场讨论的人并不都一致赞成将 being 译成"是"，但是，经过讨论，各人都贡献出了自己的学识，使我们弄清了西方语言中系词的来龙去脉、它在各种使用的场合所具有的意义。尽管不能说西方哲学中的 being 在一切场合都应当译成"是"，但是，至少现在我们注意到，being 在某些重要场合是可以译成"是"的。这一译名的出现，使我们对西方哲学的理解起码是增加了一个视角。我自己在汪子嵩先生、王太庆先生的文章发表后，作为唱和，写了一篇题为《西方哲学中"是"的意义及其思想方式》② 的论文。在这里，我还想补充说几句。

从语言学方面搞清 being 的词性、词义及其使用规则是必要的，但是，我们的讨论主要是哲学讨论。前面说过，理解西方哲学要进入西方哲学，就是要像西方哲学家那样哲学一番。"Being"这个词有日常的用法，或作系词"是"，或作动词"存在"，对于我们都没有障碍，因为中国人和西方人在日常的生存状态方面的差别相比于哲学的生存状态方面的差别要小得多。所以，当海德格尔从日常使用的系词谈起时，我们还比较容易接受"是"这个译名。人们的疑惑是，当系词变成传统哲学的

① 宋继杰主编：《Being 与西方哲学传统》，河北大学出版社，2002 年。
② 载《中国社会科学》2001 年第 1 期。

范畴时，是否还译成"是"？人们提出的最大疑问是，"是"作为哲学范畴究竟有什么意义？而一般人们又总是根据一个词所指的对象来理解这个词的意义的。如果指不出它指什么，它就是无意义的。说得客气一点，人们不习惯作为哲学概念的"是"。

如果从词所指的对象方面捕捉 being 的意义，那 being 确实是无意义的。因为 being 是最高、最普遍的范畴，本来只是一种逻辑的规定性，而不指示任何对象。或者有人说，最高、最普遍就是囊括一切，而这一切就是它之所指，一切东西去掉它们的特性，剩下的不就是"存在"吗？然而，要知道，"存在"在西方哲学里还有一个词，叫作 existence，它和本质相对，都是特殊的规定性。而 being 作为最高、最普遍的范畴是无对的，"存在"和"本质"都被囊括在内。这应该就是陈康先生所说的，"存在"是分化了的，而"是"是未分化的。再者，如果说"囊括万物"时心里想的其实是经验概括的方法，那么，从经验的概括中永远得不到最高、最普遍的范畴，因为如果把全部经验事物 a、b、c、d……概括为（思想性的）A，那么，从经验事物和 A 中又可概括出 A1，同样，从 A 和 A1 中又可概括出 A2……这将是一个无限倒退的过程。柏拉图创立理念论时就已经抛弃了这种方法。我们要换一种想法：所谓囊括万物是指包容一切经验事物，一切经验事物无非是在时空中的，能包容一切经验事物的范畴其自身必超越于时空。它包容一切经验事物，但任何经验事物（包括经过抽象后剩余的"存在"）都不能穷尽它的意义。所以，从这个意义上说，它无所指。

其实，这种无所指的范畴不止"是"一个。康德在面对逻辑上正确无误的从"是"推出"存在"以证明上帝存在的 ontology 证明时驳斥道：这样推出的"存在"与口袋里有一百元钱的存在不是一回事，这种"存在"只是一种逻辑上的可能性。可见，这里的"存在"也是那种性质的范畴，它与实际的存在无关。同样，冯友兰先生曾谈到，理论思维的概念"红"其实不红，"动"也不动。组成普遍原理的每一个范畴应当都是这种性质的。

最普遍的哲学范畴无所指，这是从否定方面说的。从肯定的方面说，它们应该也是有意义的，不过它们的意义是从相互之间的逻辑关系中获得的，因而称为逻辑规定性。在全部这类普遍范畴中，"是"又是最高的范畴，这是从逻辑上讲的，它是全部范畴体系逻辑地演绎出来的起点。那么，当这些范畴被运用时，就像做数学习题时，人只要注意数字或字母之间的关系，至于这些数字或字母究竟代表什么是不必考虑的。如果说，从做算术到学会做代数，我们的思想习惯必须变化，那么，掌握一个无所指的哲学普遍范畴"是"，也需要自己的思想方式的变化，而不是责怪它无意义、不好理解，因而拒斥它。当然，哲学范畴和代数符号毕竟有区别，它们是从日常用语演变来的，因而常常与日常语言相混淆，这就给分析哲学留下了任务：要么通过语言的分析澄清混淆，要么干脆发展出一种纯粹符号的逻辑。

讨论 being 的译名，理解它的意义，不仅要从字义上下功夫，更主要的是要像西方哲学家那样去哲学一番，这意味着要注意改变一下自己的思想习惯，说到底，是要体验一下西方哲学家从事哲学时的生存状态。

四　关于 ontology 的问题

以上的讨论事实上已经涉及 ontology 问题。Ontology 是形而上学的中坚，是西方传统哲学的深层核心。在中西哲学比较研究中，曾经出现无从下手的情况，看看西方哲学有这种那种的流派和观点，比较中国哲学似乎也都可以找到一点踪影，并没有鲜明的反差。抓住了 ontology，就抓住了目标。

Ontology 从字面上说就是关于 being 的学问。我因此而建议译为

"是论"。Ontology 和 being 的关系是：如果把 ontology 比作整个西方传统哲学大厦的基础，那么，这个基础就是用 being 做砖块打造的。

简单来说，ontology 是西方传统哲学最精深的原理体系，故有第一哲学或纯粹哲学之称。但是长期以来，我们沿用着一个误译的名称"本体论"，于是就望文生义，只是把它当作关于世界本原的理论。现在这个名称虽然还出现，但是多数人意识到它是不妥当的。不过，目前大家更愿意接受的好像还是"存在论"，这显然是因为以"存在"翻译 being 更符合中国人的思想习惯，可见从一种生存状态到另一种生存状态的转变并不很容易。

前面曾经提到，杨祖陶先生在 1981 年就开始讨论黑格尔逻辑学的 ontology 性质。通过 being 问题的大讨论，ontology 这种哲学形态越来越清楚地得到了揭示。在此基础上，我在发表于 1987 年的一篇文章中提出，中国哲学中不存在 ontology。[①] 持相同观点的有美国学者安乐哲和法国学者于连。张东荪先生在新中国成立前也提出过这个观点，不过他把 ontology 了解为关于"本质或本体的哲学"（substance philosophy），而本体观念与语言中的主语有关，中国汉语中因为主谓不分明，没有本体的观念，因而没有本体哲学。[②] 不管怎么说，对 ontology 的深入了解对中西哲学的比较研究已经产生了影响，随着对 ontology 的进一步深入了解，中西哲学的比较研究也一定会向更纵深发展。

关于 ontology 究竟是怎样一种学说，这里不便重复。我想就 ontology 在西方传统哲学中所表达的对象谈一点简单的补充意见。

---

① 俞宣孟：《中国传统哲学中没有本体论》，载《探索与争鸣》1987 年第 6 期。该文是 1999 年才获出版的《现代西方的超越思考——海德格尔的哲学》一书（上海人民出版社，1989 年）"绪论"中的一节。

② 张东荪说："因为中国言语上不置重于主语，所以不能发为'本体'一范畴。可见言语与思想有密切的关系。须知'本体'（或本质）这个范畴很重要，西方的哲学思想大部分是对于这一点去下功夫的，即科学思想亦是向这一点去研究出来的。"（张东荪：《知识与文化》，商务印书馆，1947 年，第 50 页）

总的来说，ontology 是一个原理系统，这是没有问题的。然而由于哲学问题的发展，ontology 所表达的对象是有变化的。在柏拉图的时代，哲学的目的是寻找关于事物的确定的知识（定义），从苏格拉底与智者的辩驳中我们看到，就事实讲事实，总是得不到确定的、定义性的知识。所谓事物的定义，我们现在知道就是事物的普遍概念，它是看不见摸不着的，是反思着的思想才能把握的对象。柏拉图首先进入了这种反思式的思想，并获得了向这种思想方式显示出来的对象。由于这种对象看不见摸不着，要说有这样的东西，也只能存在于可感世界之外。虽然多了一个世界，但是这满足了柏拉图的初衷，以理念的形式表达出了事物的定义。但是，个别的理念还需要结合起来才构成知识。柏拉图探讨了理念间结合的情况，这就是西方哲学中最初的 ontology。整个 ontology 体系标志着真知识、真理，或者说，世界的本质。

到了康德，ontology 表达的对象发生了翻转性的变化。由于休谟要追究由理念演变来的那些先天观念的来源，并且他的前提是，凡是知识都起于感官感觉，结果，他发现从感觉经验中是引不出先天观念的，因而对人类是否能够具有普遍必然的知识表示怀疑，这使得康德重新思考。数学和自然科学具有普遍必然的性质，而构成数学和自然科学知识的经验材料却并不具备普遍必然性，必定是人类以某种方式整理了经验材料才使数学和自然科学知识成为可能。而人类用以整理经验材料的，是人类先天固有的认知能力。他还进一步探讨这种能力，认为这就是人类的纯粹理性能力，表达为纯粹范畴的推理能力，是纯粹的原理体系，即 ontology。不过，这个原理体系并不是世界本身的本质，而是人的理性能力。如果说世界是有规律的，那这种规律就是人运用理性观察世界的结果，即所谓人为自然立法。康德反对他以前的 ontology，因为那是在缺乏经验材料的基础上去解答关于世界、心灵和上帝的有关问题。现在人们一般都认为，康德是讨论认识论的，而我认为他用来表达认识能力的先验逻辑体系正是 ontology，不过它在哲学中的作用和地位发生了变化。

紧接着又发生了一次重大的变化。黑格尔批评了康德把认识能力和认识对象割裂开来的观点。他认为，自然界和人类思维服从于同一个原理。细心的读者当知道，对于作为逻辑学开端的范畴 being，黑格尔一方面说它是无进一步规定性的，但另一方面又说它是"纯粹的、空的直观本身""空的思维"。[①] 这表明，他的逻辑学将要展开的不仅是自然的原理，也是思维的原理。

不管对象如何变化，ontology 作为哲学第一原理的地位和作用始终如一。西方哲学始终在寻找、构造、批评这种原理。"原理"这个词就包含着"运用逻辑"的意思，这不仅是说原理逻辑地覆盖被解释的内容，而且是说原理本身也是逻辑地构成的。Ontology 作为第一原理是最高的原理，即，它覆盖、解释其他一切，但其本身却不能被其他所解释。我想，最后这些说明可能是必要的，因为现在到处都在用"本体论"这个词，意义不是很明确，从社会存在本体论、历史本体论，直到文学本体论，等等。这也是西方哲学的 ontology 受到重视以后出现的一种情况。

对西方哲学的了解与中国哲学的建设是息息相关的，因为到目前为止，我们主要是从西方哲学中获得关于哲学的观念的。通过最近 20 年对 being 和 ontology 的学习讨论，中国学界对西方哲学的形态特征有了深入一步的把握，这使得中国哲学界看出中国哲学和西方哲学是两种形态不同的哲学，萌生了走出对西方哲学的依傍的决心。

[①] 黑格尔：《逻辑学》，第 9 页。同样的意思在《小逻辑》（贺麟译，商务印书馆，1980 年，第 189 页）中是这样说的："纯存在或纯有之所以当成逻辑学的开端，是因为纯有既是纯思，又是无规定性的单纯的直接性。"

第二章　必须走出对西方哲学的依傍

中国哲学的建设包括两个方面：中国哲学史的建设和中国哲学的建设。几乎在西方哲学传进中国的同时，人们就开始了中国哲学史的建设。因为，哲学和自然科学不一样：我们能引进自然科学而不必也不应改变它，即所谓自然科学无国界；而哲学则有鲜明的西方色彩，它讨论世界和人生的问题，这是大家共同关心的问题。尤其是，哲学这门学科是与哲学史紧密结合着的，中国也有自己悠久的学术传统，它的内容涉及人文学科的各方面。这些情况是建设中国自己的哲学史的前提条件。

然而，无论是编写中国哲学史还是建设中国现代哲学，这两个方面都不可避免地受到西方哲学的影响，甚至干脆说，它们是依傍着西方哲学而进行的。"依傍"这个词是蔡元培先生说的，曾经被当作正面的经验。今天，依傍的做法虽然受到批评，但我们很理解，在没有其他哲学观念的情况下建设中国哲学，除了依傍西方哲学的观念，又能怎么办呢？有谁已经提出了更新的哲学观念吗？至少是他们使我们走出了中国旧式学问的藩篱。设想如果我们至今仍然停留在治经中，就不可能有现在这样进步的局面。不过，正像依傍西方哲学是前辈的任务，在哲学观念变更的时代，对他们的工作进行反思、检查，不过是历史赋予我们的任务而已。

在最初写作中国哲学史的人中，影响最大的是胡适先生。他根据自己学习的西方哲学的观念和框架，从中国传统学术资料中整理出一部《中国哲学史大纲》（1919），后来又有冯友兰先生的《中国哲学史》（1931）。胡、冯二位先生所宗的西方哲学学统不同，他们写出的中国哲学史也各具特色。此外，还有张岱年先生的《中国哲学大纲》，是按问题对中国传统哲学的叙述。这本书写成于1937年，新中国成立以前曾以讲义的形式刊印，1958年正式出版以后才扩大了影响。以上这三部著作可以代表新中国成立前研究中国哲学史的水平。新中国成立以后，随着高等教育的发展，中国哲学史的研究也更加深入，出现了多部中国哲学史的教材和研究专著。大体上说，这一时期中国哲学史写作遵循的思想路线是，先是强调中国哲学史是一部唯物主义和唯心主义斗争的历史，后来又突出它是认识发展史或范畴发展史。由于人们对西方哲学认识的不同，其所依傍的情况也不同。

第一节　早期的中国哲学史建设

一　胡适的《中国哲学史大纲》

胡适先生的《中国哲学史大纲》（卷上）是同类著作中出版较早而又能流传至今的一部著作。在该书出版之前，已有人讲授中国哲学史的课程，那些课程大约如"从三皇五帝讲起，讲了半年，才讲到周公"（冯友兰语）。从这个背景看，胡适先生这本书显然具有开创之功。他直接从老子谈起，由他最初选入的那些哲学家，至今还是大家在反复讨论的那些人。是他让我们初次见识到中国人自己的哲学史。蔡元培先生为该书作的序说：

　　我们今日要编中国古代哲学史，有两层难处。第一是材料问题：周秦的书，真的同伪的混在一处。就是真的，其中错简错字又是很多。若没有做过清朝人叫做"汉学"的一步工夫，所搜的材料必多错误。第二是形式问题：中国古代学术从没有编成系统的纪载……我们要编成系统，古人的著作没有可依傍的，不能不依傍西洋人的哲学史。所以非研究过西洋哲学史的人，不能构成适当的形式。

现在治过"汉学"的人虽还不少，但总是没有治过西洋哲学史的。留学西洋的学生，治哲学的，本没有几人。这几人中，能兼治"汉学"的，更少了。适之先生生于世传"汉学"的绩溪胡氏，秉有"汉学"的遗传性；虽自幼进新式的学校，还能自修"汉学"，至今不辍；又在美国留学的时候兼治文学哲学，于西洋哲学史是很有心得的。所以编中国古代哲学史的难处，一到先生手里，就比较的容易多了。①

蔡元培先生指出的确实是胡适这部著作给人印象最深的一点。这就是，写作中国哲学史的人非兼治西方哲学和"汉学"不可。这实际上是说，西方哲学提供关于哲学的观念和框架，"汉学"提供中国哲学史的资料。这一治中国哲学史的主导思想长期以来没有受到任何质疑。

胡适先生在书的导言部分用相当的篇幅交代了他辨析历史文献真伪及其年代的方法或原则，这些方法或原则实际上是对清代考据工夫的一个总结。同时，胡适先生认为，哲学的定义是"从来没有一定的"，他所取的哲学定义是："凡研究人生切要的问题，从根本上着想，要寻一个根本的解决：这种学问，叫做哲学。"② 具体来说，他认为哲学研究的问题主要有六个：宇宙论、名学及知识论、伦理学、教育哲学、政治哲学和宗教哲学。写作哲学史的任务是明变、求因、评判。这就是说，要知道古今思想沿革变迁的线索，寻出这些沿革变迁的原因，评述各家学

---

① 胡适：《中国哲学史大纲》卷上，商务印书馆，1919 年。
② 同上书，第 1—2 页。

说的价值。

但是，胡适表达的哲学问题中并没有形而上学，其中的"名学"是逻辑学。我想，这同他接受的西方哲学的教育有关。众所周知，他是实用主义者杜威的学生。实用主义秉承的是经验主义的传统，也就是说，其基本立场是反对形而上学和 ontology 的。不过，实用主义对于形而上学的反对并不像历史上的经验主义者那样激烈。历史上的经验主义者不承认有超经验的形而上学的领域，他们质问形而上学命题的实在性。实用主义的态度稍宽容，他们一般不对形而上学命题的实在性问题提出质问。也就是说，他们不质问是否真的存在一个超验的世界，而是问，那些具有超验性质的命题是否发生效用。"有用就是真理"这句容易被人简单化而予以误解的话所反映的，正是实用主义对形而上学的态度。接受这种哲学教育的胡适，自然不会把有无形而上学当作评判中国哲学之为哲学的标准。

胡适的这部著作遭到了金岳霖先生尖刻的批评。他说："我们看那本书的时候，难免一种奇怪的印象，有的时候简直觉得那本书的作者是一个研究中国思想的美国人。"[1] 这主要是因为"胡先生不知不觉间所流露出来的成见，是多数美国人的成见。在工商实业那样发达的美国，竞争是生活的常态，多数人民不免以动作为生命，以变迁为进步，以一件事体之完了为成功，而思想与汽车一样也就是后来居上。胡先生既有此成见，所以注重效果；既注重效果，则经他的眼光看来，乐天安命的人难免变成一种达观的废物。对于他所最得意的思想，让它们保存古色，他总觉得不行，一定要把它们安插到近代学说里面，他才觉得舒服"[2]。但是，我们绝不能因为金先生批评胡适哲学的美国化特征，便以为金先

① 金岳霖：《冯友兰〈中国哲学史〉审查报告》，载金岳霖学术基金会学术委员会编：《金岳霖学术论文选》，中国社会科学出版社，1990年，第281页。
② 同上。

生主张中国哲学应该有中国特征。相反，金先生心中存在着一种"普遍的哲学"。他的上述评语见于他的《冯友兰〈中国哲学史〉审查报告》，写于 1934 年。在这同一篇审查报告里，金先生提出，写中国哲学史有根本的态度问题，"这根本的态度至少有两个：一个态度是把中国哲学当作中国国学中之一种特别学问，与普遍哲学不必发生异同的程度问题；另一态度是把中国哲学当作发现于中国的哲学"。这里提出了"普遍哲学"这样一个观念。金先生自己的态度是很明确的。他认为，照着第一种方法写出来的不见得可以称为哲学史，于是，只能根据普遍哲学的观念来写。但是，什么是普遍哲学的观念呢？金先生在他的这篇审查报告里也做了简要的表述：从一个方面看，哲学是"论理学"。"论理学"这个词我们现在很少用，前人大约用以指纯粹的理论，有时径指逻辑学，这里实际上应当是指形而上学。指照金先生的用法，有关于特定事物的论理，也有不代表一定事物的论理，这二者分别称为实架子的论理和空架子的论理。他明确主张，"严格地说，只有空架子是论理"。从另一个方面看，哲学又有实质和形式，有问题和方法。金先生没有明确表明，对于哲学来说，究竟是问题和实质为根本还是形式和方法为根本。他只是说，这些都给了中国哲学史家一种困难。金先生的这些话表明，他心目中是有普遍哲学的观念的。以此为准则，胡适的《中国哲学史大纲》就难以称得上是一部合格的哲学史著作了。

我们还看到劳思光先生对于胡适《中国哲学史大纲》的一种批评。他不客气地说，"这部书中几乎完全没有'哲学'的成分"[1]。又说："总之，我看胡书，未发现任何一段是涉及严格意义的哲学问题的。胡书中论先秦诸子，除了资料外，只有常识口吻的评论；不仅不能整理诸子的哲学理论，而且根本不能接触任何哲学问题。全书'都是'如此，所以

---

[1]　劳思光:《中国哲学史》第 1 卷，三民书局，1981 年，第 1 页。

我说：'胡书中是没有哲学的。'"① 劳先生这样评说胡适，自有他的哲学观。1981 年，他写了一篇《答友人书——论中国哲学研究之态度》，登录在他的 3 卷 4 册本的《中国哲学史》书末，其中表达了他的哲学观。他认为，对哲学的界定既可以从定义去谈，也可以从功能去谈。他自己侧重的是功能方面："我近年对于哲学功能的看法，渐渐有了比较确定的结论。我认为哲学常常包含两部分；一部分属于'强迫性的知识'一面，另一部分则属于'主张'。如果只包含前一部分，则它就与科学知识的模型极相近；但若涉及后一部分，则它就要求一种对人生有指引作用的功能。而就人类的哲学思想的发展过程看，则这种设计主张的成分，正是历代各传统下的各种哲学思想的共同特色所在。尽管少数的哲学家或哲学理论可以极度地偏向于'强迫性知识'一面，但就哲学的问题说，则它们原不能拘于这一个范围，而必定涉及'主张'成分。"他并且认为，"谈到中国哲学，只要我们面对历史来讲话，我想谁也不能有好理由否认中国哲学一向偏重人生态度一面。尽管当某个哲学家提出某种人生态度的时候，自然必须举出一些理据——因此就涉及知识，但基本上中国哲学是一种以主张为重的哲学"②。劳思光先生使用的术语在大陆学者中不流通，但是，我们不难明白，他所谓的"主张"，大致是指经验性的、或然性的知识，而"强迫性的知识"正是与经验知识相对的"必然性的知识"。然而我认为，把"强迫性的知识"等同于科学知识的模型是不够的，因为哲学不是科学，用康德的话来说，哲学是主导着科学、使科学知识成为可能的纯粹理性活动。劳先生看轻"必然性的知识"，这一点是迎合现代西方哲学反形而上学的潮流的。但是，既然他以人生问题为中国哲学甚至是普遍哲学的主旨，却又批评胡适的著作没有哲学，这就未免有失公允。这是因为，胡适正是主张哲学是有关

① 劳思光：《中国哲学史》第 1 卷，第 347 页。
② 同上书，第 3 卷下册，第 894 页。

"人生切要问题"的学问的。

　　不管怎么说，现在大多数人还是承认，虽然胡适的《中国哲学史大纲》只写了半部，但是其开创的意义是不能抹杀的。从他开始，中国哲学史这门课程才真正建立起来。要知道，在他之前，讲中国哲学史的人讲了一个学期，还只是从三皇五帝讲到周公。关于这部书的影响尤其要提到的是，蔡元培先生为这部书作的序中第一次明确表示，写作中国哲学史著作应当依傍西方哲学，这个观点被奉行了将近一个世纪。但是，西方哲学也分传统和现代两部分，现代西方哲学在很大程度上表现为对传统哲学的批判。这就使得依傍也更复杂了。胡适先生依傍的是实用主义，尽管实用主义对形而上学的态度比极端的经验主义要宽容得多，但总的来说，他对形而上学是没有多大兴趣的。然而，形而上学曾经是西方传统哲学的精髓，对它的批判并非一件容易的事情。即使在今天，这一批判仍在进行中。也许可以这么说，直到新的形态的哲学被探寻出来、得到流行之前，这一批判是不会终结的。在这种形势下依傍西方哲学，自然就无所适从，这不仅是对胡适而言的，也是对劳思光那样的批评者而言的。胡适因没有遵循传统哲学的观念而招致了"没有'哲学'的成分"或无视普遍哲学的批评，这个批评看上去不乏学术性和专业性，事实上却只是站在传统哲学观念的立场上对于一种现代哲学即实用主义的批评。而劳思光先生所谓的哲学有时指"强迫性的知识"，有时则取对生活有指导作用的"意见"之义，他对别人的批评就不免有一种随意性。这在他对冯友兰先生的批评中有进一步的表露。

二　冯友兰的《中国哲学史》

　　冯友兰先生写中国哲学史，算上英文版的 *A Short History of Chinese Philosophy*（《简明中国哲学史》），一共写了三遍。外国人较系统地知道中国哲学史，多半是通过冯先生著作的英文译本。除了上述那部简史，他最初写的两卷本的《中国哲学史》也有英译本，使外国人知道中国有自己的哲学和哲学史。这是一次重要的信息沟通，冯先生的历史性功绩不可抹杀。但是，同时也要指出的是，冯先生的中国哲学史也落在西方哲学的框架内，其在多大程度上反映了中国哲学的真实面貌仍是一个问题。胡适和冯友兰都是依傍着西方哲学写作中国哲学史的，不过他们所依傍的西方哲学却有学派的不同。关于这一点，我想他们自己都是明白的。1933 年，冯友兰先生在为他的《中国哲学史》下卷所作的"自序二"中写道："此书第一篇出版后，胡适之先生以为书中之主要观点系正统派的。今此书第二篇继续出版，其中之主要观点尤为正统派的。此不待别人之言，吾已自觉之。"[①]

那么什么是"正统派"呢？所谓正统派，应该是指围绕西方哲学的主旨展开的讨论，尤其是在这些讨论中占主导地位的学派。以这个眼光去看西方哲学，能够代表西方传统哲学正统派的只能是从柏拉图到黑格尔的理性主义哲学。柏拉图首先把哲学对于智慧的追求转变为对于普遍知识的追求。所谓普遍知识不是任何一种特殊门类的知识，却被认为是能够解说、涵盖特殊门类知识的知识，哲学就是这样一门最普遍的知识。各门经验科学都有自己特定的研究领域，作为普遍知识的哲学不局限于任何一个特定的领域。那么，哲学究竟是在经验之外的一个独立的领域，还是对经验领域的总括？普遍知识应当有哪些性质？尽管人们在与之有关的一系列问题上自始就争论不息，但哲学是一个与经验科学有别的领域的观念决定了西方哲学的命运。以柏拉图哲学为代表的理性主义哲学不仅认为存在一个普遍知识的领域，而且认为这种普遍的知识是有关一切事物的本质性的、纯粹的原理，同时也是最真实的知识。西方哲学的形而上学就是在有关上述问题的讨论中展开出来的，它被认为是

---

① 冯友兰：《中国哲学史》，华东师范大学出版社，2000 年。

哲学中的哲学。

中国传统哲学从来没有把追求普遍的知识当作自觉追求的目的，更没有把普遍知识从其他知识中区别出来使之成为一个独立的领域。冯友兰先生师承新实在论，后者是黑格尔哲学的余绪。他深知这两个领域的划分是西方哲学得以确立的前提，于是，他第一次把两个领域的划分引进中国哲学史的叙述。用他自己的话来说，就是真际和实际的区别。他说："哲学对于真际，只形式地有所肯定，而不事实地有所肯定。换言之，哲学只对于真际有所肯定，而不特别对于实际有所肯定。真际与实际不同，真际是凡可称为有者，亦可名为本然；实际是指有事实底存在者，亦可名为自然。真者，其言无妄；实者，其言不虚；本然者，本来即然；自然者，自然而已。"[1] 本然和自然的对应，用我们现在熟悉的话来说，相当于本质和现象的对应。冯先生还进一步谈到科学和哲学的区别，并提出"最哲学底哲学"这个观念。他说："哲学，或最哲学底哲学，不以科学为根据，所以亦不随科学中理论之改变而失其之价值。在哲学史中，凡以科学理论为出发点或根据之哲学，皆不久即失其存在之价值。如亚力士多德、如海格尔、如朱熹，其哲学中所谓自然哲学之部分，现只有历史底兴趣。独其形而上学，即其哲学中最哲学底部分，则永久有其存在之价值。"[2] 用这样的观点审视中国哲学史，他认为："在中国哲学史中，对于所谓真际或纯真际，有充分底知识者，在先秦推公孙龙，在以后推程朱。"[3] 以上这些观点见于他的《新理学》一书，他认为中国的程朱理学就应当是这样的哲学。冯先生是根据这个哲学观念接下去讲他自己的新理学的，他也是根据这样的哲学观念观察和整理中国哲学史的。他最初写作两卷本的《中国哲学史》时就说："所谓中国哲学

[1]　冯友兰：《贞元六书·新理学》，华东师范大学出版社，1996年，第11页。
[2]　同上书，第15页。
[3]　同上书，第16页。

者，即中国之某种学问或某种学问之某部分之可以西洋所谓哲学名之者也。所谓中国哲学家者，即中国某种学者，可以西洋所谓哲学家名之者也。"① 冯先生最后一次写7卷本的《中国哲学史新编》，从20世纪60年代开始，历经坎坷，断断续续，直到1990年6月他95岁高龄时完稿，同年11月逝世。他孜孜不倦于中国哲学史这门学科的建设，是我们永远景仰的榜样。不过，就是在这最后的中国哲学史著作中，他的哲学观念仍一以贯之。他说，"哲学是人类精神的反思"②。他对这句话进一步解释说，精神生活的主要部分是认识，所以，也可以说，哲学是对于认识的认识。但是，哲学又不等同于认识论，因为认识论主要是讲认识的一般形式，不问认识的内容，"而对于人类精神的反思则必包括这些认识的内容"③。从这一点说开去，冯先生进一步写道："哲学的对象是极其广泛的，因此它所用的概念必然极其抽象，这就决定它的方法是理论思维。"④ 这就涉及了作为普遍知识的哲学的表述特征。

比较一下金岳霖和劳思光对冯先生的工作的两种不同评价也是很有意思的。金岳霖先生所接受的哲学教育和冯友兰先生的大致相同，所以，他对冯友兰先生最初发表的两卷本《中国哲学史》的评论取比较肯定的态度。他认为，"从大处看来，冯先生这本书，确是一本哲学史而不是一种主义的宣传"⑤。他认为，冯先生一方面有一种（关于哲学的）成见，但另一方面，他并没有以这个成见去批评中国固有的哲学。"他说哲学是说出一个道理来的道理，这也可以说是他的主见之一；但这种意见是一种普遍哲学的形式问题而不是一种哲学主张的问题。冯先生既以哲学为说出一个道理来的道理，则它可注重的不仅是道而且是理，不

---

① 冯友兰:《中国哲学史》上册，第7页。

② 冯友兰:《中国哲学史新编》第1册，人民出版社，1982年，第9页。

③ 同上书，第10页。

④ 同上书，第16页。

⑤ 金岳霖:《冯友兰〈中国哲学史〉审查报告》，第282页。

仅是实质而且是形式，不仅是问题而且是方法。"① 可以认为，金先生因为冯友兰主张哲学是说出一种道理来的道理，就认为有可能深入形式和方法中去，因而接近"普遍哲学"的要求。同时，他也肯定冯先生不以个人好恶取舍中国固有的哲学的做法。

　　劳思光先生对冯友兰先生另有一种批评。他说，"冯友兰先生的中国哲学史，就比胡先生的书略胜一筹……但冯友兰的中国哲学史，虽有哲学的成分，却仍然并未接触到中国哲学的特性。它是一本哲学史，但并非一本成功的哲学史"。劳先生解释了他的观点，也算是对冯先生的一种分析。他说："冯先生自己在哲学理论上造诣不算太深；他解释中国哲学时，所能运用的观念及理论，也限于早期的柏拉图理论与近代的新实在论。他对西方哲学理论所能把握的本已不多；对中国哲学的特性更是茫无所知。因此，当他在中国哲学史中解释某些较简单的理论时，虽然可以应付，但一接触到宋明理学，立刻显出大破绽。他从来不能掌握道德主体的观念，甚至连主体性本身也悟不透，看不明。结果，他只能很勉强将中国儒学中的成德之学，当成一个形而上理论来看，自是不得要领。我们倘若对冯氏的《新理学》一书稍加注意，则我们不难看出他的理论与中国宋明儒理论的根本距离。而他解释理学的失败，在识者眼中，也就是很自然的事了。"② 劳先生的这些话是写在他的《中国哲学史》第 1 卷开端的。在该卷最后的一篇"后序"中，他再次点评胡、冯，进一步认为，冯先生的哲学成分"主要只是新实在论的观点与柏拉图的形上学观念。因此，其具体的表现，即是两点：一、'普遍'与'特殊'的划分；二、'主体性'之否认"③。

　　金岳霖先生和劳思光先生对于冯友兰先生的评价都是基于西方哲学

---

①　金岳霖：《冯友兰〈中国哲学史〉审查报告》，第 282 页。
②　劳思光：《中国哲学史》第 1 卷，第 3 页。
③　同上书，第 347 页。

的基本观念，这一点是没有疑问的。所不同的是，比较起来，金先生更严格地遵循西方传统哲学，也就是正统哲学的观念。他谈到普遍哲学，也谈到哲学有实质和形式之分。在他的心目中，真正的哲学应当是最普遍的知识，至少，要通过写哲学史，把历史上有关的哲学内容提升到普遍的、形式的高度。用西方哲学的术语来说，也就是要进入本质世界的领域。我觉得冯友兰先生确实是朝这个方向去思考中国哲学史的。例如，他评说宋明理学时，力图把"理"解说成是一个独立的理论领域。照他的看法，"朱熹就是中国哲学史中的一个最大的本体论者"①。又如，他在谈到理论思维的概念的性质时说，理论思维的概念或共相"红"并不红，"运动"的概念或共相也不动，"变"的概念或共相也不变。② 劳思光先生显然注意到了现代西方对于传统哲学的批评。他指出，冯先生关注的是普遍和特殊的划分。他又批评冯先生忽略主体性问题，后者正是现代西方哲学的一个热门话题。劳思光先生不能否认前者是哲学，只是他认为将其用于分析宋明理学是不妥的；他自己是从主体性方面去分析宋明理学的，并且认为，只有从主体性方面出发才能辨析宋明理学的疏误。不过，他的批评中也有含糊不清之处。他在突出主体性问题的同时，认为宋明理学是从三个方面去肯定世界的："存有论"（按：即ontology）、"形上学"和"心性论"。③ 那么，他所谓的存有论和形上学究竟是什么意思呢？况且，"主体性"的概念也很有讲究。我最近读到比利时的拉德利埃教授的一篇文章，很受启发。他分出两种主体，一种相应于日常生活中的主体，一种是运用着超验概念的主体，其所对应的是超验的世界。④ 劳先生所谓的主体究竟是哪一种呢？大概照理性主义

---

① 冯友兰:《宋明道学通论》，载鲍霁主编:《冯友兰学术精华录》，北京师范学院出版社，1988年，第564页。
② 冯友兰:《中国哲学史新编》第1册，第22页。
③ 劳思光:《中国哲学史》第3卷上册，第79页。
④ Jean Ladrière, "Universality and Culture," in William Sweet and Hu Yeping eds., *To the Mountain: Essays in Honor of Professor George F. Mclean*, Fu Jen Catholic University Press, 2004, p. 131.

哲学的观点，后一种主体是更具"哲学成分"的。但是，中国哲学中显然是不存在这种意义上的主体的。

虽然劳思光先生本人的哲学观念尚有深入讨论的余地，不过，他指出从"特殊"与"普遍"关系的框架入手去解释宋明理学之不妥，多少已经感觉到西方哲学的框架是不宜于表述中国哲学的。"普遍"与"特殊"是在西方哲学中才形成鲜明对照的一对范畴。西方哲学从古希腊时起就相信，"普遍"的知识涵盖较大的范围，因而具有较高的价值，越普遍的知识被认为越有价值，ontology 的出现就是对绝对普遍知识追求的结果。由于绝对普遍的知识是超越一切经验范围的，普遍的东西如何能作用于经验的世界，即普遍和特殊的关系如何，就成为西方哲学史上的一个重大问题，它实际上是通过对 ontology 的反思生发出来的问题。普遍究竟是存在于特殊之中还是与特殊相分离，这个问题也是过去我国哲学界切入哲学时的一条重要途径，也被当作区分唯物论和唯心论、辩证法和形而上学的分界线。

三　张岱年的《中国哲学大纲》

张岱年先生的《中国哲学大纲》一书别具特色，它是按问题来整理中国哲学的。所以书名不是以"史"为名。书中就每一问题大量摘引原文，自己的评论篇幅相对不多。这对于后人寻找资料是很好的指引。

但是，他也必须确定哪些问题属于哲学，才能下手取舍材料。在这个问题上，他的态度是比较灵活的。他自问，"中国先秦的诸子之学、魏晋的玄学、宋明清的道学或义理之学，合起来是不是可以现在所谓哲学称之呢？换言之，中国以前的那些关于宇宙人生的思想理论，是不是可以叫作哲学？关于此点要看我们对于哲学一词的看法如何。如所谓哲学专指西洋哲学，或认西洋哲学是哲学的唯一范型，与西洋哲学的方法态度有所不同者，即是另一种学问而非哲学；中国思想在根本态度上实与西洋的不同，则中国的学问当然不得叫作哲学了。不过我们也可以将哲学看作一个类称，而非专指西洋哲学。可以说，有一类学问，其一特例是西洋哲学，这一类学问之总名是哲学。如此，凡与西洋哲学有相似点，而可归入此类者，都可叫作哲学。以此意义看哲学，则中国旧日关于宇宙人生的那些思想理论，便非不可名为哲学。中国哲学与西洋哲学在根本态度上未必同；然而在问题及对象上及其在诸学术中的位置上，则与西洋哲学颇为相当"①。严格说来，归类是个逻辑问题，中国传统文化对逻辑向来不甚研究。于是，可以把藏羚羊与山羊归入一类，也可把水牛与山羊归为一类，全看你心中的条件如何设立，即要看这个类概念是什么。张岱年先生在这里就是留待读者自己去确定哲学这一类学问指的是什么。他意识到中国哲学和西方哲学在根本态度上的不同，相同的是他前面所举的那些学术所关注的问题及其在诸学术中的地位。但是这个地位究竟是什么，他也没有讲下去。我觉得，张岱年先生这些话颇具传统国学的风格，逻辑性是不严的。但是，正因为如此，他给读者留下了空间，给问题的进一步发展留下了余地。

在写于 1937 年的该书"自序"中，张岱年先生有一处谈到中西哲学的区别，即"中国哲学不作非实在的现象与现象背后的实在之别"②。认识到这一点很重要。现在许多人说，学哲学就是学会透过现象看本质，把哲学看作本质之学，这是西方传统哲学的基本特征。从这一点深入下去，还可以看出西方哲学一系列相关的特征，如一元论和二元论的对立、唯物主义与唯心主义的对立，等等；进一步可以思考，没有本质与现象之分的中国哲学史中是否同样上演着唯物主义与唯心主义、一元论和二元论之争呢？可惜张岱年先生没有想下去，好像也没有见其他人这样想过。

---

① 张岱年：《中国哲学大纲》，载《张岱年文集》第 2 卷，清华大学出版社，1990 年，第 2 页。
② 同上书，第 6 页。

　　尽管相比之下，张岱年先生对于中西哲学的差异强调得多一些，他的《中国哲学大纲》受西方哲学的影响也小一些，但是，这种影响是免不了的，这一点他自己也承认。可是有一点他未必意识到了，即，如果他真正了解西方哲学的 ontology，并且还要把中国哲学有关本根、本体的学说比作西方哲学的 ontology，那么，对于中国哲学和西方哲学之间的不同去说那么多话就不是十分重要了。

四　最近 20 年的中国哲学史建设

　　新中国成立以后，中国哲学史的写作明确了要以马克思主义为指导。不过，对于马克思主义的理解也有一个逐步深入的过程。曾经有一个时期，中国哲学史被严格看成唯物主义和唯心主义、辩证法和形而上学两条路线的斗争史；在"文化大革命"时期，中国哲学史又被说成是法家和儒家的斗争史。经过这样的过程，倒是促使人们产生了要按哲学史本来的面目去写的愿望。在这种情况下，加上教育事业的大发展，出现了许多作为教材的中国哲学史著作。就我所知，其中影响较大的有萧萐父先生、李锦全先生领衔主编的《中国哲学史》（上、下卷，人民出版社，1982、1983 年），这是集九所院校之力写成的一部教材；另外是冯契先生的《中国古代哲学的逻辑发展》（上海人民出版社，1984 年）；还有张立文先生的《中国哲学范畴发展史（天道篇）》（中国人民大学出版社，1988 年）。

　　虽然有了要真实反映中国哲学史的愿望，但是最初的难题并没有解决：究竟什么是中国哲学？由于这些问题没有讨论清楚，中国哲学史的写作仍然跳不出对西方哲学的依傍，不过依傍的对象集中到了黑格尔。当黑格尔被提起的时候，依傍的旅程达到了它的终点站。

　　黑格尔是西方传统哲学的集大成者。整个西方哲学都是以追求普遍知识为宗旨展开出来的。关于这一点，有黑格尔总结性的话为证。他说："什么地方普遍者被认作无所不包的存在，或什么地方存在者在普遍的方式下被把握或思想之思想出现时，则哲学便从那里开始。"① 理性主义，也即以柏拉图和黑格尔为代表的主流派或曰正统派，不仅认为存在着一种不以任何特定领域为对象的普遍知识，他们还在与对立观点和学派的论战中，深入论说了哲学知识的特征。这些特征在黑格尔的《逻辑学》中得到了系统、完整的表述。这些特征主要指，作为普遍知识的哲学也被认为是在充斥在天地间的绝对精神中展开出来的客观真理。这是说，这种真理是不以人的意志为转移的，自然界、人类社会的运动以及人的思维活动都应当遵循这样的真理，或者简直可以说，它们都是绝对精神的展开或体现。绝对精神既然是根本性的东西，它必定是靠自身的动力运动的，它被表达为从概念到概念的运动。当然，这里所说的概念不是我们用来表述可经验或可体验的对象的概念，后者在黑格尔这里被称为表象性的概念，而表达绝对精神的概念则是逻辑规定性的概念。这里说的逻辑，在黑格尔之前，主要采用的是形式逻辑的方法，黑格尔把它发展成辩证逻辑。黑格尔全部哲学的开端是从最普遍、最抽象的概念"是"出发，遵照辩证逻辑的方法，逐步推论出整个范畴体系。这个范畴体系就是绝对精神的表述，是"最哲学的哲学"。用黑格尔自己的话来说就是，"揭示出理念发展的一种方式，亦即揭示出理念各种形态的推演和各种范畴在思想中的、被认识了的必然性，这就是哲学自身的课题和任务"②。而"哲学史的研究就是哲学的研究"③，这样，哲学史的任务就是把历史地出现在意识中的思想范畴和某些概念的联系梳理出来。说得简明一点，对于黑格尔来说，有一种依据其自身的逻辑运动发展出来的概念体系，被认为是充斥在宇宙间的绝对精神，它不仅是客观

---

① 黑格尔：《哲学史讲演录》第 1 卷，贺麟、王太庆译，商务印书馆，1996 年，第 93 页。
② 同上书，第 33—34 页。
③ 同上书，第 34 页。

世界的规律（普遍知识），也是人的意识发展的规律。黑格尔的这种哲学也被认为是 ontology、认识论和逻辑学（辩证法）的统一；用黑格尔自己的说法，就是所谓历史和逻辑的统一。①

　　由于黑格尔哲学向来是作为马克思主义哲学的来源之一被了解的，他在中国的影响是毋庸置疑的。人们对黑格尔抱着一种复杂的心情。一方面，为黑格尔精深的思辨所折服，对他是崇敬的。例如，当萧萐父先生和李锦全先生评述在他们之前治中国哲学史的学者中的一部分人的得失时，谈到其不足之一即"在方法上还未能达到黑格尔演述西欧哲学发展所显示的思维水平"。但是另一方面，也知道要与他保持一定的距离，因为他毕竟受到过马克思主义的批判，马克思主义对黑格尔哲学的批判具有西方哲学史上革命性变革的意义。于是，在接受黑格尔的时候，也应努力做出一种批判。

　　对黑格尔最大的批判集中在黑格尔的绝对理念体系的性质方面。批判者认为，并不存在这样一个脱离人类思维、高高在上的精神性实体。但是，通过概念的运动揭示的自然界、社会和人类思维的普遍规律还是有的。② 与黑格尔不同的是，他们都强调，这样的规律是客观世界本身的物质运动的规律，而不是脱离了物质运动的精神性的存在。概念所表达的东西是人类对这一规律的认识过程，于是哲学史就被确定为"一般认识的历史"③。

　　但是，既然规律之为规律在于它的普遍、必然的性质，我们用陈述具体事物运动过程的语言是不能将它表述出来的。严格来说，只有通过逻

---

① 黑格尔说："历史上的那些哲学系统的次序，与理念里的那些概念规定的逻辑推论的次序是相同的。"（黑格尔：《哲学史讲演录》第 1 卷，第 34 页）

② 例如，萧萐父、李锦全说，所谓哲学认识，"是人们的理性思维形式表达的关于自然、社会和思维运动的一般规律的认识，也可以说是对于客观世界的本质和人对客观世界能否认识和改造、怎样认识和改造的总括性认识"（萧萐父、李锦全：《中国哲学史》上卷，第 4 页）。

③ 萧萐父、李锦全：《中国哲学史》上卷，第 4 页。

辑命题，我们才能把具有普遍必然性的规律表述出来，而逻辑命题是用逻辑规定性的概念或曰范畴来表达的。于是，哲学史的任务就被规定为确定哲学概念的产生和发展的历史。萧萐父先生、李锦全先生说："哲学认识的发展，按其逻辑进程，集中体现在哲学概念、范畴的产生、发展和演变之中……中国哲学发展的不同阶段都合规律地出现了一系列本体论、认识论和发展观的概念和范畴。"①从这一点出发，黑格尔关于历史和逻辑统一的观点自然又被接受了。于是，一部中国哲学史就被描绘成概念发展的历史。这是时下盛行的观念，即所谓"正统派"路线的发展。

冯契先生把中国哲学史描述成概念发展的历史的时候，更突出概念发展的辩证运动，把它具体地描述成由许多小圆圈组成一个大圆圈的否定之否定的过程。他认为，中国古代哲学开始于原始的阴阳说，先秦时期争论"天人""名实"关系问题，由荀子做了比较正确、比较全面的总结，达到了朴素唯物论与朴素辩证法的统一，仿佛回复到出发点，这可以说是完成了一个圆圈。秦汉以后，哲学上关于"有无""理气""形神""心物"等的争论，由王夫之做了比较正确、比较全面的总结，在更高阶段上达到了朴素唯物论和朴素辩证法的统一，完成了又一个圆圈。②

张立文先生的《中国哲学范畴发展史》仅从书名就可以看出，中国哲学史的任务是把发生在中国历史上的哲学概念、范畴按历史顺序和逻辑次序加以排比、整理、综合。他认为，"整体的和谐性，传统的延续性，结构的有序性，构成中国哲学范畴发展史的整体特征"③。与冯契先生不同的是，张立文先生把这一发展过程比喻为"同心圆"。④

---

① 萧萐父、李锦全：《中国哲学史》上卷，第 7 页。
② 冯契：《中国古代哲学的逻辑发展》，第 18 页。
③ 张立文：《中国哲学范畴发展史（天道篇）》，第 34 页。
④ 同上书，第 31—32 页。

　　不能否认，上述中国哲学史的写作依傍的是经过马克思主义改造的黑格尔。然而，关于马克思对黑格尔的态度，事实上是有不同理解的。我们曾经把马克思对黑格尔的态度归结为：扬弃其唯心主义的外衣，吸取其辩证法的合理内核。不过，近年来，随着对马克思唯物史观的深入学习研究，人们逐渐感到，马克思在哲学方面的革命性创造远远超出在黑格尔基础上的改造。首先，马克思要追问一切思想、观念和理论的起源，指出其根源在于人的实际生存活动，这比一切号称追问得最深的哲学还要问得深。这意味着，黑格尔是应当被越过的。其次，马克思认为，以往的哲学在讲对象、客体、实在的时候，就只知道盯着对象、客体、实在，根本没有去想与它们相应的主体的、人的方面的状况。马克思批评了这种情况，这一批评的意义值得反复体会。我的一种理解是这样的：无论像唯心主义那样把世界看成是按照绝对理念的展开，还是像唯物主义那样把世界看成是物质自身的运动，当他们把自己的观点当成是唯一真理的时候，都忘记了某种观点总是同自己主体的状态即自身的生存状态有关的。人可能采取这样或那样的立场或生存状态，但是，究竟实现为怎样的生存方式，归根结底取决于人争取生存的活动。所以，第三个要点是：哲学家只是揭示世界，而问题在于改变世界。马克思简直是在预言一种新的形态的哲学的诞生。在这个意义上，我相信，恩格斯在《路德维希·费尔巴哈和德国古典哲学的终结》中的那句话应当是"总之，哲学在黑格尔那里终结了"，而不是像1995年第2版《马克思恩格斯选集》中的翻译："总之，哲学在黑格尔那里完成了。"[①] 黑格尔主义如果不是唯一的哲学形态，那么，对于要不要改造黑格尔主义以指导中国哲学史的写作，我认为应当慎重考虑。

　　能不能以黑格尔主义的哲学观指导中国哲学史写作，更是一个问

---

① 《马克思恩格斯选集》第4卷，第220页。

题。黑格尔本人也是读过一些中国哲学资料的，他对于中国哲学的轻蔑，大家也是知道的。站在西方传统哲学的立场上看不起中国哲学的重要理由就是，中国根本还没有发展出哲学的概念或范畴。照他的看法，中国古代《易经》的思想虽然"也达到了对于纯粹思想的意识，但并不深入，只停留在最浅薄的思想里面。这些规定诚然也是具体的，但是这种具体没有概念化，没有被思辨地思考，而只是从通常的观念中取来，按照直观的形式和通常感觉的形式表现出来的"①。关于《易经》中的八卦符号，他说，"没有一个欧洲人会想到把抽象的东西放在这样接近感性的对象里"②。关于《书经》中"五行"的观念，黑格尔说，"这些概念不是从直接观察得来的。在这些概念的罗列里我们找不到经过思想的必然性证明了的东西"③。总之："中国是停留在抽象里面的；当他们过渡到具体者时，他们所谓具体者在理论方面乃是感性对象的外在连接；那是没有（逻辑的、必然的）秩序的，也没有根本的直观在内的。再进一步的具体者就是道德……我们遇见一种十分特别的完全散文式的理智……那内容没有能力给思想创造一个范畴（规定）的王国。"④这些话说的是一个意思，即，中国哲学还没有达到概念或范畴的水平。他还从中国的语言方面找原因："因为中国的语言是那样的不确定，没有联接词，没有格位的变化，只是一个一个的字并列着。所以中文里面的规定（或概念）停留在无规定（或无确定性）之中。"⑤人们听这些话感到很不舒服，也很不理解，他怎么竟会说中国哲学没有概念呢？原来，他说的概念与我们日常理解的概念并不是一回事。这种概念的意义是从逻辑上来规定的，它们是用来表达本质世界的一种特别的语言，是从柏拉图的理念、

① 黑格尔：《哲学史讲演录》第 1 卷，第 120—121 页。
② 同上书，第 122 页。
③ 同上书，第 124 页。
④ 同上书，第 132 页。
⑤ 同上书，第 128 页。

康德的纯粹理性概念发展而来的。这种逻辑语言的使用，从形式上保证了西方哲学原理的普遍必然的性质。而中国哲学中确实没有这种概念。既然没有这种概念，我想，把中国哲学史说成是概念的逻辑发展史就是成问题的。

当采用西方哲学的路数整理中国哲学史的时候，人们还有一个理由，即，"要给历史遗产以批判的总结，必须站在发展的高级阶段来回顾"①。这显然是认为，即使是中国哲学史上没有出现过、没有得到发展的东西，也可以站在今天所理解的哲学应有的高度上去总结。这种说法包含着一个未经考察的前提，即，全人类的哲学必定是沿着唯一的一条由低级到高级的路线发展着的，黑格尔哲学自然被认为是站在这个发展前沿的。不能否认，在一种哲学内部，它的问题和思路有一个发展的过程。但是，如果存在着不同形态的哲学，比如，讲修养的哲学和讲知识的哲学，它们遵循着同样的发展路线吗？西方哲学是否是一切可以称为哲学的学问发展的必然方向呢？再者，为什么现代西方的一些哲学家反而对中国传统哲学发生兴趣，并且采纳到他们自己的学说中去呢？把西方哲学当成处在比中国哲学更高级的发展水平上的哲学的根据又是什么？确实，当今之世盛行西方哲学，西方哲学也有它自己发展的线路和阶段。我们过去还不知道"哲学"这个术语，这也意味着哲学在中国传统学问中不是一门独立的学科。然而，一旦我们弄清了西方哲学是怎么回事，并且整理出反映我们的实际的中国哲学史，也许我们看到的将是另一种形态的哲学，这势必对西方传统的哲学观念提出挑战，有可能在我们的时代导致哲学观念的突破。事实上，随着中国社会经济的发展，人们会想到中国传统文化对于社会经济发展的作用。中国人能在短时期内发生如此巨大的变化，传统文化只是起阻碍作用的东西吗？还是本身就蕴含着变革

---

① 冯契：《中国古代哲学的逻辑发展》，第27页。

的动力呢？对这些问题的追问势必深入贯穿于文化中的哲学，中国哲学一定会随着中国人开辟的成功的生活方式而受到世人的瞩目。

中国哲学史能不能根据黑格尔的哲学观念去刻画，归根结底是要看，这样刻画出来的中国哲学史还有没有我们读中国哲学原著时能理解的意义和韵味？读中国历史上的哲学原典，往往让人觉得身心都得到了新鲜的沐浴，它不仅启人以智慧，而且引导人进行修养。读西方哲学，我们接受的是思想训练，它教人概念清晰，推论严密。但是，经过西方哲学的观念整理以后，历史上那些受人尊敬的圣贤成了单纯的理论家，中国哲学剩下的只是概念或"范畴"的堆砌，让人读后既不觉得推理的严密，又失去了它本来修养的魅力，它能不能代表中国哲学的真正精神呢？我认为不能。

我们批评依傍于西方哲学建设中国哲学史的路径，但是，我们对于前辈学者的工作依然充满敬意。因为我们意识到，依傍是一个不可避免的阶段。正因为有前人的依傍，并且沿着正统的路线去依傍，他们走到了尽头，才让我们看出了依傍的不宜。依傍之不宜意味着我们将失去一向所据的哲学标准，这并不是一件坏事。它迫使我们根据作为事实存在着的中国哲学和西方哲学，对哲学观念本身做重新思考。这预示着哲学将有新的发展机会，这样的机会在中国哲学和西方哲学的历史上还未曾有过。过去，无论是中国哲学还是西方哲学，都是通过其各自内部的张力和冲突得到发展的。现在，两种不同形态的哲学终于照面了。哲学在今后一段时间内一定会在中西哲学或其他哲学的相互比较中，通过哲学观念本身的变革而得到发展。这一变革是离不开中国哲学界的参与的。前辈学者们的劳动没有白做。是他们，使我们对西方哲学的了解一步一步走向深入，也是他们，吸引着一批一批的学子投身哲学研究的领域。他们走出了中国哲学在现时代的发展中必不可少的一步，在现代中国哲学发展的历史上，他们应当史册标名。

第二节　金岳霖先生的《论道》①

——依傍西方哲学建设中国现代哲学的尝试

　　金岳霖先生的《论道》一书虽然取名为"论道"，表达出来的却是西方哲学的观念。关于这一点，本来我们不必证明，因为此前他为冯友兰先生的《中国哲学史》写评审意见的时候，就提出了"普遍哲学"的概念。他说："如果一种思想的实质与形式都异于普遍哲学，那种思想是否是一种哲学颇是一问题。"②所谓普遍哲学就是西方哲学，这清楚地表明了他对于不符合西方哲学的哲学的怀疑。那么，《论道》这本书是否同时也是中国哲学呢？冯友兰先生盛赞这本书是"现代化与民族化融合为一，论道的体系确切是'中国哲学'，并不是'哲学在中国'"③。既然在中国哲学史这门学科的建设中依傍西方哲学不见得成功，那么，抛开历史的包袱，借用中国传统文化资源直接写作与西方哲学观念接轨的中国现代哲学行不行呢？这就涉及今后中国哲学的走向。那么，金岳霖先生的这条路是否走得通呢？也就是说，金岳霖先生的这部著作能否被中国传统文化所容纳、消化，被中国人所接受呢？至少目前我还看不到它的前途。

一　《论道》的观念是西方哲学的

　　因为冯先生说《论道》是一部中国哲学的著作，我们就有必要来澄清，它的骨子里原来是一部西方哲学的著作，不仅是哲学的观念，而且包括方法，都是西方哲学的。

　　让我们先来介绍一下金先生在这部著作中所表达出来的哲学观念。

---

① 本节的内容已经在《学术月刊》2005 年第 10 期上发表过。
② 金岳霖：《冯友兰〈中国哲学史〉审查报告》，第 280 页。
③ 冯友兰：《中国现代哲学史》，广东人民出版社，1999 年，第 198 页。

我们知道，西方哲学的核心是 ontology，即"是论"。金先生承认自己的这部书是以"道"为"题材"做成的"元学"。[①] 冯友兰为之注解说，"元学（本体论，形而上学）是哲学的中心，它跟哲学的其他部门不同"[②]。这就是说，"是论"（按：即所谓"本体论"）是我们理解《论道》一书的重要背景。

"是论"确实是西方哲学的核心，它也被称为纯哲学或"第一哲学"，甚至是"哲学的哲学"。其基本特征是设立了一个超验的领域。这个超验领域在柏拉图那里被表达为理念世界，在近代理性主义哲学中被表达为纯粹概念思辨的本质世界，它们分别和可感世界、现象界构成了二元对立的图像。对于这种哲学来说，关键在于超现象世界的设立。金先生之论道，正在于设立这样一个超验的领域。他在这本书"绪论"的开头就预料了人们对他写这本书可能产生的疑问："知道我的人们也许会感觉到一个向来不大谈超现实的思想的人何以会忽然论起道来。"[③] 这说明，他借着论道所要谈的的确是超现实的思想。

在中国人的传统观念中，得道是一种高明的境界，但并没有超现实的意思。因为道被认为是遍在于一切事物的过程中的，即所谓"道不离器"。"得道"这个说法更表明，道是人当下所能够体验、把捉的东西，得道是对人自身状态的描述。然而超验世界却只能通过概念在思想中得到理解，这种思想与日常的思想不同。日常的思想，用黑格尔的话来说，是表象性的思想。表象性的思想总是对于某事物的思想，故也可称为对象性的思想。中国传统哲学中并没有一个超验的领域，因而也没有与之对应的脱离实际的纯粹概念性的思想。为了从本来并不存在超验世界的中国文化背景中建立起超验的世界，金岳霖先生必须先引导读者学

① 金岳霖：《论道》，商务印书馆，1985 年，第 16 页。
② 冯友兰：《中国现代哲学史》，第 198 页。
③ 金岳霖：《论道》，第 1 页。

会概念思考，以开辟出超验的领域。

我们看到，金先生是通过对两个方面问题的分析引导到概念性思想上来的。首先是区分思想为动、静两态。"动的思想指的是思想过程。"所谓动的思想通常用这样的话来表示："你去想想看。"其所思想的是殊相生灭的历程。"静的思想没有时间上的历程，只有条理上的秩序。"通常用这样的话来表示："他底思想近乎宋儒思想。"我们不难看出，所谓动的思想是以事物为内容的思想，即所谓"殊相生灭的历程"；静的思想则"不是历程而是所思的结构"，即对思想本身做反思时才能见出的东西。金先生说："我个人寻常所注重的是静的思想，我这本书所表示的也是所思的结构。"①

其次，分思想为想像和思议。"所想像的是意像，所思议的是意念或意思。"思议和想像的区别在于："思议底范围比想像宽。可以想像的例如金山、银山，或欧战那样的大战在一个人脚趾上进行，都是可以思议的，但是可以思议的，例如无量、无量小、无量大或几何底点线等等不必是可以想像的。"②由此可见，所谓"想像"仅仅限于表象性的思维，思议则包括表象性思维和理论思维。严格说来，纯粹哲学的思维只是金先生所说的思议中的理论思维，而应当把表象性的思议剔除在外。不过，当金先生说"所思议的是意念或意思"时，他关注的并不是表象性思维，而是理论思维、概念思维。这可以联系他对休谟的议论进一步见出。他认为，休谟的 idea 当译为"意像"，而不译为"意念"或"意思"："休谟是人，他写书，他当然有意念，也善于运用意念。可是，他底哲学只让他承认意像不让他承认意念；意像是具体的，意念是抽象的；他既不能承认意念，在理论上也不能有抽象的思想，不承认抽象的思想，哲学问题是无法谈得通的，因果论当然不是例

---

① 金岳霖：《论道》，第 1 页。

② 同上书，第 3 页。

外。"① 他批评休谟的考察停留在意像的水平，他自己则主张应进入意念、意思的层面。这里的意念，用现在通行的话来说，就是普遍性的概念。这番议论意在引导思想进入对纯粹概念的思考。只有运用普遍性的概念才能打开超经验的思想领域。

哲学不以任何特殊的领域为自己的研究对象，其核心部分尤其驰骋在超验的领域，其中使用的普遍概念也不指示实际的事物。失去了对经验事物的凭借，思想就只能是依赖逻辑的纯概念的思想。金先生说："我们要知道思议的范围就是逻辑，思想底限制是矛盾，只有矛盾的才是不可思议的。这当然就是说只有反逻辑的才是不可思议的，而可以思议的总是遵守逻辑的。"② 这就进一步迎合了西方哲学"是论"的逻辑推论的特征。在西方哲学中，"是论"正是以纯粹概念的逻辑推论构造的原理体系。

所谓原理体系是指，它提供一切知识的最终解释。思想不是仅仅为了游戏而遵守逻辑，思想遵守逻辑是为了对世界给出说明。问题在于，是否只要思想遵守逻辑，就能得到关于世界的正确解说呢？对此，金先生是肯定的。他说："从逻辑这一方面着想，任何世界，即与现实世界完全不同的世界，只要是我们能够想像与思议的，都不能不遵守逻辑……任何可以思议的世界都是遵守逻辑的世界。"③ 他的理由是，逻辑运作能够穷尽一切"可能的必然命题"，现实世界的事情无非是其中一种可能性的实现。他在"绪论"中回顾了自己这一认识的形成过程。他说，他早就景仰于数学家坐在书房里运算，不必合于自然界，而自然界却毫无反抗地自动地接受数学公式。后来研究逻辑，自己又感觉到逻辑也有那闭门造车出门合辙的情形。"近来经奥人维特根斯坦与英人袁梦

---

① 金岳霖：《论道》，第 4 页。
② 同上书，第 3 页。
③ 同上。

西底分析才知道逻辑命题都是穷尽可能的必然命题。这样的命题对于一件一件的事实毫无表示，而对于所有的可能都分别地承认之。对于事实无表示，所以它不能假；对于所有的可能都分别地承认之，所以它必真。它有点像佛菩萨底手掌，任凭孙猴子怎样跳，总跳不到手掌范围之外。假如算学与逻辑是类似的东西——我不敢肯定地说它们是类似的东西——也许自然界之遵守算学公式就同事实之不能逃出逻辑一样，而前此以为自然界因遵守算学公式而有算学式的秩序那一思想就不能成立。假如算学同逻辑一样，自然界尽可以没有秩序，然而还是不能不遵守算学公式。"①这就是说，数学和逻辑一样，揭示出一切可能而必然的东西，尽管它们不一定都实现出来，但凡是实现出来的事情都不外乎数学和逻辑中已经得到揭示的东西。追求这种知识正是西方传统哲学的宗旨。冯友兰先生摘引了上述这段话，把它当作金岳霖先生《论道》一书"现代化特点"的标志。②

　　冯友兰先生另有一段话，也可资说明金岳霖先生《论道》一书的哲学观念："宇宙及其中事物的发展，是一个由'可能'到现实的历程。古今中外的大哲学系统，都以说明这个历程为其主要内容。金岳霖的《论道》的内容，也是说明这个历程。"③说中国古代哲学也论说宇宙由"可能"到"现实"的历程，是值得商榷的，因为中国古代哲学中虽然也包含关于宇宙世界的学说，但其重心在做人；至于说中国哲学谈宇宙的时候划分"可能"和"现实"两个世界，更是值得商榷。西方哲学中的"可能"世界标志的是具有逻辑构造的世界的特征，它同超验世界的设立有关。西方哲学从柏拉图时起划分理念世界和可感世界，前者是知识的对象，后者是意见的范围。从这个基本的二元对立中发展出理性和

---

① 金岳霖：《论道》，第2—3页。
② 冯友兰：《中国现代哲学史》，第195—196页。所引原文参见金岳霖：《论道》，第2页。
③ 冯友兰：《中国现代哲学史》，第178页。

感性、本质和现象、客观和主观、必然和偶然、普遍和特殊、逻辑和事实等一系列二元对立,"可能"和"现实"即其中之一。中国哲学中既然没有设立一个超验的世界,自然就没有从与现实对立的意义上谈论一个"可能"世界的必要。

由于西方哲学一开始就认定,真理、本质存在于超验的世界,是理性通过概念把握的世界,于是就致力于把它表述出来,以为在这里我们可以获得普遍知识或绝对真理。概念的界定、逻辑的使用都是为了表述这种真理的需要而发展出来的。反过来说,也只有把握了概念思考的方法,才能进入超验的领域。这正是金岳霖先生在《论道》一书的"绪论"中要区分静的思想和动的思想、思议和想像的原因吧!

二 《论道》的难点也是西方哲学的

西方哲学当然也有不同的流派,主张超验世界的主要是其中的理性主义一派。理性主义从一开始就伴随着自己的对立面经验主义或者非理性主义,并且其对立面也随着所讨论问题的发展而发展。理性主义之遭受反对,是由超验世界的设立导致的二元对立的矛盾本身造成的。然而,其对立面的出现并不表示二元对立被克服了,相反,它们与理性主义的共存倒是对二元对立的放大。这就是说,二元对立不仅是理性主义这一派理论内部的矛盾,理性主义和经验主义的对峙这一现象本身是被当作一个整体来看的西方哲学的二元分裂特征的体现。凡治西方哲学而稍深入者,总免不了处理这一矛盾。金岳霖先生既然承袭了西方哲学的观念和路子,尽管他使用着中国传统文化的资源,也不得不面对这些矛盾。

我注意到,主要有两个问题突出反映了金先生试图克服二元对立的努力。第一个问题是,纯粹思想的逻辑推论是否能揭示世界的真理?在西方哲学中,这是所谓思想和存在的同一性问题,是一个需要论证的问题。金先生意识到了这个问题，其"绪论"中关于"所与"和"事实"的讨论就是针对这个问题的。所谓所与，是指整个呈现在我们面前的世界，是"原料"；所谓事实，指的是经过人的观念整理了的所与，或者说，是得到我们认知的世界，是"加上关系的原料"。他说："某人只有四十岁，青年会到清华园不过十多里，他底大褂长四尺四寸，罗斯福是美国总统，我欠他五百元法币；假如这些话都是真的，它们都表示事实。可是，纯客观的所与无所谓'岁''里''尺''寸''总统''法币'。显而易见的事实不就是客观的所与。"① 照常识，所谓客观指的是不依赖人而独立存在的事物，前述所与应当是客观的；而金先生所谓的事实倒因为经过了人的整理、认知而是带有主观性的。但是，照金先生的规定，"其实所与无所谓客观，只有事实才是客观的"。他对"客观"的定义是："所谓客观的如此如彼，就是在某某条件之下不得不如此的如此不能不如彼的如彼；而客观的是甚么就是在某某条件之下不得不是甚么的甚么。事实有这样的客观性，因为它不是光溜溜的所与，而是引用了我们底范畴的所与。"② 这就是说，好比有一条路，它是单纯的所与，无所谓客观不客观；只是当我们不得不认定它长十里（而不是任意的长九里或十二里），这才成为客观的事实。既然这样揭示出来的事实才是客观的，问题倒在于为什么大家都认定它"长十里"。看来大家的思想都在遵守某种不得不遵守的准则。如果说，认定一条路长十里遵守的是共同的度量衡，那么，从更一般的意义上说，思想活动遵守着某些具有必然性的范畴，这才使所与成为具有客观性的事实。

我们看到，在需要说明思想的东西为什么可以规范事实并能揭示事实的客观本质的问题时，金先生把客观性寄托到了思想的方面：事实之不得不如此，是由于我不得不如此去考量它；我之不得不如此去考量

---

① 金岳霖：《论道》，第 6 页。
② 同上。

它，则是由于我不得不遵循范畴的逻辑。他的这个关于客观性的观点与康德的观点有很大程度上的相似，但又有重大区别。康德认为，只有具有普遍性和必然性的知识才是客观的，数学和自然科学知识就是这样的客观知识。但是，我们通过感官获得的关于自然界的经验材料（即金先生说的所与）并不含有普遍必然性，除非是我们在整理经验材料时运用的工具已经包含着普遍必然性，经过这番整理以后形成的知识才可能具有普遍必然性。我这里说的"工具"，就是康德所谓的人的理性能力，即运用概念规范经验材料并进行逻辑推论的能力。但是，康德只限于解释数学和自然科学这种"事实"，而没有涉及科学范围以外的事实，因为只有数学和自然科学被认为是具有普遍必然性，因而是客观的知识。现在，金岳霖先生是泛指一切事实，他举的例子是年龄、长度、身份、货币等事实，这里并没有普遍必然性可言。例如，当确定一条路长十里是一客观事实时，就须先假定世间只有一种共同的度量尺度。假如采用公里为尺度，或者以走这条路所需的时间为尺度，情况就完全不一样了。事实上，我们不仅有公尺和市尺之别，就是中国古代的一尺和今天的一市尺也是不一样的。同样，"总统"只是在现代民主社会中才得到人们承认的现象，"法币"更是在很短暂的时期内流通的货币。既然这些事实本身并没有普遍必然性，它们就不能成为我们具有运用范畴的能力的根据。由于金先生不区分必然的事实和偶然的事实，所以，他会说，"我以为我看见鬼仍是客观的事实"[①]。我认为，康德绝不会说这样的话，因为并不是人人都必然见到鬼，而数学和自然科学知识则是人人都不得不承认其有效的。康德既然从数学和自然科学出发追问人的理性能力，并且理性能力主要是指人运用范畴进行逻辑推理的能力，他就根据形式逻辑转换得到十二个范畴，它们都是逻辑规定性的概念，是能进行

---

① 金岳霖：《论道》，第 7 页。

逻辑推论的。而金先生《论道》一书也采用逻辑推论的形式，却并没有交代，何以这些概念具有逻辑规定性，因而能对它们做逻辑的推论。例如，怎么能从"道"的概念推论其中包含式和能？

金先生所谓的客观性也是值得讨论的，即使是在严格的康德意义上的客观性，也还有商量的余地。黑格尔对康德有如下的批评，他认为，一方面，"真正讲来，只有感官可以觉察之物才是真正附属的，无独立存在的，而思想倒是原始的，真正独立自存的。因此康德把符合思想规律的东西（有普遍性和必然性的东西）叫做客观的，在这个意义下，他完全是对的，从另一方面看来，感官所知觉的事物无疑地是主观的，因为它们本身没有固定性，只是漂浮的和转瞬即逝的，而思想则具有永久性和内在持存性"。另一方面，他又认为，"康德所谓的客观性，在某种意义下，仍然只是主观的"。[1] 这是因为，概念和范畴毕竟是我们的思想。可见这个难题不容易解决。黑格尔本人的观点是，"思想的真正客观性应该是：思想不仅是我们的思想，同时又是事物的自身，或对象性的东西的本质"。[2] 黑格尔的话把西方哲学二元论的矛盾暴露无遗，二元论的根子是现实世界和超验世界的分割，在意识中表现为感性和理性的割裂。黑格尔要弥补裂缝，说思想又是事物自身。但是，说思想又是事物自身，我们能想通吗？关键在于，西方哲学一开始就做了二元划分，在二元分裂的基础上发展起来的哲学内部想克服二元对立，是不可能的！

与此有关的第二个问题是，我们如何获得能够用来规定所与的普遍性的概念？一种简单的想法是，我们可以根据归纳法从个别达到普遍。从归纳得到的概念可以是类概念，也可以是表达某种抽象性质的概念，即共相。不过，从经验的概括得到的这种普遍性的程度总是受到经

---

① 　黑格尔：《小逻辑》，第 119—120 页。
② 　同上书，第 120 页。

验局限的。对这个问题，金先生的办法是划分先天和先验，他认为归纳原则本身是先验原则，而不是先天原则。他并没有告诉我们先天和先验的区别。但是，从他的有关论述中，我们得到的印象是，先天是不依赖经验的、天生就有的原则，先验则是源于经验又超出经验的原则。他的具体论述不容易让人理解，大致的意思是说，归纳的实质是用我们的范畴去安排经验的所与，就好像把新书安放到图书馆书架已经划定的位子中去。只要经验的所与源源而来，我们就总是在做这种安排。归纳遇到的反例并不是对于过去事实的推翻，其所推翻的只能是从归纳得到的普遍命题。"只要经验继续下去，先验原则总不会为将来所推翻。"[1] 如果我们对金先生的想法没有误解的话，那么，我们就能说，金先生的论述不足以回答概念来源的难题。这是因为，在他这里，图书馆的架子已经有了，而问题在于，图书馆的架子是怎样设计出来的？即它的那些分类原则是如何确立的？照金先生的说法，问题似乎不难，"新书来了之后，不摆在这一格就摆在那一格，即令原来的格式不够，我们也可以新创一格"[2]。不过，在这里，我们也需要判断同、异。我们如果没有同、异的观念，如何能把一本新书归入既定的某一格或为之新辟一格？而如果我们承认我们有同、异的观念，那么，它们又是从哪里来的？如果以为从经验的概括中可以得到同、异的观念，那么，我只需提醒一种说法：天底下没有两片树叶是完全一样的。

我们注意到，金先生论述的要点不在于由归纳得到的结论是不是普遍有效，而在于，归纳原则本身是不是一个先验原则。他认为，归纳法中出现反例，并不能推翻已有的事实，即使出现了反例，就把反例也包括在结论中，归纳仍然可以继续下去。但是，如果他的《论道》一书是根据归纳原则建立的一些普遍命题，人们自然主要是看这些命题表达的

---

[1]　金岳霖：《论道》，第8页。

[2]　同上。

道理是否普遍有效。如果出现了反例，那么，这些命题的普遍有效性就是成问题的。命题出了问题，再要申明这些命题所从出的方法为一先验原则，又有什么意思呢？这是我对他的论述不十分明白的地方。

黑格尔自称消解了二元对立。依照他的说法，自然界和人类思维都遵从绝对理念，只要通过纯粹的思想活动把握原理，就能解释事物的本质。这真正是只要闭门造车，必定出门合辙。不过，金先生并不完全是一个黑格尔主义者，金先生自述他早年学习的是格林（T. H. Green）哲学，此人是阐述黑格尔哲学的，后来又读罗素和休谟的书。金先生的哲学无疑受上述这些哲学家的影响，所以他对解决西方哲学的难题有他自己的思考。我们这里注意他关于范畴和时间的说法。

关于范畴，金先生说："我们底范畴都是概念，而我们的概念有两方面的作用：一方面是形容作用，另一方面是范畴作用。就概念之为形容工具而言，它描写所与之所呈现的共相底关联，它是此关联底符号，此所以它能形容合于此关联的所与，因而传达并且保存此关联于此所与消灭之后。就概念之为范畴而言，它是我们应付将来的所与底办法，合乎此关联（即定义）之所与即表示其现实此共相，不合乎此关联之所与即表示不现实此共相。"[1] 所谓"形容"，当指概念的表象作用，概念是根据其所表象的对象获得自己的意义的；所谓"范畴"，是使所与成为事实的工具（即，金先生所谓使一切可能的所与得到定义，实现其共相）。他认为，"这两方面是不能分开来的，概念不形容，它也不能范畴，不形容而欲范畴则概念不能达，此所以大多数的人谈概念总要举例；概念不范畴也不能形容，不范畴而欲形容则概念也不能达，因为在此条件下它不过是名字而已"[2]。果真如此，那么，以概念的逻辑运作得到的"元学"，同时也就是世界上的事物的运动所不得不遵守的原理。

---

[1]　金岳霖：《论道》，第6—7页。
[2]　同上书，第7页。

但是，问题似乎比金先生考虑的要复杂得多。照金先生的说法，范畴是我们做铸件时的模子。然而关于范畴的这个比喻说法是不确切的。这是因为，我们对世界的认知绝不限于感觉的层面，而是深入事情的所谓本质，即深入普遍必然的关联。问题是要回答，我们怎样得到有关事物普遍必然的知识？如果范畴的应用是普遍必然性知识的来源，那么，范畴就绝不只是模子那样的东西，而是具有逻辑推理功能的工具。这样的范畴，在康德那里被称为纯粹理性概念，在黑格尔那里被称为绝对理念。黑格尔尤其强调逻辑规定性的概念与表象思维的概念的区别，这就是说，用作逻辑范畴的概念是不能同时用作表象性概念的。而金先生说，一切范畴都是概念，又说概念都既有形容的作用又有范畴的作用。这岂不是说，范畴也有形容和范畴两种作用吗？金先生一开始就定义了范畴的两种作用，但是，作为逻辑规定的范畴只有摆脱了表象才能被用作逻辑推论；反过来说，用作表象的概念是不宜用作逻辑推论的。例如，作为逻辑范畴，整体容纳部分，反之则不行，这里说的整体和部分都只能是脱离了表象的概念。如果做表象性思维，那么，一个个的人是整体，船舱只是船的部分，许多人坐在船舱里，岂不是部分容纳了许多整体？人站在乐山大佛的脚趾上，也要成为整体在部分内了。所以，黑格尔在其《逻辑学》的"导论"里，一再强调纯粹概念的思维和表象性概念的思维的区别。逻辑范畴是不指示实际的，反过来说，只有不指示实际的概念才可以充当范畴，用作逻辑的推论。然而，既然逻辑范畴是脱离实际的，从它们的推论中得到的命题是否就是对实际事物的描述，这是一个难题。正像康德说的，从上帝是一个完满的"是"、存在属于完满的"是"，推得上帝存在，这样推论出来的存在只是一个逻辑的规定性，它与我口袋里一百元钱的实际存在不是一回事。金先生试图事先规定，范畴除了作为范畴（逻辑功能）同时还有形容功能，以克服纯粹哲学理论和实际之间存在的鸿沟。问题在于，兼有两种功能的概念还能用作逻辑推论吗?

　　关于时间,金先生明白地说,"逻辑本来就没有时间"[①]。所谓"逻辑的先后",只是理论上的"条理"。[②]"纯粹的逻辑命题彼此都是彼此底必要条件,否认任何一逻辑命题也就否认任何其他的逻辑命题。它们只有系统上成文的先后,没有系统之外超乎系统的先后。"[③]我十分同意这些说法。所谓逻辑的超时空性质,主要是由逻辑概念的超经验性质决定的。这里说的逻辑概念不仅是指形式逻辑中的概念,也指纯粹哲学("是论"或金先生所谓的"元学")的概念。纯粹哲学不是任何特殊的学问,没有自己特定的对象领域,但是却标榜自己为最普遍的知识或绝对的原理。于是,其所使用的概念当然也就不能指示任何特定的对象。一切特定的对象都是在时空中的,不指示任何特定的对象的概念,就意味着它们是超时空的,以至于人们可以说,理论思维的概念"红"并不红,甚至理论思维的概念"时空"并不是真实的时空。如金先生所说,"由纯理出发我们底概念是绝对的,从绝对的概念这一方面着想,我们免不了想到绝对的时空"[④],这绝对的时空正是对超时空的另一种表达。在这种情况下,这些概念只能靠相互之间的逻辑规定性获得意义。反过来说,也正因为它们是些逻辑规定性的概念,它们才能被用来做逻辑的推论以构造纯粹的原理。然而,纯粹哲学的困难也在这里:由于逻辑不在时间中,或者说,逻辑是超时空的,所以,仅凭范畴的逻辑推论构造出来的"元学"如何能展开为时空中的现实世界?

　　金先生显然也遇到了在时间问题上反映出来的纯理和现实之间的矛盾的困扰。一方面,他表明自己注重的是静态的思想,其中有条理而

---

① 金岳霖:《论道》,第11页。
② 同上书,第5页。
③ 同上。
④ 同上书,第12页。

无时间；但是，另一方面，他说，"我觉得我之所谓'现实'，'实在'，'事实'，'存在'，无一不以时间为主要的因素"①。一方面，纯理思考的是"绝对时间"；另一方面，"绝对的时空似乎为科学所打倒"②。最后，金先生决定"在这本书里，绝对与相对的时空都分别地承认之"③，并且把时间隐藏在"能"这个概念中。金先生说，《论道》一书第一章中"能有出入"这句话里，就已经蕴含着时间的重要性的意思了，"如果我们承认能有出入，我们已经承认时间，我们承认时间，则在现实的历程中我们这样的世界不会没有"④。但是他并没有交代清楚，"能"为什么蕴含时间？他的这个设定的根据是什么？问题仍然是，以纯粹概念思考的哲学理论究竟能否用于对现实的说明？

以上说明，金先生的《论道》这本书完全是依傍着西方哲学的观念来写的。所谓"元学"，其要在于建立一个纯粹理论的世界。既为纯粹理论的世界，又要兼顾现实世界，这是自柏拉图以来西方哲学一向存在的二元论的困境。金先生在《论道》的"绪论"中试图解除这个困境，但是结果表明，他自己也陷入这个困境中。不过，也正因为深深地陷入困境中，才见得金岳霖先生对于西方哲学的了解。这本书初版于1940年，距西方哲学传到中国为时不久。老实说，就是在今天，对于通过纯粹概念的逻辑构造表达的"哲学原理"，大多数人还是不太搞得清的。而搞清楚这一点，是我们今天开展新一轮中西哲学比较研究的起点。

三 《论道》之为中国哲学的质疑

但是，问题是，金先生要用中国传统文化中"道"的观念表达西方

---

① 金岳霖：《论道》，第11页。
② 同上书，第12页。
③ 同上书，第13页。
④ 同上书，第12页。

哲学的观念，这条路走得通吗？我以为困难颇大。

首先，我们没有西方哲学那样使用概念的习惯，而对语言使用的不同习惯反映出来的是中西文化背景的重大差别，这使得以中国传统文化的语言完全表达西方哲学的观念不太可能实现。

西方哲学的术语虽然大多也见于日常语言，但哲学的语言，尤其是作为西方哲学核心的、纯粹哲学原理部分的语言，是一种与日常语言相去很大的语言。这主要是因为，那是一片超经验的领域。如果说我们日常语言的概念是表象性的概念，那么，超经验领域的概念是逻辑规定性的概念。关于这一点，马克思和恩格斯在批判黑格尔主义的时候早已有所揭露。他们说："正像哲学家们把思想变成一种独立的力量那样，他们也一定要把语言变成某种独立的特殊的王国。"[1] 超经验的领域以及逻辑规定性的概念肇始于柏拉图的理念论，历经两千多年的发展，已经成为西方文化的一部分。例如，黑格尔在《逻辑学》中以"有"（即"是"）为全部逻辑学的开端时，说它"没有任何更进一步的规定。有在无规定的直接性中，只是与它自身相同，而且也不是与他物不同，对内对外都没有差异"[2]。这完全是逻辑的语言。唯其如此，已经习惯了逻辑思维的人才能逻辑地过渡到"无"的概念。对照金先生的《论道》，其开篇的命题是"道是式一能"[3]。金先生在"绪论"中事先说明，"本书底式类似理与形，本书底能类似气与质，不过说法不同而已"[4]。冯友兰先生为之解释说，"金岳霖所说的'式'和'能'相当于理学所谓'理'和'气'"；并认为，"他的说明往往和理学相合"[5]。理学是不是像西方"是论"那样的学问，自当别论。但是，既然经营"元学"，似乎应当体现

---

[1]　马克思、恩格斯：《德意志意识形态》，人民出版社，1961年，第515页。

[2]　黑格尔：《逻辑学》，第69页。

[3]　金岳霖：《论道》，第19页。

[4]　同上书，第13页。

[5]　冯友兰：《中国现代哲学史》，第177—178页。

出逻辑的必然性。有一点是可以肯定的，即在中国传统哲学中，尽管各家对道的说法不尽一致，却没有一家是把它当作一个逻辑规定性的概念来理解的。这里我们不免要提到另一位前辈陈康，他自述治学方法，谈到他所不取的几种治学方法时，有一种是"用从半空中飞下来的结论作推论的前提（'道曰式，曰能……'）"①。显然，陈康先生也不认为"道"的概念可以成为逻辑推论的前提。

也许人们会说，即使中国传统文化没有将"道"用作逻辑概念，何妨现代人对它做逻辑的规定和使用呢？我想，那样的话，最终也不过是用中国话来讲西方哲学。用金先生自己的话来说，叫作"旧瓶装新酒"。翻译西方哲学，也是以中国话讲西方哲学。比较起来，可能还是后者好一些。在翻译中新创的术语往往更能传达中国传统哲学中本来没有的观点和方法，而减少造成混淆的可能。例如，金先生用"式"表示"理"与"形"，"能"类似"气"与"质"。理解金先生的冯友兰说，"式"和"能"相当于理学所谓的"理"和"气"，那就直说"理"和"气"好了。但金先生又谈到共相和 Stuff，那何妨说就是"形式"和"质料"呢？

语言的使用归根结底同人的生存状态相关，从逻辑的方面去规定"道"以及一整套中国哲学的术语（逻辑的概念只成立于逻辑体系中，一个孤立的概念是不能成为逻辑概念的），势必要求中国人的生存状态有很大的改变。我们已经说过了，西方哲学对于哲学做逻辑的规定和使用，是同超验世界的设立密切相关的。我们还可以进一步说，这个世界不仅是绝对真理的世界，在基督教中，也是神的世界。他们对语言的使用，是与他们的生存状态联系在一起的；反过来说，也只有对于那种生存状态来说，那种语言才是必需的。当一个非西方民族把自己民族的语言改造

---

① 陈康：《论希腊哲学》，商务印书馆，1990年，第2页。

得像西方民族的语言时，势必伴随着生存状态的改变。且不说这是否必要，它是否可能也是一个问题。而真当一个民族完全从自己的生存状态变到另一种生存状态的时候，她的民族性也就荡然无存了。

其次，以为西方哲学是普遍的哲学，或者是哲学的普遍形式，这个观念现在受到了挑战。既然如此，搞哲学必须依傍西方的想法也是没有必要的。

过去，人们惊异于逻辑推论的必然性的力量，其结论是人人都当承认的，因而总觉得逻辑具有客观的性质，它与人自身的状态似乎是无关的。由此途径构造出来的哲学所反映的是客观真理，那是人人不得不遵守的。现在，人们对逻辑的实质有了较深入的认识，开始意识到，逻辑的运作也不可避免地关涉到运作者自身的一种特定的状态。在这里，人必须剥离自己的情绪、好恶等意识活动，听凭逻辑的法则安排，好像解数学题须依据数学公理，让逻辑自己展开出来。而当维特根斯坦说出，语言的逻辑其实是人自己制定出来的游戏规则时，逻辑的神秘性就进一步消散了。原来逻辑之为逻辑，联系着人自身的一种可能的生存状态。人们可以逻辑地思想，但人并非只能逻辑地思想。人也不是只有逻辑地思想才是人，生活中人的意识方式是多样的，它们都是人展开自己生命意义的方式。随着世界各国人民交往的日益频繁，人们越来越意识到生存方式的多样性，与此相应，也存在各种不同形态的哲学。中国哲学以其提供出一种特有的形态，在这一趋势中扮演着一个重要的角色。从这个角度考虑，无论是中国哲学史这门学科的建设还是中国哲学将来的发展，都不能走依傍西方哲学的道路。

最后，哲学不能离开哲学史。中国哲学和西方哲学的发展都离不开各自的哲学史。一个民族的哲学总是围绕着历史上形成的哲学问题、结合现实生活中出现的新情况来推动哲学发展的。而在金岳霖先生的《论道》一书中，却没有中国哲学史的痕迹。但是，冯友兰先生并不这样看。他认为，金岳霖先生的《论道》是接着宋明道学讲的，道学分理学和心学两派，他自己和金先生是现代中国理学派的代表。[①] 冯先生的这个论断，也是值得商榷的。冯先生和金先生接受的都是西方哲学的观念，他们的哲学思考中都有二元的划分。照冯先生的看法，道学讨论的是共相与殊相、一般与特殊的关系。[②] 如果真是这样的话，那么，他把自己和金先生归入新理学也许是有道理的。然而，这种面貌的宋明理学是他用西方哲学的观念去考量的结果，关于这一点曾有人指出过了。[③] 如果宋明理学不当做这样的概括，结果又将怎样呢？

虽然哲学的发展离不开哲学史，我们不应当坐等中国哲学史的面貌澄清以后才去发展，不过，在发展哲学的时候，总要对哲学的观念做出交代。既然依傍西方哲学的观念被认为是一条走不通的路，那么，就要求有一种新的哲学观念。然而，不同于西方哲学的哲学还是哲学吗？流行了两千余年的西方传统哲学观念是可以改变的吗？这些问题尖锐地摆在我们面前。

放眼世界，哲学发展到了今天，真的出现了一种新的情况，即，从古希腊延续下来的哲学观念正在发生变革。这一变革是西方哲学内部出现了矛盾的结果，也是世界各民族文化空前大交流的结果。哲学的观念有望在新一轮的比较研究中得到更新。中国哲学界决不会放过这个机会，世界也将更多地把目光投向古老而有生气的中国哲学。

---

① 冯友兰：《中国现代哲学史》，第 174 页。

② 冯友兰：《中国哲学史新编》第 5 册，人民出版社，1988 年，第 12—17 页。

③ 例如，劳思光先生就认为，冯友兰先生从西方形而上学的角度看待宋明理学，对于道德问题不甚了了，其失误处在：1. 做特殊和普遍的划分，2. 忽略主体性。劳思光先生说，这是新实在论的柏拉图主义（劳思光：《中国哲学史》第 1 卷，第 3 页，又参见第 347 页）。劳思光先生依据的同样是西方哲学的观念。

第三章 哲学观念更新的时代

我们说过，自从西方哲学传入中国以后，中国的哲学就一直是在比较中发展的，其中一个重要的目的就是建设中国自己的哲学。然而，由于受到西方传统哲学观念的约束，中国哲学的建设道路曲折。为了探索今后建设中国哲学的方向，我们需要继续加强中西哲学的比较研究。许多迹象表明，西方传统哲学的观念正在经历着变革，世界各民族也开始反思，纷纷提出自己的哲学观念。面对这种形势，中西哲学的比较研究也进入了一个新的阶段，它承担着探索哲学观念更新的历史任务。中国哲学将随着哲学观念的更新而走向世界，为世人所接受。为了提高开展新一轮比较研究的自觉性，我们要回顾开展比较哲学研究的历程，检视西方哲学发展的态势，明确新一轮比较研究的意义。

第一节 比较哲学的回顾

进行哲学比较的目的在于发展自己的哲学，归根结底是确立本民族安身立命的信念。最初的比较研究不限于哲学，而是文化和哲学的比较研究。当时，既以救亡图存为主要任务，中西比较也就集中在西方何以比中国强大的方面。清末有所谓"中体西用"的观点，看到的是西方人的技术优势。到五四运动前后，中西的比较就深入到了精神文化的领域。例如，思想界的领袖陈独秀认为：1. 西洋民族以战争为本位，东洋民族以安息为本位；2. 西洋民族以个人为本位，东洋民族以家族为本位；3. 西洋民族以法治为本位，以实利为本位，东洋民族以感情为本位，以虚文为本位。[①] 李大钊在《东西文明根本之异点》一文中进一步将此概括为，"东洋民族主静，西洋民族主动"。他的出发点是环境决定论。他说，在欧亚大陆间的地形构造中有一高山，分世界文明为北道文明和南道文明，他的这个划分把中国、日本、南亚诸国和西亚的波斯、土耳其和非洲的埃及归作南道，把蒙古、满洲、西伯利亚和俄罗斯、欧洲诸国归入北道。由于南道文明"得太阳之恩惠多，受自然之赐予厚，故其文明为与自然和解与同类和解之文明。北道得太阳之恩惠少，受自然之赐予啬，故其文明为与自然奋斗与同类奋斗之文明"。在这个基点上，李大钊一气列出了十几种区别：自然的和人为的，安息的和战争的，消极的和积极的，依赖的和独立的，苟安的和突进的，因袭的和创造的，保守的和进步的，直觉的和理智的，空想的和体验的，艺术的和科学的，精神的和物质的，灵的和肉的，向天的和立地的，自然支配人间的和人间征服自然的。每一区别中的前者为东方文明，后者为西方文明。[②] 显然，这样的区分是停留在表面的，理论上也是粗疏的。然而唯其不足，才思变革，这毕竟反映出当时前辈们奋发图强的精神。

至今还有影响的是梁漱溟先生的《东西文化及其哲学》一书。他不满意于那些粗疏的比较，而是要深入到造成文化差异的原因中去。他看出，文化的差异出于生活方式的差异。但是，当他再深入下去的时

---

① 陈独秀：《东西民族根本思想之差异》，载《新青年》第 1 卷第 4 号；转引自梁漱溟《东西文化及其哲学》(商务印书馆，1987 年) 之补遗 "时论汇编"，第 1—4 页。
② 李大钊：《东西文明根本之异点》，载《言治》第 3 册；转引自梁漱溟《东西文化及其哲学》之补遗 "时论汇编"，第 4—5 页。

候，就认为生活方式的差异出于人的"意欲"，即心理因素。所以，他的结论是，西方文化是以意欲向前要求为其根本精神的，中国文化是以意欲自为调和持中为其根本精神的，印度文化是以意欲反身向后要求为其根本精神的。梁先生有很深的佛学知识，他的上述论述所据的就是佛学的路数。佛学所讲的无非是成佛的道理。一方面，它从人所把握的日常现象中分析出人有把握这些现象的能力，即各种"识"；进一步深入下去，把这些能力归结为维系自我的生命意识，即第七识末那识；末那识还有它的出处，即称为阿赖耶识的第八识，在这里，没有生命和无生命的差别。人如能体验到自己的这个出处，他就觉悟了，就成佛了。另一方面，佛学又展示人如何从没有差别的"无明"中展开出来，以至于有万千气象的现象界。梁先生的这部著作运用的也正是这一往一返的方式。他从文化追问到意欲，又从意欲展开为文化。但是，他把文化归结为"意欲"即心理活动，不仅与佛学是相违的，而且人们还可以问，人的心理活动又是由什么决定的呢？该书出版后不久，梁先生就觉得"有几处颇知自悔"，其中重要的一点就是以心理学解释儒家的错误。尽管如此，此书还是一再重版，至1929年时，已出第8版。1987年，商务印书馆又予以重印。这部著作得以流传至今，究其原因，一方面，我们不能否认梁漱溟先生这部著作反映了他独立的思考，比当时其他同类作品更有深度，因而自有它的价值；但是，另一方面，我们也要看到这方面成果之缺乏和读者希望了解这方面研究的心情之迫切。

到20世纪40年代的时候，随着中国学者对西方哲学知识的积累，比较研究也就更深入了。1940年，朱谦之的《中国思想对于欧洲文化之影响》（后改书名为《中国哲学对欧洲的影响》）出版了。这部著作尤其值得关注的是，它揭示了明末清初西方来华传教士和中国知识分子之间关于儒学和基督教神学优劣长短的辩论。由于这场辩论形式上是在神学和儒学之间进行的，人们容易忽略它事实上是中西哲学的比较和辩论。

辩论的诸多焦点之一，是太极的性质问题。依天主教教士利玛窦的看法：1.世上万物可以分成自立者和依赖者，自立者可以独立存在，而依赖者则不能独立存在。太极既是事物之理，就是不能离开事物而独立存在的。2.理是没有灵觉的。3.理卑于人，意为它是人所掌握中的东西。[①]这几条说法后面，每一条都参照着与之相对的上帝的性质，即，我们可以认为，上帝是自立的；是有灵的，甚至是万能的；是高于人的。它的根本目的是宣传上帝是至高无上的存在。中国知识分子对此做了反驳。如杨光先《辟邪论》（1664）写道："夫天二气所结撰而成，非有所造而成者也。子曰：'天何言哉！四时行焉，百物生焉'；时行而物生，二气之良能也。天设为天主之所造，则天亦块然无知之物矣，焉能生万有哉？"又说，"圣人学问之极功，只一穷理以几于道，不能于理之外，又穿凿一理，以为高也"。[②]这里表面看来仅涉及是否存在上帝以及上帝是否高于天地万物，实际上已经揭示出中西哲学的一个具有根本性的重大区别，即，中国哲学是就着实际世界而言的，西方哲学则设定了超出现实世界的东西，这个东西在神学中是上帝，在世俗化的哲学里，则是纯粹思辨的领域。循此以往，本来应该是能够进一步揭示中西哲学形态上的区别的。然而，我们没有看到这进一步的揭示。朱谦之先生的著作的书名表明，他并没有把重点放在比较的方面。

另一部出版于1947年的书是张东荪先生的《知识与文化》。这部书分三编，前两编从知识说到文化，又从文化说到知识，第三编谈中国思想的特征。全书贯穿着中西比较的眼光。其中有许多观点至今还是值得我们重视的。他对于西方哲学这门学问的宗旨了解得是比较清楚的，即，西方人把哲学规定为一门用总括性的概念对经验做解释的学问，这

---

① 朱谦之：《中国哲学对欧洲的影响》，第142—144页。
② 同上书，第171—172页。

大体上与我们认为的哲学是普遍的知识是一致的。在把握西方哲学的基础上，他并没有把西方哲学当作哲学的普遍形式，而是根据中国传统文化既有的资源，去努力解说中国哲学的形态。他指出中国哲学区别于西方哲学的三点：1. 中国哲学不是西洋哲学中的所谓本质或本体的哲学，也不是因果原则的哲学；2. 中国哲学不是形式哲学；3. 中国哲学根本上就不追求"最后的实在"。[①] 我认为这个概括大体上是正确的。在具体的学术观点上，张东荪先生也有许多论点值得注意。兹略举数端为例。第一，他指出了逻辑和西方语言形式之间的一种关系，认为"逻辑本身就是一个玩艺或把戏（game）"[②]。"西方人以为逻辑是人类理性的普遍规范，乃是一个误会。"[③] "旧式逻辑是与言语合一的；新式逻辑是可以远离于言语的……总之，现代的新逻辑并没有告诉人说，逻辑中所讲的必然关系就是宇宙真际的本有条理。"[④] 我们知道，维特根斯坦也有"语言游戏"的说法，见于他 1945 年写的《哲学研究》。而张东荪的这部著作虽出版于 1947 年，但书末记有"民国二十九年四月三日写毕"字样，这实在是让人惊讶的。第二，他明确指出，中国哲学中并不存在西方哲学中的那种本体论。当他这样说的时候，他的意思是说，中国哲学中没有本质世界和经验世界的划分，没有西方哲学中的那种"实在"（reality）的领域。这是对的。但是，当他为之做论证的时候，却是有偏差的。他从中国语言中的一个句子可以不用主语的现象中引申出中国人的心思中缺少主体观念，进而引申到缺少本体的观念，将其作为中国哲学中不存在本体论的理由。这显然是对所谓本体论缺少系统的了解。事实上，我们在他的这本书中看到，当他在"本体论"后标明英文原文时，既用

---

① 张东荪：《知识与文化》，第 99—100 页。
② 同上书，第 65 页。
③ 同上书，第 59 页。
④ 同上书，第 65 页。

过 ontology，也用过 substance philosophy，后一个词是他的杜撰。严格说来，本体论即"是论"，不是本体的哲学。第三，张东荪在比较中西哲学的时候，把语言当作各自文化背景中的重要因素看待，这是有见地的。他考虑过中国象形文字与思想方式的联系、社会生活的方式和词语内容的联系，指出汉语文法中缺少明确的主谓结构及主动语态和被动语态的区分对于哲学表述的影响，还指出了西方语言中的系词"是"与西方逻辑和哲学形成的关系。这些思考都是有启发性的。尤其是系词"是"与西方哲学的关系，关于这个问题的意义，我们只要指出，这个问题隔了整整半个世纪重新成为讨论的热点，并且被认为是深入了解西方传统哲学的关键性问题，就足够了。①

近年来，有王淼洋、范明生主编的《东西方哲学比较研究》（上海教育出版社，1994 年）。其篇幅甚大，眼界也很宽阔。书名已经指出，比较不限于中国哲学和西方哲学，而是从整个东方和西方的比较着眼的。内容涉及形而上学、自然观、认识论、逻辑（包括墨辩、因明）、方法论、科学哲学、历史哲学、人论、伦理价值观、审美哲学、政治哲学、文化哲学。面面俱到，就不容易深入，可为初步涉足比较研究的人提供参考。其最大的问题恐怕还在于，章节的设立无批判地承袭了西方学术的分类——这个问题本来是中西哲学形态的比较研究应当加以反思的。其中的第二章"第一哲学"，表达了中国古代哲学中不存在所谓"本体论"的观点。

张世英先生的《天人之际》也于 1994 年出版，这本书主要根据人与世界的关系这个问题比较中西哲学。他认为："整个人类思想由主客不分观到主客二分思想又回复到（高一级的回复）主客不分观的发展过程，与个人意识成长的过程是一致的"；中国传统哲学没有经过主客二

---

① 关于这方面的讨论，有宋继杰先生主编的论文集《Being 与西方哲学传统》上、下两卷，共一百多万字。

分的阶段，因此，对他来说，中西结合意味着要"中国传统的天人合一与西方传统的主客二分相结合"。他还流露出从事哲学的目的在于追求人与物、人与自然交融和谐的高远境界的想法。①

21世纪最初的几年，中国哲学界出现了一场关于中国哲学合法性问题的讨论，其热烈程度为前所未有。这似乎又把问题拉回到了起点。然而在这场讨论中，似乎并没有人真正认为中国不存在哲学。有的只是对前辈学者中国哲学史的写法提出质疑，认为中国哲学有自己的形态面貌，前辈学者依傍西方哲学的观念写的中国哲学史不能真正反映中国哲学的原来面貌。有人以为，这场讨论是德里达的一句话煽起来的。据说，他在2001年访问上海时说，中国没有哲学，只有思想。这句话竟不胫而走。对德里达这句话的理解必须联系他在上海社会科学院的讲演，这次讲演的题目是"解构主义与ontology"。其主要观点是，他的解构主义就是要解构ontology，ontology是某种"在场"（present）的东西，解构主义想得比ontology深，它要追溯在场者是如何出场的；解构主义具有解放思想的功效，但是，它并不只有破坏，也有所肯定、有所建构；结论是，解构主义是普遍适用的理论。针对他的演讲，我作为听众向他提问，如果解构主义是针对ontology的，那么它对于一种没有ontology的哲学是否还适用？例如，我认为中国哲学就没有ontology。他回答说，中国哲学即使现在没有ontology，将来也会有ontology，所以仍然适用。我表示不同意他关于中国哲学将来会有ontology的说法，因为ontology需要逻辑地使用语言，是与西方的文化背景密切相关的。在这种情况下，他最后的回答是，即使没有ontology，也会有其他在场的东西束缚着思想。他的意思是，解构主义仍然是普遍适用的。② 如果我

---

① 张世英：《天人之际》，人民出版社，1994年，序。
② 这次演讲和答辩的内容登载于《世界哲学》2002年第1期，题为"解构与本体论——记德里达在上海社科院的讲演"。该刊2005年再次登载这篇记录，对2004年德里达的逝世表示悼念。

们知道 ontology 是西方哲学的核心，是西方哲学之为哲学的标识，那么，当他听说中国哲学中不存在 ontology 时，我们就理解了他为什么会说中国没有哲学只有思想；如果我们也知道，他是把 ontology 当作妨碍思想的东西解构掉的，那么，中国文化中没有 ontology，也就没有那种障碍。

事实上，大家都承认，中国哲学与西方哲学有形态上的差别。只是当用西方哲学的标准来衡量的时候，中国哲学之为哲学的身份才成了疑问，这种疑问一向就存在。在说明了中国哲学中不存在 ontology 以后，这种疑问势必又冒出来。要消除这种疑问，除了实现哲学观念的更新，没有其他的途径。新一轮中西哲学的比较研究没有办法回避、推诿这个历史任务。

第二节　非西方民族对自己哲学的呼唤

哲学观念的更新并非只是中国哲学界的要求，而是包括西方和非西方在内的各民族的要求。对于这一方面，我们向来关注得较少。借助各种形式、各种渠道的对外交流，我们毕竟获得了一些信息，感受到了西方世界之外的民族也有确立自己本民族哲学的迫切要求。阿尔及利亚的神父奥凯拉（Theophilus Okere）著有《非洲哲学：对非洲哲学可能性条件的历史-释义学考察》，出版于 1983 年。他很自豪地说，这是第一部有关非洲哲学史的著作。泰国的本楚华教授说，他的学生尊他为泰国哲学的第五代传人，他的有些重要哲学概念取自泰国的宗教生活。我相信，其他许多民族都有类似的要求。但是他们心中关于哲学的观念绝不可能与西方传统哲学的观念完全一致。如果哲学只是西方传统形态的哲学，即哲学须是普遍的哲学，那么，全人类除了共同形态的哲学就不可能有其他形态的哲学。正是哲学观念变革的形势鼓励了西方之外的各民族探求自己的哲学的热情；反过来，世界各民族对自己的哲学的探求，也一定有助于哲学观念的更新和各种不同形态的哲学的成长和发展。

我们翻译的《从非洲到禅——不同样式的哲学》（上海人民出版社，2003 年）一书，就是对西方之外的各种哲学的一个初步的介绍，其中不仅有中国哲学、印度哲学、阿拉伯哲学、波斯哲学，而且有非洲哲学、拉丁美洲哲学和北美印第安哲学。我们也注意到，瑜伽、打坐这种东方的修炼形式在现代生活方式盛行的美国也很有市场。

在这本书中，人们对哲学只存在于西方的传统观念提出了挑战。如《从非洲到禅》的主编索罗门和希金斯在"导论"中所说：

> 当我们想要评估其他文化及其哲学的时候，却碰到了难题：配享"哲学"尊称的只有很狭的一个范围。例如，时下强调哲学的本质在于论证，且视此为理性，这就把大部分诗意化的、非论证性的那些非西方文化的智慧排除在外了；更有哗众取宠者，认为这些文化不是理性的或只是前理性的。在东方和南方，人们指导其生活的观念常常是表达在歌曲、谚语和诗歌中，而不取论证性的行文。而（在西方）从柏拉图起，诗就被排除在哲学之外了。在许多文化里，哲学主要在伦理学和宗教之中，常常以神话和寓言来表达。这样的传统于是就被当作是"非哲学的"而被遗弃，这不仅是因为，从笛卡儿起人们就迷恋上了认识论和"新科学"，因而宗教和神话被置于次等的地位，而且因为，神话和寓言（除了在柏拉图中已被神圣化了的少数例外）向来被认为在哲学中是没有地位的。对于逻辑论证和认识论的执着而至于顶峰只是最近的事，而逻辑实证主义的登场只是第二次世界大战以后的事，至此，一切对于实体的关切皆被当作"无意义的东西"而被打发掉了。[1]

---

① 索罗门、希金斯主编：《从非洲到禅——不同样式的哲学》，俞宣孟、马迅等译，上海人民出版社，2003 年，第 1—2 页。

上述引文反对那种否认西方以外的哲学的观点，态度是鲜明的。然而，当作者说，那些非西方的哲学主要表现为诗歌、神话、寓言、伦理和宗教等时，人们确实要问，如果诗歌、神话之类的东西就是哲学，那么，它们之间还有区别吗？由于"什么是哲学"这个关键问题没有得到解决，国际哲学界确实产生了疑惑。

美国阿拉斯加大学费尔班克斯分校哲学教授斯瓦佐·诺姆专门撰文，介绍、分析了这方面的情况。他认为，针对以上的问题，目前世界上主要有三种观点：文化主义、普遍主义和批判主义。[①] 所谓文化主义，是认为哲学有"文化的作用"。这种观点尤其表现在关于非洲哲学的讨论中。例如，魏利杜（Kwasi Wiredu）认为，现在非洲的知识分子大多是在西方接受教育的，有一种"殖民地的精神"，当务之急是要从这种精神状态中解放出来，"要在我们的哲学沉思中，哪怕是对当代哲学技术性最强的那些问题的深思中，去开发我们自己土生土长的运思模式"。但是，同样是文化主义，拉丁美洲的情况又不同。由于其过去长期处于欧洲的殖民统治下，受到欧洲文化的深刻影响，现在，他们也把欧洲文化的危机当作他们自己的危机，并由此而感到了哲学上的危机。墨西哥哲学家列奥普多·齐亚（Leopoldo Zea）道出了他们彷徨无主的状态："生活得那样舒服的拉丁美洲人发现，曾经支持过他的文化不再支持他了，他没有了前途。他曾相信的那些信念成了废物，变得没有意义，甚至对它们的作者来说也没有价值。曾充满信心庇荫于他未曾栽种过的这株大树下的此君，当栽树人砍去大树当作废物付之一炬后，他发现自己全无遮蔽。此君现在不得不栽种他自己的文化之

---

① 关于这三种观点的讨论，主要参考了我的朋友、美国哲学教授斯瓦佐·诺姆的论文《对哲学普遍性的疑问和追问行星际思想考》，该文由我翻译，摘要发表在上海市社会科学规划办公室和上海社会科学院信息研究所编的《国外社会科学前沿（2001）》（上海社会科学院出版社，2002 年）上。本节中未注明出处的引文皆引自诺姆的文章。在此我向诺姆教授允许我引用他的文章表示感谢。

树，创造他自己的观念。但是一种文化是不会神奇般地冒出来的，文化的种子必须取自别处，那一定是属于别人的。现在——这就是拉丁美洲人关心的——他到哪里去找种子？这就是说，他将持什么观念呢？他将会把他的信仰寄托于哪些观念呢？他还会继续相信和传承从欧洲得来的观念吗？或者，是否有一套观念和问题可以发展成适合拉丁美洲环境的？或者，他不得不把那些观念发明出来吗？"看上去，拉丁美洲即使高举文化主义的大旗，似乎也摆脱不了欧洲的阴影。然而，诺姆的评论一针见血："对齐亚来说，一种真正的拉丁美洲哲学的可能性是与拉丁美洲人能否'实现自己的人格'相关的，但是人格的实现'不必否认我们在文化上尚处于孩提时代'。齐亚的这个隐喻是很重要的。在欧洲的庇护下成长起来的拉丁美洲人一直感到自己是'低等的''没有合法身份的'，是殖民父母的'杂种'。但是在欧洲的危机中，拉丁美洲人'成年了'，已经成熟到'知道自己是西方文化的传人，要求在其中占有一席之地'。"对于文化主义，我有较多的同情。这是因为，文化是哲学的土壤，而文化，说到底是与民族的认同性紧密相关的。但是，文化不等于哲学。哲学是渗透在文化中的精髓，它既是对于文化的提炼，又自觉或不自觉地对文化的形态及其发展方向发生着作用。文化需要通过自身的反思上升为哲学，在哲学中达到对文化的自觉意识。这并不是一项轻松的工作，尤其是，我们现在的头脑中充满了西方哲学的观念。

由于文化主义还只是停留在表面上，没有回答哲学是什么，无法交代清楚文化同哲学的关系，有时甚至想以文化取代哲学了事，所以在普遍主义面前不免显得气短。普遍主义正是抓住了哲学的"普遍性"大做文章。例如，洪同济（Paulin Hountondji）说："我个人认为，这种普遍性必须得到保留，这倒不是说哲学一定要在各个国家和各个大陆里议论同一个论题甚至同样的问题，而是因为，这些内容之有意义恰在于作为不同的内容，它们都归属于同一种学说和同一种研究方法的本质同一性。"可是，迄今为止，除了西方哲学，又有什么能承当哲学的"本质同一性"呢？洪同济不仅把欧洲哲学当作普遍的哲学，而且他所理解的欧洲哲学主要是科学哲学。所以，他进一步认为："如果说哲学的发展在某种方面是科学革命的作用，而非洲哲学不能离开科学，那么，直到我们在非洲产生出一部科学史之前，我们就不会有我们一直在寻求的一种严格意义上的哲学。称为哲学的那种特殊形式的理论活动，与科学这种理论活动是不可分割的。"更有人认为，为了发展哲学，牺牲文化传统亦不足惜。他们认为，保持民族文化传统只是为了满足西方人对落后文化的猎奇。普遍主义显然看到，西方传统哲学和科学的思想方法是连在一起的，又根据科学的价值肯定传统哲学的价值。但是，应当看到，哲学除了与科学有关，还同人生有关，从事科学活动只是人的生存方式之一。我们更应该看到传统哲学遭受的危机，不能对它视而不见。放弃自己的文化传统去发展普遍哲学，也就谈不上是发展自己的哲学。

相比之下，我以为，批判主义的声音更孱弱。他们既反对照搬西方哲学，又承认非西方的那些哲学不是原创的，并且，最后试图以人类学取代哲学。如出生于秘鲁的一位批判主义代表人物邦迪（Augusto Salazar Bondy）说，只有当拉丁美洲哲学"在其自身中，尤其是在其民族的和政治的演进中找到了高度的共鸣，因而反映出一种共同意识的时候"，拉丁美洲的哲学方能成为西班牙语美洲所创造的东西。这需要对西班牙语美洲的人类学地位进行沉思，并把它的人类学的本质发现和表达出来。批判主义的态度是一种理想的态度，看上去似乎很公允，但是，真正需要的是艰苦的学术工作。

以上这三种态度，大致反映了原来被认为没有自己的哲学的民族对发展本民族哲学的想法。各民族都提出了发展本民族哲学的要求，然而，难点在于，究竟什么是哲学？若按照西方传统的观念，那么，除了希腊的传统哲学之外，其余的都谈不上是哲学。若不按照西方传统的哲学观念来看，什么是哲学？人们有什么理由把他们称为哲学的东西当作哲学？

看来，中国哲学界面临的难题也是其他许多非西方民族的共同难题，这个难题不突破，哲学形态的多样性是难以得到承认的。在印度这个有着古老文明传统的国家，我们感受到了同样的问题。数年前，我曾与同事一起在德里大学参加一次学术讨论。印度深有学养的一些教授卷进一场热烈的辩论中，围绕着一个主题展开论证的相关问题是：佛学是不是哲学？佛学是不是形而上学性质的？佛学中有 ontology 吗？对这些问题的澄清有赖于对相应问题的明确回答：什么是哲学？什么是形而上学？什么是 ontology？形而上学一定是 ontology 吗？这些问题也是我们正在讨论的问题。

世界各国对于本民族哲学的呼唤，反映出人类社会生活方式正经历着重大的变化。各地的人们原来都各自在自己的环境中生存，以自己的智慧创造了符合自己生存环境和习惯的生存方式。现在各地的人们频繁交流，在相互影响中各自都有程度不同的变化，这成为各民族对自己的生存方式进行反思的重大契机，哲学正是这种反思的表现。不仅西方以外的民族在反思，强势的西方民族在把自己的生存方式扩张到世界各地的时候，也不可避免地要反思自己的生存方式。对历时一个半世纪的现代西方哲学的危机，或许我们可以给出一个纯粹学术上的说明，揭示它的各种哲学问题形成的"内在的根据"。但是，如果我们承认人类的命运、世界的前途始终是生活在这个地球上的人类所必须关切的问题，那么，哲学的冲动无论如何也不可能仅仅是由哲学内部的纯粹学术问题推动的。

第三节　西方哲学的危机

一　危机的表现

在非西方民族探寻本民族哲学的时候，西方哲学正在发生危机，这场危机早在 150 年前就萌发了，并且一直延续到现在，依然保持着方兴未艾之势。在这段时间里，许多哲学家改变了唯西方哲学独尊甚至不承认西方之外有哲学的态度，他们开始把眼光投向西方以外的哲学，投向了中国哲学，并且对不同于西方传统形态的哲学进行了卓有成效的探索。对于西方哲学的这一新的发展态势，我们主要是在近 20 余年的时间里加以注意的。

这场危机表现为对西方传统哲学的批判。所谓西方传统哲学，用海德格尔的话来说，就是柏拉图主义。[①] 黑格尔则是这个传统的集大成者。所以，这场批判是从批判黑格尔开始的。马克思、恩格斯其实是这场哲学革命的真正发起者，而且也是其中最深刻、产生最大影响的人。大多数人把这场反叛仅仅当作唯物论对黑格尔唯心论的批判，这对于费尔巴哈来说也许是这么回事。对于马克思来说，这场批判则是对哲学本身的批判。黑格尔哲学在当时不仅是德国的官方哲学，而且被认为是柏拉图以来西方传统主流哲学的典范，看黑格尔哲学就可以知道哲学本身是什么。黑格尔认为，"哲学乃是一种特殊的思维方式——在这种方式中，思维成为认识，成为把握对象的概念式的认识"[②]。西方哲学从追求普遍的知识始，到了黑格尔，作为最普遍知识的哲学在形式上就固定为概念自身的逻辑运动，这个概念的逻辑运动所表达的是纯粹的原理、绝对的精神。天地万物，包括人类的社会生活和精神生活，都必须符合绝对原

[①]　海德格尔在《哲学的终结和思的任务》一文中说："纵观整个西方哲学史，柏拉图思想以有所变化的形式始终起着决定性作用。"参见海德格尔：《海德格尔选集》下卷，第 1244 页。

[②]　黑格尔：《小逻辑》，第 38 页。

理，是这个绝对精神的展开。对于黑格尔来说，原理之为原理，既是最终的东西，也是最初的东西；作为最终的东西，它提供一切最终的解释，作为最初的东西，它不能再有起源了。马克思、恩格斯在《德意志意识形态》一书中偏要追问这种精神性的原理的来历。他们指出，只有社会生活实践、人类基本的生产活动才是人的思想意识的源泉。西方传统哲学的主流向来把这种纯粹普遍的原理当作哲学最高的追求，也当作衡量哲学之为哲学的标志。现在，他们居然揭示出了原理的起源，原理的地位就崩溃了。那么马克思本人关于"社会存在决定社会意识"的主张是不是"原理"呢？如果说这也是一种原理，那么，我们起码要说，这绝不是一种作为与传统哲学不同的观点的原理。如果仅仅作为对立的不同观点，它们仍在同一个层次上。马克思绝不止于只是要人们把他的思想当作一个"观点"来把握，而是说，既然找到了"原理"的出处在实践，那么注意力就不当放在原理上，而是要投入实践本身中去。马克思本人的实践是一个明证，他首先是一位无产阶级的革命家。而马克思主义在全世界产生的影响，主要也是由于席卷全球的社会革命。事实上，马克思主义经典作家已经表明了他们对于哲学本身的批判态度。"总之，哲学在黑格尔那里终结了。"[①] 马克思更说，"哲学家们只是用不同的方式解释世界，而问题在于改变世界"[②]。试问，改变世界的活动是哲学吗？如果它仍是哲学，那么，它还是原来意义上的哲学吗？

对传统哲学的反叛不只来自马克思主义，其中影响较大的在 19 世纪还有叔本华、尼采、克尔凯郭尔等人。他们的作品从思想内容到形式都与传统哲学不同。他们强调意志、表象的重要性，着力于抒发个人的感受。如克尔凯郭尔表达了他对于悲观、畏惧、孤独、厌烦、绝望等情绪的体验，这些情绪是同他的家庭背景和生活经历有关的，他认为在这

---

① 恩格斯：《路德维希·费尔巴哈和德国古典哲学的终结》，人民出版社，1972 年，第 11 页。
② 《马克思恩格斯选集》第 1 卷，第 53 页。

些情绪中才有人的真实存在。尼采的作品往往假托一些疯疯癫癫的人，说出些惊世骇俗的话。他有一句话，"上帝死了"，一直流传至今。他的意思是要重新评估一切价值。他们的出发点都是反对理性主义。所谓理性主义，其核心是逻辑，认为人的思想和整个世界都与或必须与逻辑一致。所以，非理性主义是反叛传统的主要特征之一。

进入 20 世纪以后，西方哲学可以归为两大阵营，现象学与存在主义代表着具有人文精神的哲学，而分析哲学及与之相关联的科学方法论和语言哲学则代表科学哲学的传统。从地域上看，前者主要活跃于欧洲大陆，后者则兴盛于英、美两国。对传统哲学的检讨和批判是他们的共同特点。现象学哲学的创立者胡塞尔并无反对理性主义的意向，相反，他的本意正在于维护理性主义。然而出乎他的意料，他根据意识对象与意识活动方式相关的理论，找到了与范畴这种意识对象相关的意识活动（意向）方式，并把这种意识状态中的人称为"先验主体"。他的这一理论竟被海德格尔等人用来作为摧毁传统哲学第一原理的工具，并且从中发展出了以分析人的生存状态、关注人类命运为主题的哲学，这同柏拉图以来直到黑格尔的传统西方哲学追求普遍原理的哲学大异其趣。分析哲学站在实证的立场上，把传统哲学形而上学归结为语言的乱用，或者试图通过语言的分析清除形而上学，或者去除形而上学的语言，从中剥离出逻辑形式，发展出一种纯粹的符号逻辑。这一派哲学虽然也把反对传统哲学的口号喊得震天响，然而，当哲学在他们手中成为纯粹形式的逻辑运算时，我认为他们实际上是西方传统哲学枯骨的继承者。他们中的例外是维特根斯坦，他通过对语言的分析，得出了"语言之遵从逻辑，恰如游戏之遵从规则"的结论。这个结论简直是对西方传统哲学的颠覆，因为整座西方传统哲学的大厦正是以逻辑为支架，来保证它的普遍必然性和客观性的。如果逻辑不过是使用语言时的规则，那么，所谓的普遍必然性和客观性就被化解掉了。所要关注的倒是，在怎样的语言活动中需要怎样的规则。

在反叛西方传统哲学的阵营中，不可不提到后现代主义。虽然"后现代主义"这个名称偶尔也可以在较早时期的作品中被找到，然而，后现代主义成为声势浩大的社会思潮，成为思想运动，不过是近20年的事情。可以被归纳到这个运动中去的，不限于存在主义或分析哲学，甚至也不限于哲学。事实上，后现代主义最初是与一种建筑的风格联系在一起的，在文学批评中也是早就被引用的方法。不过，只是通过哲学的阐述，后现代主义的宗旨才得到昭显。法国人德里达以解构主义著称的理论可以被认为是对后现代主义的哲学解说，出现在他的语汇中的所谓"逻各斯中心主义""语音中心主义""在场的形而上学"等，无非是表达了对以"是论"为核心的西方传统哲学的反叛。他的理论武器取自海德格尔，这是他自己也承认的。不过，他的思想并没有达到海德格尔那样的深度。海德格尔一边批评传统哲学，一边力图找到一种新的表述哲学或从事哲学活动的方式。为此，他还借用了中国老子的思想。德里达则只是停留在对传统哲学的批判方面：传统哲学把人引向逻辑思想，他就反对逻各斯中心主义；传统哲学主张普遍性，他就反对普遍性。那么他是不是要别人相信他的观点呢？要让人相信他，他自己是否就成为别人的中心了呢？要让别人相信的话语可以不讲逻辑，没有普遍性吗？所以，他的话常以批判为主，以至于人们不知道他从肯定的方面究竟主张什么。有人称他为虚无主义者。这使得他利用在上海社会科学院演讲的机会为自己辩护。他说，解构主义在解构的同时，也有所肯定。他引证海德格尔的一句话说，即使在"这是什么"这个提问中也有所肯定了。这不禁使人哑然，因为人们期望于他的显然不是这种菲薄的肯定。我觉得，这同德里达缺少西方以外的视野有关，他不知道可以有形态根本不同的哲学，只能站在传统哲学主流的对立面，结果不得不陷入非理性主义和相对主义的泥沼。我认为，于连目前所做的工作要比德里达进一步。但是，德里达在挣脱传统哲学束缚、解放思想方面毕竟是有震撼力的。

二　危机的实质

如果只是把西方哲学的危机看作逻辑的方法、理性主义的危机，不免使人疑惑：逻辑的方法有什么不对？理性主义有什么不好？确实，这场危机的实质是一个需要深入研究的问题。

哲学产生危机，绝不只是由于从柏拉图到黑格尔的传统受到了批判。哲学既然号称是一切知识的知识，是指导一切知识的原理，那么，我们就应当结合由哲学指导开展出来的全部知识体系加以思考。海德格尔正是这样看的。他认为，哲学之分解为各门科学就是哲学自身的终结。① 他先将"终结"的意思解释为"到位""完成"。他说：

> 作为完成，终结是指全部可能性之聚集。如果我们期望哲学在以往的形态中而有种种新的发展，那么，想法未免太狭隘。我们忘了，早在希腊哲学时代，哲学的决定性特征就已经显露出来了：即在哲学开启的地盘内科学的崛起。科学的崛起同时就是它们从哲学那里分离出来，成为独立的东西。这个过程就是哲学的完成。这一进程在是者的一切领域展开，正方兴未艾。它看似哲学的解体，其

---

① 恩格斯在《反杜林论》中说过相似的结论：今后"不再需要任何凌驾于其他科学之上的哲学了"，理由是，"一旦对每一门科学都提出要求，要它们弄清它们自己在事物以及关于事物的知识的总联系中的地位，关于总联系的任何特殊科学就是多余的了。于是，在以往的全部哲学中仍然独立存在的，就只有关于思维及其规律的学说——形式逻辑和辩证法。其他一切都归到关于自然和历史的实证科学中去了"（《马克思恩格斯选集》第3卷，第364页）。恩格斯究竟是主张今后的哲学应该是形式逻辑和辩证法，还是不过是对传统哲学发展的事实的描述，这两种理解将导致对马克思主义哲学的不同理解。根据恩格斯对马克思《关于费尔巴哈的提纲》的赞扬，说这是一个新的世界观的天才纲领，恩格斯就不应当认为今后的哲学就是形式逻辑和辩证法。我们在这里主要关注的是，传统哲学的终结是由科学的发展造成的。在这一点上，恩格斯和海德格尔的表述有相似之处。

实恰恰是哲学之完成。①

哲学之发展为独立而其相互之间却又越来越显著地沟通起来的诸科学，这就是哲学的合法完成。哲学在现时代正在走向终结。它已经在人的科学方式的社会活动中到位了。②

哲学的终结证明了，科技成功地操纵安排了世界以及与之相应的社会秩序。哲学的终结意味着植根于西方欧洲思维的世界文明的开始。③

这些话很明白：把各种科学开启出来是哲学本身的要求。现在，各门科学发展起来了，那么，哲学的任务也就完成了。这同一种流行的说法大致是相同的，即，实证科学的发展不断剥夺形而上学的地盘，当形而上学的地盘被剥夺殆尽的时候，哲学就终结了。海德格尔还认为，科学以控制为特点，它操纵了人类生活的方式，并通过科学使这种方式蔓延到全世界。那么，哲学和科学究竟有怎样的姻缘呢？

我们想到了哲学的起源。从字面上说，它是对智慧的热爱。不过，到了柏拉图，对智慧的热爱落实到了对知识的追求上。并且，他对知识做了特别的规定：并非我们有所知的都称得上是知识，只有其中那些具有普遍性的所知才是知识。普遍的东西是看不见摸不着的，是思想把握的对象。柏拉图的这一思想对于西方哲学传统的形成具有决定性的意义。他开辟了另一个世界，一个供思想驰骋的概念的世界。这里已经开

---

① Heidegger, "The End of Philosophy and the Task of Thinking," in Heidegger, *Basic Writings*, ed. David Farrel Krell, HarperCollins, 1993, p. 433. 参见海德格尔：《海德格尔选集》下卷，第 1244 页。

② Ibid., p. 434. 参见同上书，第 1245 页。

③ Ibid., p. 435. 参见同上书，第 1246 页。

始了逻辑的运用：有普遍就必有特殊，普遍是统领特殊的。亚里士多德进一步把哲学和其他学科的区别规定为对"是者整体"和"部分是者"的不同追求。根据这种思想方法，希腊人建立了各分门别类的学科。现代科学在希腊哲学中奠定了基础。

现代人认识到，科学是逻辑方法与实验的结果。科学的学说开始总是假说，它是根据已知的条件推论—普遍必然的结果，经过实验或观察事实得到验证以后，才被确定为科学的知识。科学的假说不是胡思乱想，而是遵循着逻辑的推论。逻辑使用着超时空的概念。只有在这种纯粹概念的引领下，人们才明白，数不仅是自然数、有理数，还可以是无理数、虚数、复数。几何学中的点是没有大小的，线是没有粗细的，面是没有厚薄的；勾股定理的表述是 $a^2 + b^2 = c^2$，而不是勾三股四弦五。也是在纯粹概念的逻辑推论方法的指引下，人们对经验材料进行整理、计算，得到关于自然的科学知识。现代科学是采用了西方哲学提供的思想训练、观察问题的方法而取得的成果，没有这种思想训练，不可能有现代科学的发展。以经过思想训练的方式去观察世界、与世界打交道，人与世界就形成了一种异于日常的特别关系。寻常所说的数学世界、物理世界、化学世界、生物世界、信息世界等等，就是显示在这种特定生存状态中的对象。

科学的成就使人的生活更舒适、更方便，工作效率更高，活动范围更大。科学改变着人的生存方式。但是，科学本身就是人的一种生存方式。基于关于自然的科学知识所具有的普遍必然的性质及其所取得的辉煌成就，科学的生存方式自然就获得了它的优越性，人所选择的科学生存方式逐渐趋向于使科学的方式决定人的生存方式。现在大学的学科分类在很大程度上取决于科学发展的方向，尤其是在理工医农科方面。科学越发展，学科分工就越细。科学的生存方式要求人类社会组织的严密的结构性，其结果是个人的零部件化。这种发展趋势在海德格尔在世的时候就已经呈现出来。所以，海德格尔说，"技术正在有力地塑造着整个世界的面貌，导演着人在其中的角色"[①]。"人的全面发展"观念是马克思设想的实现于将来的人的理想状态，现在直接成了人要求从当下零部件化状态中解脱出来的警世呼喊。

海德格尔逝世（1976）以后的30年间，科学的发展突飞猛进，有一些新的情况不断印证着海德格尔的话。科学对于社会和人的控制性质通过利益间的冲突进一步凸显出来。生物学研究了家畜生长所需的各种营养成分，发明了各种食物添加剂。家畜的生长周期缩短了，生产成本降低了，利润也上去了，但是各种食物添加剂最终集聚到了人体内。转基因生物满足了人类的许多需求，但是，这项技术将对地球上的生命发展造成怎样的后果，人们充满狐疑甚至恐惧。生命科学已经有能力把人克隆出来，但是，现在还没有一个国家允许克隆人，这主要是因为这项决定将造成人类的基本伦理观念和社会秩序的混乱。是否允许某个人安乐死的问题之所以牵动着无数不相干的人，是因为科学把人的生死的决定权交给了人自己。科学使得人日日享受和平利用核能的好处，又时时使人担忧着核泄漏和核战争可能造成的灾难。

上述这些现象并不是新鲜事，但是对这些现象的思考是不会停留在一种观点中的。科学与社会生活各方面或大或小的冲突表明，尽管科学给人类带来了利益，但是，科学并不是天然符合人的利益的。冲突总是利益的冲突，它可能是两部分人之间的利益冲突，但科学也使得同一群人的自身利益发生冲突。而且，这种冲突往往是在科学触及人类的一种更大、更根本的利益的时候才爆发出来。科学与伦理或社会生活的其他方式发生冲突的时候，必定涉及人类某些根本的要求或利益。我们不得不思考，人类的根本利益是什么？

[①] Heidegger, *Basic Writings*, p. 434. 参见海德格尔：《海德格尔选集》下卷，第1245页。

人类的根本利益联系着生命的目的。生命的目的就是生命自身，即，让生命的意义得到充分的展现。人的生命是自由的，又是有限制的。人的生命的自由在于在滋养生命的环境（包括自然和社会）中的自主发挥，环境滋养着生命也限制着生命。人改变环境的活动，也是为了让生命获得能够更充分发挥的环境。当人意识到生命的展现受到阻碍时，总是不得不调整自身的生存状态，以便在与环境的平衡中使生命的意义得到展现。当人所选择的科学的生存方式反过来规定着人的生存方式并成为压倒性的生存方式时，它就排斥着、消灭着同样展现人生意义的其他可能的生存方式。这就是人的内在利益的冲突。

从科学生存方式与其他可能的生存方式的冲突，追溯到对导致科学的指导思想的传统哲学的检视，是生命自觉性的体现。这不是要——也不可能——回到科学前的状况，因为科学时代已经成了人类新的生存环境，一切都只能以这个新的环境为起点。

如果人的其他生存方式只是纯粹的"可能性"，在科学之外没有别的生存方式，那么，对人的全面发展的呼唤就是虚幻的。幸亏还有诗、艺术、宗教等落在科学之外。但是诗、艺术、宗教都不能取代哲学，哲学的危机应当由哲学自己应对：哲学期待观念的更新！

第四章　开启生存状态的分析 ①

——新一轮中西哲学比较的方法

中西哲学的比较取哪些问题和方面去比？这里就有标准、眼界的问题。在确认中西哲学是两种形态不同的哲学以后，我们不能以西方哲学的观念、结构、分支和问题为标准，但是又不能没有比较的准则。本书设想的方法是：承认历史上既有的中西两种哲学为事实，把它们看成是人类从事哲学活动的结果，从人们从事哲学的方式中，揭示人的生存状态的结构；然后再根据生存结构的不同展开方式，去解说产生中西不同形态哲学的根源。这种方法称为生存状态的分析。本章拟对这种方法先做出说明。

第一节　突破传统的比较方法

一　事先界定哲学的困难

开展中西哲学的比较研究，首先要验明正身，即把要比较的双方确定下来。在这里我们一开始就遇到了困难。因为我们前面的讨论认为，迄今为止的中国哲学史，是不同程度地依据西方哲学的观念而写的，因

---

① 本章曾经以"论生存状态分析的哲学意义"为题，发表于《社会科学》2004 年第 5 期。收入本书时对已发表的文章略有修改。

而其所表达出来的中国哲学与历史上的中国哲学不同程度地存在距离，甚至变换了面貌。此外，西方传统哲学的危机也呼唤着哲学观念的更新。在这种情况下，怎样进行比较研究呢？

主要的问题还是在中国哲学方面。西方传统哲学虽然流派众多，对它的定义也有各种不同的说法，但是，从柏拉图到黑格尔的理性主义是它的主流，这一点是得到公认的。各位哲学家基本是围绕着这个主流而做发挥，或是肯定或是反对。确定了这一点，我们就有把握说，西方传统哲学可以被定义为最普遍的知识，其核心是"是论"。把握了这一点，相对于中国哲学的西方哲学的各种特征就容易得到说明了。

确定西方传统哲学特征的时候，我们不能不提到现代西方哲学。现代西方哲学中出现了许多新的流派和观点，尽管如此，我们在做中西哲学比较的时候，首先抓住的还是西方传统哲学。因为，传统的哲学观念盛行了两千多年，即使现代西方哲学也是在反叛传统哲学的过程中开展出来的。我们只有抓住传统哲学，才能搞清现代西方哲学在说些什么，以及它们对于哲学观念更新的意义。

中国哲学呢？我们过去没有像西方那样的学术分类，但是，我们又觉得，根据西方哲学的观念整理出来的中国哲学史与中国历史上的哲学不太契合。我们只是觉得，现在被列为哲学家的孔子、孟子、老子、庄子以及后来的历代哲学家原来都是些很高明的人，不是圣人就是贤人。他们不仅以言论诲人，更以行为表率。他们也没有发表过以纯粹概念表述的原理，倒是有许多修身养性的体会。如果我们实事求是地读取历史的资料，那么，我们不能不得出上述的印象。如果说，哲学有关于世界的一般看法，那么，圣贤们也有这方面的言论，不过他们谈这些问题的时候，都是围绕着做人这个目标，是为寻求一种正确的做人方式和途径提供根据。如果不把这些努力归入哲学，又当归入哪里呢？

我们觉得，散见在儒、道、释三家各种论著中的许多内容显然应当被归入哲学。但是我们同时又感到，这样的哲学不仅在目标上，也在表述方式上与西方哲学有很大的区别，以至于当我们以西方哲学的定义考察中国哲学时，觉得它简直就难以被称为哲学。即使从伦理学的角度看，中国哲学由于以人的问题为主旨，通常被归入伦理学的范围。但是，这种伦理学既不归宗于某种原理体系，也不对伦理问题做纯粹概念的分析，而更多是实践性的。西方哲学根据一个最普遍的原理体系阐述包括伦理在内的一切问题，中国哲学倒更倾向于在各种实际活动中获得得道的体验。总之，中国哲学是哲学。但是，它与西方哲学不仅在目标上存在差异，而且在达到目标的途径、哲学的表述上存在差异。总之，中国哲学和西方哲学是两种形态不同的哲学。

既然与西方哲学有形态上的不同，中国哲学还是哲学吗？或者，我们就称中国思想而不提中国哲学？可是，有政治思想、经济思想、教育思想、军事思想等等，毕竟有某种思想所从出的东西，它驱使着思想去思想，我们也曾努力去把握它。那它是什么呢？中国哲学之为哲学得不到界定，中西哲学的比较研究还能进行下去吗？如果不同于西方哲学的中国哲学是哲学，又怎么照顾到西方哲学呢？毕竟希腊人首创了“哲学”这个词，中国哲学之为中国哲学同西方哲学总得有某种联系。怎样从二者联系的方面说明它们都是哲学呢？这个问题也就是中西哲学的会通问题。

正如我们在中国哲学的建设中曾经不得不依傍西方哲学一样，在做中西哲学比较的时候，我们也常常不知不觉地以西方哲学为标准。比如，把康德作为坐标，认为中国哲学和西方哲学可以在康德这里得到会通。这一比较途径当然也让人获得不少启发，因为中国哲学向来谈做人问题，对于人性有多途径的体验，而一向以对象世界为目标的西方哲学到了康德的时候，转向了主体方面。但是，康德对主体的理解与中国哲学对人性的了解存在很大的差异。西方哲学谈的主体对应于它们的哲学中所开启出来的世界的主体，那个世界是所谓本质世界。因而对于康德来说，主体是具有先天理性推理能力的人，即使具有实践理性能力的人，也是具有一个超验伦理目标的人。中国哲学中根本没有那种本质世界，没有以纯粹概念表达的超验目标，也不从逻辑能力方面规定人性，所谓从中国传统人性理论出发的"一心开二门"，路没找到怎么见门？更何况在这种比较的途径里，根本还没有提出要对哲学之为哲学做出拷问。

二　普遍主义、本质主义的无奈

在中西哲学比较的时候，西方哲学的思路和范畴总是在不知不觉间被套用，例如普遍主义和本质主义。但是，把这些思路和范畴用于中西哲学的比较研究是不适当的。

有一种看似十分简单明了的解决问题的方法，即，把中国哲学和西方哲学看成是两种特殊的哲学，它们都属于某种普遍哲学，就好像物理学和化学同属于自然科学。这种想法可能是出于我们的思想经常套用普遍和特殊这对范畴观察事物的习惯。不过，仔细分析一下，问题并非像我们想象的那样简单。

普遍和特殊的范畴出于西方哲学，然而把西方哲学说成一种特殊的学说是行不通的。因为西方哲学从亚里士多德起就明确，哲学之区别于各门学科正在于，其他各种学问都各有其特定的研究领域，哲学却是不限于某个特定领域的。这就决定了，哲学本身不是任何特殊的知识，而是普遍的知识。作为普遍知识，它应当能解释、规定特殊知识，而却不能被特殊知识所解释和规定。普遍知识和特殊知识的关系，是大道理和小道理的关系。两千多年的西方哲学所致力于建设的，正是这种普遍的知识。

从西方哲学中我们知道，普遍也有相对普遍和特殊普遍之分。每门特殊的学问在其自己的领域内也是具有普遍性的，不然我们就无法进行交流和学习。但是与哲学相比较，特殊领域的学问只具有相对的普遍性，哲学却是最高、最普遍以至于绝对普遍的知识。在哲学之上，不可能有一种更普遍的知识了。西方哲学的发展表明，作为绝对普遍的知识，它有自己的表达形式。只有由纯粹概念的推论构成的知识才能表达绝对普遍的知识。西方哲学的"是论"就是绝对普遍知识的体现，而黑格尔的《逻辑学》则是这种知识的典范。如果我们知道了西方哲学作为普遍知识的这些意义，我们还能把它和中国哲学作为两种并列的特殊哲学，在它们之上去找出一种更普遍的哲学吗？除了西方哲学中的"是论"，还能有更普遍形式的哲学吗？在普遍和特殊这对范畴里思考，中国哲学必须把自己改造成"是论"，才能把自己提升到普遍知识的地位，才称得上是哲学。不然的话，它就被认为是品位低下的哲学。意识到这个问题的学者，试图论证中国哲学形而上学的"本体论"性质。例如，杜维明先生就试图论证宋明儒学的形而上学的性质。他认为，"如果没有一种本体论的观点，新儒家的道德哲学将缺乏自足性，它的社会观也将是没有根据的"[1]。的确，形而上学一向被认为是西方哲学之为哲学的基本根据，也许还是哲学之为哲学的根据。在还没有搞清形而上学是怎么回事、中国哲学的形而上道路与西方哲学形而上学的区别之前，杜维明先生所说的形而上学只能是西方哲学的形而上学。

普遍哲学的标准只能是西方哲学，因为西方哲学从柏拉图时起就把普遍性当作自己追求的目标，并且以"是论"的形式表达出来了。一种对普遍哲学的寻求，最终必定走向"是论"。试图把西方哲学和中国哲学都看成是特殊的哲学，再去寻找普遍的哲学，是不了解西方哲学从内容和形式上都已经是普遍哲学了。金岳霖先生是主张普遍哲学的，实现出来就是他的《论道》。结果，如本书第二章分析过的，这种哲学并不

---

① 杜维明：《儒家思想新论——创造性转换的自我》，江苏人民出版社，1991年，第153页。

是中国哲学。

除了普遍主义的思路，本质主义也是人们可能陷入的误区。"哲学是什么"这种问题形式很容易把人引向关于事物本质的追问。那么什么是"本质"呢？我们的工具书上说，"本质是指事物固有的普遍的、相对稳定的内部联系"①。有的工具书进一步阐释道："本质是事物的根本性质，是事物自身组成要素之间相对稳定的内在联系。"② 由于这里说到了事物"固有的""内在的"联系，因此就断定了，一切有关本质的东西是同我们人对待它的态度无关的。既然它是同我们人无关的，我们又怎样认知它呢？我们的工具书承认，本质不是我们可以直接认知的东西，它是与现象相关的。事实上，本质在人们的思想中成了很神秘的东西。我们有必要简单回顾一下这个词在西方哲学中形成和演变的历史。

现在人们一般把有关"本质"的思想追溯到亚里士多德，实际上他运用的希腊文中并没有"essence"（本质）这个词。他要问的是 ousia，或 to ti en einai，意思是"一物之究竟所是"，"ousia"一词是系词"einai"（是）的分词。亚里士多德意识到，同一个事物，可以是不同的所是。例如，其形状可以是一种"所是"，其颜色、质料、功能各成为一种"所是"，而在种种所是中，必有一种"所是"对于该事物之是其所是具有决定的意义。这样的"所是"，就是该事物的 ousia。然而，由于可以从不同方面去认定对事物起决定作用的东西，ousia 也是不同的。如，对于一个事物能独立存在的，是"个体"；相对于质料，决定事物之是这样而不是那样的，是"形式"；由于各种事物从其所属的"类"方面去表示其所是，"类"也是一种 ousia；还有各种表语（predicates）是述说主语的，表语只表示主语的性质，"主语"也是 ousia。从以上这些情况看，所谓 ousia 就有如下几种意义：个体事物、形式、类和主语表示的东西。"Ousia"这个

---

① 参见冯契主编：《哲学大辞典（修订本）》"本质"条，上海辞书出版社，2001 年。
② 参见《中国大百科全书·哲学卷》"本质与现象"条，中国大百科全书出版社，1987 年。

词后来在拉丁文中被翻译成"substantia"，意为"起支撑作用的东西"。中文根据拉丁文，将其译成"本体"。这只是针对个体而言才是确切的。因为在个体事物中，它的属性是不能独立存在的，独立存在的是这个个体本身。况且，某些属性可以改变，并不改变这个个体之所是。"Ousia"被译成"substantia"和"本体"后，它同系词"是"的联系就不可见了。亚里士多德关于 ousia 的学说并非都是后世所谓"本质"的意思，而是在可以有多种所是的情况下，决定事物之为事物的那种所是，即他所谓的"依其本性所具的属性"（the attribute which belongs to this in virtue of its own nature）。虽然他的 ousia 有数种意义，但是，这也并不难理解。只要明白，它们是根据不同的情况，对于事物之为事物起决定作用的因素就可以了。这样，形式、类甚至主语所表达的主体就都是 ousia 了。

虽然亚里士多德的时候还没有"本质"这个概念，但是"本质"这个词的出现，同亚里士多德的思想还是有关系的。亚里士多德区分了"有（存在）"和"是什么"，二者的区分在今天已经不成问题。但是，在古希腊的时候，这两个词用的是同一个系词"einai"（ousia 是系词 einai 的阴性分词）。[①] 这使得他要在思想上把"有什么"（thereness）和"是什么"（whatness）区分开来特别困难。在《后分析篇》里，亚里士多德用"ei esti"（whether it is）和"ti esti"（what it is）分别表示"有什么"和"是什么"的意思。当他想表示"有什么"的意思的时候，他说："我说的'是'或'不是'，是没有进一步限定的，不是指'是或不是白的'。"[②] 另一处，亚里士多德区分"有什么"和"是什么"时说：

---

① 在汉语的日常表达中，系词"是"也同时意味着"有什么"和"是什么"。如，"这是金贸大厦"这个句子不仅指出了"有什么"，同时指出了"是什么"。因为只有既"存在"又是一个"什么"的东西才是现实的存在。反之，现实中不可能有不是任何东西的存在物，也不可能有一个不存在的什么东西。"存在"和"本质"只是在思想中被区分开来的。

② 其英文译文为："By 'is or is not' I mean 'is or is not, without further qualification'; as opposed to 'is or is not(e.g. white)."参见 R. Mckeon ed., *The Basic Works of Aristotle*。

"一个事物之赖以为有（is）的原因——不是指是这是那，即，有这种或那种属性，而是指没有限定的是；以及事物之赖以为是的原因——不是指没有限定的，而是指有某种根本的属性或偶然属性的是这是那。"[①] 亚里士多德的著作曾经被译成阿拉伯文，后来从阿拉伯文被转译成拉丁文才得以保存下来。据说，由于阿拉伯文中恰恰缺少希腊文中那样既表示"有"又表示"是"的系词，所以，它用了两个不同的词表示上述意思，转译成拉丁文时就有了 quiddity 和 exsistere。[②] 后来才出现 essence 和 existence，就是我们现在所说的"本质"和"存在"。值得注意的是，essence 这个词源于系词 esse（to be）。

虽然西方哲学史上"本质"这个词的出现同亚里士多德有关，但是，现在人们接受的"本质"观念其实是从柏拉图到黑格尔的传统中来的。比起亚里士多德的本质观，柏拉图传统的本质观更思辨。柏拉图传统的本质观是从事物的定义发展出来的。定义就是为了给同类事物一个确定而一致的说法。在柏拉图以前，人们总是根据具体事实去解释一类事物。从苏格拉底同智者的谈话中我们可以看出，同一个行为在某个场合是善的，在另一个场合却可能是不善的。还有公正、勇敢、节制、美等等，它们也像善一样，在生活中找不到一件具体的事例正好能够对它们做出说明。这使得柏拉图想到，根据生活当中的具体例证来说明某类事物，这种方法是不可靠的。因为生活中的具体例证总是多种多样的，相互之间也存在许多差异，甚至可能是对立的。对于确定而一致的事物定义的追求，使柏拉图终于提出了有"理念"这样的东西存在。理念是变中的不变，是事物的真正所是。由于理念在可感世界中找不到，柏拉图设定它们存在于与我们的世界隔离的理念世界。我们可感世界的事物

---

① 英文译文："For the cause through which a thing is—not is this or that, i.e. has this or that attribute, but without qualification is—and the cause through which it is—not is without qualification, but is this or that as having some essential attribute or some accident." 参见 R. Mckeon ed., *The Basic Works of Aristotle*。
② A. C. Graham, *Unreason within Reason,* Open Court, 1992, p. 86.

是因分有理念而是其所是的。

现在我们知道，所谓理念就是后世的普遍性的概念，概念的东西是思想才能把握的。由于当时概念性的思想才刚刚萌发，大众并没有普遍接受，所以柏拉图用想象能够接受的方法，说它们存在于另一个世界。后来西方哲学史上关于"本质"的观念，就是从"理念"的观念发展来的。

从理念发展而来的"本质"观念，是思想才能把握的具有普遍性的对象；理念世界与可感世界的分离，在"本质"的观念中变成了本质和现象的分离；从主体方面说，则有理性和感性的分离。根据这种"本质"观，个别事物是没有本质的，它的本质就是它所属的类。哪怕人也需要到他的类概念中去发现本质。这一点曾经被神学利用，说人的本质是上帝赋予的。

在追求普遍知识的方向上，西方哲学开辟出一个本质的世界。普遍的知识就是本质的知识，或者说，哲学的本质就在于成为本质的哲学。西方哲学，尤其是西方主流的理性主义哲学，就是关于本质的哲学。"哲学就是透过现象看本质"几乎是一句妇孺皆知的话。

本质是以普遍的概念表达的，普遍的概念称为范畴或观念（idea）。所以，在胡塞尔那里，观念、范畴和本质是具有同样性质的东西。此外，本质作为诸观念或范畴中的一个，还有其特殊的规定性。在黑格尔的《逻辑学》里，它与"现象"这个概念相对立，本质和现象的对立的统一才推论出"现实"的概念。而"本质"概念的推出，则是依据于逻辑上在先的"质"和"量"的概念的统一，质和量的统一推论到"度"的概念。"度"的概念因为包含着质和量，被认为是一种内在的反思关系，这种内在的反思关系就是本质。这就是普遍（本质）知识中"本质"这个概念的意义。这种意义是通过"本质"这个概念与其他概念（质、量、度，以及现象、现实）的关系逻辑地得到规定的。我们上引各种工具书中对"本质"的界定，显然是以黑格尔的上述论述为底本的。

然而这里有一个难以克服的障碍：从概念的逻辑关系中得到规定的本质，以及由全部概念组成的普遍知识，是否就是事物自身的本质？除非相信黑格尔的话"思想不仅是我们的思想，同时又是事物的自身，或对象性的东西的本质"①，二者才能相通。但是，那不是独断的吗？只要本质是思想的规定性，本质与现象就总是作为思想与事实而分离。也正因为如此，思想是否能反映事实、是否与事实相符，就是一个有待实践检验的问题。

以上的讨论说明什么呢？它说明，西方哲学把我们引向了作为一个环节的"本质"概念和全部有关本质的学说。当我们试图通过"本质"概念确定中西哲学之为哲学以便对二者进行比较研究时，我们是在西方哲学中兜圈子。这条路是走不通的。因为，西方哲学作为普遍知识，就是关于本质的哲学，寻找本质的哲学的本质，这种说法在语义上就是有问题的。此外，当我们试图追寻中国哲学的本质的时候，我们又走到了依傍西方哲学的道路上，它要求我们从纯粹思想概念的角度去看中国哲学。但是，那样一种看问题的方法并不是中国古代哲人们从事哲学活动的方式，也不符合记载在中国古代哲学典籍中的那些学说的形式。硬要以这种方式去看中国哲学，结果就把中国哲学史看成概念发展的历史了。中国哲学不是关于本质的哲学，中国哲学也不能以"本质"概念得到界定。

顺便说说定义的方法。定义是通过其他概念对某个概念的含义做出界定，它也被认为是揭示事物本质的方法。这个方法与哲学追求本质的方法是完全一致的，或者说，它就是哲学追求本质的方法的形式化。"定义"（definition）这个词在西方的语言中是与动词"限定"（to define）同

---

① 黑格尔：《小逻辑》，第120页。

源的。在拉丁文中，动词 definire 既指限定，又指解释。当初，柏拉图就是因为仅据我们的感受对事物的判断是不确定的，为了追求关于事物的确定的真理，才提出了存在于另一个世界中的理念这样的东西。后来的人们从概念思想的角度出发，认识到理念就是共相。亚里士多德虽然反对有理念那样的东西存在，但是，他也认为个别事物或一类事物的真正所是（本质）应当在比这个需要得到界定的对象更高、更普遍的概念中去寻找。他创立的定义方法就是种加属差。这里，"种"就是比定义对象高一级的普遍概念。例如，对"人"的概念进行定义需要用到"动物"的概念，"动物"是普遍性高于"人"的"种"概念。把"人"与其他动物的区别明示出来，就得到人的概念的定义，即，"人是两足动物"。这里，"两足"即属差。在"哲学是普遍的知识"这个界定中，知识是"种"概念，"普遍的"表示属差。前面我们刚讨论过，西方哲学作为普遍的知识，也是关于本质的知识，本质的知识是纯粹概念的知识。中国哲学不是这种形态的哲学。

当我们试图用以上方法去界定哲学的时候，我们仍然是在西方哲学的框架内。而当我们提出中西哲学形态比较研究这个问题的时候，就意味着哲学观念需要得到更新。用从西方哲学中发展出来的追求本质和定义的方法是不能回答"哲学是什么"的问题的。

虽然我们无法以追问本质的方法界定哲学——看来这一开始就给我们的比较研究带来了困难——，然而，我们对什么是哲学毕竟不是一无所知。当我们的前辈写作中国哲学史的时候，他们一点儿也不怀疑中国是有哲学的，我们现在也认定中国是有哲学的。不能根据某种方法去界定它就否定它存在，这种做法显然是不可取的。那么，还有什么途径呢？有一句日常的话颇有启发性。我们常说，对于一件事情不仅要知其然，还要知其所以然。"然"是已经如此这般的事情，"所以然"是已经如此这般的事情的来历。我们对一无所知的东西根本就谈不上去进一步深入了解它，反过来说，凡是可以深入追问的事情总是我们已经有所知的。而对于已然的事情的"所以然"的追问，就是追问它的来龙去脉。在这一追问中，我们对已然的事情就获得了深入的了解。这一思路把我们引向对哲学做生存状态的分析。

第二节　生存状态分析的观念

一　从事实出发

不从定义出发，就从事实出发。我们承认，中西哲学都是明摆着的事实。但是，我们不能停留在对事实的认定上，因为我们还肩负着会通中西哲学的任务，即，要对中西两种形态上不同的哲学之为哲学做出一致的说明，并进而对中西两种哲学的形态特征进行比较。这就要求我们不仅要知其然，还要知其所以然。

哲学作为事实，包括哲学典籍以及这些典籍中所传达的意思或思想，与展现在我们面前的山川那样的事实显然是不同的。对于山川那样的事实，虽然以不同的眼光和心态会看出不同的意蕴，但是，山川的存在是不以人的意志而存在着的。而哲学，则纯粹是人的产物。没有人的存在，就绝不会有哲学这样的事实。

哲学作为事实，不仅在于有历史上形成和流传下来的典籍，还在于人们把它当作学问去学习、体验、理解、实践，并使它不断得到发展。学习、体验、理解、实践都是人自己的活动方式，哲学是在人的这些活动中是其所是的。但是我们又明白，并非人的所有活动都是哲学的活动。揭示出我们所谓与哲学相关的人的活动方式，会为哲学之为哲学的问题提供一种解说。但是，到哪里去寻找与哲学相关的人的活动方式呢？这又要求我们到作为一门学说的哲学的目标、问题和解决问题以达到目标的途径中去寻找。这种方法是循环论证的。在做论证时，循环论证从逻辑上说是无效的。但是，我们在这里不是做论证，而是对既有事实进行描述和分析。通过描述和分析，我们可以对产生已知事实的根源获得了解。与逻辑的方法相比，这种方法是历史的。

逻辑的东西是脱离时空的，事实则是发生在时空中的，所以，我们有时候也特别称之为事件。哲学的产生和发展是历时性的。从先秦诸子百家，到两汉经学、魏晋玄学、隋唐佛学、宋明理学，直到清代朴学，这些学术形式中蕴含着中国古代哲学的内容。中国哲学是一个历史地形成和发展的过程，其时代的特色是鲜明可辨的。历史的过程同样见之于西方哲学，黑格尔哲学作为西方哲学的集大成者，并非一蹴而就。以热爱智慧为务的希腊哲学到了柏拉图，走出了决定西方哲学命运的一步。到了近代，发生了所谓认识论的转向，哲学作为纯粹意识的活动与实际世界对立的矛盾突出出来了，这才有了黑格尔对绝对理念的新界定，也才有了现代西方哲学的那些话题。

历史的方法不只是排列已有事件的时间顺序，也要追溯全部事件最初的开端。这一点很重要。因为开端之前事件还没有发生，没有就是无，在开端处，我们看到了有、无的交界。这不免使我们想起了先哲老子的话，《老子》第四十章说，"天下万物生于'有'，'有'生于'无'"。这是什么意思呢？接受了现代科学教育的人们不会相信世界上的东西是从绝对的无中产生出来的，因为迄今人类也没有获得与之相符的事实。宇宙演化的星云说和大爆炸理论都肯定了，我们的星球是从一种状态的物质到另一种状态的物质变化而来的。不过，我们不能排斥另一种理解：一切存在于时空中的东西都是有某种特定性质的东西，它可以被认为是从具有另外一种性质的东西转变而来的。但是，在具有这种性质的东西产生出来之前还没有这种东西，我们就称之为"无"。从这个角度去思考，我们本来没有某种想法，后来有了，就是从无到有。世间本来没有意识，后来有了生命才逐渐从简单的生物感应性发展出高级的意识活动，直至发展出人类的复杂的思想情感。这也是从无到有，或者说，是无中生有。关于这一点，我们是有实证科学支持的。

世间事物的生灭变化是一个有无相生的过程，有人没有人都如此。从无到有，是一种性质的事物从原来没有这种性质的事物中产生出来。产生也是分化，一切的分都是从不分中分出来的，不分就是混沌。从无到有是从混沌走向分的结果。但是，如果天地间没有人的话，就没有对于世界存在着的意识，"有"和"无"的区分就是没有意义的。有了人，才有了"我"和非我的"彼"的分别，以至对"彼"的进一步分别，于是有了各种各样的"有"。汉语中的"哲"是"明白、知"的意思，又写作"悊"，可以从口也可以从心，但都有所"折"，即有所断、有所分。有了意识，世界上的事情就显亮出来了，就"有"了。被尊为圣人的人，都是对于引领人类从"无"的漫漫长夜中走向"有"的光明有过杰出贡献的人。人的出现正是"为天地立心"，有心才会明，有心才会有。所谓"天不生仲尼，万古长如夜"，就是这个道理。所以，首先是有了人，世间的一切分别才能通过人得到揭示。

人的出现本身就是分的结果，他是从与自然浑然一体的状态中分出来的。这个分不是脱离，他始终是自然的一部分，但是他又明白自己与自然的分别，有以自身生命的展开为目的的自觉追求。这就使天地间有了人生的现象，其余的一切都是在人生现象中得到澄明的。人生现象也是一切形式的学问的根子。但是，要注意，我们平时也常谈人生现象，这多半是谈论已经展开在生命活动中的各种各样的人生经历。我们这里所谈的人生现象，是一切能够被谈论的人生的基础，是我们能够展开自己人生的一个结构性的现象。这个结构，取庄子的说法，是"彼一我"①，德国现代哲学家海德格尔将其表达为"being-in-the-world"，直译

---

① "非彼无我，非我无所取。"（《庄子·齐物论》）

为"是于世中"，其中的"being-in"就是指每个人介入世界中去的过程和方式。考虑到这个结构也是一种现象，我们不妨取"人世"的说法。俗语有云，"为人一世"，就是把人生看作一个现象过程。"人世"这个说法也突出了，"人世"这个现象具有由"人"和"世"组成的一个统一的结构。人所有的一切，包括哲学，都是从"人世"中涌现出来的。如果哲学号称是最深的追问，那么，就应该深入人世现象中。在这里，不仅要说明我们一切所知的东西的出处，而且也应该对哲学自身的出处做出说明。

哲学不仅应该说明我们所知的一切所从出的根源，还应当说明，何以同一个世界中的人生现象会形成各种不同的所知，甚至会形成不同版本、不同面貌的世界。哲学尤其是要回答，何以哲学自身也有中西之分那样的不同形态。中西哲学有不同的宗旨，这出于人们不同的关注；为了达到所关注的目的，中西哲学又各自设计了自己的途径，或是体验式的，或是概念式的。关注、设计、体验、概念的运思，这些都是人自己基于人生现象的基本结构展开出来的生存方式。根据作为事实来看的中西两种哲学的不同形态，应当能够揭示从事哲学活动时人的不同的生存方式。从表现为不同形态的中西哲学，追溯到与它们各自相应的不同生存状态和生存方式，并进一步从生存状态和生存方式方面对不同形态的哲学做出解释，这就是生存状态分析的意义。

生存状态分析的方法是从"知其然"到"知其所以然"的追问中引发出来的。这种方法不是从只有概念才能把握的本质方面去追问哲学之为哲学，而是从它的发生方面，即在追踪哲学从无到有的过程中去看哲学之为哲学。追求本质的方法期待结论的必然性，生存状态分析的方法则揭示各种可能性，而把现有的中西哲学看作实现出来的各种可能性中的两种。本质的方法与逻辑的方法结缘，生存状态分析的方法则是描述的，它不是以逻辑推论的严密性获得明证，而是以对哲学活动中不同的生存状态的亲身体验为明证。逻辑作为人们的思想活动遵守的规则，当人们意识到它、运用着它的时候，就已经是一种"有"了，是诸多意识活动那样的"有"中的一种"有"了。如果哲学号称研究最深的问题，那么，它就应该也研究逻辑本身从"无"到"有"的起源，而不是把它当作既定的出发点。生存状态的分析也将努力从有关的生存状态方面揭示逻辑的出处和特征，而它自身则扎根在人世这个基本的事实中。

首先提出生存状态分析方法的是海德格尔，他把这个方法用于破解西方传统哲学的"是论"。关于他的这种方法对于西方哲学发展的意义，我将在稍后做进一步的论述。而我则把这种方法用于中西哲学的比较。这种方法的实质是，从人的实际生存的过程和方式出发，阐述包括哲学在内的人所认知的一切东西的出处。我觉得，它与马克思主义历史唯物主义的方法在精神上是一致的。

二 生存状态分析的唯物史观性质

我觉得，马克思主义的唯物史观中早就包含着对哲学做生存状态分析的方法。历史唯物主义的基本观点认为，"人们在自己生活的社会生产中发生一定的、必然的、不以他们的意志为转移的关系，即同他们的物质生产力的一定发展阶段相适合的生产关系。这些生产关系的总和构成社会的经济结构，即有法律的和政治的上层建筑竖立其上并有一定的社会意识形态与之相适应的现实基础。物质生活的生产方式制约着整个社会生活、政治生活和精神生活的过程。不是人们的意识决定人们的存在，相反，是人们的社会存在决定人们的意识"①。马克思、恩格斯从多种不同的角度反复论述了上述观点，他们写道："人们是自己的观念、思想等等的生产者，但这里所说的人们是现实的，从事活动的人们，他

---

① 马克思：《政治经济学批判》"序言"，载《马克思恩格斯选集》第 2 卷，第 32 页。

们受着自己的生产力的一定发展以及与这种发展相适应的交往（直到它的最遥远的形式）的制约。意识在任何时候都只能是被意识到了的存在，而人们的存在就是他们的实际生活过程。"① 这里再清楚不过地指明了，观念、思想都是生活着的人自己生产出来的，其中当然包括哲学。占据两千多年主导地位的柏拉图主义一向追求普遍的知识，并且认为，普遍知识应当是关于事物必然本质的知识。在这种观念指引下最终实现出来的，就是形式上表达为概念的逻辑推论体系的哲学。它是精神性的，或者说只有理性思想才能把握的。同时，它又被认为是自然界和人类社会都应该遵守的铁的规律，也就是所谓最高原理。当人们的头脑被原理死死纠缠住的时候，马克思主义要询问作为理论的原理的来源，指出理论的最终根据不是理论本身，而是人的实际生存活动。联系这个背景，马克思主义学说的革命意义才充分显示出来。

充分理解马克思主义唯物史观中所包含的生存状态分析的意义，是在我们在马克思主义与一般唯物主义之间做出区别的时候。一般唯物主义与唯心主义或观念论（idealism）的主要分歧在于物质与意识何者为第一性的问题，对这个分歧又有多种不同的陈述，其中之一是对客观性的理解。根据黑格尔的说法，对客观性的理解有三种。一般唯物主义是把存在于我们之外的东西当作客观的，这同我们的日常想法和在日常用语中的表述是一样的。而以康德为代表的唯心主义者或观念论者却把具有普遍必然性的思想看作客观的。因为在他们看来，一方面，感官可以觉察的事物是附属的、没有独立存在的，而思想倒是原始的、真正独立自存的；另一方面，感官所知觉的事物无疑是主观的，因为它们本身没有固定性，只是漂浮的和转瞬即逝的，而思想则具有永久性和内在持存性。这两种观点的对立事实上是整个西方哲学内部二元对立这个基本特

---

① 马克思、恩格斯：《德意志意识形态》，第 19 页。

征的多种表现形式之一，在这里，表现为感觉的东西和思想（逻辑推理）的东西何者具有普遍必然性的问题。黑格尔一方面表扬康德把普遍必然性当作客观性的标志，另一方面又责备康德把思想的范畴只当作主观的、形式性的能力，因而尽管康德所说的思想是具有普遍必然性的，其作为思想，毕竟只是主观的。于是，黑格尔提出客观性的第三种意义："思想的真正客观性应该是：思想不仅是我们的思想，同时又是事物的自身（an sich），或对象性的东西的本质。"① 黑格尔的说法是否消解了物质和意识二分这个根本对立所造成的理论上的困惑呢？我想，只有相信思想不只是我们的思想，同时也是某种独立的东西（例如宇宙）的思想，并且我们思想着宇宙的思想，我们才会承认思想的东西又是事物自身。但是，有什么证据说，宇宙是思想的呢？宇宙包容一切事物，是宇宙整体在思想，还是其中的每个事物都思想呢？如果每个事物都思想，何以我坐的椅子、吃的食品不思想？如果除了人的一切事物都不思想，何以作为整体的宇宙却思想？这些问题是以二元论为基础的唯心主义所难以克服的。

在我们的思想中，二元论主要是指笛卡尔的身心二元论，好像黑格尔已经把一切都统一安排到绝对精神之下，他的哲学是精神一元论。然而这个看法是不对的。在汉语中，二元论的"元"有"独立资始"的意思。这个翻译恰当地表达了，在二元论中，精神和物质二者都被认为是独立存在的东西。唯其如此，旧唯物论必须回答，建立在感性反映基础上的意识如何上升到理性精神。同样，唯心主义也面对理性精神的起源以及理性精神演绎出来的东西是否就代表世界本质的问题？唯心主义和旧唯物主义都不能克服二元对立的矛盾，因为它们本身都是建立在二元对立的基础上的。它们如果真能消除二元对立的矛盾，那么也就消除了

① 黑格尔：《小逻辑》，第120页。

它们自身得以建立的基础，因而消除了它们自己。

二元论需要被克服，不只是因为理论上会遇到困难，更重要的是，它有碍于人生的自觉。我们前引马克思主义历史唯物主义的观点，指出了克服二元论的途径。它说社会存在决定社会意识，一切观念、思想都产生于从事实际生产活动的人，这就不是把物质和精神当作二元对立的东西看待。因为人的实际生产活动，即实践，不是单纯意识的活动，也不是单纯物质的存在。实践活动是有目的、有意识的人在环境中的活动，缺少有意识的活动和环境世界这两端中的任何一端，都不可能产生实践的现象。有人以为，实践之为实践既然还是以有意识的活动和环境世界的存在为前提，实践本身似乎就不能被确立为第一性的东西。对这种疑问，我们可以这样回答：所谓环境也总是被我们意识到了的环境，而环境之被意识到，也总是通过我们的实践活动。马克思主义并不认为有离开主体的客体，或者有离开客体的主体。旧唯物主义看重的客体，正是离了主体的客体。关于这一点，马克思说得很明白："从前的一切唯物主义（包括费尔巴哈的唯物主义）的主要缺点是：对事物、现实、感性，只是从客体的或者直观的形式去理解，而不是把它当作人的感性活动，当作实践去理解，不是从主观方面去理解。"[1] 这里是用实践的观点对旧唯物主义进行批判，如果把同样的观点引申到对唯心主义的批判，我想，马克思会这样说：一切唯心主义的缺点在于，他们把人的意识和精神只是当作主观的活动，而不是当作实践去理解，不是从客观的方面去理解。这里说的客观不是具有普遍必然性的思想所具有的客观性，而是指人的环境世界的客观性。马克思强调的是，实践作为统一的现象，其中结合着有意识的人的活动和环境世界这两端，二者缺一不可。唯心主义和旧唯物主义各执一端，这就是问题的症结。关于二者

---

① 《马克思恩格斯选集》第1卷，第54页。

的不可分离，马克思《关于费尔巴哈的提纲》中的另一段批评旧唯物主义的话中有明白的表述："有一种唯物主义学说，认为人是环境和教育的产物，因而认为改变了的人是另一种环境和改变了的教育的产物——这种学说忘记了：环境正是由人来改变的，而教育者本人一定是受教育的……环境的改变和人的活动的一致，只能被看作是并合理地理解为革命的实践。"[①]

实践就是人的生存过程，马克思的实践观念中所揭示的有意识的人的活动和环境世界这两端，也是对我们所说的生存状态结构的揭示。生存状态的分析，就是要根据这个生存结构展开的方式解说各种观念的产生，对于我们比较哲学的研究来说，就是要对中西两种哲学形态的产生给出一个说明。

事实上，马克思、恩格斯曾经思考过更细致的问题，深入到生存状态的结构和机制中去了。在《德意志意识形态》的手稿中有一段被删去的话："这些个人所产生的观念，是关于他们同自然界的关系，或者是关于他们之间的关系，或者是关于他们自己的肉体组织的观念。显然，在这几种情况下，这些观念都是他们的现实关系和活动、他们的生产、他们的交往、他们的社会政治组织的有意识的表现（不管这种表现是真实的还是虚幻的）。"[②] 这里已经毫无遗漏地列举出了人的观念所从出的三个方面：人与自然的关系、人与他人的关系，以及人关于自己肉体的观念（情绪）。它们正是根据人生在世的结构做生存状态分析能够展开出来的三个方面：对第一个方面的分析可以用来解说世界之为世界，第二个方面可以用来解说人之成为"谁"，最后一个方面用来解说人的当下感受和情绪。即使情绪也不是纯粹主观的，它同肉体的联系表明情绪中也有环境的影响。这段被删去的话接着还说："相反的假设只有在除

---

① 《马克思恩格斯选集》第 1 卷，第 55 页。
② 马克思、恩格斯：《德意志意识形态》，第 19 页注 1。

了真正的、受物质制约的个人的精神以外还假定有某种特殊的精神的情况下才能成立。如果这些个人的现实关系的有意识的表现是虚幻的，如果他们在自己的观念中把自己的现实颠倒过来，那么这还是由他们的物质活动方式的局限性以及由此而来的他们狭隘的社会关系所造成的。"①这是马克思主义对唯心主义的批判，而这一批判所运用的方法也正是生存状态分析的方法。虽然这段话被删除了，但终究是马克思曾经想到过的。

马克思主义创始人把自己的学说标明为唯物史观，据此我们有理由说，唯物史观及生存状态分析的方法本质上是历史的方法，而不是逻辑的方法。时下许多论著都标榜自己运用的是历史的方法和逻辑的方法相结合的方法，坦白地说，我对这种方法是不太理解的。所谓历史的方法和逻辑的方法的结合，滥觞于黑格尔。黑格尔哲学的核心是表述绝对真理，绝对真理是通过概念自身的逻辑运动展开出来的绝对理念体系。康德把人的认识能力和认识对象割裂开来，这一方面陷入了不可知论，即人所认知的只是人根据自己的认识能力所能认知的东西，而不是事物本身（物自体）；另一方面，又把认识能力规定为依据一套固定的先验范畴推理的能力，否定了认识能力本身也是发展的。黑格尔设计了逻辑和历史一致的方法，为的是把作为认识能力的主观逻辑和作为自然规律的客观逻辑统一到绝对理念上来，以克服康德理论的不可知论的倾向。黑格尔说："历史上的那些哲学系统的次序，与理念里那些概念规定的逻辑推演的次序是相同的。"②当这样说的时候，他已经首先肯定了哲学是绝对理念的体系，此外也肯定了哲学史是概念发展的历史。事实上，概念在历史中的产生和发展的次序与逻辑推演的次序的一致是经过黑格尔整理的结果，如果概念发生的次序不合逻辑推演的次序，就会被当作偶然的东

---

① 马克思、恩格斯：《德意志意识形态》，第 19 页注 1。
② 黑格尔：《哲学史讲演录》第 1 卷，第 34 页。

西删除了。对于黑格尔来说，最要紧的是维护他的哲学概念。但是，我们知道，黑格尔的哲学观念并不适合中国哲学。照他的看法，甚至中国哲学的历史上根本还没有产生过逻辑规定性的概念呢！尤其是，当我们的目的是揭示产生中西两种不同形态的哲学的根源，并对两种不同形态的哲学的特征做出描述时，所谓逻辑的方法和历史的方法结合的方法是完全不适用的。它除了勾起人们对旧的理论形式的怀念，对于根据生机勃勃的人生世界建立新的意义系统并没有什么裨益。

与逻辑的方法形成鲜明对照的是，生存状态分析的方法是描述的方法。关于这一点，马克思主义经典作家其实已经指出过了。《德意志意识形态》一书写道："思辨终止的地方，即在现实生活面前，正是描述人们的实践活动和实际发展过程的真正实证的科学开始的地方。"[1] 其中的"思辨"正是指纯粹概念的逻辑思维。所谓思辨终止的地方，是我们追问其源头的开端，这就追问到产生各种意识方式的人的生存活动方式上去了。生存状态的分析正是从人们的实际生活出发，看人们以怎样的方式投入生活，并产生出与这种生存方式相应的哲学。在西方学术的影响下，我们只认逻辑的方法为理论的方法，而逻辑的方法说到底，是概念推论的方法。现在，当我们把作为理论中的理论的哲学当作事实，需要对它的根源做出说明的时候，显然不能把逻辑当作现成的方法接受下来。如果我们的探讨仍然是理论性质的，那么，这种理论的形式同传统理论也是有区别的。

生存状态分析的方法是从事实出发，马克思曾经用它批判唯心主义和旧唯物主义。那时，不同形态的哲学还没有照面。今天，各种文明正风云际会，西方之外的各民族要作为民族生存下去、要保持自己文化的认同性，就急切需要为蕴含在自己文化中的哲学精神做出辩护。中西哲

---

[1] 马克思、恩格斯：《德意志意识形态》，第 20 页。

学的比较研究事实上带有辩护的性质。生存状态分析的方法能否胜任辩护的任务，终究还是要看其实际运用是否成功。下文是对实施这一分析的大致线路的勾勒。

第三节　生存状态分析的线路图

一　探寻中国哲学的原始根源

生存状态分析是要探溯哲学的源头，说明哲学的"本质"，并进一步对中西哲学的不同形态做出解说。根据这个目标，生存状态分析分两步：第一步，通过分别对作为事实的中国哲学和西方哲学进行分析，追溯那种哲学所从出的生存方式及共同的生存结构。第二步，从共同的生存结构可能具有的不同生存方式出发，解说中西哲学的不同形态。

让我们从中国哲学的分析开始。我们刚一接触这个课题，就惊讶地发现，中国哲学自始就把追溯自身源头的问题当作任务，这条脉络竟是这样清晰，以至于我们不用费多大的力气，就可以描述出它的过程。

我们所从中出发的事实是，中国哲学的主要任务在于求得成为圣贤。我们现在认为是哲学家的那些人，例如孔子、孟子、老子、庄子等等，原来大多非圣即贤。直到清代末年，领导戊戌变法的康有为还被人尊称为"康圣人"。"圣"，繁体字作"聖"。《说文》曰："通也，从耳，呈声。"段注引《传》云，"圣，睿也""圣通而先识"；引《洪范》曰，"睿作圣"。段注曰："凡一事精通，亦得谓之圣。"又曰："圣从耳者，谓其耳顺，《风俗通》曰，圣者，声也，言闻声知情。按声（聲）、圣（聖）字古相假借。"可见，圣就是聪明，不仅明白，而且明白得透、"精通"。"凡一事精通，亦得谓之圣"，所以有"书圣""棋圣""茶圣"等的称呼。再说"贤"字。《说文》曰："多财也。"段注曰："贤本多财之称，引申之凡多皆曰贤。人称贤能，因习其引申之义，而废其本义矣。《小雅》：'大夫不均，我从事独贤。'《传》曰：'贤，劳也'，谓事多而劳也，故孟子说之曰，'我独贤劳'。戴先生曰，'投壶，某贤于某若干纯'。贤，多也。"那么，贤希圣者，当指经历得多了还望精通的意思吧。

圣，是"睿、聪明"的意思。现在我们一般把聪明了解为博学、懂得多，所以，人们也常以懂得知识的多寡来衡量某人是否聪明。不过，我们也知道，懂得多不一定聪明：某医学博士，见病家咳嗽发热，他懂得不下数十种引起发热的原因，所以反而迟迟确定不了病人到底是得了什么病。真正的聪明在于对知识的融会贯通。知识本身无所谓融会贯通，能将知识融会贯通起来的是人。融会贯通，不限于"知"，也应该包括"行"，把事情做成。事情之能做成，不是我一厢情愿的事，也是事情本来可以如此这般；反过来说，要是事情本来不能如此这般，那当然也是行不通的。所以，聪明的真正意思表达为一个"通"字。以"通"表达聪明和以知识表达聪明的区别在于，知识无论是说出来的还是默会的，总是被建立为对象性的；而在"通"的境界中，是没有物我的分别的。虽然在"通"的境界中没有物我的分别，一任事物本身的发生发展，但是，因为"我"毕竟是有意识的，事物本身的"通"又是我的自觉行为。也因为我是有意识的，对"通"的境界中意识到的东西进行反思，说出来，就是知识。这应该就是"圣通而先识"的意思之一。如果说，哲学在西方的本义是热爱智慧，那么，圣人就是整个处在智慧状态中的人。柏拉图以后，西方哲学走上了追求知识的道路，以知识取代了智慧。受西方哲学观念的影响，"通达"的圣人境界就无人问津了，因为它先于知识而不即是知识。最近，商戈令先生对庄子的"道通为一"句做了新的诠释[①]，从得道的角度论述了"通"作为境界的哲学意义，这转变了现代人已经习惯的把道作为对象、追问道是什么的思想方

---

① 商戈令：《"道通为一"新解》，载《哲学研究》2004年第7期；收入俞宣孟、何锡蓉主编：《探根寻源——新一轮中西哲学比较研究论集》，上海译文出版社，2005年，第373—390页。

式。道是境界，是在通达境界的当下体验中的。

既然圣人是指在通达境界中的人，何以我们所知的圣人却似乎不是那种样子？中国古书中记载的先王圣人已无从考究。即以中国第一大圣人孔子为例，我们知道他是圣人，主要是因为他有许多道德方面的教诲，对于他"通达"的圣人形象却并无印象。但是我们不能否认，道德、教育、礼仪等，凡是孔子有所发挥的言论，都归属于"仁"的学说，而"仁者，人也"，都是做人的道理。孔子曾自述他的人生经历："十有五而志于学，三十而立，四十而不惑，五十而知天命，六十而耳顺，七十而从心所欲不逾矩。"（《论语·为政》）这"从心所欲不逾矩"应该就是"通达"的境界了。"通达"不仅体现在人与自然的关系中，更体现在社会人事关系中。不过，"通"本身作为整体是不能传达的，一旦言说"通"，就已经出乎其外了。在说中识别出来的东西是在"通"中直接被感受到的，然而又总是经过对象化处理的，是有所分的东西。孔子所能说出的，只能是有所分的东西，它们是在某种社会关系中能够通达的行为及行为准则。后人从他说出的东西出发去评定孔子，孔子就成为道德家，或者政治家、教育家了。

哲学家和政治家、道德家之类的区别在于，后者是些实际的生存状态，哲学家则要对各种生存状态做出反思。中国哲学之为哲学就在于，它并不停留于实际的生存状态，而是对生存状态及其方式做了进一步的反思。中国哲学分儒、道、释三家，它们关注的都是人生问题，"道"的观念则是它们三家都使用的观念。① 尽管它们三家在人生的目标上不尽相同，但是都用"得道"来表示它们追求的最完满的人生境界。其区别在于，"得道"在儒家是指成为圣人，在道家意味着进入一种超凡脱俗的境界（其末流为求长生不老，或事炼丹、或做修炼的人），在释家

---

① "道"的观念并不是道家的专利。关于这一点，可参见笔者为王森洋、范明生主编的《东西方哲学比较研究》一书撰写的第二章"第一哲学"。

当然是指成佛。一部中国哲学史就是围绕着"得道"的问题展开的。

那么，为什么要求"得道"？这个问题有各种说法，似乎很难有定论。虽然如此，我们还得一试。文字上的解说是比较明确的。《说文》云："道，所行道也，一达谓之道。"道指道路，但是哲学上的道不限于行走的道，万事万物能够发生、展现，说明它行得通，即所谓"一达谓之道"。行得通，有这回事；行不通，就没有这回事。在这个意义上，道就是万事万物发生、发展的原因或根据。对道的这种理解是找得到许多佐证的。例如，《老子》第四十二章说："道生一，一生二，二生三，三生万物。"《老子》第二十五章又说，道"可以为天下母"，它"先天地生"。《管子·内业》说："不见其形，不闻其声，而序其成，谓之道……万物以生，万物以成，命之曰道。"《韩非子·解老》说："道者，万物之所然也，万理之所稽也。"道是万事万物的根源和根据，应当也是人之为人的根源和根据，所谓得道，是紧扣着人之为人的根源和根据去做人。

对道的深入探讨表明，在这个根源处，人与天地万物原是一体无间的。中国哲学的一个基本观念是，在天地万物未分之前，本是一片混沌的状态。《老子》第二十五章说："有物混成，先天地生，寂兮寥兮，独立而不改，周行而不殆，可以为天下母，吾不知其名，字之曰道，强为之名曰大。"所以，道也表达为无。如《老子》第四十一章说："天下万物生于有，有生于无。"此外，太极、无极也都是表达最初原始一体的观念。根据张岱年先生的研究："《系辞上》云：'易有太极，是生两仪，两仪生四象，四象生八卦。'两仪指天地，太极是天地未分的统一体。郑玄《周易注》解释太极说：'极中之道，淳和未分之气也。'（《周易郑注》辑本）李鼎祚《周易集解》引虞翻说：'太极，太一也，分为天地，故生两仪也。'"[1] 这个原始根源处就接近了人的生存结构。

---

[1] 张岱年：《中国古典哲学概念范畴要论》，中国社会科学出版社，1989年，第47页。

在中国古代，把人的原始生存状态的结构表达出来的是庄子。在《齐物论》中，庄子把人的言论比之自然界的风吹过各种孔窍时发出的声响，以喻人的说本来不过是出于自然而要表达的东西：自然界的声音出于风和孔的作用，人类的言论学术则出于彼和我的关系，即所谓"非彼无我，非我无所取"。"彼—我"就是庄子对一切言论所从出的人的生存结构的刻画。在这里，"彼"就是外物或世界，彼、我是不可分的。这听起来有些奇怪，照庄子的说法，我的言论好像不是自己做主的。一般认为，言论总是出自我，我是独立的主宰（"真君"）。对此，庄子辩驳道，人们所谓的作为主宰的我在哪里呢？在我身上有各种器官，它们各司其职，是其中有一者主宰着其余呢？还是递相主宰的呢？要找到这样的"君"尚且不能，就不要说什么"真"了。这样的主宰是找不到的。一切都是自然而然地发生的，"彼—我"则是产生人的各种言论的一个基本结构，彼、我是这个统一结构中不可分的两个方面，也就是"天地与我并生，而万物与我为一"。

哲学自身的起源问题在中国哲学史上是一个重要的问题。不过上面涉及的主要还是道家的资料。关于儒家，从表面上看，他们似乎不太关注形而上学问题。确实，儒家的一个突出特点是要把懂得的道理运用到实际生活中去，但不能据此而推断他们不关心形而上学的道理。前面我们引证过的《周易》一书也是儒家的经典，其中阐述义理的《十翼》相传即孔子所作。事实上，在实际生活中处理事务是否裕如，应当是检验掌握形而上学道理的最终尺度。前引孔子总结自己的修养与日俱增时曾说，"吾……四十而不惑，五十而知天命，六十而耳顺，七十而从心所欲不逾矩"。能达到这样的境界，没有对于"彼—我"关系的真切理解，是难以想象的。子贡说："夫子之言性与天道，不可得而闻也。"（《论语·公冶长》）人们以为这表明孔子很少谈形而上学。然而，也许他谈了，而对于众多的学生来说，是不太听得懂吧！相传是孔门心法的《中庸》其实也是讲究天人一体的道理的。其开头说，"天命之为性，率性之为道，修道之为教"，就是把自然和人事的道理做一体来讲。又如："唯天下至诚，为能尽其性；能尽其性，则能尽人之性；能尽人之性，则能尽物之性；能尽物之性，则可以赞天地之化育；可以赞天地之化育，则可以与天地参矣。"这说明，在孔子看来，人性如能充分展开，就能把物性充分展开出来，从而达到"与天地参"；在达到"彼—我"契合的状态时，人是可以具有能动性的。但是，人性究竟是什么呢？孔子没有以语言表达。事实上，既然人性在其最深处与天地是一体的，要讲出来是很困难的。正如庄子说："既已为一矣，且得有言乎？既已谓之一矣，且得无言乎？"（《庄子·齐物论》）孟子没有探讨孔子不讲出"人性是什么"的原因，却明确地把人性落实到善，即所谓"人皆有恻隐之心"上。这就遭到了荀子的挑战，因为"性恶说"与"性善说"一样并不缺少事实的支持。从形而上学的角度说，人性的具体化是把问题引向了浅处而不是深处。我寻思，这可能是儒家学说在直到宋、明以前的很长时期内都不能有大的发展的重要原因，它与哲学的原始根源有了距离。

宋明新儒学被认为是儒学的新高度，它通过借鉴佛学而重新回到了哲学的源头。作为佛学基本理论的十二因缘说以无明为种种缘起的根源或开端。[①] 无明，是人的意识尚未展开其活动的状态。在这里，不光善恶没有被区分，就是物我也没有得到识别。然而，这里却孕育着自我和天地万物。佛学唯识论倒过来，从已分化的感官意识倒溯上去，挖掘出作为一切意识根源的第八识阿赖耶识，它同样是物我之未分的状态。这个第八识又称藏识，积累着前生今世的种种业，我们简直就可以把它理解为生命的根苗。佛学把获得对生命根苗的体验称为"觉"。在这个原始的生命根苗处，尚未有善恶之分，甚至根本就没有"彼—我"的区别。除非涤除一切思虑和感觉，在泯灭物我的感受中做亲身的体验，是

---

① 关于对十二因缘说的解说，可参见熊十力的《存斋随笔》（上海远东出版社，1994年）。

难以把握这种境界的，用语言表述总是隔靴搔痒。宋明新儒学吸收了这种体验生命根苗的方法，但是与佛教不同，它不是教人停留在那种体验里，永远涅槃，而是以自觉展开生命的态度投入实际人生中去。

所以，无论是儒家、道家还是释家，它们作为中国哲学，在其最深处都指向了原始的生命状态，在物我未分的一度，揭示出人和世界原是一体的。这里包含着对哲学自身缘起的说明，这个根基决定了它们各自对于世界和生活的态度，或是出世（即道家、释家），或是入世（儒家），或是修身立诚（儒家伦理性质的修养），或是养性尽年（道家末流为长寿和成仙的身心修炼）。他们均把各自理解的自身与环境世界相契合的状态称为"得道"。

中国哲学，无论儒、道、释，都把人生的原始起源作为主题，并把这个起源归结为混沌未分的状态，一切人生现象都是从"彼—我"这个结构中展现出来的。哲学则是对这个展现的过程和方式的反思，或者说，哲学是人对自身生存方式的反思。

二　掀开西方哲学遗忘的面纱

粗看之下，我们关于中国哲学的解说同西方哲学的情况相去甚远。西方哲学一向标榜自己是普遍的知识。所谓知识，与个人的感受有根本的区别。个人的感受可以因人而异，但是，知识则不仅应当是确定的，而且，在相同的情况下运用知识应当是同样有效的。这就是说，知识具有普遍性。唯其如此，人们才开办学校传授知识。普遍的知识不仅是客观的，而且也是必然的。也就是说，这样的知识不会因任何人而改变，也同人的生存状态无关。但是这种认识在黑格尔之后被逐渐打破。海德格尔终于说出了，两千余年的西方传统哲学是一部忘记了"是"的意义问题的历史。[①]这是用西方传统哲学的术语，道出了西方传统哲学对于

---

① 海德格尔：《存在与时间》，陈嘉映、王庆节译，生活・读书・新知三联书店，1987年，第1页。

自身的起源问题遗忘的事实。所谓客观知识，并不是同人的生存状态无关的，而是对应着人的一种特殊的生存状态。这里，我们根据西方哲学的新发展，试对西方传统哲学做一初步的生存状态的分析。

要说明西方传统哲学在生存状态方面的起源，就要说明普遍知识的性质。普遍知识是人的产物，这一点想必是不会有人反对的。问题在于，普遍知识的内容是否反映了一个独立于人的世界的真实面貌？西方传统哲学主流的理性主义不仅肯定这一点，而且试图通过逻辑的方法赋予知识的形式以客观性。把这一点说得最彻底的是黑格尔。他认为，"理性在它的真理中就是精神……这种精神的运动，从单纯性中给予自己以规定性，又从这个规定性给自己以自身同一性，因此，精神的运动就是概念的内在发展：它乃是认识的绝对方法，同时也是内容本身的内在灵魂。——我认为，只有沿着这条自己构成自己的道路，哲学才能够成为客观的、论证的科学"[1]。"思维的概念是在逻辑发展过程中自己产生的。"[2] 所以，所谓客观性、普遍性，其关键还是在于逻辑。逻辑以其必然性的力量，迫使人的思想不得不遵循，不得不照着走。那么逻辑究竟是怎么回事呢？这个问题是一个硬骨头，但是我们不得不啃一下。

一般以为，逻辑是亚里士多德所创立的。这是就形式逻辑而言的。早在亚里士多德之前，柏拉图已经提出了寻求理念间结合的方法。我以为这是逻辑产生的原动力。

柏拉图的早期理念论主张，与事物同名的理念是事物的真正所是，事物因分有理念而是其所是。但是，理念存在于可感世界之外，事物怎样能跨越分离的两个世界去分有理念呢？更成问题的是，理念被假定为单一的，即它们互相之间是不结合的，一个单一的理念简直是没有意义的。因为除了它自己述说自己，任何对它的进一步述说都将破坏它的单

---

[1] 黑格尔：《逻辑学》，第 5 页。
[2] 同上书，第 23 页。

一性。甚至当说它是某理念时，某理念就与"是"有了结合而不再是单一的了。这些困难迫使柏拉图做出新的思考，于是就有了他后期的理念论。后期理念论发端于《巴门尼德篇》。在这篇对话中，柏拉图通过正反两方面的讨论，得出结论：理念必须成立于相互结合之中，单独的理念是不能成立的。这就提出了理念是依什么方法结合的问题。柏拉图最初演示理念结合的方法，并不是后世发展出来的那种严格逻辑的方法，而是既有逻辑的方法，也有语法的方法。例如，每组推论所讨论的理念往往是被成对引进的：部分和整体、一和多、变动和静止等。这是所谓辩证法。当把"一"和"是"的结合当作全部推论的起点时，其理由之一在于，"一是"（意为：这是一，或，有一）这个句子包含一个名词和一个动词，符合最简单的句子的要求，不然就不成句，"一"将不"一"，这是根据文法的结合。理念间的结合到了后世就变成了概念或范畴间的结合，逻辑正是作为概念间结合的规则被制定出来的。[①]

与西方哲学追求普遍知识相关的逻辑是演绎逻辑。在演绎逻辑中，概念的结合被表达为从普遍到特殊的推论，用康德的话来说，就是先天分析判断。在这种判断形式里，结论是事先包含在前提中的，推论不过是把包含在其中的东西点明出来。有一条更重要，然而却因其隐而不露而容易被人忽略的规则，即，进入逻辑的概念与日常运用的概念是截然不同的。日常的概念总有其所指的对象，概念的意义在于它所指示的对象；然而逻辑的概念并不指示任何对象，它们只能从概念的相互关系中获得意义，这样的意义也称被为逻辑规定性。例如，在日常的思维中，父和子分别有所指，当然是父在子先；但是在做逻辑思考时，父不指父，子也不指子，在这里，父和子只是相对而言的，无父便无子，反过

---

① 海德格尔曾经考证过，"logic"（逻辑）所从出的"logos"一词，在被当作"言说、理性"之前，其更早的意思是指"结合"。他曾经从古希腊文献中做过引证，参见 Heidegger, *An Introduction to Metaphysics*, trans. Ralph Manheim, Yale University Press, 1959, pp. 123–125。

来说，无子也便无父。基督教神学就是这样来论证三位一体教义的。逻辑概念的这个特性可以被概括为超时空性。

人们只知踏进逻辑就进入了必然性的领域。然而事实上，从使用逻辑概念的当下起，人自己的存在状态方面也跟着起了变化。试想一下，当我们使用着超时空概念时，其所表达的意义与我们世界里的事情没有关系，我们运作这些概念就像做数学运算，这里容不得我们的情绪，没有好恶，也没有是非，一切都是铁的必然。进入逻辑思维的人绝不是日常的人，而是一个纯粹的思想者，所以笛卡尔进行形而上学沉思的时候说，"我把自己领会成一个在思维而没有广延的东西"，是一个"思维着的东西"[①]；在胡塞尔那里，这个人则是"先验自我"，胡塞尔谈到他的先验自我的发现时承认，"我自己这样做时，我也就不是人的自我了"[②]。

我并不认为世界上没有"先验自我"或"逻辑主体"，而是进一步认为，那是人的一种可能的生存状态。作为人的生存状态，其根子处有"人世"关系的结构。这就是说，人的各种生存状态总是与一定面貌的世界相关的。所谓"逻辑主体"或"先验自我"所对应的世界是纯粹概念的世界。反过来说，纯粹概念的世界也只是显示给"逻辑主体"或"先验主体"的。要成为"逻辑主体"这样的角色也并不难，当我们从事数学运算的时候，我们就处在与"逻辑主体"接近的状态中，在这种状态中，人就把自己交付给运算法则；同样，在哲学中，我们把自己交付给逻辑时，就觉得好像是概念自己在运动。根据逻辑必然性得出的客观性，其实是先已把自我交付出去的结果。这"交付"却是我的选择，是我对自己生存状态的改变。

西方人长期以来把与"逻辑主体"对应的概念世界当作本质的因而

---

① 参见 John Perry and Michael Bratman eds., *Introduction to Philosophy: Classical and Contemporary Readings*, Oxford University Press, 1993, pp. 115, 121。

② 转引自吕迪格尔·萨弗兰斯基：《海德格尔传》，靳希平译，商务印书馆，1994 年，第 115 页。

也是真实的世界，把通过概念演示的意义系统当作普遍的知识、绝对的真理，却把我们的生活世界当成表面的现象。这就把思维及其对应的概念世界当作最高的目标来追求，而却忘记了这种对应关系的根子在"人世"结构中，各种不同的生存状态都是从这个原始的结构中展开出来的。直到 20 世纪，西方人才在海德格尔这里重新提起对于原始根源问题的注意，海德格尔用西方哲学熟知的术语，把人的原始生存结构表述为"being-in-the-world"。

第四节　同一根源的不同展开

生存状态的分析视"人世"关系为人生的基本结构，也是哲学所从出的根子。以此为出发点，才能敞开分析中西哲学形态差异的新境域。"人世"本是一个完整而不可分的现象，它们只是在思想中才被分割开来。分割的样式只可能有如下几种：或是把眼光专注于"世"的方面，或是把眼光专注于"人"的方面，还有一种就是把整个"人世"结构收于眼底。专注于"世"的方面时，并非没有"人"，只是"人"是被隐蔽着的；同样，专注于"人"的时候，被专注着的人其实也只能是人世中的人。西方哲学的主流是专注于"世"的，"人"的方面是在认识论中凸显出来的。相比之下，中国哲学似乎突出关注"人"的问题，然而，在其深处总是照应着"人世"的整体结构。无论是中国哲学还是西方哲学，都是"人世"这个生存结构的展开。这里，我们以"人世"结构的展开为根据，拟对中西哲学的形态、表述方式及其主题的构成先做一简略的分析说明。

我们已经说明了，所谓具有客观必然性的西方传统哲学的普遍知识，有一种与之对应的人自身方面的生存状态。问题是，怎么会从原始的"人世"关系结构跑到与"思维主体"和"概念体系"相对应的结构关系上去呢？从既定的事实方面出发，我们只能说，那是基于原始生存结构的一种可能的生存方式的实现。至于为什么西方哲学实现了这种样式而不是那种样式的哲学，可以从不同的方面去考察。我觉得哲学家个人的作用在这里是决定性的。柏拉图首先提出理念论，就决定了一种特定的从原始"人世"结构中展开出来的方式。我们可以把这种方式描述为"看"。柏拉图的"理念"，其原文 idea 的动词形式 eidos 的意思就是"看"，idea 是"看"的结果。西方人的"理论"这个词，原文为 theory，其拉丁文词根动词 theor 也是"看"的意思。在"看"中，人就从原始一体的状态中走出来了，就有了"彼—我"之分。柏拉图倡导的不是肉眼的看，而是心灵的眼睛的看，所见的也不是可感的事物，而是所谓事物的本质，它逐渐发展成为以概念的推论表达的真理的世界。与之对应，人也就进入了理性的状态，成了逻辑的或思辨的主体。只是当柏拉图以太阳（以及后来的人用理性的光）隐喻那种使人们看见真理的作用，才反映出人们还隐约地记得，这一切都是从原始未分的无的境界中分化出来的。一旦采取了这种看的方式，其所看出的东西就成了哲学的主要内容，哲学便成了一门关于普遍知识的学问。理性主义者眼中看到的世界是超越感觉的世界，所谓形而上学就是超越，这里的超越指的是理性主义者眼中看出的用纯粹概念表达的理论世界的性质。

中国哲学从一开始就注意到了，一切都是从原始的"人世"结构中分化出来的，并且以此作为做人行事的根据，力求在各种情况下达到彼我间的契合，这就是所谓"得道"。求得得道是中国哲学的主要目标和内容。在人生的各种活动中，都有一个求得彼我相契的得道的问题，有所谓从政之道、经商之道、治学之道乃至贯彻在各种技艺中的道，等等。理想中的圣人应当是在人生的主要活动中比较全面地得道的人。意识到了得道在于彼我相契的状态，自然就要求人们不要把眼睛锁定在所见器物上。重要的是，要努力体察器物向我们显示出来的过程中彼我相契的状态，这样的状态是超越器物的。所以说，"形而上者谓之道，形而下者谓之器"。但"相契"状态并不超越于"我"之外，因为"相契"的另一端是"我"，"我"是能够体察到这种状态的。形和器本身不会上、不会下，上和下是人分别面对道和器时的状态，所谓"形而上"是人调整自身到彼我相契状态的过程。这个调整过程，我们称之为"超越"。①

这样，我们就有两种不同意义的超越。一种是西方哲学意义上的超越，指的是以心灵的眼睛看出来的超感觉的世界；另一种是中国哲学意义上的超越，指的是人自身对于彼我相契状态的追求。其区别在于，西方哲学中的超越具有理论的性质，中国哲学中的超越是对人自身生存状态的描述。当人们用超越来标志形而上学的时候，我们就获得了两种不同形态的形而上学。在西方，形而上学是理论；在中国，形而上学是人自己追求得道的活动。然而，归根结底，超越是人的超越。康德看出了这一点，他说，形而上学是"理性的一种自然趋向"②。海德格尔对此说得更多、更深入。他说，"只要我们生存，我们就总已经在形而上学中……超越活动就是形而上学本身。由此可见形而上学属于'人的本性'"③。说得更详细一点，西方形而上学是柏拉图式的"看"的结果，这个"看"是人自身的一种超越方式。

西方哲学为人们提供了一个理性的世界，长久以来人们一直认为那是本质的世界，也是客观的世界。现在我们知道，这个世界的成立需要人站到理性思维的立场上去，成为逻辑主体。概念世界和思维主体的联系仍然反映着一种"彼—我"的结构。不过，由于专注于"看"，它突出的是所看见的世界，而把原始的"彼—我"即"人世"结构掩盖掉

---

① 详见本书第五、第六章。
② 康德：《未来形而上学导论》，庞景仁译，商务印书馆，1982年，第160页。
③ 海德格尔：《海德格尔选集》上卷，第152页。

了。西方传统哲学受批评的原因之一是遗忘了人的问题，其原因盖出于此。在这个意义上，我们可以说，中国哲学是立足于形而上学根源处的更原始、更根本的形而上学。

中西哲学形而上学的不同形态与这两种哲学在其他形态特征方面的差别是紧密相关的。对于从事西方哲学来说，最重要的是要学会运用概念进行推论，而首先又是要学会对语言做不同于日常的使用，这个过程在柏拉图和黑格尔那里都被称为"思想训练"。对于中国哲学来说，从事哲学要身体力行，那是一个修养的过程。或许有人说，西方哲学不尽都是柏拉图主义，例如，经验主义哲学是否也一定要经过这样的思想训练呢？但是，我们须知，西方的经验主义是在与理性主义的论战中生成的，他们必须明白理性主义的主张，才能与理性主义争论得起来。在这个意义上，不了解理性主义对语言的使用，甚至也不能理解经验主义。

修养是中国哲学的重要功课。修养的目的是要使自己的行为达到彼我契合的境地。其理由是，包括我们人在内的一切都是从原始合一的混沌中开放出来的。所以，达到彼我合一的境界是符合道的。但是，人们不免想，天地未分前的原始合一的境界离人类已经很遥远了，我们怎么能知道呢？庄子曾经描述过南郭子綦坐忘的状态，也许古人离原始起源比我们近，更容易获得那样的感受。其实，真正的原始境界并不离古人更近，也不离我们更远。当我们遗忘掉它的时候，它是遥远的；当我们追寻它时，它可以是当下即在的。儒、道、释三家有入静、入定或坐忘的训练，这是当下体会物我一境的途径。对于儒家来说，获得这种体验的意义不仅在于验证原始合一境界的存在；而且，意识到一切都展现在我的世界里，能使人获得崭新的生活态度，包括自觉其有在各种可能性中进行选择的自由，从而以专注和原创的精神投入实际生活，即所谓"养浩然之气"，以便"对内湛然澄明，对外接应万机"。这就是内圣外王之道。儒家经典《大学》把这条途径概括成修、齐、治、平，"自天子以至于庶人，壹是皆以修身为本"。

修身的目的无非是得道，人们一般把道当成规律，这种理解是值得质疑的。我们从西方哲学学得了"规律"这个概念。但是，规律是属于本质领域的东西，道却不是建立在现象和本质区分的基础上的；规律是所谓普遍必然的东西，在道的观念中，也没有划分普遍和特殊、必然和偶然，道遍及一切，不仅在普遍的东西中也在特殊的东西中，在必然的事情中可以得道，在偶然的事情中未必不能得道；规律的普遍必然性往往是通过概念的逻辑演绎表述出来的，而说到道，却是"道可道，非常道"。与其认道为规律，不如说道是天命。天命是通过"彼—我"的结构向我们展开出来的，不是我所能决定的，但也不是完全抛弃了我的。在规律中，人注意的是外在的世界；在对天命的追踪中，人兼顾着世界和人类的关系。

相应于道和作为普遍知识的规律的不同，中国哲学和西方哲学使用的语言也是不同的。西方传统哲学追求的本质世界是在现象之外的。关于其所使用的语言的特点，马克思、恩格斯说得很清楚："正像哲学家们把思想变成一种独立的力量那样，他们也一定要把语言变成某种独立的特殊的王国。这就是哲学语言的秘密。在哲学语言里，思想通过词的形式具有自己本身的内容。从思想世界降到现实世界的问题，变成了从语言降到生活中的问题。"[1] 马克思、恩格斯说的正是"是论"的语言，这种语言使用的概念并不表达现实世界中的事物，它们是纯粹的概念，或者叫作逻辑规定性的概念、范畴。中国哲学的概念当然不是这种逻辑规定性的概念或范畴，即不是纯粹思辨的概念。如果把体验也归入可感一边，那么，中国哲学的语言与日常语言之间并不存在鸿沟。中国哲学中的"哲学"一词如果用西方的语言来说，似乎应该是动词

---

① 　马克思、恩格斯：《德意志意识形态》，第 515 页。

"philosophize"，即说到哲学，就应该自己亲身"哲学一番"。如果形之于语言，它往往就站在哲学的外面了。但是，这也不是说，中国人从事的哲学是无所说的哲学，即使如禅宗不立文字的极端说法，毕竟也是一说，透露出在最高境界中说的无奈。如果根本无所说，那么也就没有作为一种学问的中国哲学了。中国哲学的说中有许多是对修养的途径和体验的描述，对于真正愿意哲学一番的人来说，不过是以指指月的那根手指，目的是引导人看月，而不是要人的目光停留在手指上。还有一些用词更反映出"彼—我"结构在各种情况里的存在。如，同样是人死了，"天子死曰崩，诸侯曰薨，大夫曰卒，士曰不禄，庶人曰死"（《礼记·曲礼下》）。对"死"这个事实用不同的词，表达的不仅是事实，而且表达着说者恭敬程度的等差。又，臣杀君，子杀父母，从"正名"角度来说，当作"弑"而不作"杀"，其中包含着叙述者的政治伦理态度。在西方哲学中，需要通过意向分析才得到揭露的那种意向及意向对象的关系，在类似上面举的词里，是直接得到表达的。

还有许多问题是可以从生存状态分析的角度做出说明的，我在这里只想再说一点。当人们越认为自己看到的世界是唯一真实的世界时，就越坚持自己作为观看者的立场是唯一正确的立场，而一个以得道为目标的人则随时准备调整自己以达到与环境世界的契合。始终固守源头，保持调整自己的可能性，无论对于个人还是对于一个民族来说，都是永葆青春的秘诀。

这样，我们已经初步勾勒出本书进行生存状态分析的思路。首先，根据中西哲学既有的事实，追溯其共同的生存状态结构；其次，从这个基本的生存状态结构的可能的展开方式中，去解说中西哲学各自不同的形态特征。

第二部分

中西哲学的生存状态分析

第五章　形而上学与形而上学的态度

对哲学做生存状态的比较，就是从单纯对哲学文本进行比较转向对人类从事哲学活动的方式进行比较。哲学活动是人类生存活动的一种方式，是人类对自身生存方式观照着的生存活动。哲学形态的差异是不同的生存方式及对它的不同观照方式的结果。中西哲学的比较研究在于揭示，不同的生存方式及对生存方式的不同观照方式是如何可能的？这个问题要求我们深入人类展开各种生存活动的结构中去。我们可以直观地指出，人类的一切活动都是在环境中的活动，这个环境不仅指自然，还包括人类自己组织的社会。环境制约着人，人也改造着环境。环境提供给人自由活动的舞台，也为人的自由设立了界限。人类的一切活动都是从人与世界这个结构性的现象——简称"人世"——中展现出来的。

中国人和西方人的生存方式，以及与生存方式密切相关的观念、习俗和文化传统可以不同，但是，生存状态的结构是一致的。我们所有的种种一切，无非是根据"人世"这个结构展开出来的人生现象。世界养育了人，人是世界中的人；人生活在世界中，世界是人的世界。所谓"宇宙便是吾心，吾心便是宇宙"，原来不假。一切喜怒哀乐、崇高猥琐，举凡生产、宗教、道德、艺术、科学、哲学，从数星星到登月、探火星，都是"人世"的现象。

哲学作为生存方式之一，是人类对自身生存方式的观照。这里说的生存方式与生活方式有一点不同：生活方式可以泛指日常的饮食起居、交友谋生、风俗习惯等，生存方式则专指各种活动中人与世界的关系方式。日常活动中的人多半只是就事论事，对生存方式缺少一种脱身的观照。哲学是观照生存方式的事情，"人世"的结构是在哲学的观照中被揭示出来的。哲学的观照是"人世"中生命的自觉，也是"人世"本身的自觉。

本章试图通过对中西形而上学的分析揭示出，中西哲学的文本后面都有相关的人从事哲学活动的方式。但是，这里有一个问题需首先回答，从希腊人询问世界始基开始，哲学一向被认为是关于世界的普遍知识，这种知识是客观的，也就是说，哲学所认识的世界应该就是世界的本来面目，难道世界的面目还同我们对待世界的态度、方式有关吗？客观的世界会因为人们与之打交道的不同方式或态度而改变吗？为此，我们的分析先从西方哲学的形而上学开始。

第一节　从文本比较到生存状态分析

一　从西方形而上学入手的理由

先从西方哲学的文本入手。但是，西方哲学历经两千余年的发展，有各种不同的分支、流派、观点，其中也不乏相互对立的情况，我们究竟应该如何选择呢？从文本方面说，形而上学应该是最能代表哲学灵魂的东西。这一点可以从两个方面认定。

首先，从哲学的分类看。虽然亚里士多德不知道有"形而上学"这个词，但是他在他的那部被后人标明为"形而上学"的著作中，提出要研究一般的是者之为是者的学问，并且提出，这就是第一哲学、第一原理。希腊人创造了"哲学"这个词，但是，起初的时候，哲学的范围是比较广的，基于亚里士多德在《形而上学》这本书中的说法，"形而上学"就逐渐成为哲学的代名词，甚至被认为是纯粹哲学。现在我们可以看到，西方哲学史上有许多著作就是以"形而上学"或"形而上学导论"为书名的。到近代哲学中，德国哲学家沃尔夫对哲学做了一次分类，他分哲学为理论哲学和实践哲学两大部分，理论哲学又分为逻辑学和形而上学。实践哲学中则有自然法、道德学、国际法或政治学、经济学。^①直到黑格尔时还被认为是权威的这个分类，今天看来显然是过时了。实践哲学中的经济学和国际法或政治学已经从哲学中分离出去；自然法发展成为自然科学，它与哲学的联系是科学哲学。只有理论哲学是真正的哲学，而理论哲学中的逻辑学是被视作方法论的。于是，纯粹哲学就只剩下形而上学。沃尔夫划定的形而上学包括四项内容：是论、理性神学、理性灵魂学和宇宙论。它们现在也发生了很大的变化。我们知道，从经院哲学中挣脱出来以后，哲学就与神学分门立户了；虽然宇宙还是哲学涉足的领域，但是，它的大部分问题已经可以由宏观物理学做实证的研究，哲学在这个领域的发言权日益减少；理性灵魂学在强大的现代生命科学面前基本销声匿迹；余下的就只是"是论"。有"是论"，就有形而上学，形而上学仍然是纯粹哲学。这个观念为黑格尔所接受。在他的哲学体系中，"逻辑学"是全部哲学的核心，是纯粹原理系统。他的"逻辑学"也是"是论"，是形而上学。

　　其次，从形而上学作为哲学的精神、灵魂看。有时候，形而上学不是作为哲学的分支被看待，而是被当作贯穿在哲学中的一种特征性的精神。在"形而上学"这个词中就包含着这样的意思，它的原文"meta-physica"意为"物理学之后"，也有"超出物理学"的意思。它要追问经验事实后面的深层的根据。在这个意义上，其他的学问要是也具备了这个特征，也会被称为"形而上学"，因而可以被称为"哲学"。例如，康

---

① 黑格尔：《哲学史讲演录》第 4 卷，第 189 页。

德对于道德问题的讨论就叫作"道德形而上学";政治学、历史学等如果包含着对超出事实的一般原理、根据的讨论，也被称为政治哲学、历史哲学；前面提到的科学哲学包括科学本身不讨论的它自身这门学科建立的依据、从特殊科学理论引申出的一般世界观问题，也因具有形而上学的色彩而跻身哲学之列。

代表西方传统理性主义哲学顶峰的黑格尔对形而上学极为推崇。在《逻辑学》一书中，他说："假如一个民族觉得它的国家法学、它的情思、它的风习和道德已变为无用时，是一件很可怪的事；那么，当一个民族失去了它的形而上学，当从事于探讨自己的纯粹本质的精神，已经在民族中不再真实存在时，这至少也同样是很可怪的。"在同一处稍后，黑格尔又说："一个有文化的民族竟没有形而上学——就像一座庙，其他各方面都装饰得富丽堂皇，却没有至圣的神那样。"① 黑格尔说这番话的时候，正当形而上学因康德的批评而一度陷入困境。康德揭露出，形而上学是人的理性脱离了经验而做的纯粹概念的推论，有可能陷入谬误的推理和二律背反，因而他主张对理性的运用要节制。康德在《纯粹理性批判》中的这些论述，被许多现代哲学家引作批判形而上学的先驱。然而，我们应当看到，此后康德又写了一本简要阐述《纯粹理性批判》的书，书名是《任何一种能够作为科学出现的未来形而上学导论》。在这本书中，康德明白声称，形而上学是"理性的自然倾向"，"人类精神一劳永逸地放弃形而上学研究，这是一种因噎废食的办法，这种办法是不能采取的。世界上无论什么时候都要有形而上学，不仅如此，每人，尤其是每个善于思考的人，都要有形而上学，而且由于缺少一个公认的标准，每人都要随心所欲地塑造他自己类型的形而上学"。② 可见，康德

---

① 黑格尔：《逻辑学》，第 1—2 页。
② 康德：《未来形而上学导论》，第 163 页。

所反对的只是他那个时代的形而上学，他的本意在于建立"作为科学出现的未来形而上学"。

只是在现代，形而上学才显得声名狼藉。各种反对传统哲学的流派几乎都打着反形而上学的旗号，互相论战时，也往往指责对方是形而上学。例如，在大陆哲学方面，海德格尔曾经批评萨特，说他把一个形而上学的命题"本质先于存在"倒过来变成"存在先于本质"，还是一个形而上学的命题。[①] 据我的看法，海德格尔本人倒是对传统形而上学的"是论"做过摧毁性的批判，但是他对传统形而上学做生存状态分析的一个命题（"这个'无'是什么"），却被当作一切形而上学的典型受到卡尔纳普辛辣的嘲讽。[②]

分析哲学是把公开反对形而上学的声音叫得最响的。如卡尔纳普认为，通过语言的分析就可以清除形而上学。为了拒斥形而上学，他把自己的工作严格限制在经验和逻辑的范围内。然而，要清除形而上学，不得不进入形而上学，其所讨论的问题就是形而上学的；再者，分析哲学大力发展纯粹形式化的逻辑，把逻辑看成是我们看待世界和思考问题时思想运作的构架，这种观点本身就是有强烈的形而上学色彩的。蒯因想通过对形而上学命题中包含"本体论的承诺"（ontological commitment）的分析，揭露形而上学的错误。[③] 但是，他的讨论同样是形而上学的。另一位分析哲学家斯特劳森在《个体》（1959）一书中承认，分析哲学可以把讨论的问题限制在以时空对象为所指的语言和概念方面，即他所谓基本的"特殊事物"方面，但是，讨论有关这些事物的语言、概念的运用和规则仍然具有超越的性质。因此，他称自己的形而上学为"描述

---

① 海德格尔：《关于人道主义的书信》，载海德格尔：《海德格尔选集》上卷，第372页。
② 卡尔纳普：《通过语言的逻辑分析清除形而上学》，载洪谦主编：《逻辑经验主义》上卷，商务印书馆，1982年，第23页。
③ 蒯因：《论何物存在》，载蒯因：《从逻辑的观点看》，江天骥等译，上海译文出版社，1987年。

的形而上学"，以区别于传统思辨的形而上学。①一般认为，分析哲学继承了经验主义的传统，而经验主义是反对形而上学的。然而，黑格尔说过：

> 经验主义的彻底发挥，只要其内容仅限于有限事物方面而言，就必须否认一切超感官的事物，至少，必须否认对于超感官事物的知识与说明的可能性，因而只承认思维有形成抽象概念和形式的普遍性或同一性的能力。但科学的经验主义者总难免不陷于一个根本的错觉，他应用物质、力以及一、多、普遍性、无限性等形而上学范畴，更进而依靠这些范畴的线索向前推论，因而他便不能不假定并应用推论的形式。在这些情形下，他不知道，经验主义中即已包含并运用形而上学的原则了。不过他只是完全在无批判的、不自觉的状态中运用形而上学的范畴和范畴的联系罢了。②

确实，现代西方哲学的主要流派都声称反对形而上学，那么，至少也要知道形而上学是什么，才能了解现代西方哲学的意义。正面反面的情况都说明，对于西方哲学来说，哲学之为哲学，就看有没有形而上学。科林伍德在《论形而上学》一书中说："形而上学对我们来说是一门科学，已经存在许多世纪了。因为许多世纪以来人们一直觉得有必要，现在仍觉得有必要，以系统的或有序的方式来思考亚里士多德以那门科学命名的一组论著中所讨论的主题。"③即使唯物论也曾被批评为一种形而上学，因为它承认在现象后面有本质。这里，我并不认为"形而

---

① 参见 *The Cambridge Dictionary of Philosophy*（second edition, Cambridge University Press, 1999）"Strawson, Sir Peter" 条；《西方哲学英汉对照辞典》（布宁、余纪元编著，人民出版社，2001 年）"形而上学" 条。

② 黑格尔：《小逻辑》，第 112 页。

③ 转引自《西方哲学英汉对照辞典》"形而上学" 条。

上学"是一个贬义词，而是"哲学"的代名词。所以，对西方哲学做生存状态的分析，就须从形而上学入手。

二　西方哲学形而上学的观念

那么形而上学究竟是什么呢？照工具书的说法，"形而上学是以规定事物的真实本性为目标的哲学研究，即，要规定一切所是者的意义、结构和原理"[1]；或者，"最一般地说，形而上学是对实在的本性、构成和结构所做的哲学研究"[2]。展开来说，形而上学包括许多不同的支系和问题。例如，柏拉图的形而上学就和亚里士多德的不同，前者发展为理性主义，后者则倾向于经验主义；即使在理性主义内部，康德和黑格尔也不同，等等。再者，从中产生出各种问题，对同一个问题又有各种不同的看法。或者反过来说，几乎没有两个哲学家的观点会是完全相同的。在如此纷繁复杂的情况下，对于"什么是形而上学"这个问题，越深入就越不容易做出概括。所以，我们不妨就从上面两条意思基本相同的引文着手，其他的种种说法都应该是在这种基本意义上的发展。

对于上面两段引文，有两个概念需要解说。第一个是"事物"（things）。这里的"事物"包括我们日常可以打交道的事物，但不限于可感事物，因为形而上学还讨论上帝的存在、宇宙的起源、心灵的性质，还讨论纯粹概念的逻辑推论以及逻辑范畴的性质等问题。所以，在第一段引文中出现了"一切所是者"（whatever is insofar as it is）这一概念。"所是者"这个概念的出现与西方语言的特点密切相关。根据印欧语系的语法，一个最简单的句子由名词和动词组成，系词又称为联系动词，它是一个被广泛使用的词。例如，在中文里，"东方红"可以是一个词组，在英文里，非得表达为"The east is red"。凡是用系词（is）连

---

① 参见《不列颠百科全书》"形而上学"条。
② 参见《剑桥哲学词典》"形而上学"条。

接着的词，都是一个所是（being）①，上句中的"红"就是一种"所是"。反过来说，没有什么东西不是"所是"，因为凡是我们可以言说的东西都可以表达为"这是××"，包括现实中有的和将要有的，也包括存在的和不存在的。所以，"是者"的意义比"存在"广。确切地讲，形而上学讨论一般的"是者"问题，也即"是者"全体的问题，它可以指事物，更指并非事物的思想范畴。"是者"这个词包容最广，也产生不少歧义，也正因为它有歧义，也就为逻辑实证主义做语言的分析留下了空间。

第二个是"真实"（实在）。分别出现在两段引文里的这两个词在英文中是同一个词，前者是形容词 real，后者是名词 reality。在日常语言中，有"眼见为实"的说法。但是，在形而上学里，可以感觉到的东西恰恰是不实在的。感觉到的东西是现象，是主观性的东西，它们是变化的、因人而异的；而实在则是事物的本质，是不以人的意志为转移的，因而是客观的。在柏拉图那里就有了这种区别，他称关于理念世界的知识为真知识，而关于可感世界的知识只是意见。因为在他看来，可感世界的事物是变动不居的，因而是不可靠的，理念世界的知识才是真实的。当然，关于究竟什么是实在，哲学史上也不止一种看法。例如，即使承认实在不是直接可以感觉到的东西，而是必须以概念把握的，概念的来源及其普遍性程度也是不同的。有的认为，概念是经验的概括，其普遍性就是经验所能覆盖的范围；有的认为，上述由经验的概括得到的概念总是相对普遍的，哲学要成为普遍的知识，就必须使用绝对普遍的概念，这样的概念不可能通过经验的概括得到，因而是天赋的；还有的根本就否认任何普遍的东西的实在性，只承认感性经验的可靠性。这最后一种态度事实上是反对形而上学的。但是，因为他们在和形而上学

---

① 柏拉图讨论理念之间的结合关系时，从"一是"这个假设开始，因为"一是"（One is）也是一个最简单的句子。柏拉图把"一"和"是"看作理念，"一是"表示"一"和"是"这两个理念间的结合。结果，"一"因为结合着"是"，就成为一个"所是"或"是者"。参见柏拉图：《巴门尼德篇》，144a–b。

对抗，甚至他们反对形而上学时所运用的思想方式很可能就是形而上学的，因此他们也常常在谈论形而上学时被提到。但是，他们本人不会承认自己是形而上学者。一般来说，只有进入实在领域，才算是进入了形而上学的领域。

对以上两个词义的澄清对于把握形而上学的观念很重要。首先，形而上学突出了超越的精神。它让我们看到，所谓形而上学总包含着对于本质的东西、普遍性的东西的追求，本质和普遍性的东西在日常生活中是看不见、摸不着的。在这个意义上，形而上学的目标是超越的。本质是对于现象的超越，普遍性是对于特殊性的超越。哪怕通过经验概括得到的普遍，也已经是一种超越。有人已经用数学上集合的性质对这种超越性做了解说：集合的名称是普遍概念，它包含、泛指集合中的每一个因子，但它本身不能是这个集合中的一个因子。这就是超越。所谓一般的是者，则是最高、最普遍的概念。为什么西方哲学特别关注这种普遍的观念？怎样进入对普遍概念的把握？怎样对西方形而上学哲学做生存状态的分析，说明西方人从事哲学的活动方式？在深入讨论这些问题的时候，超越将是一条重要的线索。

其次，它可以成为对西方形而上学的类型做进一步划分的标志。按照《不列颠百科全书》"形而上学"条的划分，形而上学理论可进一步分为六个类型，它们是：柏拉图主义、亚里士多德主义、托马斯主义、笛卡尔主义、唯心主义和唯物主义。但是在做这种划分的时候，它并没有阐明理由。而按照我这里的观点，既然形而上学总是包含着一种超越的精神，然而其超越的程度实际上是有差别的，那么按其超越的程度可以把形而上学分成两个基本的类型：一个类型是超越而不脱离经验世界，另一个类型是彻底超越经验世界。这后一个类型也可以被称为纯粹的形而上学。超越是形而上学的基本精神，是否超出经验是超越的程度的差别。

第二节　西方形而上学的两种文本

一　柏拉图式的形而上学

尽管"形而上学"这个词首先被用来标志亚里士多德的一部著作，但是，没有人怀疑，在此之前，就有了柏拉图的形而上学。并且，柏拉图的形而上学和亚里士多德的形而上学正是西方形而上学两种基本类型的代表。

柏拉图是西方哲学史上第一个在我们的可感世界之外设立了另一个超经验世界的人，那个超经验世界就是理念世界。理念世界的设立同时倡导着一种新的生存方式，只是由于专注于理念世界方面，人自身生存状态方面的变化长期以来是被忽略掉的。我们的目的是要通过对作为形而上学目标的超验世界的分析，揭示出与超验世界伴随的人自身的状态。先从有关超验世界的一些问题谈起。

理念世界是超出我们的生活世界之外的。虽然在宗教生活中，人们也信奉有多重世界的存在，即既有超出尘世的天国，也有地狱，但那些世界都是我们根据人间世界的事情去设想的；用哲学的话来说，就是用表象重组的世界。理念的世界与宗教的天国不同，那是一个完善的真理的世界，是具有思辨性质的世界。今天，人们已经不相信真有这样一个理念世界的存在，它已经被由纯粹概念表述的原理世界所取代，如黑格尔所说的绝对精神的世界。但是，如果没有柏拉图首先设立理念世界，要直接进入原理、规律的世界恐怕是很困难的。

柏拉图是怎么想到假设有理念世界的存在的呢？亚里士多德交代过，柏拉图之提出理念世界是因为定义事物的需要。他说，苏格拉底专注于伦理问题，却忽略了整体的自然，想通过伦理方面的事情求得普遍性的东西（the universal），并开始关注定义；柏拉图接受了他的教诲，"但他认为，这个问题不宜用于可感事物而当用于另一些东西方面——

定义不能是对任何可感事物的定义，因为一切可感事物都是变动不居的。这另一类东西，他称为理念"①。这里要提请注意的是，定义是对事物给出一个确定的说法，定义不能就事论事，即不能就具体可感的事物去论定可感事物，能有定义的是另一类事物。有关这另一类事物，亚里士多德的叙述中明确提到了"普遍的东西"这个词。另外，定义也不能在伦理事务中去获取，或者说，一个具体行为是否符合伦理，是无法论定的。为什么一种行为的伦理性质不能有定论？这是很有意思的。关于这一点，我们在后面分析。

为什么对定义的追求使柏拉图最终提出了理念的存在？有《斐多篇》可供参考。在这篇对话中，柏拉图借苏格拉底之口陈述了理念存在的理由。他说，他曾经对有关事物的产生、存在和灭亡的一些学说抱有很大的热情。有的认为，生灵是由热与冷的发酵产生的；有的认为，思想是从体内的血、气、火中产生的；还有的认为，是脑子为我们提供了听、视、嗅这些感觉，从这些感觉中进一步产生意见、记忆，然后又从中产生出知识。这些都没有将问题回答清楚。他还思考过一些今天看来有些匪夷所思的问题，如，一个高个子比矮个子高一个头，其原因在于这个头吗？一加一等于二，是其中哪一个一变成二了，或者，它们都变成二了？说二者结合在一起成为二也值得怀疑，因为对一做划分也可变成二，这时，与前面所说正好相反，划分成了二的原因。② 这些问题也使他困惑不已。后来他听说阿那克萨戈拉的书上写着，"起导向作用的是心灵，它是一切事物的原因"③，感到很高兴，认为这符合他的心意：

① 亚里士多德：《形而上学》，987b5-11。
② 柏拉图：《斐多篇》，96b-97b。
③ 这句话有两种英译。一句是 Hugh Trendennick 的翻译："It is mind that produces order and is the cause of everything."（Edith Hamilton and Huntington Cairns eds., *Plato: The Collected Dialogues*, Princeton, 1982）另参见 G. M. A. Grube 的译文："It is mind that directs and is the cause of everything."（John Cooper ed., *Plato: Complete Works*, Hackett Publishing House, 1997）照前一句，意思是："心灵产生秩序，是一切事物的原因。"后一句的意思是："起主导作用，并且作为万物原因的是心灵。"

"我想，果真如此的话，那么，心灵为一切事情导向的时候，就会把每件事情安排得最好。于是，如果人要知道每件事情的原因、它的消亡或持存，就得找出对这件事的存在、作用和被作用来说最好的方式。根据这个观点，人所要做的只是要考究，对这件事或那件事来说，最好的是什么。当然他不免也知道些不甚善的，因为这二者都包含在同一门知识里。"[①] 不过，苏格拉底对阿那克萨戈拉很失望，因为阿那克萨戈拉虽然提出心灵的导向作用（"产生秩序"的作用），然而实际上他还是以事物解释事物。于是，柏拉图借苏格拉底的名义说：

> 如果有人对我说，某个特定事物之所以是美的，因为它有绚丽的色彩、形状或其他属性，我都将置之不理。我发现它们全都令我混乱不堪。我要简洁明了地，或者简直是愚蠢地坚持这样一种解释：某事物之所以是美的，乃是因为绝对的美出现于它之上或者该事物与绝对的美有某种联系，而无论这种联系方式是什么。[②]

就这样，柏拉图提出了有绝对的理念这样的东西。柏拉图并不否认这是一种假设，其目的是为了对变动不定的事物的原因做解释。根据这个假设，一个人之所以比另一个人高一个头，原因不在于一个头，而是因为它分有了"高"的理念。同样，二之为二，也不是因为两个一相加或把一分为两个，而是因为它分有了"二"这个理念。他的意思是，当一个人判断某事物是美的或高的时，他之能下这样的判断，是因为他心灵中已经有了"美"和"高"的理念。不然，他面对美的事物会不知其为美，面对高的事物会不知其为高，这就是所谓心灵的导向或安排的秩

---

① Plato, *Phaedo*, 97c–d. See John Cooper ed., *Plato: Complete Works*. 又参见柏拉图：《柏拉图全集》第 1 卷，王晓朝译，人民出版社，2002 年，第 106 页。
② 柏拉图：《柏拉图全集》第 1 卷，第 109—110 页。

序。而且，心灵中关于美的理念、关于高的理念比事物中的美和高更完满。美的事物可以有瑕疵，心灵中"美"的理念则是纯粹的美；同样，"高"的理念也是绝对的高。唯其如此，它不随具体的美或高的不同而不同，而是变中的不变，是模型（即一类性质的准则）。现实中的美的事物或高的事物是因为沾了（分有了）"美"的理念或"高"的理念才是其所是的。在可感世界中举例说明什么是美、什么是高，总是不完满、不绝对的，只能得出一些各不相同的意见，只有理念所表达的才是真知识。

这种绝对超越于经验世界的理念在数学方面显示出它的优越性。数学上的点是没有大小的，线是没有粗细的，面是没有厚薄的。这样的东西在经验世界中是找不到的，但在数学运算中却是必需的。表达直角三角形三条边的普遍关系的勾股定理也不能从观察中直接得到，而是在纯粹思辨中被把握的。

柏拉图不仅提出有理念这样的东西存在，他走得更远。他发现单一性的理念要被众多事物分有存在着许多理论上的困难。例如，事物本身结合着多种不同的性状，它们甚至是相反的，理念既是单一的，它怎么能与不同的理念结合于具体事物中呢？在《巴门尼德篇》中，柏拉图通过对上述问题的思考，发展出了一种有关理念间相互结合的理论。从今天的眼光来看，那是纯粹概念的思考，是西方哲学"是论"的发端。在《智者篇》中，通过对"是"与"不是"、"动"与"静"、"同"与"异"这几对范畴可能结合的情况的讨论，柏拉图进一步发展出后世所谓的"通种论"。这篇对话还显示了这种理论在实际生活中的运用，即，"是"和"不是"具有相对和绝对的不同意义，从而揭示出，智者正是利用几种意义的混淆把"不是"说成"是"。他们是制造幻象和肖像的人。

柏拉图式的形而上学的最显著的特点是：形而上学是一个与现象界分离的领域。那是真理栖居之处，也是本质的世界。对于这种形而上学来说，如何沟通这两个领域始终是个难题。在这个背景下，围绕着普遍的概念或范畴究竟只是代表经验事物的名称，还是其本身就是实在的，出现了中世纪的唯名论和唯实论之争。问题的实质在于，是否在现象世界之外还有一个实在的、本质的世界？走出经院哲学以后，随着哲学的世俗化，理念世界和可感世界的划分变成了理性和感性的划分，实现这一步的是笛卡尔。笛卡尔无法沟通这分离的二者，干脆承认二者互不归约，对应于感性世界和理性世界，人自身也分离为肉身和心灵两部分，是为二元论。康德的情况比较复杂，他把原来被认为标志理性世界真理的范畴当作人自身纯粹理性能力的标志。但是他认为，这种理性能力本身是超越于经验的。他说，"形而上学知识这一概念本身就说明它不能是经验的"[①]，指出了形而上学的超越的性质。但是，这不是向外的超越，即形而上学不描述我们自身所在的这个世界之外的领域，而是就在我们自身中，是我们自己脱离了经验材料运用纯粹概念驰骋的领域。先前感性和理性的对立，到了康德这里，就成了现象和自在之物的对立。

柏拉图的理念世界与康德的自在之物都是超越性质的。前者是另一个世界，后者不是另一个世界，而是人自身具有的超出现象世界的能力或秉性。或者说，超越者从"客观世界"转换成了"主观能力"。这一转换透露出超越的"客观世界"和超越着的"主观能力"之间的什么联系呢？这是我们将要关注的。

这里还要提到伦理观念的定义问题。从柏拉图的前期对话看，定义的问题首先是从伦理的角度提出的要求，这一方面可能是与当时智者的活动有关。他们以教人知识为生，其中就包括教人如何做人的伦理问题。不过，比起事物的定义，伦理观念的定义更加难以论定。我们在柏拉图的《美诺篇》中曾经看到柏拉图为"形状"下的定义，即，"形状

[①] 康德：《未来形而上学导论》，第 17 页。

是立体的边界"①。但是，我们看不到柏拉图为任何伦理的东西所下的定义。我们读到的倒是，一种被认为是符合伦理要求的行为，在不同的场景下倒是不合伦理要求，甚至是不道德的行为了。以苏格拉底为谈话主角的这类讨论往往以苏格拉底自称不知道答案而结束。例如，决不后退，在守城战斗中是勇敢的行为，但在骑兵作战中就不适用了。另一个著名的例子是，借东西当偿还应当是符合伦理的行为，是美德。然而假设一种情况，借了一把刀，刀的主人正在发疯，是否应当把刀归还给他？伦理的东西不能被定义，原因之一，是因为定义所定义的是具有普遍性的东西，而具有普遍性的东西是思想通过概念把握的东西，伦理行为却不是仅凭思想可以把握的东西，而是要实现在具体环境中的。原因之二，是因为定义作为对具有普遍性的东西的定义，可以是多中求一、异中求同；然而伦理的东西与人的价值观念有关，一些人认为是有价值的、好的行为，在另一些人看来则是没有价值的，甚至是要反对的行为。这说明人的价值取向不只有差异，还可能是根本对立的。因此，至今人们也很难就伦理、价值性质的观念下定义。这从一个方面揭示出，从定义方法发展出来的形而上学主要是用于对世界的解释，当问题涉及人自身时，就需要有另外的学科来填补。

二 亚里士多德式的形而上学

亚里士多德的形而上学不同于柏拉图的形而上学，他不赞成有一个与现实世界分离的理念世界。文德尔班曾经比较柏拉图和亚里士多德，他指出，柏拉图"第一次明白地提出非物质性的现实性（疑为 reality。——引者注）的主张……而亚里士多德则断言真正的现实（现存的东西）是在现象本身中发展的本质。他否认那种将不同的东西（第

---

① Plato, *Meno*, 76b. See Edith Hamilton and Huntington Cairns eds., *Plato: The Collected Dialogues*, p. 359.

二世界）当作现象之因的企图，并教导说，用概念认知的事物所具有的现实性只不过是现象的总和，而事物存在即在现象中自我实现"①。

亚里士多德对柏拉图的理念论做了坚决的批评。他的批评大致有这样几点：理念的存在是无可证明的；对事物的解释并不需要理念，事物是其所是的原因当求之于 ousia，即通常所谓"本体"。② 其中一条很简明的说法，表明他不赞成设立超验的世界：

> 那些把理念当作原因的人，当他们寻求把握周围事物的原因时，首先引入与这些事物数目相等的另一些事物，好像一个要计点事物的人觉得数目太少而不好点，只有增加了数目才可以去计点事物。这是因为，这些思想家试图去解释事物时，从事物进到了理念，理念的数量事实上与事物正好相等，或不少于事物。这是因为，对应于每一件事物，都有一个与之同名并与本体相分离而存在的东西。同样，在其他各组中，也有一个多之上的一，不论这个多是在这个世界里的，还是在永恒的世界里的。③

亚里士多德反对理念论，但并不反对事实上是由柏拉图的理念论唤起的对普遍性概念及普遍知识的追求。他为哲学规定了研究一般的是者之为是者的任务。这段话是经常被人引用的：

> 有一门学术，它研究是者之所以为是者，以及是者由于其本性所具有的属性。这与任何所谓专门学术不同，那些专门学术没有一

---

① 文德尔班：《哲学史教程》上卷，罗达仁译，商务印书馆，1989 年，第 161、164 页。
② 关于亚里士多德对柏拉图理念论的批判，可参见汪子嵩《亚里士多德关于本体的学说》一书的附录"亚里士多德对柏拉图'理念论'的批判是对一般唯心主义的批判"（生活·读书·新知三联书店，1982 年）；另参见俞宣孟《本体论研究》第七章第一节（上海人民出版社，1999 年）。
③ 亚里士多德：《形而上学》，990b1-8。

门普遍地研究是者之所以为是者。它们把是者切下一段来，研究这一段的性质；例如数学就是这样做。现在因为我们是在寻求第一原理和最高原因，显然，这些必须是其本性就具有那些性质的事物。如果说那些探寻现存事物诸要素的人们也在探寻同样的原理，那么，这些要素必须是使是者之为所是的要素，而不是偶然的要素。因此，关于是者之为是者，我们必须也把握第一原因。[①]

他的《形而上学》主要就是讨论"是者之为是者"的，那么"是者之为是者"这种表述是什么意思呢？前面我们已经说过，凡是一切可以称道的东西，一切"是什么"的东西，都是"是者"。"是者之为是者"不是问这是什么、那是什么，而是要进一步问一般的是者之为是者的原因。亚里士多德说："从古到今，大家所常质疑问难的主题，就是何谓'是者'，即何谓'本体'。"[②] 当亚里士多德说，本体问题受到从古至今的质疑时，他指的是希腊哲学早期关于始基的各种探索。有的认为构成世界的始基是水，有的认为是火，还有的认为是土、是气、是无限，还有的同时提到水、火、土、气，是为四根；有的考虑到光有元素还不行，还要有使这些元素构成万物的力量，于是提到爱恨、聚散、增减，提到上升和下降等过程；有的还提到"一"和"善"，也模模糊糊地指出过它们是万物生成的目的；或者以理念为事物的真正所是。亚里士多德总结了各种说法，概括为四因，它们是质料因、形式因、目的因和动力因，即所谓"四因说"。汪子嵩先生说，"亚里士多德在《形而上学》中的本体学说，是从他的四因说中引申出来的"[③]。我理解，这主要是因为，历史上的这些探索把"事物是什么"这样一个问题突出出来了。现在我

---

① 亚里士多德：《形而上学》，1003a20—32。
② 同上书，1028b3。
③ 汪子嵩：《亚里士多德关于本体的学说》，第37页。

们已经很习惯于提出这样的问题，以至于任何时候都会以这种形式的问题发问，而并不在发问前对这种形式的问题本身做一番思考。事实上，当以这种形式的问题发问时，人自己就进入了一种特殊的与物交往的方式。例如，日常生活中，人们只是把食物当作既美味又可充饥的东西，只是在对"什么是食物"的追问中，食物才被分析为各种种类、营养成分等。在后一种情况中，人采取了对食物进行研究的态度。

当亚里士多德以"是者之为是者"的方式提问时，问题比追问万物的始基要复杂得多。因为是者是万物经过思想的分离的产物，它不仅指直观中的个体事物以及个体事物的质、量、性质、状态（动静、主动、被动等），也可以指个体事物所属的类，指普遍和特殊，甚至指各种语言成分，等等。这就是亚里士多德说的，"一事物在多种意义上被说成'是'"[①]。但并不是所有的是者都正好把这个事物本身点明出来了。例如，"苏格拉底是苍白的"，其中，"苏格拉底"和"苍白的"都是所是，但人们不会指着苏格拉底，不说这是苏格拉底，却说这是苍白的。这是因为，是苏格拉底本人使苏格拉底成为苏格拉底，而不是苍白使苏格拉底成为苏格拉底。在各种所是中，能代表一个事物真正所是的，就是亚里士多德所谓的 ousia，即本体。[②]

亚里士多德的《形而上学》主要就是围绕本体问题展开的。这个问题本身是比较复杂的，亚里士多德本人往往把有关一个问题的各种不同观点摆出来，从一种角度看成立的观点从另一种角度看就是不成立的。如，关于普遍是不是本体的问题。从定义的角度看，对一个事物的定义需要联系到它所属的类概念，那么，具有普遍性的类概念就是这个事物是其所是的原因，因而，具有普遍性的类概念就是本体。但是，从另一个角度看，本体是被修饰的主体而不是修饰一个主体的，然而，具有普

---

① 亚里士多德：《形而上学》，1003a34。
② 陈康先生在他译注的《巴曼尼德斯篇》（商务印书馆，1982 年）中译 ousia 为"自在的是"。

遍性的类概念则常作某些主体的修饰之用，它就不是本体；再者，如果坚持本体的第一义是个别事物，那么，普遍也不能是本体。这种种说法往往使我们找不到头绪。其实症结还是在"是"的意义问题上。

那么，"是"的意义究竟是什么呢？在《形而上学》第5卷中，亚里士多德列举了"是"的四种意义[①]：1. 作为属性的"是"。例如，可以说一个人是"白的""文明的"，这些都是属性。2. 从语言的角度说，凡是表语都说明主语的一种性状，都有"是"的意义。例如，有的说明主语表达的那个主体的量，有的说明它的质，还有的说明关系、时间、地点、主动、被动等。有多少种表语，就有多少种"是"的方式。在《范畴篇》里，亚里士多德一共列出十个范畴，其中一个是主语，其余的都是修饰、说明主语的，所以，主语也是本体。3. 表示一个命题，陈述为"真"。与之相对的"不是"则表示一个命题或陈述为假。例如，说"苏格拉底'是'文明的"，"苏格拉底'是'不白的"，都是真；而说"一个正方形的对角线'不是'能用它的边长来丈量的"，就是假。4. 作为现实和潜在的"是"。这是说，我们不仅用"是"述说某些现实存在的事，也用它来陈述某些当下并不存在却将要存在或可能存在的事物。在这两种方式的"是"中，我们总之都有一种认识，都知道了某些事。

从亚里士多德列举的关于"是"的不同意义出发，怎样解说本体的不同意义？我以为，如果把"是"的多样性看作出于人自己对待各种事物的方式，那么，由于人主观对外物的取样角度不同，同一事物也就为不同之所是，这种事物是其所是的原因、根据也就不同，本体的意义也就不一样。例如，日常用来饮水的杯子，在几何课上被认为是圆柱，在讲材料的物理课上又被称为玻璃。恰如晨星、暮星原是一物，只是一者是在清晨被观察到的，一者是在黄昏被观察到的。但是，在清晨观察还

---

① 亚里士多德：《形而上学》，1017a8-1017b9。

是在黄昏观察，这不是人与同一颗星的打交道方式的变化吗？虽然亚里士多德在不止一处提到"是"的多重意义，然而并没有一处明确指出"是"的不同意义其实就是人与事物打交道的不同方式。所以，不把"是"的意义与本体的不同意义联系起来，就会越读越糊涂。用这种眼光去看，当亚里士多德说，本体的意义可用于四个主要对象时，其中也包含着"是"的不同意义。这四个对象是："本质""普遍""种"和"基质"。① 这里，不同的"是"指的是思考本体问题时不同的取向。这样，由于思想取向的不同，本体的意义就不断地变化。例如，从其作为基质方面去考虑，本体的意义之一是物质，因为将一物的各种性质剥除以后所剩的就是物质。但亚里士多德旋即又说，"但这是不可能的；因为本体主要地是具有独立性与个别性"② 。看上去，亚里士多德关于本体的论述有许多自相抵牾之处，然而正是通过这种矛盾，他把一个问题在思想上可能的取向及其答案尽数展示出来，以至于西方传统哲学所使用的范畴大部分出于他。

围绕着对本体的论述，亚里士多德的形而上学中贯穿着一种精神，这就是对普遍性的追求。亚里士多德说，"任何事物的认识均凭其普遍性"③ ，哲学研究原理、原因，"愈普遍的总是愈近于原理"④ ，"我们所勤求的学术应该是研究普遍性的；因为每一公式与每一学术均以普遍原则而不以最低品种为对象，照这道理，学术应从事于最高科属之研究"⑤ 。亚里士多德对于本体的追求，是出于对一般的是者之为是者的追问。可以这样说，形而上学就是对普遍性知识的研究。

柏拉图和亚里士多德都追求普遍的知识，他们的学说都是形而上学

---

① 亚里士多德：《形而上学》，1028b33-1029a2。
② 同上书，1029a28。
③ 同上书，1003a15。
④ 同上书，998b15。
⑤ 同上书，1059b24。

的，然而他们之间又有重大的区别，对普遍性的认识是其关键之一。柏拉图的理念作为具有普遍性的东西，是在可感世界之外，因而是与特殊分离的。亚里士多德不赞成把普遍性安置到理念世界中去。下面一段引自亚里士多德《形而上学》的话明确地道出了这一差别，这是他在批评理念论者时说的：

> 他们把理念当作"普遍"，同时又把理念当作可分离的、个别的。前曾说明，这样是不可以的。那些人之所以认为本体是普遍的而又兼具上述两种性质，是因为他们不以为本体与可感事物是同一的。他们想到了可感世界中特殊性的事物尽在流变中，无一长存，而普遍的东西是与它们分离、与之不同的东西。我们先已说过苏格拉底曾以定义说启发了这样的理论，但是他的"普遍"并不与个别相分离；在不分离这点上，他的想法是对的。结果是很明了的，若无普遍性则事物必不能被认知，只是这些理念会引起驳议。可是他的继承者却认为，如果在流行不息的感觉本体以外还有本体的话，它们必须是独立的，让那些普遍性的本体独立存在，此外没有其他对待的办法，结果普遍和个别就成了同一类的事物。照我们上述的看法，这就是理念论本身的症结。①

比较柏拉图和亚里士多德，形而上学可以说就是追求普遍知识的活动。但是，在普遍的东西究竟是对可感世界事物的概括性的描述还是脱离可感世界而独立存在的东西这个问题上，亚里士多德和柏拉图之间存在着分歧，由此而形成柏拉图式的形而上学和亚里士多德式的形而上学。然而，既然亚里士多德也以普遍知识为追求的目标，并且承认越普

---

① 亚里士多德：《形而上学》，1086a35-1086b13。

遍就越有价值，那么，如果有人指出有最普遍的知识，即绝对普遍的知识，他就很难拒绝。绝对普遍的知识事实上也是对于普遍知识的追求的不可避免的结果。这种知识就是所谓"是论"。

第三节　形而上学"是论"（ontology）的特征

谈西方形而上学不能不谈是论。照德国哲学家沃尔夫的分类，形而上学包括是论、宇宙论、理性灵魂学和理性神学四项。这个分类也为后来的康德和黑格尔所接受。尤其是康德，他在《纯粹理性批判》中对于形而上学的批判就是从这四个方面进行的。不过现在的情况有了变化，走出中世纪后，神学和哲学的界限分明起来，宇宙论、灵魂学都已经被实证科学取代，余下的只有是论了，以至于是论和形而上学几乎可以不予区分。是论是西方形而上学极端的形式。

根据黑格尔的转述，沃尔夫曾经为是论下的定义是："论述各种关于'是'的抽象的、完全普遍的范畴，认为'是'是一、善，从中产生出唯一者、偶性、实体、因果、现象等范畴；这是抽象的形而上学。"[①]即使这个定义表述的是论并不是一成不变的，也有些论家甚至完全不顾这个定义，把自己的一套理论称为是论。但是，这是康德、黑格尔所知的是论。至少，我们在理解康德、黑格尔相关论述的时候必须把握这个定义。

沃尔夫的这个定义只是从形式方面指出，是论是一个抽象而普遍的范畴体系。这个范畴体系是以"是"为开端的，所谓从中"产生出"（come forth）其他各种范畴，指的是逻辑地推论出各种范畴。抽象地讨论这些范畴关系称为纯粹思辨哲学，整个范畴体系表达的是纯粹哲学原

---

① Hegel, *Lecture on the History of Philosophy*, Vol. 3, London, 1924, p. 353. 中译参见黑格尔：《哲学史讲演录》第 4 卷，第 189 页。

理，或曰第一哲学。

西方哲学的形而上学最终实现为这种形式，是出于追求普遍知识的驱使。我们已经讲过，柏拉图受到苏格拉底追问"美是什么""正义是什么"这类形式的问题的启发，并且看到了举例说明总不能把问题回答全面，于是提出了有理念这样的东西存在。亚里士多德明确指出，所谓理念实质上就是具有普遍性的东西。普遍很重要，没有普遍就不能有认知，也不能有知识的积累。但是，他认为没有必要把普遍设置到可感世界之外去存在。这意味着，对于亚里士多德来说，普遍只能出于经验的概括。亚里士多德这样的考虑，显然是为了避免理念世界和现实世界分离为两个世界的困难。但是，亚里士多德的理论也有困难。既然他看重普遍观念和知识的普遍性，并且认为哲学是第一原理，是最普遍的知识，那么，如何保证原理具有最普遍的性质就是一个难题。这是因为，从经验概括中得到的普遍总是受到时空的局限，因而总是相对普遍的。一种原理如果只是相对有效的，它就不是必然的，这样就达不到把哲学建立为第一原理的目的。柏拉图主义和亚里士多德主义的差异是在追求普遍知识中出现的差异，二者之间的论争一直以变换的形式贯穿在西方哲学发展的过程中，表现为唯名论与唯实论、经验主义与理性主义、认识论方面的可知论与不可知论，以及唯物论与唯心论之间的争论。然而，我们看到，在西方传统哲学中占主导地位的是柏拉图主义，而不是亚里士多德主义，这并非没有学理上的原因。只要亚里士多德坚持普遍知识的方向，他就无法拒绝从普遍走向更普遍，直至一脚踏进绝对普遍的领域。沃尔夫关于是论的定义就是柏拉图主义的。

绝对普遍的原理使用的概念，用黑格尔的话来说，是纯粹概念。简单地说，所谓纯粹概念是无所指的概念。日常语言中的一个词总指示着某一对象，在谈话中，我们明白的不是话语本身，而是话语中得到揭示的事情。哪怕说者的一声长叹，也宣泄出一种情绪。但是，纯粹概念既然是绝对普遍的，它就不指示任何具体的东西，即所谓"存在"不存在。[①] 它们只是从相互的关系中获得意义，就好像字母 a、b、c 在表示勾股定理 $a^2 + b^2 = c^2$ 时有它们各自的意义，离开了相互的关系是没有意义的。纯粹概念从它们相互的逻辑关系中获得的意义称为逻辑规定性。例如"整体"的概念，它的意义是通过与"部分"这个概念的关系得到界定的。

　　通过概念之间相互的逻辑关系限定它们的意义，这种需要最初见于柏拉图的《巴门尼德篇》。由于理念是与现象世界分离的，并且，在早期的理念论中，每个理念又都是具有单一性质的，这不仅难以解释现象界中的同一事物有多种性质的事实，也不能说明理念本身意义的出处。于是，柏拉图演示了理念之间结合的理论。理念间的结合并不是严格逻辑的结合，而是利用了语法、词义等多种便利。例如，之所以用"一是"做假设，讨论任意两个理念间可能的结合或不结合的关系，是因为依希腊文的语法，一个最简单的句子是由一个名词加一个动词组成的。"一是"是名词"一"加系（动）词"是"，符合语法对于句子的要求。又如，"是"这个词有时态变化，柏拉图就说，与"是"的不同时态的结合也就是与过去、现在、将来的结合，因而表示与时间的结合。再如，有相反意义的范畴通常是一起进入讨论的，如同、异，类似、不类似，等等。这些可以说是依据辩证的思想。最重要的是，对于理念结合还是不结合，柏拉图并不是预先下结论，而是分别演示，在假定结合或不结合的情况下，对"一"和"是"这两个理念将分别造成什么结果；对于每一种假定的情况，不仅要看这个理念本身的情况，还要看相对于这个理念的其他理念的情况。这样，对于"一是"这个简单句子需要讨论的情况竟有八种之多，这八种情况穷尽了两个理念结合还是不结合这

---

① 　关于上帝存在的"本体论"证明是：上帝是完满的"是"，"是"包含"存在"，因而推得上帝存在。康德说，这样的存在只是逻辑的规定性，与口袋里有一百元钱的存在不是一回事。

个领域的所有可能的情况，不可能再多了。而我们知道，逻辑的重要特征和功效之一就是对"可能世界"的探寻①，即对于某一问题领域，穷尽其因素间全部可能的组合。

对于是论来说，要使日常的语言成为哲学范畴，一方面是切断其指示对象的功能，另一方面，还要在范畴间建立关系。这是什么意思呢？举例来说，在日常语言中，"大"这个概念使我们联系到各种大的东西。现在，切断这种指示关系，让"大"只是从与"小"的关系方面获得意义。对于范畴间这种关系的建立，亚里士多德做了重要的贡献。他在《工具论》中把语词根据它们的意义总结为十类，即十个范畴，而且进一步讨论了各类范畴组合的情况、判断句的各种形式，即形式逻辑的规则。亚里士多德的工作把人的注意力从语言述说的内容方面转移到语言表述本身的形式方面；他还从"种"和"属"的关系方面讨论过各类概念的包容和从属关系，这对于是论的流行是必要的思想训练之一。

概括地说，是论有如下三个特征：第一，是论是西方哲学的第一原理。追求原理是从古希腊开始的追求普遍知识直至绝对普遍的知识的结果。追求普遍知识起于对事物定义的追问，定义是只能通过概念表达的具有普遍性的东西。从追问定义发展出来的普遍知识被认为是有关事物之真正所是的知识，是事物的本质，是"实在"，是真理。它不是任何特定领域的知识，却被认为是统领一切的知识，是一切知识的出发点，或者，被认为是能够对一切知识给出最终解释的知识。

第二，是论是通过逻辑的演绎构成的。是论是超验的知识，其所运用的是超时空的绝对概念，绝对概念不指示对象，它们也不从对象方面获得自己的意义。它们的意义是通过相互之间的关系得到规定的，逻辑就是根据它们之间既定的关系从一个概念推论出另一个概念的方法。在

---

① 关于逻辑作为"可能世界"的观点，出于莱布尼茨。可参见冯棉先生《可能世界与逻辑研究》(华东师范大学出版社，1996年)一书开头的介绍。

康德之前，是论所运用的主要是形式逻辑，在康德揭露了形式逻辑不能克服二律背反的局限之后，黑格尔改用了辩证逻辑。

第三，是论是以"是"为其核心概念的理论。"是"作为系词在西方语言中被广泛使用，以及"是"通过词形变化可以具有分词、名词等特性，使是论获得了适当的语言表述形式。"是"与所是或是者的区别，可以使"是"被用作最普遍的概念。又由于各种概念都可以被当作所是，因此可以表述从"是"中分化出的各种所是或逻辑地演绎出所是的观念。

以上三个特征是相互联系的：第一原理必跨进超经验的领域，超经验的思想必借助于纯粹概念的逻辑推论，而系词"是"及其变化则为是论提供了适宜的语言表述形式。如果我们承认是论是西方形而上学的主干，那么，是论的特征也就是严格意义上的西方形而上学的特征。进一步说，如果形而上学是哲学的灵魂，那么，以上的三个特征就是以柏拉图和黑格尔为代表的全部西方传统主流哲学的特征。我们甚至还可以根据这些特征，看清现代西方哲学流变中的一些现象。例如，现在英语国家盛行分析哲学，其重要特征之一是对语言问题的兴趣。在这个问题上，他们尤其奉弗雷格为祖师。弗雷格最先用指称和意义分别词语的两种作用，他的论述还是有点复杂。在我看来，针对是论，关键在于指出，一个词获得意义有两种途径：一种是我们日常使用的词语，日常的词语也称为名，名总是指示着实，名所指的实就是名的意义。对于日常语言来说，离开了其所指的实，名是没有意义的。另一种是在传统哲学形而上学中使用的词语，它们作为绝对普遍的概念，并不指示实际对象，然而却并不是没有意义。它们只是从相互关系中获得意义（就像字母 a、b、c 在勾股定理中具有意义），这些关系是所谓逻辑关系，因而它们的意义称为逻辑规定性。对这个基本事实的澄清极为重要，引发了分析哲学的兴起。有些人认为哲学就是有关使用语言的问题，有些人认为通过语言的分析就可以清除形而上学，有些人主张回到日常语言，还有些人干脆避开容易引起混淆的语言，发展出纯粹符号的逻辑。不仅如此，对这个基本事实的澄清还使胡塞尔认清了哲学范畴的超验性质，使他觉得不能从心理主义方面解说哲学范畴的起源，而转向了意向分析，从而开启出声势浩大的现象学运动。后者与分析哲学一起，汇成了20世纪西方哲学的潮流。

第四节　形而上学作为生存状态

是论作为西方形而上学的结晶，是所谓最普遍的知识。普遍意味着适用于全体，没有例外。从这个意义上说，普遍也包含"必然"的意思。一种理论具有了普遍必然的性质，就不会因人而异。换句话说，它是客观的。黑格尔《逻辑学》所表述的绝对精神，被认为是普遍的原理，是真正客观的。它既是自然界运动的原理，也是人类精神生活的原理。既然如此，能够说形而上学是一种态度吗？

这里说的态度是指与形而上学这种理论相关的人的状态。虽然康德指出，形而上学是人类理性的自然倾向，但是并不是每个人都会做形而上学思考的。如我们在前面提到过，形而上学的思想方式与古希腊开创的哲学传统有关。如果与中国哲学相比，西方哲学的这个特点就更清楚了。中国哲学中没有是论，也没有因此而造成的二元论的特征，甚至，中国哲学也不是以追求普遍知识为目标的哲学。从事中国哲学的活动方式与从事西方哲学的活动方式是不同的。不过，仅仅指出这一点是不够的。形而上学的是论标榜自己是客观的原理，这似乎指的是自然界（或许还有人类社会）所必须遵循的客观真理。如果形而上学的内容确实反映了世界的客观真理，那么，即使它的成立与人的态度有关，这倒是一种应当采取的态度；如果中国人过去没有这种态度，今后也是要努力学会这种态度的。中国哲学中没有这部分内容，或许只是中国哲学不发达的一种标志？问题的关键还是"客观性"。

那么客观性究竟是什么呢？黑格尔曾经归纳过客观性具有的三个意义，先说前两种意义："第一为外在事物的意义，以示有别于只是主观的、意谓的或梦想的东西。第二为康德所确认的意义，指普遍性与必然性，以示有别于属于我们感觉的偶然、特殊和主观的东西……"[①] 黑格尔批评了前两种客观性，他自己主张第三种客观性。我们先来说明前两种客观性是什么意思。第一种客观性就是常识的观点，"所谓客观在日常生活习用的语言中，大都是指存在于我们之外的事物，并从外面通过我们的知觉而达到的事物"[②]。根据这种观点，那些感官可以觉察的东西，如这个动物、这个星宿是独立不依地存在的，而思想倒是没有独立存在的。黑格尔否认这种客观性。首先，从独立不依的角度说，感官可以觉察的事物都是附属的，真正独立不依的倒是思想把握的东西；其次，"感官所知觉的事物无疑地是主观的，因为它们本身没有固定性，只是漂浮的和转瞬即逝的"[③]。这里的关键在于指出，感觉中的事物不可能达到客观性，这个意思我们能够理解，因为感觉到的东西可能因人而异。应寻求变中的不变，即定义，于是西方哲学中出现了理念，并发展出后来所谓"本质"这样的东西。本质不是感觉的对象，而是思想才能把握的东西。但是，如何保证思想和作为事情本身的本质的一致呢？本质具有普遍、必然的性质，如果承认人的一切知识都起源于经验，那么，休谟已经说明了经验不能上升为普遍必然的知识。但是，此外，人们承认数学和自然科学是具有普遍必然性的知识。考虑了这两方面的因素，康德认为，只有一种解释，即，既然经验材料本身不具备普遍必然性，必

---

① 黑格尔:《小逻辑》，第120页。
② 同上书，第119页。
③ 同上。

定是人们在把经验材料整理为知识的过程中把普遍必然性赋予它们了。而知识既然是普遍的、必然的，是不以人的意志为转移的，它就是客观的。这就是黑格尔所说的第二种意义上的客观性。黑格尔赞赏康德不把感觉当作客观的标志，而是从思想方面提供客观性的标准，"但进一步来看，康德所谓思维的客观性，在某意义下，仍然只是主观的。因为，按照康德的说法，思想虽说有普遍性和必然性的范畴，但只是我们的思想，而与物自体间却有一个无法逾越的鸿沟隔开着"[①]。于是黑格尔提出了他自己关于客观性的观点："思想的真正的客观性应该是，思想不仅是我们的思想，同时又是事物的自身，或对象性的东西的本质——客观与主观乃是人人习用的流行的方便的名词，在用这些名词时，自易引起混淆。"[②]"第三为刚才所提出的意义，客观性是指思想所把握的事物自身，以示有别于只是我们的思想，与事物的实质或事物的自身有区别的主观思想。"[③]

思想作为人类的思想，自然是主观的，但是黑格尔认为，也有"真正"客观的思想。他的例证是，"在评判一件艺术品时，大家总是说，这种批评应该力求客观，而不应该陷于主观。这就是说，我们对艺术品的品评，不是出于一时偶然的特殊的感觉或嗜好，而是基于从艺术的普遍性或〔美的〕本质着眼的观点。在同样意义下，对于科学的研究，我们也可据以区别开客观的兴趣和主观的兴趣之不同的出发点"[④]。黑格尔的这个例证是有争议的。这是因为，既然黑格尔讲到了"大家总是说"，说明这里说的思想还是人的思想，那么，现在"大家总是说"，对艺术的评论总是与人们的兴趣有关，有无脱离人的兴趣的美的普遍本质倒是

---

① 黑格尔:《小逻辑》，第 120 页。
② 同上。
③ 同上。
④ 同上。

值得怀疑的。在艺术作品作为商品而与经济价值联系的今天，艺术品的评判更多强调的是"公正"，而不是"客观"，这是今天的实际情况。

当然，黑格尔说的客观思想不是指人的思想，而是指宇宙精神，它是自然界和人类精神生活的总规律，宇宙精神是通过概念自身的逻辑运动展开出来的。概念的逻辑运动才是真正诱惑人的地方，也是所谓客观性的根据，因为逻辑的东西被认为是人的思想也必须服从的东西。我们的工具书中也写道①，逻辑不仅被认为是思维的规律，也被认为是客观事物的规律。这一点是如此确定，以至于对之似乎不可能有任何的异议。确实，如果逻辑是人类思想和事物共同的规律，那么，遵循逻辑的思想自然就能揭示事物的规律；反过来说，揭示了事物客观规律的思想是客观的思想。黑格尔正是在这个意义上认为，思维和存在具有同一性。

黑格尔和康德都把逻辑作为客观性的护身符，逻辑的问题就突出出来了。虽然我们现在还不能说有关逻辑本质的全部秘密都已经得到揭示，不过，逻辑的神秘性正在消失。我认为这是 20 世纪西方哲学最大的进展之一。其中贡献最大的两个人是胡塞尔和维特根斯坦。胡塞尔本人对于逻辑的客观有效性没有表示过怀疑，他只是想为逻辑范畴或者本质的观念提供自明的证据。他根据意识现象可以区分为意向指向和意向对象这个特点，考察逻辑范畴作为意向对象时意向指向的特点，结果发现，当意识中呈现不同的意向对象时，意向指向的方式也是不同的。当人进行纯粹概念思考即逻辑推论的时候，人的状态就称为"先验主体"。他同时还肯定，在意向指向和意向对象这两端中，意向指向是积极的方面。既然如此，逻辑地思考就只是人自己多种可能的意识活动方式之一，它是否一定比其他方式的意识活动优越就是值得怀疑的。

维特根斯坦从语言分析的角度得出了具有相似意义的结论。他认

---

① 参见《辞海》，上海辞书出版社，2002 年；又参见冯契主编：《哲学大辞典（修订本）》。

为，语言的使用方式其实是多种多样的。为什么会有多种样式呢？它们是与生活形式关联的。他说：

> 但是句子的种类一共有多少呢？比如：断言、疑问、命令？——这样的种类多到无数：我们称之为"符号""词""语句"的，所有这些无数种不同的用法。这种多样性绝不是什么固定的东西，一旦给定一成不变；新的语言类型，新的语言游戏，我们说，会产生出来，而另外一些则会变得陈旧，被人遗忘（对这一点，数学的演变可以为我们提供一幅粗略的图画）。
>
> "语言游戏"这个用语在这里是要强调，用语言来说话是某种行为举止的一部分，或某种生活形式的一部分。[①]

这里要提请注意的是，维特根斯坦把语言说成游戏。游戏自然有规则，这些规则可能是自觉制定的，也可能是在游戏中逐渐而自然地形成的。归根结底，游戏的规则来自游戏活动，而游戏活动总是人的活动。一种游戏区别于另一种游戏，就是源于人的活动方式及其游戏规则的不同。用维特根斯坦的这个观点去看，逻辑的语言作为具有多样性的语言中的一种自然也是一种游戏，有它自己的游戏规则。归根结底，对于逻辑语言的使用也应该是人的一种生存方式。

我们看到，使用逻辑语言也有自己的一些游戏规则，其中最明显的是：人把自己托付给概念，让概念依照它们的相互关系去演绎。为了使概念能承担起这样的责任，先须设定这些概念不同于日常使用的语言，它们并不指示任何可经验的对象，因而是超时空的概念。逻辑概念的形成是一个历史的过程，从柏拉图的理念、亚里士多德的范畴，到笛卡尔

---

① 维特根斯坦：《哲学研究》，陈嘉映译，上海人民出版社，2001年，第18—19页。

的天赋观念、康德的纯粹理性概念，最终通过黑格尔的绝对概念，形而上学的逻辑概念的特征得到了全面而明确的表述。当人把自己托付给概念，依照概念自身的规则进行演绎，其结论当然就显得普遍必然，这正是康德所谓的客观性的根据。

由于西方哲学自始就把解释世界当作任务，注意力在世界方面，所以人自身方面的状态往往是隐失着的。尽管如此，从各位哲学家那里还是透露出，进入形而上学的领域伴随着人自身方面状态的变化。柏拉图曾以洞穴内外所见的不同，比喻不知理念和有见于理念的人之间的差别。[①] 在另一处，柏拉图还要求人们切断与自己的各种感觉的关系。只有这样，才能以"纯洁的、没有玷污的思想"把握作为理念的灵魂。[②] 对思想的对象和感觉器官所感知的对象做明确的区分，在今天是大家都习知的，然而在柏拉图之前，曾经对二者是不做区分的。柏拉图引进了理念，同时也开发了人的一种与世交接的方式，即思想；或者反过来说，柏拉图开发了人与世交接的一种功能，遂使理念这样的东西向人类显示出来了。对象能够以某种方式向人显示出来，从人这方面来说，也就必有一种对应的生存方式。这种对应的生存方式在笛卡尔那里被揭示为"思维着的东西"（"我把自己领会成一个在思维而没有广延的东西"）[③]，在胡塞尔那里则成为"先验的主体"[④]，等等。

当人把自己置于逻辑思维活动的状态，遵循着逻辑的规律进行概念推论时，就像进行数学运算，其结论当然应该是一致的。这种一致性即康德所谓的"普遍必然性"，也即"客观性"。然而，"人们以为自己是在一次又一次地追踪着事物的本性，可是他们只是在沿着我们借以观

---

① 柏拉图：《理想国》，514a。

② 柏拉图：《斐多篇》，66a。

③ 笛卡尔：《第一哲学沉思集》，庞景仁译，商务印书馆，1986年，第45页。

④ 胡塞尔在谈到发现先验自我时说，"我自己这样做时，我也就不是人的自我了"。转引自吕迪格尔·萨弗兰斯基：《海德格尔传》，第115页。

察事物的本性的形式而行走"①。维特根斯坦的这句话道出了我们发现的"事物本性"与我们自己的活动方式的联系。事实上，当我们日常说，观察事物应该采取客观"态度"时，就已经揭示了我们能知的"客观"事物与我们自己的关系。

越过了"客观性"这道栅栏，就没有什么东西可以妨碍我们对形而上学做生存状态的分析了。不管形而上学如何标榜自己的学说是"第一原理"，或是关于"实在"的理论，它总之是对应着人的一种状态。这种状态，我们姑且称之为"形而上学的态度"。

进一步的问题是要说明，形而上学究竟是怎样一种生存方式？它与日常的生存方式有什么不同？或者，除了西方形而上学，还有别的从事哲学的方式吗？这些问题需要通过中西哲学的比较才能得到澄清。

---

① 维特根斯坦：《哲学研究》，李步楼译，商务印书馆，1996 年，第 72 页。

第六章　中国哲学的形而上学精神

如果以西方形而上学为标准，不论就严格意义上的纯粹概念的原理系统而言，还是就宽泛意义上的普遍性知识而言[①]，中国哲学中都不存在这种形而上学。然而，中国人的思想行为绝不是毫无根据的。而且，中国人对于根据思考得很深，根据还有根据，直到最初的根据。就形而上学作为最初的根据而言，中国哲学当然有自己的形而上学。不过，中国古代文化中没有西方文化中的那种分类，曾经连"哲学"这个词也没有，自然也没有把形而上学作为单独的学问标示出来。从中国传统文化的资源中把形而上学提取出来，将其建立为中国哲学的核心内容，是当今时代向我们提出的任务。本书不可能对中国形而上学做面面俱到的阐述，只是从比较的角度，把中西两种形而上学的特征凸显出来。

那么，中国哲学的形而上学究竟是什么呢？在浩如烟海的中国哲学典籍中，什么内容才能刻画出中国哲学形而上学的特征呢？正像西方形而上学有不同的流派一样，中国的形而上学也不是定于一尊的。虽然如此，我们还是能够找到阐述中国哲学形而上学的途径。最简单地说，中国哲学有儒、道、释三家，其中儒、道两家是中国原生的。来自印度的佛学虽然保持着自己的独立性，然而，它的教义实际上已经在很大程度被中国化了，它主要受到儒家思想的影响。同时，佛学教义也对儒家有

---

① 前者如柏拉图式的，后者如亚里士多德式的。参见本书前章。

很大影响，这在宋明理学中表现得很明显。那么，从儒、道两家入手研究中国哲学形而上学，应当是能够得到大家认可的。而中国儒、道两家又都共同尊奉《周易》，这也是讲出处、讲根据的书。所以，这里拟先从《周易》谈起，然后，以庄子为例分析道家的形而上学，最后泛论儒家的形而上学。

第一节　中国哲学形上、形下观念的起源
——以《周易》为例

一　卦象的起源及其意义

现在流传的《周易》分为"经"和"传"两部分。"传"的部分也称"十翼"，是对卦象和卦名的一系列解释，人们主要是根据这些文字来理解《周易》内容的，这些文字也是我们研究它的形而上学特征的主要材料。然而，关于这些文字的作者究竟是不是孔子，人们有很多的争论，这种问题让专门家去讨论。本书把《周易》作为讨论中国哲学形而上学的开端，是因为其中"经"的部分肯定是有古老起源的；同时，现在我们用来翻译"metaphysics"的"形而上学"中的"形而上"三个字就是出自《系辞上》，其中有一句话说："形而上者谓之道，形而下者谓之器。"

要理解《周易》"形而上""形而下"的意思，必定要联系到卦象。"形而上"和"形而下"是辅导我们阅读卦象的。卦象总让人们感到很神秘，尤其是，它们最初是用来占卜的，现代的人多数会把它当作迷信。然而，我们相信，古代的人们真的是通过这种手段对攸关国家、宗族乃至个人命运的重大事情进行预测、做出决断的。要是都是迷信，在这样重大的问题上依赖于占卜肯定是很愚蠢的，而且是会频频带来灾难的，这种方式也不可能流传千年之久。当我们"同情地"看待《周易》，把它看作古人对重大问题做决策时的依据时，我们就不会把当时的占卜

粗暴地等同于今天的迷信。重要的是，我们要发现，这种占卜活动在怎样的情况下才能够有效。

当这样去考虑的时候，首先应想到的是，世界上的事情总是变化莫测的。正因如此，才产生出了解未来变化的要求，以便根据变化做出适当的决断，趋吉避凶。《周易》一书的要点正是讲变化，所谓"易"有三义，变易、不易、简易，讲的都是变的道理：在复杂无常的变化中把变化的格式找出来，它就是简易的，也是相对不易的。六十四卦正是对各种可能变化的格式的罗列，使人们从纷繁复杂的变化中理出一种把握变化的头绪。要理出头绪，首先要求明确导致变化的原因。中国古人认为，一切变化无非是两种对立的因素造成的，一种是刚健的、主动的因素，另一种是柔顺的、被动的因素。这种想法并非只见于中国古代。在古代印度，人们把一切归结为善和恶这两种力量斗争的结果。在古希腊，赫拉克利特谈到有一条上升的路、一条下降的路；恩培多克勒谈到有四种元素水、火、土、气，它们根据爱和恨两种力量相聚相离，组成世界万物；等等。但是，印度民族和希腊民族都没有就变化的格式做深入的思考，只有中国古代的先哲对于两种因素具体导致各种变化的种种格式做了深入的总结和归纳，总结出六十四卦。其中以一划为阳爻，表示刚健的方面，以中间断缺的一划为阴爻，表示柔顺的方面。它们在每卦六个爻位上的分布，表示阴、阳两种力量相遇的种种可能的情况。

六十四卦中的每一卦就是一种变化的格式。第一卦称为乾卦，总结的是纯粹刚健的方面变化的格式。阳爻自下而上分布在六个爻位中，它们的意义分别是：初九，潜龙勿用；九二，见龙在田，利见大人；九三，君子终日乾乾，夕惕若厉，无咎；九四，或跃在渊，无咎；九五，飞龙在天，利见大人；上九，亢龙有悔。这是假托龙的故事，表达一种刚健的力量从萌发、发展、强大直到鼎盛而势竭的过程。

当然，实际生活中的变化要复杂得多，一种刚健的力量的发展可以受到其他力量的推进或遏制，于是就用阴阳交错表示各种可能的变化格式。我估计，开始的时候，古人分析一些具体事例中阴阳交错的形势，不仅得出了八经卦，而且也得出了一些包含六个爻位的卦。人们后来发现，可以脱离具体事例，把还没有出现过的一些卦象画出来，于是，就得出了六十四卦。这就像人们在发现元素周期表的时候一样，开始的时候只是偶然发现手头的元素性质根据原子量的增加呈周期性的变化，将它们排列起来，发现其中尚有缺失，然后才把缺失的元素找出来。类似地，想必古人先是根据具体事情的变化，用不同的两种线条表达出其中阴阳交错的关系（就像在一些战争题材的影视剧中可以见到的，在简陋的条件下用手边可得的随便什么东西，如筷子、杯子、石头，摆布成攻防的态势）。开始可能只是在分析某个具体事例时形成了个别的卦象。后来发现，有一些虽然还没有实例但却凭移动阴阳爻的位置可以得到的图形。这种情况反过来预示了一种可能碰到的变化格局或态势，这种排列一共有六十四种。古书的记载也暗示了这个过程。《周易·系辞下》说，"古者包牺氏之王天下也，仰则观象于天，俯则观法于地。观鸟兽之文，与地之宜，近取诸身，远取诸物，于是始作八卦，以通神明之德，以类万物之情"。这是说，远古的时候，人们就用这种方法去阐明形势，应变事情。接下去说，"作结绳而为网罟，以佃以渔，盖取诸离"。这是说，渔猎的事情是和"离"卦相关的。从文字上说，似乎渔猎是照着"离"卦的意思而发明的。这显然不可信，因为世界上大多数民族都经历过渔猎而生的阶段，但并不都知道有"离"这个卦象。可能的是它的反面，即，有人在推广渔猎这种方式的时候，借助于卦象做比喻，这个卦象就流传下来了。这符合"观鸟兽之文，与地之宜，近取诸身，远取诸物，于是始作八卦"的意思。这篇系辞接着说，包牺氏死后有神农氏，用同样的方法去说明、推广农稼和贸易，分别记载为"益"卦和"噬嗑"卦。又后来，有黄帝、尧舜氏，他们进了一步，提出

"乾""坤"二卦说明一般变化的道理。在这段文字后，还提到了几个卦，它们是：舟楫之利记作"涣"卦，驯养牛马以为运输工具记作"随"卦，牢筑门户以防暴客记作"豫"卦，利用臼杵记作"小过"卦，弓箭之利记作"睽"卦，从穴居发展为建筑宫室记作"大壮"卦，葬死者用棺椁记作"大过"卦，发明文字的事记作"夬"卦。这些应该是在黄帝、尧舜时代已经出现过的，它们都是针对具体事情的记载或总结。当这样的卦象积累到一定的数量并被收集到一起把玩时，就不难发现，其中还有一些人们尚未见过的图像，把它们补齐出来，总数是六十四个。

关于卦象产生的过程还有一种延伸的说法。司马迁作《太史公自序》说："文王拘羑里而演周易。"《史记·周本纪》进一步详说，"西伯盖即位五十年。其囚羑里，盖益《易》之八卦为六十四卦"。对此的一种理解是，在周文王之前只有八经卦，没有六十四卦中的任何一卦。这与上引《系辞下》中的话不符，也与在《周易》前就有《连山》和《归藏》二易的传说相抵牾。我想，一些有经典意义的卦在文王前已经被保存下来，周文王的功绩可能是补齐了六十四卦。

照上面的说法，《周易》的产生是可以理解的。只是当后人面对着一套整齐的符号又忘却了它的起源时，神秘感才油然而生。

二　从占卦到哲学

《周易》的思想被尊为中国哲学的源头。然而，《周易》最初是用来占卜的。我们不应回避这个事实。问题是，一部与占卜有关的书怎么会成为中国哲学的源头呢？

首先需要澄清，把《周易》的占卜活动与现在人们一般知道的算命等同起来是不妥的。通常的算命有排八字和测字，排八字是根据一个人的出生时辰推测他的命运，测字是根据当事人任意写的一个字判断祸福。现在人口多了，同一种八字的人一定不少，但是他们绝不会享有同样的命运。测字的任意性更明显，从一个字讲到一个人的祸福，全凭算命先生一张嘴；况且，外国人不懂汉字，测字还有效吗？

《孙子兵法》说，"知己知彼，百战不殆"。在实际生活中也一样，只有清楚自己的生存处境，明白自己在其中所处的地位，参照以往的经验，断定事情可能的走向及其对自身的影响，然后才能采取适当的行动以趋吉避凶。据我的看法，《周易》卜筮的意义正在于此，它是用阴阳爻的交错把事情变化的形势表达出来，以利于对事情的发展做出判断。照我前面对卦象产生过程的理解，最初人们是为了表述实际事情的形势而画出了卦象，即所谓"圣人有以见天下之赜，而拟诸其形容，象其物宜，是故谓之象；圣人有以见天下之动，而观其会通，以行其典礼"（《系辞上》）。这是有事在先，成卦在后；后来，人们整理出了全套卦象，从此就据卦释事，即所谓"圣人设卦观象，系辞焉而明吉凶，刚柔相推而生变化"（《系辞上》）。既然要根据卦象解释事情，也就逐渐产生了一些读卦的规则。然而，卦象固有的象征意义与所要占的事情的实际形势总是有距离的。好在卦象的意义只是象征性的，给卦象的解释留下了余地。因此关键在于解释，而解释又在于对实际情况的把握。

既然关键在于根据实际情况的解释，那么，还要设卦干什么呢？我觉得这与一种气氛的创造有关。一般来说，需要通过占卜以断吉凶的事情总是有重大利益关系的事。在这类重大事变的关头，人们可能产生的情绪是焦虑、紧张或六神无主，甚至逃避、害怕，这些都不利于人们应对面临的挑战。此时进行占卜，无论得到什么卦，总之有六个爻位，展示出来的是阴、阳两种因素的交相作用过程。这至少使当事人暂时从情绪中挣脱出来，把注意力集中到自己面临的形势方面。所谓"言天下之至赜而不可恶也"。在分析形势时，不能带情绪，不能讨厌对细节的了解，用现在的话来说，就是要深入精确地把握时势。有了镇定的情绪，又能如实分析形势，采取实事求是的行动，多半是能见到积极效果的。

从这个意义上说，卜筮并非毫无意义。

真诚的态度是思考、解决一个问题时所需要的，古人并不是通过语言来表达这个要求，而是通过占卜的过程营造出来的气氛，使人进入认真的状态。一个重要的措施是"斋戒"，"圣人以此斋戒，以神明其德夫"。有戒三天的，也有戒七天的，为的是达到湛然澄明的境界，以便"敏于事"。孔子对"大过"初六爻辞的解释也点明了这个意思。该爻辞说，"初六，藉用白茅，无咎"。孔子说，祭祀时把物品放在地上就可以了，还要铺上白茅，说明非常谨慎，应当按照这个道理去办，这样就不会失误了（子曰："苟错诸地而可矣，藉之用茅，何咎之有？慎之至也。夫茅之为物薄，而用可重也。慎斯术也以往，其无所失矣。"[《系辞上》]）。此外，有所谓"三不占"：不疑不占，既有疑，总是自己最关切的事情，决不会掉以轻心；不诚不占，这是要求心无旁骛，全神贯注；不义不占，不要以占卜服务于不正当的目的。有了这样的态度和全身心的投入，对于事情就可能有一种真切的把握。

最大也是最神秘的问题在于，所占得的卦象不可能正好用于所想解决的问题。例如，照《系辞》，离卦是总结渔猎之事的（此卦卦辞和象辞都涉及畜牧业的事情。卦辞曰："离，利贞，亨，畜牝牛，吉。"《彖》曰："离，丽也。日月丽乎天，百谷草木丽乎土，重明以丽乎正，乃化成天下，柔丽乎中正，故亨，是以畜牝牛吉也"），如果占得了离卦却不是问渔猎之事的，那怎么办？唯一的办法就是看怎样解释。这种解释主要还是根据所掌握的实际情况，与原有的卦辞、爻辞多半是挂不上钩的，只是为了加强所解释的内容的可信性尽量利用卦象。在这一点上，它往往显得勉强。一种正确的解释总是要根据实际的情况，而实际情况是不断变化的，"通变"就是做出解释时的指导思想。我以为，如果懂得了通变的道理，那么占蓍就是可有可无的过程。只要真正把握了相关的情况，又能冷静而真实地分析可能发生的变化，直接做出解释也未尝不可。所以《荀子·大略》说，"善为易者不占"。

通变是《周易》的主旨。天地万物都在变化中，变化是由阴、阳两种力量的相互作用造成的（一阴一阳之谓道）；阳为乾，阴为坤，"日月运行，一寒一暑，乾道成男，坤道成女"。凡自然界出现的现象都是变化中实现出来的，能变就是能通达，通达就是道，道就是自然的过程，自然就是不借外力便成为这样那样。全部六十四卦都或明或暗地顺着自然界或人类社会的某些现象讲求着变化的道理。

《周易》认为，人是自然的产物，人的存在应当是符合道的。人与世事一起变：世事变人变；人变世事变。从这个角度来说，自然界本无所谓吉凶，这个想法在道家中得到了充分的发挥。但是，"方以类聚，物以群分，吉凶生矣"。这是说，由于人要对事物做分别、取舍，有了好恶、利弊，就产生了吉凶。这是因为，能对事物加以分别又聚合，这正是人根据自身的利益做出的辨识。人总是想让事情向有利于人的方面变，但是，人所愿望的那种变有的能发生，有的不能。通变绝不是冷眼旁观事情的变化，其真正的目的在于当顺则顺，当争则争，即所谓"天行健，君子以自强不息"（《乾卦·象曰》）；"地势坤，君子以厚德载物"（《坤卦·象曰》）。又，《乾卦·文言》曰："其唯圣人乎，知进退存亡而不失其正者，其唯圣人乎！"这个想法在儒家那里得到了充分的发挥。此外，为了说明人要应时通变的道理，《系辞》还部分表达了天地万物出于同源的思想："是故易有太极，是生两仪，两仪生四象，四象生八卦，八卦定吉凶，吉凶生大业。"因为我们人也被包括在这个过程中，所以我们要讲"变化之道"，"以通天下之志"。玩易者无非是为了通变，始于占卜的活动最终成了哲学的活动。

三　《周易》"形而上"的意义

现在的问题是，读《周易》时，人们读到的是卦象和对卦象的说明，而且在说明卦象的时候，又不得不联系着某种故事情节，怎样从可见的卦象中把握通达之道呢？卦象是有形而可见的，通达的状况则不是单凭眼睛可见的。然而，通达之道也并不是与自己隔绝的，因为我们自己就在变化的过程中，该发生的事发生了，该实现出来的也实现出来了。我们不只是看到了发生在这个过程中的事情，而且也体验着在这个过程中自身的变化。尽管如此，要从变化着的事情中把事情的变化拿出来讲讲，还是不容易。所以《系辞上》说："然则圣人之意，其不可见乎？子曰，圣人立象以尽意，设卦以尽情伪，系辞焉以尽其言，变而通之以尽利，鼓之舞之以尽神。"这些话指出，象本身不是目的，设卦是为了把事情搞清楚，目的在于把握变通的精神。接着几句话还是强调变易的道理很难讲清，卦象是为了表达变化的："乾坤其《易》之蕴耶？乾坤成列而《易》立乎其中矣。乾坤毁则无以见《易》。《易》不可见，则乾坤或几乎息矣。"于此，引出了一句重要的话：

> 是故形而上者谓之道，形而下者谓之器。

现在我们用"形而上学"这个词来翻译西方的"metaphysics"，变成了一种学说的名称，然而"形而上""形而下"的原意是什么呢？这里的"形"，承上文，与用阳爻、阴爻（乾、坤）组成卦象有关，当不会有误。关键是"上""下"二字。英文本往往将之译成介词①，但我觉得

---

① 如陈荣捷先生的译文："Therefore what exists before physical form (and is therefore without it) is called the Way. What exists after physical norm (and is therefore with it) is called a concrete thing."（*A Source Book in Chinese Philosophy*, Princeton University Press, 1963, p. 267）又，Wu Jing-Nuan 先生翻译的《易经》，将此句中的"上""下"理解为时间的先后次序："Thus, that which is antecedent to physical form is called 'The Dao'. What is subsequent physical form is called a 'vessel'."（*Yi Jing*, trans. Wu Jing-Nuan, Asian Spirituality, Taoist Studies Series, published by The Taoist Center, Washington D.C., 1991, p. 272）

当读作动词，这样行文上才与后面紧接着的几句话相应，即"化而裁之谓之变，推而行之谓之通。举而错之天下之民谓之事业"。李若晖先生提示，如果将"上""下"读作动词，那么从文法上说，"形"字也当读作动词，作"赋形"解。还须注意的是，上面提到的这一连串的句子都是没有主语的。然而，我们不难理解，这些动词的执行者都是人自己。那么"形而上者谓之道"这句话的意思可以这样理解：赋予形象（设卦）再进一步，就能得（圣人之）"意"，亦即得道。过去一般把这句话理解为，在形之上的是道。这两种理解有很大的差别，照过去一般的理解，此句说的是道是什么；照我现在的理解，这句话指出了如何得道，即它指的是人借助于卦象（这已经是从与器打交道的状态上升了一步）更进一步，就能进入得道的境界。

对于"形而上者谓之道"的上述解释，与王弼在《周易略例·明象》中说的意思可互为参证。他说：

> 夫象者，出意者也。言者，明象者也。尽意莫若象，尽象莫若言。言生于象，故可循言以观象；象生于意，故可循象以观意。意以象尽，象以言著。故言者，所以明象，得象而忘言；象者，所以存意，得意而忘象。……是故，存言者，非得象者也；存象者，非得意者也。……然则，忘象者，乃得意者也；忘言者，乃得象者也。得意在忘象，得象在忘言。故立象以尽意，而象可忘也；重画以尽情，而画可忘也。[1]

王弼说的这些话是关于读《易》的方法的。他谈到意、象、言三者的关系，得意就是得道，象即卦象，言是指《周易》中解释卦象的文字

---

[1]　王弼：《王弼集校释》，楼宇烈校释，中华书局，1980年，第609页。

部分。学《易》的根本目的是得道，即自觉进入变通的过程中去，言是解释象的，象是表达意的。所以，一旦得意，即得道，就应当从言和象中解脱出来。王弼用一个"忘"字来表述解脱，这是人自己的努力，可用作对"形而上"之"上"的注解。

同样，"形而下者谓之器"中的"下"，是指以得道的体验返回到与日常事物打交道的状态。形自己不会下，能下的是人自己。只有以得道的体悟与器打交道，才算进入自觉通变的状态，才是得道境界的真正实现。所以，一上一下是得道的全过程，形而上和形而下是不可分割的。甚至，得道的真正体现倒是在"形而下"。由于我们翻译"metaphysics"而取用了"形而上"，却舍弃了"形而下"，这样就容易把中国哲学完整的形而上的精神肢离了。

我在这里先不比照西方形而上学，而是纯粹根据《周易》中提到"形而上""形而下"的原意来阐述中国哲学形而上学的形态。这样我们才见出，中国哲学的形而上和形而下讲的都是人自己的活动。那么，中国哲学的形而上学就应当是一门关于人如何得道的学问。人如何得道，从广义来说，是关于人如何生存的问题，绝非只是一个纯粹认识的问题，因而也不是单纯理论的问题。这样的形而上学与西方哲学的形而上学显然有着形态上的差别，将为中西哲学的比较研究提供全新的图景。例如，中国哲学的形而上学与西方哲学的形而上学能从文本方面进行比较吗？如果不能，那么，能否以及怎样在中西哲学之间寻求会通？在深入讨论这些问题之前，首要的问题在于，上述关于中国形而上学的初步叙述是否能从中国哲学史方面得到印证？它是否真的代表了中国哲学的核心精神，恰如西方的形而上学代表了西方哲学的精神一样？下面将选取庄子和孔子分别作为道家和儒家的代表，说明上述形而上学精神在其中的贯彻。讨论的先后次序与哲学史的编年次序无关。

第二节　追求高远的得道之士
——以《庄子》内篇为例

一　关于庄子哲学之为相对主义的责疑

我们先来检视庄子的学说。根据传统哲学的观念，庄子学说一般被评定为相对主义（参见冯契的《中国古代哲学的逻辑发展》以及萧萐父、李锦全的《中国哲学史纲要》）。这样的评说似乎不错，因为庄子在论说自由时，强调大有大的自由，小有小的自由，自由一定是受条件限制的，即所谓"有待"。即使像宋荣子超脱了功利荣辱，"彼其于世，未数数然也"，心态上应当是十分自由了，但他总归是生活在社会之中吧；更进一步的是列子，他对于人间的福祉没有兴趣，而且能御风而行，行动上自由自在，然而他御风而行，这也是"有待"的。真正的"无待"，照庄子的说法，是"乘天地之正，而御六气之辨，以游无穷者"。真正"无待"者有时也被称为"至人"：

> 至人神矣：大泽焚而不能热，河汉沍而不能寒，疾雷破山，飘风振海而不能惊。若然者，乘云气，骑日月，而游乎四海之外，死生无变于己，而况利害之端乎？[1]

庄子对"至人"的描述极富想象力，汪洋恣肆，令人向往不已。不过，庄子并没有明确表示至人是能够实现的。相反，有生活经验的人都应该知道，过火不能不热，履冰不能不寒；山崩地裂关乎人的生命，不能不为之惊心动魄；即使现在人类造出了飞行器能遨游太空，仍与"乘云气，骑日月，而游乎四海之外"的状况根本不同：后者是想象中完全

---

[1]　关于《庄子》的注释本有很多，这里的引文取中华书局 1986 年出版的《诸子集成》第 3 册中王先谦的《庄子集解》，第 15 页。

的自由自在，前者的命运则控制在一堆机器的运转中。"无待"的至人是不可能实现的。庄子之所以提到他们，目的在于强调，人们只能在给定的生存环境中适时应变，才能获得真正的自由，正如鲲鹏有鲲鹏的自由，蜩鸠有蜩鸠的自由。从《逍遥游》到《应帝王》，讲的都是物我之间的调适，用以神游、齐物、养生、处世、进德，直至辅天下。如果我们承认这是《庄子》内篇的主旨，那么，说庄子既主张"有待"的自由，又主张"无待"的自由，显然是不能成立的。

但是能否据此就认为庄子是相对主义者呢？我以为不能。理由是，所谓相对主义和普遍主义（或者绝对主义）是用来判断西方哲学的理论性质的。普遍主义者声称有普遍确定的知识，也看重普遍确定的知识。在这个方向的追求中，普遍的知识最终被表达为超时空的逻辑演绎的知识，这种知识与经验知识之间出现了断裂；对于绝对普遍知识背离经验的责难导致了相对主义，后者诉诸经验的有效性，但是，它却不能顾及知识的普遍有效性，极端的相对主义者甚至主张只破不立。普遍主义和相对主义是西方学术界对于理论形态进行反思的结果。庄子的时代，中国既没有普遍主义和与之对应的相对主义形态的理论，也没有对于这种理论形态的反思，庄子不可能是一位主张相对主义的理论家。

或者人们会说，虽然庄子本人不是一个自觉的相对主义者，但又何妨站在今天理论的高度去分析，认定他的学说具有相对主义的性质呢？这就涉及，我们今天来分析研究庄子哲学的目的究竟是什么？当人们把庄子哲学评定为相对主义的时候，已经不知不觉地采用了西方哲学的观念和方法了。然而，我们已经知道，彻底采用西方哲学标准的话，连中国哲学是不是哲学几乎都成了问题。具体说到庄子，说他的理论具有相对主义的性质，这意味着，庄子的学说没有普遍意义，因而不可持。这样的结论显然如浓云蔽日，使庄子哲学的精华全然隐失掉了。

那么庄子哲学的真实面貌究竟是什么呢？提出这样的问题时，我们也要站在今天的高度，这就是说，要追问庄子哲学之为哲学的"形而上"的特征。

二　形形色色的得道之士

前面说过，形而上学在西方哲学中是指具有超越性质的理论。中国传统文化中并不存在具有这种性质的理论，中国典籍中的"形而上"和"形而下"指的是人自身生存状态的转换。人的生存作为生命活动的过程，只是在与生存环境的契合中才能得到顺畅的展开，转换生存状态的目的是为了使人的生存得到充分而顺畅的展开。具有自觉意识的契合状态，就是中国哲学一向将其作为宗旨的得道的境界。把这种体悟传达出来，是中国哲学的重要内容。生存活动总是随着时空的绵延迁徙不断转换，得道的境界也总是在个人当下的体悟中表达自己的个人体会、描述得道时的状态，这是中国哲学经常采用的方式。我们在庄子著作中读到形形色色的得道之士的故事，以此表达他的哲学思想，正是对这种方式的运用。

经常被人提到的一个故事是《养生主》中的"庖丁解牛"。[①]这个故事说，庖丁为文惠君解牛，只见他手按、肩倚、足踩、膝抵、刀进之处，牛"哗哗"解体，动作之连贯，发出的声响之合乎节奏，就像伴随着音乐翩翩起舞，一会儿就把一头牛分解完毕。文惠君看得啧啧称奇：解牛竟有这样的技巧！更令文惠君钦佩的是庖丁道出的体会。他说：我于解牛中追求的，是比技巧更重要的道。我开始学解牛的时候，看到牛就像大家看到的牛一样，经过三年，我眼里的牛已经不是一头全牛了。现在，我观察牛的方法是神遇，而不是目视，眼有所不见，神可以穿透。进刀的时候根据牛的结构纹理，避开那些经络盘结的地方，更不要

---

① 王先谦：《庄子集解》，第18—19页。

去砍那些大骨头。那些解牛的人，其中稍好的一年就要换刀，因为他们用刀去割肉；一般的一月就要换刀，因为他们用刀去折骨。我这把刀用了十九年没换过，解过的牛有几千头，还是像刚打磨出来的一样。牛的结节总是有空隙的，而我的刀刃则是没有厚度的，以无厚入有间，岂不游刃有余！所以，用了十九年，刀刃还是像新打磨出来的。虽然讲是这样讲，我每回遇到经络交错的地方，总是聚精会神，徐徐进刀，在刀轻轻的触动间，让牛体豁然分离，如土委地。然后提刀而立，为之踌躇满志，善刀而藏之。

这个故事中的庖丁就是一个得道之士，其要在于把握牛的纹理，并能依牛的纹理解牛。这只是得道的一个例子。真正的得道不是停留在意识中，而是要贯彻到实际的生存活动中。所以，庄子要以故事的形式，通过各种具体例证来描述得道的状态，传达有关道的知识。这样的知识不是概念性的，而是类比式的。观摩了庖丁解牛的文惠君说："善哉！吾闻庖丁之言，得养生矣。"这是从解牛十九年仍保养得刀刃如新得到的启发：人生也充满着艰难险阻，只有循着可行之道，才能游刃有余而得以养生。

《庄子·养生主》的主旨是讲养生，养生必须得道，得道是为了养生。对于庄子来说，所谓养生，不只是保养身体以延年益寿的问题，养生更是一个在人世间求得生存、让生命得到充分而适当伸张的问题。《养生主》中说，"为善无近名，为恶无近刑，缘督以为经，可以保身，可以全生，可以养亲，可以尽年"①。这几句话是庄子养生的要诀，包括个人身心和社会生活两个方面的养生。

"缘督以为经"属于个人身心修炼，据说是要通过做气功使自己的任督二脉贯通。自然的生命是一个新陈代谢的过程，气功无非是能动

---

① 王先谦：《庄子集解》，第18页。

地调整自己的机体，让自己的生理机能顺畅地进行的功夫。在这一方面，庄子透露出这些功夫的一些朕兆。如，他描述"古之真人"，"其寝不梦，其觉无忧，其食不甘，其息深深。真人之息以踵，众人之息以喉"[1]，"游心于淡，合气于漠，顺物自然而无容私焉"[2]。

身心修养的程度有深浅，庄子在《应帝王》[3]中讲述的一个故事给人以深刻的印象。这个故事说，壶子的学生列子了解到一件事：有一个叫季咸的人很厉害，他能测知人的死生、存亡、祸福、寿夭，并且能精确到何年、何月、何日。人们怕他说出自己死的日子，都吓得逃走了。列子却很佩服，就把这件事告诉了自己的老师，还说，"我原来以为你很得道，现在才知道有比你高明的人呢"。壶子说："我只教了你一些浅层的东西，还没有深入实质的东西，于是你就容易相信别人。好吧，你把他找来给我相一下。"列子就把季咸找来给壶子相面。季咸为壶子相了面出来对列子说："哎，你的先生面如湿灰，活不过十天了。"列子回去哭着把这个消息告诉了老师。壶子说："刚才我向他显示的样子称为地文（当指把生机隐藏起来，形如槁木死灰），你叫他再来。"第二天，季咸见过了壶子，出来对列子说："你的老师遇见我算是幸运的，他的病有些好了，有生的希望了。"列子转述给老师。壶子说："刚才我显示给他的样子称为天壤，那是名实不入，只从根基处生机微发的状态。你叫他再来。"次日，季咸又去，相后对列子说："你的先生不齐（郭庆藩《庄子集释》疏曰：德满智圆，虚心凝照，本迹无别，动静不殊），我相不出，等他有所动静取舍（试齐）时，我再相一次。"壶子则对列子说："刚才我向他显示的是'太冲莫胜'（郭庆藩《庄子集释》疏曰：居太冲之极，浩然泊心而玄同万方，故胜负莫得厝其间也）。叫他明天再来。"

---

[1]　王先谦：《庄子集解》，第 38 页。

[2]　同上书，第 49 页。

[3]　同上。

隔天，季咸又来，见到壶子，还未立定，拔腿就逃。列子追也追不上，回来向老师报告。壶子说："我向他出示的，无非是从生命的根基处显示出来的种种变化的相。"季咸显然只看人的表面气色，对于壶子深奥不测的根源一无所知，所以只能逃走。列子也领教了老师功夫之深，从此开始刻苦修炼。

人的生存主要是社会性的，庄子的许多故事正是关于社会生活中如何养生的道理。当时的社会生活想必比较凶险，这可以从庄子笔下楚狂接舆对孔子的一席话中看出。其中说到，"方今之时，仅免刑焉。福轻乎羽，莫之知载，祸重乎地，莫之知避。已乎已乎，临人以德！殆乎殆乎，画地而趋！迷阳迷阳，无伤吾行！吾行却曲，无伤吾足！"[①] 生遭乱世，如何存活下去当然是首要的问题。"为善无近名，为恶无近刑"可以说是庄子基本的态度，它的实质是要掌握做人的分寸，要"游刃有余"。

庄子以一棵用作祭祀的栎树的故事讲述如何躲避凶险、求得生存。这是一棵巨大的树，把牛藏在树干后人就看不见，量一量，有百围之粗；其高超出山顶，在十丈以上处才分出枝干，能用来做船的枝干就有十余枝。一位路过此地的大匠人对它看也不看。这使他的徒弟很奇怪，就问师傅："自从我跟您学艺以来，还没有见过这么好的材料，您为何不看一下，脚步也不停就走了呢？"师傅说："不必说了，那是散木，用来做船会沉，做棺椁要烂，做家什不日朽坏，做门户会流黏液，做柱子则生蠹虫。这棵树无可取材，所以才活得这么长。"匠人回来后在梦中见到了这棵栎树。栎树对他说，"您怎么那样说我呢？您在把我与良材相比吗？各种柤、梨、橘、柚、瓜果之类，一旦成熟就被剥离，简直受辱；大枝被斫，小枝随之丧失生气；以这种情况而苦苦活着，只能中道夭折而难尽天年，真是自取。世上的事物莫不如此。我求为无用很久

---

① 王先谦：《庄子集解》，第 30 页。

了，几乎死去，到现在才达到目的，成就了我的大用。假如我也有用处，怎能长到如今这般大？我与你都是物而已，站在自己这种物的立场上又怎能评价别的物呢？况且自己也是接近死亡的散人，怎能评价散木呢？"匠人觉醒后把梦中的事情告诉徒弟。徒弟说，"既然它要无用，又为什么成为祭祀的社树呢？"匠人说："不要到外面去讲了！成为社树是它的寄托，不理解的人就予以诟病（以为栎树以此求荣）。倘使不如此，岂不会遭受砍伐？它保养自己的方法毕竟与山野深处的林木不同，用常理求全责备于它未免离题。"[1]确实，因为写了这篇故事，庄子时至今日还常常被批评为宣扬活命哲学、滑头主义。然而，设想在生命得不到保障的乱世，对于人类来说，有什么比保命更迫切、更重要呢？人生活在社会中，而不是深山野林里的动物，社会是人赖以寄生的地方，在社会中人才是人，即使是乱世，也要想办法活下去！即使组织起来进行斗争，也是为了求生存才被逼出来的一种办法。

以上是针对乱世极而言之的情况。在一般情况下，庄子提出的理想人格是至人、神人、圣人，即所谓"至人无己，神人无功，圣人无名"[2]。他的意思是说，如果达到了无己、无功、无名的状态，就可以获得人生的自由境界。这些道理也是通过故事来阐发的。关于"无名"，庄子讲的是尧让天下于许由的故事。尧认为许由很贤明，与许由相比，自己简直就是在日月光辉下以火把照明，在时雨降临时引水灌溉，所以要把天下让给许由。然而许由说："您已经把天下治理好了，如果我来取代您，岂不是为名吗？而名是实之宾，那么，我又将成为宾吗？天下对我来说没有用处，即使厨师不下厨，主祭者也不能越俎代庖啊。"

关于"无功"的故事也提到尧。传说在藐姑射之山，有一位神人，

---

[1]　王先谦：《庄子集解》，第 27 页。
[2]　同上书，第 3 页。

肌肤若冰雪，绰约若处子；不食五谷，吸风饮露；乘云气，御飞龙，而游乎四海之外。接下去一句话说，"其神凝，使物不疵疠而年谷熟"。所谓神凝，指的是"夫体神居灵而穷理极妙者，虽静默闲堂之里而玄同四海之表"（郭庆藩：《庄子集释》）。听到这个传说的肩吾表示难以相信。于是连叔说，瞎子看不见色彩的华丽，聋子听不见钟鼓的声音，其实不只是人的身体方面会有聋、有盲，在知的方面也会有聋、有盲，因而难以理解神人。神人胸怀万物以为一，顺乎自然，不会执于一端，勉强人做不合宜的事，犹如把过时的殷人冠冕贩运到不戴帽的越地去一样。所以，当尧领略到了藐姑射山神人的境界后，"窅然丧其天下焉"，即不以天下得治为己功了。

关于"无己"的故事假托的是庄子和惠子的对话。惠子对庄子说："魏王赐给我一种葫芦种子，种出来结出的葫芦大得可容五石；用它盛水浆，因其太脆举起来会坏；把它剖开来用作瓢，又没有东西可盛。这东西实在太大而无用，我就把它击破了。"庄子说："你这是不会用大。宋国有人世代从事漂絮的劳作，他们有一种药，可使自己的手在冬天工作而不龟裂。有一位客人听说此事，拟用一百斤金子的价钱买这种药的方子。漂絮人觉得自己辛苦一辈子收获的也不过一点点钱，现在有人愿意以重金购买制造不龟手药的技术，当然极为乐意。那个客人买得技术去献给了吴王。其时正好越国兴兵挑衅吴国，吴王就派此人领兵与越人作战。时值隆冬，又是水战，结果吴国打败了越国，此人因此而得到了封地。取胜的原因之一就是用了不龟手药。同样是不龟手药，有人以此立功得封，有人以此世代漂絮为业，就是因为用法不同。现在你有大至五石的葫芦瓢，为什么不用它做成舟子漂浮于江湖呢？却还因它大而无用而操心，这真是不开窍啊！"惠子说："我有一棵大树，人称樗树，其主干臃肿而不中绳墨，其枝干卷曲而不中规矩，匠人都不去看它。虽然有你这番道理，可是众人都认为它大而无用离去了。"惠子的意思是，毕竟有大而无用的东西。庄子说："有一种动物叫狸狌，潜伏在那里以捕食鼠类，它能在梁间上蹿下跳，却不免触及机关，死于网罟。另有一种牦牛，体形很大，它能为大却不会抓老鼠。你有大树，为什么不把它种于无何有之乡，广漠之野；没事时在下面走走，逍遥时在下面躺躺。它不会被砍伐而死，也没有加害于它的东西。既然无所可用，又有什么烦恼呢？"这是说，以为有用，却不免大害；以为无用，却可以是大用，如牦牛之得以全生。用还是无用，都是从人自己的立场出发做的取舍。摆脱了为己的立场，才能见出物各有其所用。如王船山说，不仅可以"用其所无用"，还能"以无用用无用"，这样就达到了"以无用用无用，无不可用，无不可游矣"。[①]"无己"就是摆脱为己的立场。[②]

综庄子讲述的故事，其所推崇者无己、无功、无名，展开来说，就是淡泊名利，生死从容。淡泊名利者，即所谓"举世而誉之而不加劝，举世而非之而不加沮，定乎内外之分，辨乎荣辱之境，斯已矣"[③]；生死从容者，即所谓"不知悦生，不知恶死"，视"得者时也，失者顺也"，故能"安时而处顺，哀乐不能入"[④]；在社会生活方面，则推崇无为而治，一任自然。前面讲到尧会见了藐姑射山的高人，才明白了自然无为的道理，即"窅然而丧天下"。

《庄子》书中提到的这些人，有些是历史上可考的，也有许多不可考。即使历史上可考，也经过了庄子的加工和渲染。然而，不管是否确有其人，庄子推崇他们的品性，描述他们的活动。他们被视为高明之士，是智者。这些故事得到流传，对中华民族的生存方式产生了重大的

①　王夫之：《庄子解》，中华书局，1964年，第9页。
②　将上述三个故事分别当作对无己、无功、无名的诠释，出自钟泰的观点。参见钟泰：《庄子发微》，上海古籍出版社，2002年，第15—25页。
③　王先谦：《庄子集解》，第3页。
④　同上书，第20、43页。

影响，成为中华民族文化传统的重要组成部分。庄子的书原来被归为诸子学。进入现代社会，对照分门别类的西方学问，《庄子》一书被归入哲学之类。

然而，从西方哲学的观念看，这里既没有提供普遍的原理，也没有阐述认识的途径；或许从中可以勉强抽绎出某些可归于价值论的内容，却绝没有西方那种以纯粹概念表达的具有超验性质的形而上学，而后者则是西方传统哲学之为哲学的最高标志。以这个标准去看，似乎故事不能算哲学。此外，凡承认中国有自己的哲学的人，绝不会否认庄子学说是最具哲学性质的学说之一。通过一个个寓言故事，我们看到了一群高明的得道之士。剥离了庄子讲的这些故事，也就毁灭了庄子的学说。在这种情况下，我们最好还是对庄子的学说做一深入的分析，而把西方传统哲学的观念暂且搁置在一边。

三 作为人自身状态的超越的"形而上"

庄子并不是像柏拉图、亚里士多德那样去追求有关世界的普遍知识，而是叙说处于不同情境时人的适当的生存方式，以使生命得到充分的实现。所谓得道，应该是指在各种处境下自觉而又适当的生存状态。由于生命的个体性和处境的差异，得道与否总是每个人自己的事，不能像做数学题那样有一致的答案。也正因为如此，道的传授不同于以概念表达的确定的知识的传授。在这里，努力要实现的目标是明确的，但是，如何达到得道的境界，则因人而异。能讲出来的也只是某个人自己得道的体会，或者，只是对于得道之士实现在日常生活中的各种表现的描述。于是，要达到得道的目的，不在于懂得逻辑地思想，而是要亲身体验。这就把中西两种哲学活动的方式区别开来了：从事西方哲学以思想训练为主，从事中国哲学以身心修养为主。《庄子》中鲜明地表达了从事中国哲学的这个途径。

就以庄子心目中达到了无己、无功、无名的人而言，这不只是一种认识而已；因为出于生存的要求，人有自己的利益、欲望，但是人并不能随心所欲，为所欲为。自然环境和社会规范为人设立了界限，尤其是社会规范，它们是人类在长期生存活动中摸索和总结出来的，是各个历史阶段的人们使社会群体得以保存的措施。但是对于个人来说，都有一个对于所有这些界限自觉不自觉的问题。从庖丁解牛的"游刃有余"引申到养生，就是启发人自觉掌握行为的分寸。讲到分寸，人们容易想到规律。庄子没有进入规律的想法，那样就把眼睛向外看了。事实上，真实的社会生活是任何规律都不能穷尽的。面临复杂的事态，能掌握分寸的是人自己。庄子着意的正是人自身方面的调适。甚至，为了获得对环境世界的如实的认知，需要人将自己置于虚无的状态，让心灵"涤除"各种已知的东西的充塞。这样才能保持对外界的敏锐感受力，从而见出人之所未见。

《庄子·齐物论》就是一个范例。在这篇文章中，庄子认为，人们之有各种言论，无非出自道，即，人的言论是生命现象的一部分，是自然的展现。因为就连有生命的人也都是自然中孕育出来的现象。然而，一旦言论涉及是非，人们就各自固执于自己的立场，把不同的观点当作对立面，忘记了人不过是自然借以表达自己的工具，于是就喋喋乎争论不休。庄子的目的在于提醒人们言论的原始出处，要"论当于道"，也可以说就是实事求是。[①] 然而，这里作为前提的是，言论本来就是生命的自然现象，即论出于道。怎样才能使人相信或者理解论出于道呢？那就要使自己首先进入无的状态。于是我们看到《齐物论》的开头描述的南郭子綦的情况：

---

① 王夫之说："当时之为论者夥矣，而尤盛者儒墨也；相竞于是非而不相下，唯知有己，而立彼以为耦，疲役而不知归。其始也，要以言道，亦莫非道也。其既也，论兴而气激，激于气以引其知，泛滥而不止，则勿论其当于道与否，而要为物论。"（王夫之：《庄子解》，第 10 页）

南郭子綦隐几而卧，仰天而嘘，嗒焉似丧其耦。颜成子游立侍乎前，曰：何居乎？形固可使如槁木，而心固可使如死灰乎？今之隐几者非昔之隐几者也。子綦曰，偃，不亦善乎，而问之也。今者吾丧我，汝知之乎？汝闻人籁而未闻地籁，汝闻地籁而未闻天籁夫！[1]

在这里，人们看到一位经过静坐、气息调整（隐几而卧，仰天而嘘）进入物我两忘（嗒焉似丧其耦）境界的人，他"形如槁木""心如死灰"，是为"丧我"。本篇以达成这种状态的一位人物的出场为开端，并不是任意的安排，而是入乎本文境界必不可少的一步。从远古的时候起，中国人就认为，一切都是从混沌不分的太极中演化出来的，其中包括人。虽然现代科学关于宇宙大爆炸的理论使中国古代这种观念的图景越来越清晰，然而这个过程绝不会重现。只有一条途径，即通过自身修养进入无的境界。这番体验虽然不能重现万物化生的过程，但是，随着从无的境界中苏醒过来，人们重温了万物得以开显的原始根源。

对这个原始根源的体验的获得，使庄子得以提出，在地籁、人籁之外还有天籁。地籁是风吹过自然界各种孔窍时发出的声音，不平则鸣；人籁是人吹竹箫发出的声音，悠扬婉转。在前者，人留意着自然；在后者，人演绎着自己——总之拘执在自己的立场上。只有超越自我的立场，才展现出另一幅景象：原来天地间彻响着一首雄浑的自然交响乐。天籁与地籁和人籁毕竟不同。在地籁和人籁中，人注意到声音的原因，然而在天籁中，人却找不到它的主宰，它就是天地间自然而然发出的声响："夫吹万不同，而使其自己也，咸其自取，怒者其谁邪？"[2] 这是经过

---

[1] 王先谦：《庄子集解》，第 6 页。
[2] 同上书，第 7 页。

"丧我"、获得"天地与我并生，而万物与我为一"①的体验后才能达到的境界。

经过"丧我"的体验，超越了自我的拘执，站在"天地与我并生，而万物与我为一"的立场上，就会视人们的各种言论意见不过是天地间的自然现象之一，皆由"心境相感，欲染斯兴"而起。这就是庄子主张齐物论的理由：从根源上看，各种言论意见同出一源。这不是逻辑的论证，而是在体验基础上获得的理解。进一步说，各种言论见识出于人因应环境的生存活动，在这里人们有所分、有所辨；然而，有所分、有所辨必有所不分、有所不辨，就不免偏颇，并且沿着偏颇言言相因。这就是庄子说的："既已为一矣，且得有言乎？既已谓之一矣，且得无言乎？一与言为二，二与一为三，自此以往，巧历不能得，而况其凡乎！"如果说，各种言论意见的产生都因应着某种具体情况，因而是有根据的，那么，当人一旦固执于自己的言论，并还想去规整他人的言论，就会背离这个根据，结果导致天下汹汹，争论不休，最终后果是道的隐失。所以，庄子主张不要脱离根据，要保持原始朴素状态，要"丧其耦"，"丧耦"同时也就是"丧我"。他说："彼是莫得其偶，谓之道枢。枢始得其环中，以应无穷。是亦一无穷，非亦一无穷也。故曰'莫若以明'。"②枢指的是门户的转轴，它居中而能转动，喻能全方位关注而不死守一隅，因为是和非本来都是无穷的。这样才能保持敏锐的洞察力，让对我们的生存具有决定意义的东西显示出来。

如果我们承认庄子是一位哲学家，那么，就不能忽视庄子在阐述他的观点的时候，同时也在引导人们进入一种状态：在《养生主》里，是庖丁解牛出神入化的状态；在《齐物论》里，是南郭子綦"丧我"的状态（其实出神入化也是一种"丧我"，在这里，"我"与工作融为一体）。

---

① 王先谦：《庄子集解》，第13页。
② 同上书，第10页。

只有进入"丧我"的状态，才能领悟"万物与我并生，而天地与我为一"的境界，才能信服庄子的齐物论。反之，站在日常的生存状态角度，庄子的这些话就是荒诞不经的了。"丧我"不是死亡，而是活着的人的一种状态。在此，心境两不起。这同佛教的涅槃有相似之处，但是据说佛教的涅槃还有通过调息进而圆寂的可能，中国的修养功夫与锻炼死亡毫不相干，而是要从丧我复苏醒的经历中，获取自己对人生多方面的真切体悟。在《齐物论》这篇文章中，渲染"丧我"的直接目的就是向人开显出天籁。

如果我们承认这就是中国哲学，那么，学习中国哲学绝非只是掌握一些观点或一种理论而已，而是一种修养，它需要进入哲学活动的人调整自己的生存状态，或者说，从事哲学活动与修养是分不开的。甚至像《逍遥游》中讲述的故事，鲲鹏之于蜩鸠，坳堂水之于芥与杯。把这些反差强烈的事物一起展现出来，其目的恰恰是引导人们体察不同场景下的自由度，体察的过程就是自身生存状态转换的过程。中国哲学常对学哲学的人的状态提出要求，这不仅是庄子从事哲学活动的方法，也是整个中国哲学的方法。这里且先举《老子》中的章句为证：

> 无名天地之始，有名万物之母。故常无欲以观其妙，常有欲以观其徼。（按：观妙和徼，以有欲与无欲为条件）
>
> 载营魄抱一，能无离乎？专气致柔，能婴儿乎？涤除玄览，能无疵乎？爱民治国，能无为乎？天门开阖，能为雌乎？明白四达，能无知乎？（按：这是强调守静致虚、守住源头的重要性）
>
> 五色令人目盲，五音令人耳聋，五味令人口爽，驰骋畋猎令人心发狂，难得之货令人行妨，是以圣人为腹不为目，故去彼取此。（按：这是要人不要被感官的东西所迷惑）
>
> 致虚极，守静笃。万物并作，吾以观其复。（按：这是明确把致

虚极、守静笃与万物得以生发的源头联系在一起，"复"就是回到源头）

故令有所属：见素抱朴，少私寡欲，绝学无忧。（按：最后四字当理解为不要被书本上的学问所困扰）

我独泊兮，其未兆；沌沌兮，如婴儿之未孩；累累兮，若无所归。（按：这是从自身生存状态方面体验"未兆"之原初状态）

是以圣人抱一为天下式。不自见，故明；不自是，故彰；不自伐，故有功；不自矜，故长。（按：这更是直接讲圣人的修养境界。与第二十四章同：自见者不明，自是者不彰，自伐者无功，自矜者不长）

重为轻根，静为躁君。……轻则失根，躁则失君。（按：重与轻、静与躁对举，褒贬分明）

清静为天下正。（按：这虽是讲治天下，也涉个人修养，且说明从事哲学与治国不分离）

综庄子所表述的中国哲学，可以总结为三个要点。

第一，庄子突出了哲学是修养功夫，是人对自身生存状态的调整。其要在于调整到物我一境的原始状态，但是这并不意味着人要停留在原始的物我一境的状态，而是通过回到生命的根源处，去除日常的执着，以新鲜的眼光观察生活，以便恰如其分地因应生活中的各种挑战。《庄子》中谈到的种种"观点"，是调整生存状态后观察的结果。读者也只有随着庄子的指引调整自己的生存状态，才能理解庄子的观点。所以古人常说，要在读者细心玩味。

第二，庄子揭示了人调整自身生存状态的机制，或者说，指出了人的生存状态的结构。这个结构表达为"物—我"或"彼—我"。所谓调整生存状态就是将"物—我"或"彼—我"调整为适当的关系。这一点在《齐物论》中有明确的表达：庄子感慨于各种意见"与接为构，日以心斗""日夜相代乎前，而莫知其所萌"，而这一切不过是从"彼—我"的关系中产生出来的，即所谓"非彼无我，非我无所取"。庄子又说，"物无非彼，物无非是。自彼则不见，自知则知之。故曰，彼出于是，是亦因彼"。站在彼是之外观察到这个结果，明白了彼是相互依赖的道理，庄子才能进一步主张不要拘执于其中的一端，而要采取"道枢"的立场，以便让双方都得到发展，"是以圣人和之以是非而休乎天钧，是之谓两行"。"两行"，事情才通达；而通达就是道，即所谓"道通为一""一达之谓道"。

关于第三点，庄子本人并没有提到，不过我们是可以深入追问而想到的，即从日常的生存状态到哲学所追求的无的境界有一个超越的过程。虽然中国哲学史上从来没有出现过"超越"这个词，然而当人们从日常的生存状态转变到无的境界，又从无的境界出来，以新鲜的姿态应对生活的挑战，这之间的转换我称之为超越。因为无的境界是暂时的无意识状态，而日常的生存状态总是伴随着某种意识，二者之间是不连续的。把包含在中国哲学中的超越性点出来，对于中西哲学的会通有重要的意义。关于这一点，下一章将有论述。

从庄子哲学中揭示出来的上述形而上学特征，是否是整个中国哲学形而上学的特征，还需要从儒家的学说中得到证实。

第三节　极高明而道中庸
——以孔门儒学为例

一　周虽旧邦　其命维新

孔子创导的儒家学说是中国传统文化的主流，即使它在过去的一百年里蒙受了极端的批判，它对于中国人的生存方式的影响仍然无法被抹杀。相反，在过去四五十年里，当属于儒家文化辐射圈的"亚洲四小龙"经济腾飞起来的时候，尤其是当近 20 余年中国社会经济飞速发展的时候，人们总结其经验，总是不免想到儒家文化的作用。遗憾的是，人们记住的是儒家关于宗法社会的那些制度的论述，以"亲亲"为核心的伦理教导和新儒家具有禁欲色彩的"存天理、灭人欲"要求，等等。其中不乏对工商技术的轻视。如果儒家学说就是这些东西，那么，它们并不适合现代社会发展的需要，更不能据此揭示这个地区迅速发展的原因。此外，原来科学技术不发达而又受儒家文明熏染的地区确实在创造着一种新的生活方式，这是一个活生生的事实。难道人们已经完全清除了儒家文化的影响而改弦更张了吗？这是不可能的。那么相比于世界其他落后地区，为什么儒家文化圈的崛起又显得如此耀眼呢？其中总有一种可以追索的原因。问题在于，我们是否真正把捉到了儒家精神的实质。关于儒家文化精神实质的学问是哲学的对象。然而，由于我们过去受到西方哲学的强烈影响，只注意择取其中那些符合西方哲学观念、能纳入西方哲学框架的资料，以之作为中国哲学史的脉络，结果，儒家文化就被严重肢解，其真正的精神实质遂得不到凸显。

前面讨论过《周易》，它是儒家的经典之一，其精神可被概括为适时应变。适时应变需要对生存形势的把握，这种把握可以衍生为知识。然而，整个中国哲学并没有把重点放在发展知识上，更没有着力关注知识的普遍形式，而是把注意力放在为了适应直观中的环境变化而调整自身生存状态的方面，并将人和环境达到相契合的状态称为得道。在这个方向上需要论述的重大哲学问题包括：人和环境相契合的根据、人调整自身生存状态的可能性和途径、人的活动与环境契合与否的标志，并具体表现为应对各不同时代生存挑战中的问题等。人自身生存状态的不断变化，在《大学》这篇不朽著作中被概括为"作新民"，所谓"苟日新，日日新，又日新"。这样才能如《诗》所云："周虽旧邦，其命维新。"

中国达到目前这样的发展程度，其最大的变化难道不是人本身的变化吗？掌握马克思主义，掌握科学知识，推行民主政治、改革开放，这一切归根结底是中华民族应对近代以来严峻的生存挑战而积极转换自己生存状态的结果。作新民并非一劳永逸，只要人类生存着，就得"苟日新，日日新，又日新"。事实上，由于大等级能源的大规模开发利用和交通通讯技术使全球各民族直接照面，需要重新探索和规划人类的生存方式，这是全人类面临的新挑战。孔子哲学的意义正在于唤起人类生存的自觉意识。

如何作新民？这离不开具体的生存环境。但是，只要人时刻自觉自己是能应对环境挑战的生灵，就能使人生的意义得到充分而顺畅的展开。要言之，中国哲学的精髓在于求得生命的自觉。孔子就是这样一个圣人，他深谙《周易》，懂得得道在于形而上与形而下的贯通，以形而上的领悟面对生活实际，是能够恰如其分地回答生活中提出的各种问题的。《论语》所记录的，正是孔子对于弟子们提出的各种生活中的问题的回答。即使在回答这些问题的时候，孔子也不忘教导弟子，对于一种问题的解答要举一反三，即通过对各种问题的回答，把握和体会如此这般回答的根据，以形而上的领悟办形而下的事务，最终使每个人自己能够去解决问题。可惜的是，孔子的用心总是容易被表面化，人们记住了他针对当时情况的种种教导，却不容易获得形而上的领悟。这主要是受到西方形而上学观念的束缚。人们于是就不把中国哲学形而上的东西当作形而上的东西，留下的只是孔子关于具体问题的许多直白的观点。具体的观点受时空的束缚，总是要过时的，随着时代的变化，孔子本人也一定不会坚持；即使某些观点具有较持久的价值，离开了形而上学的根据，我们也很难对之有深刻的领会。不仅要知其然，还要知其所以然，这要求深入到孔子学说的形而上学中去。

二　修身的形而上意义

本章曾根据《周易·系辞传》，把"形而上"的"上"解释为人自身生存状态的提升，即从与形器打交道的状态进入与道打交道的状态。如果承认这个观点，那么，被西方哲学观念所尘封的中国哲学形而上的特征就能拨开云雾见天日。用这个观点去看，中国哲学以得道为目的的修养活动就是形而上性质的哲学活动。以修养的方式从事哲学活动，与中国哲学追求成为圣贤的目标恰好一致。修养绝不是仅仅为了做到仪表庄重、举止得当、身心和谐、情操高尚。更重要的是，它关乎为什么要以成为圣贤为目标？成为圣贤的可能性何在？其途径又是什么？这些问题也只有通过修养的体会由自己向自己提供答案。

《大学》和《中庸》就是孔门儒学阐述修养的经典。《大学》一文开头说：

> 大学之道，在明明德，在亲民，在止于至善。[①]

这里说的大学，不只是相对于识字习文的小学而言，而且也指人生最大的学问。因为这篇文章讲怎样才能修身、齐家、治国、平天下，这在古时候是做人最高的境界、最大的成就，这是就事功方面而言的；就人的修养方面而言，这是关于得道的学问。孔颖达疏曰："大学至道矣。"所谓"明明德"，郑玄注曰："谓显明其至德也。"表人之至德，单择一个"明"字，说明古人已经知道，人之为人，就是因为人能澄明万物，照亮万方。明明德，就是说人要自觉光大其照明的能力。"在亲民"，是说人来到世上后，才得根据他自然"亲亲"的亲情体验，推而广之及乎"亲民"，即明白和奉行社会生活的道理。"至善"不能仅仅

[①]《大学》和《中庸》都是《礼记》中的篇目，历来有许多注家。因为原文篇幅不长，任何一个注本都可以参考。本书对这两篇作品的引用单在文中注明篇名，不注版本和页码。

以道德来理解，而当与得道的意思照应，因为后面一段话其落脚点在
"近道"：

> 知止而后有定，定而后能静，静而后能安，安而后能虑，虑而
> 后能得。物有本末，事有终始，知所先后，则近道矣。

这段话不仅点出了《大学》的宗旨在得道，而且告诉我们，要经过
止、定、静、安、虑、得这些人自身的状态的转换，才能近道。止是确
立目标，定、静、安是由外而内地进入静的境界。在此基础上思虑，才
能有所得。显然，得道是目的，修身是途径、起点。

接下来一段是讲修身与事功的关系：

> 古之欲明明德于天下者，先治其国；欲治其国者，先齐其家；
> 欲齐其家者，先修其身；欲修其身者，先正其心；欲正其心者，先
> 诚其意；欲诚其意者，先致其知；致知在格物。物格而后知至，知
> 至而后意诚，意诚而后心正，心正而后身修，身修而后家齐，家齐
> 而后国治，国治而后天下平。自天子以至于庶人，壹是皆以修身
> 为本。

这是说，修身（即明明德）是否成功，需要通过事功（即治国）来
验证；而要成就事功，又须首先修身。这看似是一个循环的说明，但最
后点明，其起点在修身。这并不难理解，因为人生在世是人自己的活
动，有了这层自觉，才能使自己的生命发挥出应有的勃勃生机。修身的
过程中有"格物"，人常以为"格物"是对外在事物的知识的学习，所
谓今日格一物，明日格一物，直到某日豁然贯通。但是，按郑氏注，
"格，来也；物，犹事也。其知于善深，则来善物；其知于恶深，则来

恶物，言事缘人所好来也"。按此说，格物指来事，有事情发生。只有把"来事"和人自己将迎事情的"即事"当作同一个过程的两个方面，并且承认"即事"的方式导致事情的性质，才能说"言事缘人所好来也"。照此，世上有什么样的事情向我展示出来，是我自己取向的结果。事情本无善恶，向善则善事生，作恶则恶事起。"格物"乃是训练自己以"善"处世接物的方式，这是我自己的生存方式。"壹是皆以修身为本"，强调的是自身生存方式的训练。"明明德"就是修身。

《大学》指出，修身的环节是：正心、诚意、致知。其中关于"诚意"的解释，本书将结合《中庸》一起评说，那里会有更详尽的论说。关于"致知"的部分，《大学》没有进一步的解说，据朱熹说，"而今亡矣"。《大学》释"正心"如下：

> 所谓修身在正其心者，身有所忿懥，则不得其正；有所恐惧，则不得其正；有所好乐，则不得其正；有所忧患，则不得其正。心不在焉，视而不见，听而不闻，食而不知其味。此谓修身在正其心。

正心的要领在于"心不在焉"。"心不在"，即无思无虑，无欲无感。这是掏空自己，留下的只是没有内容的能思能虑、能欲能感。在思、虑、欲、感中，心有所壅塞，如朱熹所说，在"须臾之顷"中。这样就不能接纳新鲜事物，而新鲜事物往往是对我们生命的新挑战。掏空了内容的能思能虑保持着思虑的可能，恰似在弦之箭，引而未发。正心的目的是为了诚意，诚意又是为了致知，即为了即物，为了心在。而适时接物应世是生命的活动，关乎道的运行。所以，如《中庸》所说，"是故君子戒慎乎其所不睹，恐惧乎其所不闻"。

《大学》置修身于"本"的地位，不是只对治理天下者而言的。所谓"自天子以至于庶人，壹是皆以修身为本"，是说天子和庶人虽然在社会生活中的地位不同，但作为生命活动，其基本方式是一致的，都是调适自身的生存方式，达到与环境世界相契合的状态。《中庸》一文的篇名就点明了这个主题。

朱熹引二程说："不偏之谓中，不易之谓庸。中者，天下之正道，庸者，天下之定理。"[①]"天下之定理"的说法，是宋儒的发明。郑玄为本篇作的疏犹说，"名曰中庸者，以其记中和之为用也。庸，用也"。所谓"中和"，即处世得当。处世得当就是得道之谓。《中庸》一篇以许多古圣前贤的例子说明怎样才算是处世得当，以及如何才能处世得当。后者讲的就是修养问题。

现在的人们理解的修养，多半有经过锻炼提高自己在各方面水平的意思。《中庸》似乎并没有这样的意思。其开篇说，"天命之谓性，率性之谓道，修道之谓教"。这是说，各种禀赋的人都是天地间自然而然地化生出来的；循着这条自然而然的道路，就能通达于天地间；所谓"修道之谓教"，不是另搞出一套与自然不同的东西，而是要求在上者带头依循自然的道路，以此教化天下。孔颖达注此句曰，"谓人君在上修行此道，以教于下，是修道之谓教也"。照这样说，修养就是恢复到人的自然本性。那么，怎样才算得道呢？《中庸》有言：

> 喜怒哀乐之未发，谓之中；发而皆中节，谓之和。中也者，天下之大本也；和也者，天下之达道也。致中和，天地位焉，万物育焉。

《大学》中曾讲到，欲正心，当弃忿懥、恐惧、好乐、忧患之心，

---

① 朱熹：《四书章句集注》，中华书局，1983 年，第 17 页。

与此处"喜怒哀乐之未发，谓之中"的意思是一致的。同样，回到喜怒哀乐之未发，不是固守在那种状态中，而是为了发而中节，与《大学》所谓正心为了诚意，以便格物、致知也是一致的。

这里有一个问题需要讨论：喜、怒、哀、乐及忿懥、恐惧、好乐、忧患难道不也是人的本性，因而不也是出于自然吗？如果是，那么，取消它们岂不是违乎自然了吗？我以为，朱熹的《四书章句集注》为此提供了一种可理解的解释。他说："盖是四者（指忿懥、恐惧、好乐、忧患。——引者注），皆心之用，而人所不能无者。然一有之而不能察，则欲动情胜，而其用之所行，或不能不失其正矣。"[1] 用我们比较熟悉而类似的话来说就是，意识的活动总是以实际生活为基础。然而，意识一经产生，也就具有了它的相对独立性，就有脱离实际生活的可能。《大学》和《中庸》启发我们时刻看守着源头，以便保持清醒的意识，应对生活中提出的多向度的挑战。

在修养的方式上，相较于《大学》以"正心"为起点，《中庸》更突出一个"诚"字：

> 唯天下之诚，为能尽其性；能尽其性，则能尽人之性；能尽人之性，则能尽物之性；能尽物之性，则可以赞天地之化育；可以赞天地之化育，则可以与天地参矣。

这段话并没有申明"诚"是什么。但是，"诚"可以让自然、人、物（事情）各尽其性，并且让人类自觉地参与天地的化育过程。从这样的描述中可以看出，"诚"是人与自然完全相契合的境界。另一段话表明，有"诚"，才有一切事情的自然发生：

---

[1] 朱熹：《四书章句集注》，第8页。

　　诚者自成也，而道自道也。诚者，物之终始，不诚无物。是故
君子诚之为贵。诚者，非成己而已也，所以成物也。成己，仁也；
成物，知也。性之德也，合外内之道也，故时措之宜也。

又，"诚"是天之道，也是人之道：

　　诚者，天之道也；诚之者，人之道也。诚者，不勉而中，不思
而得，从容中道，圣人也。诚之者，择善而固执之者也。

又，关于"诚"与"明"的关系：

　　自诚明，谓之性；自明诚，谓之教。诚则明矣，明则诚矣。

　　这表明，"诚"比"明"还根本。人天生就是"诚"的，即人与自然
本来出于同一根源，循"诚"以往则无不明；如果说还需要通过教才能
由"明"入"诚"，那是因为人一旦化育出来，就有一定的独立性，固执
于这种独立性，就可能受蒙蔽，就有通过教而重新回到"诚"的需要。
　　综上所述，"诚"具有多种含义：它既是人得道的途径，又是对得
道境界的表述；它是天地自然的德性，也是人的德性、事物的德性。这
种语言既是关于对象的，也是关于自身状态的，是对二者合一的状态的
表述。
　　《大学》讲修身、齐家、治国、平天下，以"正心"为修身的起点。
《中庸》则围绕"诚"字表述了修身的根据和目的。人之所以要修身，
是因为包括人在内的天地间的万物都是自然而然地化育出来的，这同
《周易》的思想是一致的。《中庸》里单以一个"诚"字表达这个自然而
然的过程，人当以"诚"的状态自觉参与到天地的生化过程中去，人类

的生命于此得到永祚。所谓圣人，就是人类中具有这种自觉性的人，他们"既明且哲，以保其身"：

> 大哉圣人之道，洋洋乎！发育万物，峻极于天。优优大哉！礼仪三百，威仪三千。待其人而后行。故曰：苟不至德，至道不凝焉。故君子尊德性而道问学，致广大而尽精微，极高明而道中庸，温故而知新，敦厚以崇礼。是故居上不骄，为下不倍。国有道，其言足以兴；国无道，其默足以容。诗曰："既明且哲，以保其身。"其此之谓与！

修身，是得道的途径。如果承认"形而上者谓之道"这句话讲述的是得道的途径，那么，"形而上"就是修身。修身以"诚"，"诚"是从分化了的日常生存状态返回到与生存环境自然一体的生存状态。之所以称之为"返回"，是因为"自然一体"的状态是发展到今天的人类生存活动所从出的起点。"譬如行远必自迩，辟如登高必自卑"（《中庸》），回到根源可以使人从当下生存状态的拘执中解脱出来，以便根据生存的根本要求，以新鲜的姿态重新谋划生存，即达到所谓"发而中节"。

三　形而上不离形而下

在中国传统哲学中，形而上是悟道的过程。然而，是否能真正把握道，还要看能否将对道的领悟贯彻到实际生活中。把对道的感悟贯彻到实际生活中去，我认为就是经过形而上以后的形而下。所以，严格说来，中国古代从事哲学的活动不只是形而上，还包括形而下。也就是说，"形而上者谓之道，形而下者谓之器"这两句话是一个完整不可分的整体。甚至，"形而下"比"形而上"还更重要。"形而上"是为了从生活中领会"道"，为了获得生命的自觉。而对于生命的真正自觉，还是要贯彻到日常生活中去。"形而下"是对一个人是否得道的验证。"形而上"又"形而下",中国人的哲学就是这样上下求索的哲学,故《中庸》引《诗》曰,"鸢飞戾天,鱼跃于渊""言其上下察也"。一部中国哲学史就是各个时代的人们上下求索体察生命意义的历史。这也决定了与西方形而上学不同的中国哲学"形而上学"的一系列特征。

中国哲学的"形而上学",是对包括"形而上"和"形而下"二者在内的哲学活动的反省和形诸文字的表述。中国哲学形而上学的出发点是"道不离器";修身是从事哲学活动的主要方式;哲学活动的根本目的则在保持澄明的本性以应对生命活动中的各种挑战。这三个要点在孔子儒学中有鲜明的表达。

首先,孔子儒学是主张"道不离器"的。这是说,道贯穿在一切过程中,也表现在人的日常生活中。当然,这不仅是儒家的观点,也是道家,甚至也是后来中国化了的佛学的主张。相比之下,儒家主张"道不离器",更侧重的是社会生活。孔子认为道贯穿于人们的日常生活中,不能离开日常生活去追求道。《中庸》引孔子的话:"道不远人。人之为道而远人,不可以为道。"朱熹解释说:"道者,率性而已,固众人之所能知能行者也,故常不远人。若为道者,厌其卑近以为不足为,而反务为高远难行之事,则非所以为道矣。"孔子又说:"素隐行怪,后世有述焉,吾弗为之矣。"这是说,孔子并不追求隐僻之理、诡异之行,因为那些都脱离了实际,其中不乏欺世盗名的动机,即使那样可以出名,也不应当去做。

这样我们就理解了,何以像《论语》这样一部伟大的著作,其所记载的只是孔子及其弟子极为平常的谈话,其中很难读到高深思辨的内容,以至于在黑格尔的眼里简直不是哲学。其实,孔子之所以这样或那样说,是以深厚的"形而上"功夫为基础的。孔子研究过《周易》,甚至据称可能就是《易大传》的作者;《大学》《中庸》这两篇文章记载的许多关于"形而上"的言论，也是孔子本人的思想或在此基础上的发挥。但是，重要的还是用。所以，孔子的学生子夏可以说："贤贤易色，事父母能竭其力，事君能致其身，与朋友交言而有信，虽曰未学，吾必谓之学矣。"①在《论语》中，甚至还有弟子们对孔子日常起居的记载，诸如孔子参加公务活动时依礼而动的举止，交往朋友时的态度，与各种人讲话的分寸，甚至饮食、衣着，等等。我认为，在这些看似平常的事情中，浸透着"形而上"的功夫，以至于各个时代的人们总可以根据自己的实际情况，对它做新的体验和发挥。也因为其与实际相契合，相比于其他学派，儒学被社会大众广泛接受，成为中国传统文化中的主流。像"刀在石上磨，人在世中炼""世事洞明皆学问，人情练达即文章"这些民间的警句都是儒家思想的反映。

以"道不离器"为出发点的中国形而上学与西方形而上学形成了鲜明的对照。照西方哲学，形而上学是探问"是者"总体的学问，这就已经将自己置于一切"是者"的对立面，而对于"是者""总体"的追问又总不免使"是者"成为一个绝对普遍的概念，并最终形成一个与我们生活的世界相隔离的领域。无论这个领域被说成是现象后面的本质世界，还是纯粹思辨的世界，总之，它都是与我们这个世界相分离的。西方哲学总体上说是二元论的。试图在中国哲学中挖掘出西方那种形而上学是徒劳的。

其次，中国哲学以修身作为从事哲学活动的主要方式。修身是儒家从事哲学活动的主要功课，离开了修身，中国哲学简直就无从讲起。修身包括道德修养，但不只是道德修养，还被用作人与自然同源的"论证"，提供行为规范的根据，等等。例如，人和天地同源的问题在我们这里似乎是自明的，但对于信奉上帝造人说的人们来说却是不能接受

---

① 《论语·学而》，第50页。此引《论语》页码见朱熹《四书章句集注》，下皆同。

的。即使自然科学发展到今天越来越接近于揭开这个秘密，还是有许多环节有待澄清。但是，古代中国人不能等待科学的结论出来以后才决定自己的生活取向，他们相信人与天地同源，并且把自己的生活取向建立在这个信念上。修身的方法多少为之提供了一种"证明"：人能通过调适自己的生存状态，入乎"无"的境界，在此"无"中，无物我之分，人与天地合其德；从"无"的状态中苏醒过来，体验万物向我开显出来的过程，这具有对人与万物同出一源进行模拟演示的功效。孔门哲学所说的"诚""正心""喜怒哀乐之未发"，都是引人进入"无"的近旁的修身手段。

修身，功夫做在自己方面，曰"反身而诚"。就像射箭，没有射中靶子，要在自己的方面找原因（"射有似乎君子，失诸正鹄，反求诸其身"）。孔子说："见贤思齐焉，见不贤而内自省也。"[1]又说："仁远乎哉？我欲仁，斯仁至矣。"[2]《论语》还记曾子曰："吾日三省吾身，为人谋而不忠乎？与朋友交而不信乎？传不习乎？"[3]功夫做在自己的方面，得到的认知是真切的，这样才能推而广之，这种方法叫作"能近取譬"。例如，孔子在一处回答怎样为仁时说："夫仁者，己欲立而立人，己欲达而达人。能近取譬，可谓仁之方也已。"[4]

切身体验尤其表现在孔子儒学有关孝道的论述中。儒家认为，从孝顺父母出发，可以推广到与天下人打交道。之所以强调孝道，是因为这是人类自然的亲亲关系："其为人也孝弟，而好犯上者，鲜矣；不好犯上，而好作乱者，未之有也。君子务本，本立而道生。孝弟也者，其为仁之本与。"[5]

---

[1] 《论语·里仁》，第 73 页。

[2] 《论语·述而》，第 100 页。

[3] 《论语·学而》，第 48 页。

[4] 《论语·雍也》，第 92 页。

[5] 《论语·学而》，第 47 页。

　　值得指出的是，儒家提倡孝道的深度是其他文明所不及的。在历史上，它曾经是佛教和基督教在中国传播的最大障碍。关于这一点，印度学者巴特（Bhatt）曾经表示很不理解，因为他认为佛教并不要人违拂父母，释迦牟尼佛也导人以尊敬父母，他自己还在父母去世时回去送丧。然而，孔子说，"父母在，不远游"①；又说，"父母之年，不可不知也。一则以喜，一则以惧"②。孝顺父母要具体落实到侍奉父母，并且在父母年高时有"一则以喜，一则以惧"的真切感受，显然不是仅有孝顺的观念以及作为一种舆论的孝顺所能比的。

　　由于修身是每个人自己的事，谈论这方面的体会有反省的性质，听众或读者也只有结合自己的体会才能获得理解。虽然传达和交流体会需要通过语言，但是关注的重点还应是语言所指的那种体验或感受，关键在于体会的深浅和真伪。所以，中国哲学中有关于"情""伪"的讨论，对"情""伪"的检验则直接诉诸相关的实际表现，而评价一种有深刻体验的哲学常用"高明"这个词。日常的实际表现之能够检验"情""伪"，是基于这样的信念：真正修养高明的人必实现在日常社会生活中，不能实现在日常中的未必高明。与中国哲学的反省形成对照的是西方哲学的反思。反思的对象是概念式的思想，其所反思的是：一个概念的性质（划分为各种范畴），概念之普遍性的程度（经验概括的还是绝对理性的），概念的结合（运动）是否符合规则（逻辑），等等。概念的运动是否符合逻辑称为"真"（true）或"伪"（false）；然而，即使符合逻辑的命题，还要通过实践来检验，与实践相符合的才能称为"真理"（truth）。

　　对修养的反省和对概念的反思，是中西各自从事哲学活动的不同方式，中西哲学文本分别是反省和反思的结果。虽然反省和反思都是意识的活动，然而它们的对象不同，其所形成的哲学文本也不同，这使得在

---

① 《论语·里仁》，第 73 页。
② 同上书，第 74 页。

文本层面进行中西哲学比较不是不可能就是难以深入。

再次，湛然澄明以接应万机。哲学活动的根本目的是获得生命的自觉，这体现为恰当地应对日常生活中的各种问题。作为生命活动现象，人类自来到这个世界上时起，就在应对各种挑战，在与生命环境的互动中得到发展。所谓自觉应对，无非是让生命得到充分、自由的发展，这也是人生意义的实现。然而，怎样区分一种自觉的应对和非自觉的、出自本能的应对呢？衡量自觉性程度的标准又是什么呢？

每个人的生命圈都是由自身的生命能力和环境构成的，自觉的应对当能充分发挥生命的潜在能力，但同时也应审时度势，不离环境的许可。一部《论语》，应当就是针对各种场景应当如何处世行事的问答。这就不奇怪，由于生存环境的不同，即使对同一个问题，人们也常会给出不同的答案。孔子关于"仁"的说法就是一个例证。孔子答颜渊问仁，说，"克己复礼为仁。一日克己复礼，天下归仁焉"。这显然是针对整个社会生活而言的，是讲给有政治抱负的人听的。孔子答仲弓问仁，说，"出门如见大宾，使民如承大祭。己所不欲，勿施于人。在邦无怨，在家无怨"。这对于那些总是把自己的意见强加于人、怠慢别人，因而常与人发生矛盾冲突的人来说是有效的。又，司马牛问仁，孔子答："仁者其言也讱。"[①] 讱，忍也。朱熹注曰："夫子以牛多言而躁，故告之以此。"关于"仁"还有许多其他不同的表述，千百年来人们就是在这样阅读孔子，从来也没有为这些不同的说法感到困惑。直到西方哲学被介绍到中国来以后，人们始问，作为孔子学说核心概念的"仁"的定义究竟是什么，并为找不到一种确定的说法而深以为憾，而没有觉察对"仁"的这种发问方式是西方人从事哲学的方式。

西方哲学虽然也有多种流派，可能也找得到像中国哲学这样以反省

---

① 以上三引俱见《论语·颜渊》，第 131、132、134 页。

方式从事哲学活动的人。然而，从柏拉图到黑格尔的西方传统哲学的主流，是以概念反思的方法从事哲学活动的。这与中国哲学形成了鲜明的对照。西方哲学以概念反思的方法关注于解释世界，最终形成以概念的逻辑推论构成的理论体系，以此作为普遍的真理，即黑格尔所谓的绝对理念体系。西方传统哲学以之作为包括人的理论在内的所有其他理论的根据。与此不同，以儒学为代表的中国哲学以反省的方法，体察生命活动得以展开的根源，最终追溯到人与环境世界的一体性，即无的澄明境界，以此作为处世行事的出发点，即对内湛然澄明，对外接应万机。

孔子应当是达到了对内湛然澄明、对外接应万机的圣人境界了吧！其对内湛然澄明到什么程度虽非他人所能窥测，但是《大学》《中庸》记载的那些关于修养功夫的论述，明示着这个方向。而《论语》那些即时而发的言论中，则确乎闪烁着孔子处世的睿智。例如，孔子生病，学生子路想以祈祷为他祛病。孔子说，有这种事吗？子路说有，还引经据典。孔子说，那么我已经祈祷过很久了。孔子明白祈祷不能治病。但是，子路是出于一片好心。在这种场合，孔子不直接拒绝，但告以无所事祷之意。[1] 又，孔子问子贡，你与颜回比如何？子贡说，我怎么敢与颜回比，颜回闻一以知十，我只是闻一以知二罢了。孔子说，不如啊，不如！我同意你的看法，不如他啊。[2] 孔子既如此问，当知子贡自负欲以纠之，既闻子贡自知不如人时，就趁机激励学生努力，而不是折他的锋芒、屈他的气概。还有一个故事也很有意思：孔子的学生宰我问孔子，你教我要成为仁者，如果有人说，井里有仁，我也要往下跳吗？孔子回答，"何为其然也？君子可逝也，不可陷也，可欺也，不可罔也"[3]。这种事情我们平时也见得到，好比一个人受到表扬，就可能有人来讽刺

---

① 《论语·述而》，第 101 页。

② 《论语·公冶长》，第 77 页。

③ 《论语·雍也》，第 90 页。

打击他。孔子估计宰我所说的正是这种情况，仁者又不是傻子，所以做了这番回答。孔子随时的言论都是以他的修养为底气的，当我们以这种眼光去读《论语》时，那些平常的话就闪发出熠熠的智慧之光。

孔子在他的时代能做到言论得体，这引发人们思考，他为什么能达到这样的境界？这样思考的时候，我们就不能仅仅停留在《论语》这部著作里，还要联系《周易》《大学》《中庸》这些篇章。这样，就能看出孔子所经历的形而上又形而下的全过程。孔子对事机敏，有是非而不刻板，诲人而不训人。他之所以能如此，想必是因为其内心湛然能依乎事理，一团和气能待人以诚。这应当是他有了形而上的功夫又贯彻于形而下的结果。用孔子自己的话来说："吾道一以贯之。"[1] 所谓"一以贯之"，当是形而上与形而下的贯通，这样才能达到——用朱熹的话来说——"圣人之心，浑然一理，而泛应曲当，用各不同"的境界。[2]

第四节　以道为标志的中国形而上学

西方哲学以是论为形而上学的典范，中国哲学的形而上学以道为宗旨。这是两种不同形态的形而上学。扼要地说，西方的形而上学是通过逻辑思想训练以普遍概念解释事物本质或客观真理的理论，中国传统哲学的形而上学则是对通过修养以进入得道境界的论述。尽管这二者对于世界、如何认知世界及认知的起源、人的本性、道德、价值、人生的意义、社会政治、法律、礼教等问题都有涉及，然而，由于二者哲学形态上的重大差异，其关注这些问题的方法、角度及其偏重程度都存在着差异。我们发现，现在人们谈论道时，往往会把它与西方哲学的观念做比

---

[1] 《论语·里仁》，第72页。曾子理解"吾道一以贯之"为"忠恕而已"；这是曾子自己的理解，孔子未曾做过进一步的解释。
[2] 参见朱熹：《四书章句集注》，第72页。

附。事实上，这种比附无助于揭示道的本义。为此，我们先要清理一下各种比附的情况。然后，试对道的本义做一探讨。

一　清理各种比附

在西方哲学观念的影响下，一种普遍的观点是把道看成是类似规律的东西。规律又称为"法则"，英文作"law"。西方哲学中有所谓自然法则、思想法则。在我们的教科书上，规律被认为是客观世界内在的必然联系，规律就是本质。《老子》中说："人法地，地法天，天法道，道法自然。"这些话容易使人联想到道是法则一类的东西。但是，至少有如下几点，使道和规律有了明确的区分：首先，规律与必然性相关，但是中国哲学中的道却绝没有限定只体现在具有必然性的事件中。道是遍及一切过程的，包括偶然事件。凡自然界和人类社会中一切发生的事情，都体现着道的作用。在这个意义上说，道包括规律，又超越规律。其次，规律是理性认知的对象，是具有概念形式的思想才能把握的东西；道不是纯粹由思想把握的对象，对道的真正把握体现在人的自觉的生命活动中。或者说，对规律的真正把握也在于运用规律。但是，对规律的认识和运用起码是两回事，思想对规律的把握可以是脱离实际的。然而，中国哲学说的"得道"是得乎心而应乎手的事，只停留在口头上，用禅宗的话来说，就叫作"口头禅"。另外，关于规律的客观性问题。客观性有多种含义，一种是指一切存在于我们之外又可以被我们感觉的东西。但是，感觉往往因人而异，缺乏普遍必然性。因此，理性主义者否认这种意义上的客观性。他们认为，真正的客观性是具有普遍必然性的思想才能把握的东西，而只有运用逻辑的思想才具有普遍必然的品格。这样，客观性说到底是思想的客观性。在思想上达到普遍必然的规律是否同时也是自然世界的规律，这是需要讨论的另一个问题，即思想和存在是否具有同一性的问题。规律的客观性本来意味着规律的存在是不以人的意志为转移的，而讨论到最后，倒是对规律这样的东西是否真正客观存在发生了怀疑。这正是现代西方哲学界正发生的事情。且不说中国哲学中的道从来没有经历这些问题的纠缠，简单地说，对道的存在的验证在于得道的体验，主观性和客观性的区分并不适于论述道的性质，因而也不宜把道当成是客观规律那样的东西。

与上述比附相关的是，人们容易把道看成类似于西方哲学中的概念。现在"概念"这个词的使用范围很广，包括名和逻辑范畴。其实，名和逻辑范畴是大不一样的。我们日常使用的概念都是名，名总是标志某对象的；反过来说，其所指的对象就是这个名的意义。但是逻辑概念并不指示任何对象。正如冯友兰先生所说，一个理论思维的概念"红"并不指示任何红的东西，逻辑范畴的意义当从这个概念与其他概念的规定中得出。所以，范畴的意义又称为规定性（determination），只有它们才能够被用作逻辑推演。西方哲学的是论所使用的范畴都是这样的范畴。"道"显然不是这样的范畴。中国哲学的概念是名而不是逻辑范畴。关于这一点，有人曾经质疑，《老子》中有一些成对的概念，难道它们不是从相反相成的方面得到规定的？难道它们不可以称为范畴吗？的确，《老子》中有一些成对的概念，如其第二章曰："有无相生，难易相成，长短相形，高下相盈，音声相和，前后相随，恒也。"从表面上看，这似乎也能算是概念间的关系。但是，我们可以自问，当我们读着这些话、理解着这些话的时候，意识中呈现出来的是所提到的对立双方的事实，还是根本没有任何事实，仅仅剩下概念？要知道，作为纯粹概念的"难"并不难，"易"也不易；同样，"长"不长，"短"也不短。正因为如此，现代西方哲学很容易把上面所有的对立关系概括成纯粹符号性的 A 与非 A 的对立统一，并且把哲学问题变成纯粹符号性的运算问题。这显然与中国哲学的理解相去甚远。当文字形式一样的时候，我们就要问，人们把握、使用这些文字的方式是否也一样呢？把握、使用文字的方式是人自己的生存状态，这是做中西哲学比较研究时要格外注意的。还有一点需要提及，如果我们以是论为西方形而上学的典型来看问题，那么，其中每一个范畴都是与所有其他的范畴相联系的。用黑格尔的话来说，整个绝对精神是一个体系，全部范畴都从"是"这个范畴逻辑地推论出来，构成一个范畴体系，每一个范畴都是作为其中的一个环节而存在的。如果我们承认，黑格尔的《逻辑学》是西方形而上学的典型，那么，我们就不能不这样去认定西方形而上学。中国哲学不表述为逻辑规定性的概念，更不必说是范畴的体系。

二　道，中国哲学形而上学的旗帜

谈过了道不是什么，那么道究竟是什么呢？这个问题说起来似乎很难。因为迄今为止，不知道有多少人论述过了，从老子、孔子、庄子，直到金岳霖，各人说的都不同，所谓各道其道。此外，有各种各样的道：天道、人道、养生之道，甚至"盗亦有道"，等等。我最近读到商戈令先生的一篇论述庄子"道通为一"的文章。[①]他认为，读庄子"道通为一"句，重点当放在"通"字上，即，通就是道，道就是通。我觉得他讲得很深入，不仅说明了庄子的思想，而且，我理解，庄子所表达的想法也是中国哲学中最深、最起始的道的观念。依照这种理解，天地间一切凡是发生出来的事情，都是一种通达，因而都是在道的过程中。许慎《说文》说，"道，所行道也。一达谓之道"。这是"道"这个字原始的意义，从辵、首。"辵"的意思是"乍行乍止也"。段玉裁注曰："首者，行所达也。""一达谓之道"，是说让人行走，能够通达某处即为道。不仅文明的人类是从蛮荒中走过来的，世界中一切有情、无情的事物不也有它们自己的生成过程吗？凡是能够出现的一切现象，都是沿着"通

---

① 商戈令：《"道通为一"新解》，第373—388页。

达"这个原始意义上的道走来的；不能通达的不会出现，或者曾经出现过而又消亡了。道的字面上的意义在中国传统文化中被用来泛指一切事物生成的过程。在道的观念中，一个事物之是什么并没有什么可以多讲究的，重要的是它何以如此这般。这种问题取向就是对事物如何通达的追问。人类对于历史的关注并不只是一种兴趣，而是反映出对人生通达的自觉，为的是在通达的道路上继续走下去。

中国哲学就是关于道的学说，道是中国哲学的旗帜。道不只是道家用作学派的名称；同样，儒家中也出现过"道统""道学"的名称。甚至，在中国落地生根的佛学，也把开悟得佛性称为悟道，历史上曾经有一个时期称和尚为道士。中国哲学史是对中华民族探索、实行人类生存之道的历史的记载。对道的探索是人类生命的自觉的活动。现在世界上越来越多的人了解了中国哲学是关于道的学说，甚至有一流的哲学家，如海德格尔，已经把握了道的原始意义即通达，以这样的意义来审视哲学、发展哲学，尽管他使用的是西方的语言。①

既然道贯穿一切，那么一切事情都可以被提升到道的层面去对待，如天地自然的起源、人类社会生活规范的出处、从政之道、治学之道、经商之道、为人之道，直到渗透在各门技艺之中的道，如茶道、花道、剑道、棋道之类。对道的追求不只是学习一种知识，而是一种生活方式，是一种对人生的意义更有自觉性的生活方式。

在有关天地之道的问题上，中国哲学中有一个独特的"太极"的观念，这个观念与道的观念密切相关。"太极"的观念最初见于《周易·系

---

① 海德格尔引用中国哲学中道的观念是众所周知的，他有的时候采用拼音字母"Dao"，更多的时候是用"道路"（Weg/Way）这个词；他的一部重要著作《林中路》（Holzweg），其实就是关于道的学说。关于海德格尔学习中国道的学说的事实，早在1989年就有莱因哈德·梅依的《海德格尔的幕后思想库》一书做了披露。对东亚哲学精神素有研究的格雷厄姆·帕克斯教授将其译成英文，并附上他自己写的一篇详尽的补充材料，于1996年付梓，题为 *Heidegger's Hidden Source*。

辞上》："易有太极，是生两仪，两仪生四象，四象生八卦。八卦定吉凶，吉凶生大业。"这里的两仪、四象、八卦都是指由阴阳爻组成的符号。两仪就是阴爻和阳爻，四象是阴阳爻填满两个爻位得出的全部四种情况，八卦则是指以阴阳爻分布在三个爻位上可以得到的全部图像，即八经卦。卦象的生成从简到繁，可以想见太极是卦象生成前的原始起点，阴、阳二爻是从其中分化出来的。后人进一步把太极当作天地未分之前的状况，于是就认为太极还是一种元气。无论是作为卦象起源还是天地起源，总之，太极是一切发展过程的源头。我以为，"太极"观念的产生与"道"的观念的提出有不可分割的关系。道追求的是事物生成发展的过程。用日常的话说，不仅要知其然，还要知其所以然。在"所以然"中有事物"然其然"的根据，在这种追问中，人的意识已经指向了事物的起源。事物各有起源，起源还有起源，源源不断没有穷尽。就如一种观点认为，事物可以无穷尽地分割下去一样，这样的无穷是超出人的有限生命的，因而是意识所无法把握的。当有限的生命无法克服无限的过程的时候，意识就跨出了一大步，它越过了一切过程，到达了全部过程开始之前，哪怕所建立起来的对象是混沌的一片，甚至是无。通过对意识的意向做分析，我认为，"太极"观念是追求原始起源的意识在自身中树立的对象。不同的意向指向产生不同的意识对象，这一点在与西方哲学的对比中显得格外清楚。西方人始于将有差异的一类事物的共性作为它们真正的所是，经验的概括过程无所穷尽，柏拉图称之为"无穷尽后退"。他迈出的决定性一步是，取一类事物的名称为理念，定理念为多中之一、变中的不变，这是异中求同这种意向指向为自己建立的对象。意识活动是在时间中的。或者说，时间作为以意识为其精华的生命的特征，不能把自己消耗在相同形式的无限重复中。庄子已经有见于这样的问题。他说：开始之前会有开始，开始之前的那个开始又有开始，这样追溯下去是没有穷尽的。同样，我们说有而追溯到无，也可以追溯到没有无的时候，还可以追溯到没有追溯无的时候，也是没有穷尽的。所以他提出，"古之人，其知有所至矣"。那么什么是这个"至"呢？"有以为未始有物者，至矣尽矣，不可以加矣；其次以为有物矣，而未始有封也。其次以为有封焉，而未始有是非也。是非之彰也，道之所以亏也。道之所以亏，爱之所以成。"[1]针对这种情况，庄子主张，"六合之外，圣人存而不论，六合之内，圣人论而不议"[2]。照庄子的看法，对太极这类六合之外的（意识推论出来的）东西只能存而不论，他关注的还是万物在其中通达的道。他的这个观点代表了先秦时期中国哲学的观点，因而与柏拉图突出理念（即六合之外的东西）的取向有别。

按照"道即通达"的观点，凡是天地间产生出来的一切，无论对人类有利还是不利，只要行得通，都是符合道的。从这个意义上说，道在善恶之先，在通达中开显出了万物。万物的开显，在人这方面就是"分、辩"的意识。"分也者，有不分也；辩也者，有不辩也。"分、辩的结果，往往使人执于一偏。"道隐于小成"，就是人可能偏离大道的原因。所以，有一种意见主张不分、不辩。老子很有这种味道，他主张"归朴"，主张"绝圣弃智""绝仁弃义""绝巧弃利"；他也说过，"天地不仁，以万物为刍狗；圣人不仁，以百姓为刍狗"。这是站在天地的立场上，超脱善恶是非，把一切发生的事情都看成是自然的。不过，并不是所有的人都赞成老子的这种态度。既然天地间有了能分辨的人，这也是道的作用的结果，即使被称为"原罪"，也是不得不接受的事实。在这个重要的分节点上，儒家的态度是积极的，他们主张当争则争，当顺则顺，并将其归纳为"天行健，君子以自强不息""地势坤，君子以厚德载物"。

最初的分辨是分辨彼、我。[3]有了自我意识，就有私利、私见，就

---

① 王先谦：《庄子集解》，第 11 页。

② 同上书，第 12 页。

③ 庄子说："非彼无我，非我无所取。"

有争执、争斗。为了不至于让人类毁灭在自身争斗中，就要在与自然的关系和人际关系方面规范自身，让人类的生命现象绵绵不绝地开放出来，延续下去。人类是从道的开启中走出来的，只有遵循道，人类的生命现象才能万古长青；反过来说，只有在人类生命现象的延续中，道才是有意义的。围绕"礼"和"仁"的孔子儒家学说正是从这个视野出发、结合当时的实际情况行道的。这就进入了人道的层面。孔子儒学并没有把人道和天道做截然的分离，而是将二者看作一脉相承的。正如唐朝的孔颖达在为儒家的重要经典《礼记正义》所作的"序"中所说：

> 夫礼者，经天纬地，本之则大一之初，原始要终；体之乃人情之欲。夫人上资六气，下乘四序，赋清浊以醇醨，感阴阳而迁变。故曰人生而静，天之性也，感物而动，性之欲也；喜怒哀乐之志于是乎生，动静爱恶之心于是乎在。精粹者虽复凝然不动，浮躁者实亦无所不为。是以古先圣王鉴其若此，欲保之以正直，纳之于德义。……故乃上法圆象，下参方载，道之以德，齐之以礼。[①]

社会生活的人道和自然天道之所以能被看作一体，就是基于"一达谓之道"这个基本含义。然而，照庄子的看法，道也是分层次的：开始的时候，道是混沌不分的，后来有了分别，即"有始封也"；又后来，"有是非也"，这就进入了社会生活的道。有分，有是非，这是道的展开。但是，另一方面，"道隐于小成"。也就是说，道的分化同时也可能是道的隐失。这是因为有了彼、我的分别，有了"我执"，就可能根据欲望、意志执于一偏，这样就背离了自然之道。对这个方面，儒家的观点也是很明确的。《中庸》开篇即说："天命之谓性，率性之谓道，修道

① 孔颖达：《礼记正义》"序"，载阮元校刻：《十三经注疏》上册，中华书局，1980年，第1222页。

之谓教。"生命是遵循着道的展开来到世上的，生命的展开本来就是道的展开。但是，还需要"修道"，这是指出生命在展开过程中可能背离道。还有一些更具体的论述，也可以说明问题，如《论语》中说，"虽小道，必有可观者焉，致远恐泥，是以君子不为也"[①]。解决的办法也是有的，这就是要把具体问题放到范围更大的背景中处理，即处理个人问题要联系社会背景，处理社会问题要联系自然背景。从这个观点去看，那么，所谓"君子不器""君子周而不比，小人比而不周"[②]这些话是教人扩大人生视野的。"技进乎道"也是出于同样的要求。换一种说法，小道要立于大道，体现大道。大道也可层层追溯，直到"止于至善"。"至善"是没有些许恶的；然而，没有恶，善也不成其为善。"至善"事实上只能出现在善恶未分的时候。这就体现出中国哲学讲人生修养的重要性。修养的目标是要人回到喜怒哀乐未发之时，在此一度中体验原始的大道。

中国哲学以道为目标，决定了中国人从事哲学活动的方式。形而上学在中国传统哲学中意味着"形而上"和"形而下"的上下求索。这一求索绝不仅仅是认识的过程，更是变换人自身生存状态的过程，变换的目的是为了达到人的生存活动与其生存环境的契合，以使生命得到顺畅的展开，从而实现人生的意义。中国哲学的这个方向和主题在先秦时期就已得到大致的确定，后来的发展主要是根据不同的历史条件对这同一个主题的发挥和体验。这里，没有对普遍知识的关注，也没有对作为普遍知识的真理的关注。因此，把中国哲学史释读为认识发展的历史，甚至范畴发展的历史，显然偏离了中国哲学的本意。如果说，对普遍真理的追求走的是一条向上的路，直至超越经验的界限进入绝对的领域，那么，对道的追求则要求走一条向下的路，要求回到作为原始源头的自然

---

① 《论语·子张》，第 188 页。
② 《论语·为政》，第 57 页。

之道。所谓"慎终追远"就是要关注源头、保养源头。守护着源头才能"苟日新，日日新"，才会"周虽旧邦，其命维新"。

中西两种形而上学在形态方面有如此之大的差别，几乎很难找到交叉点，那么它们二者的会通可能吗？对中西哲学会通的追问，引向了下一章对哲学活动的超越性质的研究。

第七章　哲学的超越性及其生存状态基础

——从比较文本到比较哲学活动方式的可能性

　　在前面两章中，我们分别讨论了西方哲学和中国哲学的形而上学，结果发现，这两种形而上学的差异竟是如此之大，以至于要从文本上比较中西哲学不是不可能就是十分勉强。西方哲学形而上学被认为是与普遍的知识有关的理论。普遍的理论由普遍的概念构成，普遍的概念无论是所谓人类先天具有的观念，还是从经验概括中得出的观念，都具有超越的性质。前者的超越性质不必解释；后者的超越性在于，普遍观念作为只有思想才能把握的对象，是对感觉的超越。因而，西方形而上学是纯粹概念思辨的理论。说到中国传统哲学，"形而上""形而下"是人上下求索以谋道的过程。如果我们把中国人有关谋道的种种言论称为形而上学，那么这些言论无非是关于道之为何物、如何求得得道的。然而，这绝非只是坐而论道，形而上不离形而下，求道在实行。甚至，只有对于在大大小小情况里的有过得道体验的人来说，道的存在才能被认可。所谓对道的描述"其中有象""其中有物""其中有精"，不过是说道很微妙，不能以实证的态度去看。总之，西方传统哲学以获取普遍知识为目标，中国传统哲学以得道成圣贤为宗旨，二者的文本不在一个层面上，是不可比的。然而，当我们去观察西方人表达形而上学的方式时，哲学家们的一种特定的态度或生存状态就暴露出来了，即，做概念思考是人自身的生存状态，对道的追求也是人自身的生存状态。从生存状态方面去考虑，究竟能否使我们从不可比走向可比，并且取得成效，关键在于：一、说明哲学文本和哲学活动之间的关系，哲学活动的不同方式对于形成不同形态的中西哲学文本具有决定性的意义；二、揭示人类相同的生存结构，阐明不同的从事哲学活动的方式乃是这一结构的可能的展开方式。如果能做到这两点，那么不仅中西哲学达到了会通，哲学之为哲学的问题也可期有答案了。

我们将"超越"问题选作研究的入手点是因为，超越是西方传统形而上学的基本特征，而形而上学则是西方传统哲学的灵魂和核心；前一章的讨论也已经说明，理论的超越性质的根子在于人自身的超越性质，而中国哲学的"形而上""形而下"指的也是人自身生存状态的转换。这里的讨论要揭示出，人的生存状态的转换何以是超越性的。在进行这番讨论之前，须对于文本之不可比以及与之相关的一场有关超越的讨论做一点分析。之所以要谈这个问题，是因为人们虽然注意到超越问题的重要性，然而由于讨论没有脱出文本的层面，竟使预期的成果失之交臂。

第一节　走出中西哲学文本比较的困境

一　文本的不可比

很少有人提出中西哲学是否可比的问题。既然人们已经在做比较，他们当然认为可比。但是，中西哲学是否可比的问题却不是一个虚构的问题。在美国，就有人持这样的看法，他们认为所有的比较哲学都是无意义的，要么两种理论都是哲学，那就直接讨论哲学的问题；要么某种理论不是哲学，就不必做什么哲学的比较。[①] 前几年一度引人注意的"中

[①]　参见倪培民：《探视比较哲学的疆域》。

国哲学合法性"的问题，难道不是觉察到不可比的一种结果吗？由于觉察到了西方传统的哲学观念套不住中国哲学，站在西方哲学的立场上，就会产生关于所谓"中国哲学合法性"的忧虑。事实上，连一些对中国文化具同情、赞赏态度的西方人在谈到中国是否有哲学的问题时也往往很谨慎，常常以"中国思想"取代"中国哲学"，其中也包括像安乐哲这样在中西哲学比较研究领域颇具影响的学者。

毋庸讳言，在进行中西哲学比较研究的时候，确实存在着一个可比不可比的问题。这个问题不解决，不仅比较难以有成果，甚至去做比较本身就是徒劳的。我们只是在进入 21 世纪后才提出这个问题，那是因为我们对西方哲学的了解比前深入了，开始认识到中国哲学史的建设是不能依傍西方哲学的观念和框架的。这是比较研究的成果。正是这一成果揭示出，中西哲学的文本是不可比的。

可以从多个方面说明中西哲学文本的不可比。首先从知识分类的角度看。西方哲学与其他知识有普遍性知识和特殊性知识的关系。亚里士多德秉承了柏拉图追求普遍性知识的观念，依照普遍和特殊的区分第一次对学科做了分类，于是各学科之间就有这样的关系：哲学是所谓一般的原理，成为一门独立的学科，其余各门知识都是特殊领域的知识，作为一般原理的哲学对于其他学科具有统领的关系。所谓"哲学是自然科学和社会科学的总结"，是上述分类的一种变换的说法。中国古代学问的分类并没有遵循西方那种普遍和特殊的区分方式。中国古代的学问是靠列举，或曰"计点"的。例如，在举称学问时常与数字联系在一起，有所谓"六艺""十三经""诸子百家"；西汉刘歆把当时的宫廷藏书编为辑略、六艺略、诸子略、诗赋略、兵书略、术数略、方技略，史称"七略"；中国历史上流传至今规模最大的图书分类，是将全部图书分为经、史、子、集，这种编撰方式始见于《隋书·经籍志》，沿用至清代，编成《四库全书》。如果我们更深入一点，就会发现各门类之间也并不是遵循逻辑的方法而划分的。经、史、子、集可以被认为是按重要性排序的。例如，"经部"包括《易》《书》《诗》《礼》《春秋》《孝经》《五经总义》《四书》《乐》《小学》十类，它们是历代认为对社会生活最基本、最重要的典籍。而"集部"则辑入诗赋等文学类著作，但是体裁上是文学作品的《诗经》却是归入"经部"的。中国文化知识的这种分类与"道不离器"的哲学观念有关。道不是脱离实际生活和具体事务高高在上的东西，而是贯穿在生活实际中的。所以，除了《周易》和老子《道德经》等少数著作是专门论道的，多数哲学著作都是结合着人生社会的实际问题的论说，包括自然、天文、农业、医学、道德，直至各种技艺。"诗言志""文以载道""技进乎道"这些说法中都贯彻着同样的精神。这就是说，从知识的分类方面看，中国古代学问中没有正好与西方哲学明确对应的部分。

正如哲学是西方人思想方式的根据，中国文化中的"经部"也被认为是生活的指导性著作，但是这二者之间有根本的区别。西方人认为，能够成为根据的是最具普遍性的知识，即原理。哲学是统摄各门知识的原理，而哲学最精髓的部分则是原理的原理，它表达为逻辑地联结成的范畴体系。这样的体系是绝对普遍的因而是超时空的。由于它的存在，西方哲学表现出二元论的特点。尽管现代西方哲学很少坚持用这样的原理说话，但是，作为思想方式，其在西方哲学界已经根深蒂固。作为中国哲学核心的道的学说则完全不同，它不是由逻辑范畴构成的原理体系。有人举老子《道德经》中"有无相生，难易相成，长短相形，高下相倾，音声相和，前后相随"相诘，以为这里运用了逻辑性的成对范畴。这是一种误解。逻辑的范畴并不指示实际事物，它们只是在概念的相互关系中获取意义。自古至今，有谁认为老子所说的有、无、难、易等不是指示着实际事物，而只是逻辑上的概念呢？须知，靠逻辑演绎表达的原理与实际事实之间存在着一条鸿沟，因而形成二元论特征。有谁能说老子上面讲的话表述了一个脱离实际的领域呢？再说关于普遍性的问题。西方哲学曾经把知识标榜为普遍的，到康德的时候人们才明白，所谓普遍性和必然性是密切相关的，其根子就是逻辑性。一种具有逻辑性的知识才是普遍必然的知识。中国哲学也不是这种意义上的普遍必然的知识。但这并不妨碍它的有效性，即，照着它去看问题、去实行，能有积极的效果。普遍性指的是一种理论本身的性质，有效性则是关于一种理论或学说能否在实际中产生效果，这是两回事。西方形而上学理论虽然在形式上具有普遍性，然而，正因为它脱离实际而缺乏有效性，才受到了严厉的批判。总之，西方哲学主要是关于世界的普遍知识的理论，以道为核心的中国哲学当然也有关于世界的知识，但其主旨是怎样适当生活。从文本上对这样两种学说做比较自然就比较勉强。

我们过去也做过许多文本方面的比较，当明白了中西哲学形态上的差别以后，回过头再看，就显出原来做的比较很表面。例如在个体方面的比较，把朱熹的"理"比之于黑格尔的"绝对精神"，这是没有道理的。又例如，把"天人合一"概括为中国哲学的特征，以与西方哲学形成对照。然而，我们知道，西方哲学并不主张中国哲学意义上的"天"与人的分离。西方哲学中确实有分离的特征，那是在现实世界之外，还有一个与之隔绝的超时空原理世界（或宗教意义上的神的世界），由此而形成现象与本质、普遍与特殊等一系列二元对立。西方哲学中的所谓"主客二分"，也只有在现实世界和超时空原理世界二分的基础上才能得到完整的理解。把"天人合一"当作中国哲学的特征与西方哲学比较，是不妥当的，因为西方哲学并非以"天人二分"的特征与中国哲学形成对比。把"主客二分"当作西方哲学的特征与中国哲学对比，也是不妥当的。因为"合"是与"分"对应的，中国哲学中既然没有西方哲学中那种"分"的观念，也就谈不上那种意义上的"主客合一"。无奈之下，遂有以"天人合一"和"主客二分"分别作为中西哲学的特征进行比较的，那更是不妥当的，二者显然对不上号。"天""人"与"主""客"在中西哲学中的理解是不同的。

需要指出的是，在进行文本比较的时候，人们所据的哲学观念和框架基本上是西方的。例如，从框架方面说，试图从本体论、认识论、伦理学、美学和价值论等方面找问题；从观念方面说，则试图把中国哲学的观念建立为（逻辑性的或认识论的）范畴。这样的比较先已背离了中国哲学的旨趣，无论求同或辨异，皆难得其要。文本比较的困难迫使我们突破单纯限于文本比较的局限，要把文本和产生文本的活动方式——即从事哲学的活动方式——联系在一起进行比较，这就是哲学形态的比较。

二　通过生存状态的分析澄清中西哲学文本的特征

文本的不可比大家都感受到了。于是，一方面，就出现了所谓对中国哲学合法性的焦虑和"中国有思想没有哲学"的说法。我们也注意到，有学者发表了"自己说，说自己"的意见。另一方面我们又看到，中国思想史、中国学术思潮史的写作悄然走红，燃起了重新探讨中国哲学精神的热情。这里要注意的问题是，我们不能因为文本的不可比而放弃中西哲学的比较研究，更不能因此而妄自菲薄，以致否认中国哲学的存在。事实上，社会发展到了今天，不想对中西哲学做比较已经不可能了。试图以各种名义回到国粹的做法是行不通的。我们或许可以闭眼在精神上体味一首唐人田园诗的意境，但是，睁开眼睛回到现实生活的时候，我们不得不生活在汽车、高楼、市场中。生存方式的选择并不只是出于主观的意愿。我们当记得，近代以来中国人找到了今天的生存方式，并且还要沿着这条路走下去，是出于救亡图存的需要，曾经一度，"中华民族到了最危险的时候"。过去的诗意纵有千般好，已经不符合现代人的生活。哲学也是在向前发展的。中国传统哲学需要新的诠释，其积极的方面才能得到光大。

在比较中澄清中西哲学各自的特征，不仅是重新认识和更新发展中国哲学的需要，也是西方哲学的出路。在与法国哲学家于连的交谈中，我们了解到，福柯曾经否认西方有确定的文化传统。其理由是，西方传统还在发展中。对此，于连反驳说，那是站在西方文化传统内部看问题，如果与中国文化相比，二者怎么能没有相互区别的各自的特征呢？于连的质疑是机智的。他启示我们，哲学的特征是在比较中显示出来的。毫无疑问，今天我们要谈中国哲学的特征，正是因为与西方哲学的照面。澄清中西哲学各自的特征，是深层次文化交流的需要，这对于人类社会未来的走向具有重要的意义。我们可以进一步认为，在比较中，一般来说我们更要注重察看"异"的方面，因为正是"异"的方面才将二者的特点揭示出来。当然，在做这样的比较的时候，我们可以指出中西哲学之间有各种不同，但并不是所有的不同都是值得注意的。只有那些不仅相对于对方而言是"异"的，同时在各自的传统中也被认为是主流的、具有决定意义的内容，才被认为是对双方特征的确切揭示。综合这两个方面，我选择了西方以是论为核心的形而上学和中国以成圣贤为目标的关于道的学说，作为它们各自的特征进行比较。

然而，我们已经指出，中西哲学已经"异"到了似乎连"什么是哲学"都模糊了的地步，这个比较还怎么进行下去呢？我以为，可以尝试从哲学文本的比较转入对从事哲学活动的方式的比较。这种方法认为，哲学文本是人们从事哲学活动的结果。我们把比较的关注从文本方面转向产生哲学文本的活动有几种好处。首先，是从定义中解脱出来了。我们现在所有的定义还是西方传统哲学的定义。从这样的定义出发，一方面会排斥中国哲学之为哲学，另一方面，也没有涉及西方人的哲学观念在现时代也正经历着的变化。其次，不从定义出发，我们就可以把中西哲学的存在当作事实来认定。所谓事实，不仅指哲学文本，而且首先是指与生成这些文本相关的人的活动方式。记载在文本中的哲学是人们从事哲学活动的结果。如果这一点得到承认，那么，当中西哲学的文本比较有困难的时候，对与不同文本相关的从事哲学活动的方式做一番比较，就是一种选择。一旦确定了这个方向，在做文本比较时遇到的一个困难就不期然地被消除了。

哲学活动的比较，是比哲学文本比较更深的比较。马克思主义认为，人的一切意识、观念和思想都是人的生存活动的产物。哲学作为一种思想，它的根源也应当是在与之相应的活动中被寻求的。所以，这种比较深入哲学文本的源头。通过这种比较，我们不再停留在中西哲学文本不相同这个事实上，而是期待对它们不相同的原因做出说明。如果我们还能对从事中西哲学活动的不同方法做出概括，那么就有望从哲学活动的深处对哲学之为哲学给出某种说明。这也许对于探讨新时期哲学观念的更新有所启迪。这样的比较本身就是哲学，而不只是站在哲学之外对哲学的评论。

这条路是否走得通？首先要把哲学文本所表述的内容与从事哲学活动的方式之间的联系发掘出来。文本的选择也是重要的，它是引导我们去发现与这种文本相关的活动方式的线索。哲学的文本有许多，有不同哲学家的哲学文本，也有不同流派的哲学文本。本文主要选择中西哲学双方都认为最能代表哲学的那些内容。前面两章的讨论已经做了准备，在西方哲学，它是形而上学；在中国哲学，则是关于道的学说，而"形而上"和"形而下"也是道的通达途径。因此，在这个意义上，关于道的学说不妨也被称为中国哲学的"形而上学"。

本书第五章认为，西方哲学形而上学有柏拉图和亚里士多德两种代表性的类型，它们都是具有普遍性的知识；所不同的是，从柏拉图的理念论中发展出来的形而上学追求的是超经验的或曰绝对普遍的知识，而亚里士多德则否认理念的存在，因而亚里士多德传统的普遍知识只能是经验概括的普遍知识，因而是相对普遍的知识。本书又认为，既然以普遍知识为追求目标，自然是越普遍越好，绝对普遍的知识有巨大的诱惑，因而以柏拉图为代表的理性主义传统在西方取得了统治地位；而由于在经验中找不到绝对普遍的知识的起源，也不能在经验中证明它们的存在，因而理性主义也总是伴随着经验主义对它的责问和怀疑。所以从狭义上说，西方形而上学主要指超经验的普遍知识；从广义上说，则包括理性主义和经验主义围绕知识性质及相关问题的论战。

中国哲学的形而上学，是摘引"形而上者谓之道，形而下者谓之器"中的"形而上"来翻译"metaphysics"的。本书认为，中国典籍中的"形而上"和"形而下"是描述人自身为了获得得道的境界而实行的生存状态转换。那么，最初由于误打误撞构成的"形而上学"这个名称，倒确实也表达了中国哲学的精髓：中国哲学的形而上学是与身心修养相关的、进入得道境界的生存活动，以及对这种活动的解释、引导和描述。从这一方面去认定中国哲学的形而上学，中国哲学形而上学的文本与表述普遍知识的西方形而上学的文本之间的差异就显露出来了。

不过，我们不是要比较文本，而是要比较与产生文本相关的人自身的活动方式。中国哲学形而上学直接就与人自身从事哲学的活动相关。然而，西方哲学形而上学的文本既然是普遍的知识，且普遍性和必然性又与具有客观性的观念相关，更让人觉得这种知识表达的乃是客观真理，与人的活动方式是没有关系的。换一种说法，形而上学的知识是超越于经验的知识。那么，超经验究竟是什么意思呢？形而上学文本作为一种知识，是怎样获得超经验的性质的呢？它是不是人自身的某种超越活动的结果呢？这就是本章要重点论说的。我认为，所谓形而上学的超越性，其实是人自身生存状态转换的结果，人自身生存状态的转换就是超越。

由于超越问题对于判定形而上学十分重要，因此早就有了关于超越问题的讨论。然而，过去的讨论都没有从人的生存状态方面去看待超越的根源。换句话说，人们的讨论还都停留在文本的层面，把超越只看作具有文本的形而上学的性质，而没有涉及使具有超越性质的文本可能的人自身生存状态的超越。所以，关于超越问题的讨论竟成了一场无结果的论辩。这里就从关于"超越"的一场论辩谈起。

第二节　关于"超越"的一场论辩

一　问题的提出

在中西哲学的交流比较中，人们逐渐认识到，哲学的灵魂在于形而上学，形而上学的特点是超越。显然是根据这一点，谈到中国哲学之为哲学的时候，人们自然就想到要揭示中国哲学的超越性质。然而，如果人们不明确提出中国哲学的超越是生存状态的超越，就会引起学者间的争论。确实，我们看到了这样一场论战，辩论双方分别是中国台湾学者牟宗三、李明辉和美国汉学家郝大维（David L. Hall）、安乐哲（Roger T. Ames）。分析这场论战双方各自的观点，能使我们感到建立有关生存状态的超越观念的迫切性。

大约从 20 世纪 60 年代以来，牟宗三先生首先提到了中国古代思想的超越的性质。[①] 牟宗三先生的这一观点不久就遭到了郝大维和安乐哲的反对。[②] 争论的核心问题是，中国有无"超越"的观念。

主张中国哲学中有超越意识的人，大多以中国哲学中关于"天"和"道"（或径称"天道"）的观念为根据。如牟宗三先生认为：

---

① 较早的如，牟宗三先生出版于 1963 年的《中国哲学的特质》。
② David Hall and Roger Ames, *Thinking from the Han: Self, Truth, and Transcendence in Chinese and Western Culture*, State University of New York Press, 1998；中译郝大维、安乐哲：《汉哲学思维的文化探源》，施忠连译，江苏人民出版社，1999 年。

天道高高在上，有超越的意义。天道贯注于人自身之时，又内在于人而为人的性，这时天道又是内在的（Immanent）。因此我们可以康德喜用的字眼，说天道一方面是超越的（Transcendent），另一方面又是内在的（Immanent 与 Transcendent 是相反字）。天道既超越又内在，此时可谓兼具宗教与道德的意味，宗教重超越义，道德重内在义。①

杜维明先生虽然没有直接加入争论，其实他也不反对这个观点。在一篇对话体文章中，对于和他对话的人提出的中国古代关于超越的意识体现在"天"和"天命"这些观念中的说法，杜维明先生并无异议。从肯定的方面说，他认为："儒家基本上是一种哲学的人类学，是一种人文主义，但是，这种人文主义既不排斥超越的层面'天'，也不排斥自然。"② 由于儒家比较注重实际的政治社会生活，这使得杜维明先生对于儒家思想的超越的程度略有保留。但是，认为儒家思想的超越同时又是内在的，在这一点上，杜先生的观点和牟先生并无二致："儒家一直希望能够在现实既有的社会政治结构中发挥转化的功能。从这个角度说，它可能比较现实，它超越的理想性、终极关切，和其他宗教相比可能比较薄弱。更确切地说，它不是超越而外在，而是超越而内在。"③

从以上的引文中，我们得知，主张中国哲学有超越意识的人摆出了"天""天道"和"天命"，认为这些东西具有超越的性质。他们似乎也明白，中国哲学中的超越观念与西方哲学中的超越观念应当有所区别。

---

① 牟宗三：《中国哲学的特质》，上海古籍出版社，1997 年，第 20 页。
② 杜维明：《超越而内在》，载杜维明：《儒家传统的现代转化》，中国广播电视出版社，1992 年，第 207 页。
③ 同上书，第 205 页。

但是，在他们看来，这个区别在于超越的方向是向内的还是向外的。所以他们都用"超越而内在"这个概念。这就把问题又搞复杂、搞糊涂了。

"超越"与"内在"作为一对相关的概念，是西方宗教哲学已经有所定义的。在神学中，上帝对我们这个世界而言是个超越的存在。上帝所在的"天国"与中国人所谓的"天"是不同的。中国人所谓的"天"基本上是一个自然的概念，用现代人可以理解的语言来说，是每个人抬头可见的紧裹着地球的大气层以及挂在天上的日月星辰。这个"天"不管多么遥远，总是我们这个世界的不可分割的组成部分。有时候，人们也表达出"天"是有意志的想法，如，有"天意""天怒"等之说。这不过就像说自然是有生命的一样。关键之处在于，中国人从来也没有形成一个与我们这个世界隔绝的"天"的观念，而那却正是西方神学中的"天国"的观念。基督教神学认为天国是上帝居住的地方，那是一个与我们的世界隔绝的地方。在这里，"超越"同时就是"隔绝"。上帝的这种超越的性质表达了上帝的高高在上，具有无上的尊荣。然而，人们也不免要问，超然于我们这个世界之外的上帝，又怎么能施恩泽于我们这个世界呢？于是，宗教神学又提出了"内在"的概念，说上帝既超越世间一切事物，世间一切事物又是内在于上帝的，试图以此来解决上述矛盾。所以，在西方，"内在"是对应于"超越"而言的，而"超越"无论是在哲学中还是在神学中，首先都是指与我们这个经验世界隔绝的状态。

二　"超越而内在"不宜述说中国哲学

由于"超越""内在"这些词都源于西方哲学，是西方哲学所惯用的，并形成了其特定的含义，中国哲学界对这些词的使用因此遭到了西方学者的批评。郝大维和安乐哲指出，

"超越"与"内在"的对应，其起源在于神学传统中。在与犹太基督教传统有关的神学和哲学的理解中，这一对概念多半是用来表示上帝既独立于世界，其神性又遍及世界的意思。[1]

他们强调，这里"超越"的意思是指脱离我们的世界而独立存在，其结果是二元论的。而中国的天道观从来也没有认为"天"或者"道"是脱离我们的世界而存在的。就是为牟宗三辩护的李明辉也承认，"中国传统的基本的思维模式以一体性为其基础；而西方文化的基本的思维模式以分离为其基础"[2]。这就被郝、安两位抓住了把柄。既然中国的思维模式是以"一体"为其特征的，在此一体内，又何谈超越呢？既然没有超越，又何谈与超越相应的内在呢？尽管李明辉力辩，牟宗三并不一定要遵照西方哲学中"超越"的含义，他可以有自己变通的运用，但是，李明辉先生似乎并没有说清牟宗三是怎样具体变通的。相反，他的一段话被郝、安做了摘录："但是谁能否认，儒家的'天'与'道'是独立和永恒的，因而按照郝大维和安乐哲的定义，能够被视为超越的理则。"[3] 根据这段话的说法，中国哲学倒是"两离"的了：一方面是"独立和永恒"的"天""道"，另一方面则是我们所在的世界。如果李明辉先生在此对于"独立和永恒"没有另外变通的用意，只能是这样理解了。这显然不符合中国人关于"道不离器""理在气中"的一贯说法，同李明辉先生本人关于"一体"的主张也是相悖的。这里反映出一种矛盾的情绪：粗粗一想，中国哲学之为中国哲学，怎么可以没有超越的性质

---

[1]　David Hall and Roger Ames, *Thinking from the Han: Self, Truth, and Transcendence in Chinese and Western Culture*, p. 191. 参见中译本，第 195 页。
[2]　李明辉：《当代儒学之自我转化》，台北国学出版社，1994 年，第 148 页；转引自郝大维、安乐哲：《汉哲学思维的文化探源》，第 232 页。
[3]　李明辉：《当代儒学之自我转化》，第 142 页；转引自郝大维、安乐哲：《汉哲学思维的文化探源》，第 234 页。

呢？没有超越就谈不上形而上学，没有形而上学，就没有哲学，或者，充其量也只有低层次的哲学。然而仔细一对照，却发现问题没有这么简单。西方哲学已经对超越做出了特定的规定，试图把中国哲学往西方哲学上靠，结果却是无所适从。

中国哲学中的"道"是"形而上"的，它固然有超越的性质。不过，这里的"形而上"主要是指人自己的超越，实行了超越的人才能达到与道相契的状态，才能体验道。道作为向超越的人显现出来的东西而具有超越的性质。既然如此，道并不是什么绝对脱离了人的经验的"独立和永恒"的东西。换一种说法，道不是纯粹的、逻辑规定性的概念。牟宗三、李明辉先生感到了道具有超越的性质，但是却没有看出道的超越就在人自身的超越中。由于他们未能把道的超越紧密联系着人的超越、超越归根结底是人自己的超越这一标志中国哲学的特征揭示出来，相反却被西方哲学中描述范畴性质的超越障住了眼睛，把"道""天"当作西方哲学中的范畴一样来对待，这就受到了郝大维先生、安乐哲先生的批评。显然，牟宗三等先生也意识到了"道""天"这样的概念与西方哲学的范畴是有区别的，所以提出了"超越而内在"的说法，却没想到又陷入了西方神学的套路。总之，中国哲学的超越首先是指人自己的超越，不把这一点说清，就不可能把中国哲学和西方哲学的两种形而上学的区别予以明白地揭示。

三　把超越问题的讨论进行到底

由于牟宗三等先生没有从生存状态的角度看中国哲学超越的性质，不能指出中国哲学和西方哲学的超越观念的根本区别，所以郝大维和安乐哲两位先生根据西方哲学有关超越的观念，就轻易地否定了中国哲学"道""天"等概念的超越性质，甚至觉得这是一个不值得讨论下去的问题。关于西方哲学的超越观念，他们是这样来表述的：

在《孔子哲学思微》^①中，我们是依照下列方式来刻画严格的超越的意义，在 A 与 B 的关系中，如果不求助于 A，B 的存在、意义和内涵便得不到充分的说明，而反之则不然，那么，A 就是超越的。

一个清晰的严格的超越观念，要求有一种关于外在联系的学说。而这一点的表达一向是比任何人的想象还要困难。一旦人们说出了认识论上的和"是论"上的（ontological）那些独立的东西时，也就繁衍出各种不清晰、不一致的东西来。我们怎能去刻画出一个处在我们之外的所是呢？这种意义上的独立肯定是要略过全部的对象和实际事物。康德的那个在认识论层面的现象之外而又与之相关的本质（noumenal）领域，是否就是物自体所居之处，或是否就是一个巨大的物自体？或者，甚至关于"事物"的语言是否适用于那个领域，这些，自然都是不可知的。

当然，可以把超越这个词简单地用做"越过""超出"的意思。那么，如果有某些可供效法的杰出的典范或合乎理想的东西，就被说成是超越的。在另一种情况里，"超越"的语言指的是抽象而艰深的东西，即，理智不可把握的东西。在更为正规的意义上，经院哲学曾用此词指一切不能归入亚里士多德范畴的东西。这与后来康德所谓"在经验之外"的意思就接近了。^②

后面还有一段话就是前面引过的，解释宗教生活中与内在性相对的超越性，这里不再重引。郝、安二先生为求解释全面，也提到了超越从字面上说具有"越过、超出"的意思。其实，在上面这些话中，只要指

---

① David Hall and Roger Ames, *Thinking Through Confucius*, State University of New York Press, 1987. 中译郝大维、安乐哲：《孔子哲学思微》，蒋弋为、李志林译，江苏人民出版社，1996 年。

② David Hall and Roger Ames, *Thinking from the Han: Self, Truth, and Transcendence in Chinese and Western Culture*, p. 190. 中译本，第 194—195 页。

出康德意义上的"在经验之外"的意思，就把作为西方形而上学特征的"超越"的意义点明了，东扯西扯的倒反而容易造成模糊。例如，他们试图以 A 和 B 的关系，把超越的观念做形式化的表述。这个表述是成问题的。如果他们所谓的 A 是指形而上学，那只是碰巧说对了。在西方传统哲学中，形而上学的是论是所谓"第一原理"，"第一原理"这个名称就点明了形而上学的是论是一切理论的最终根据。它能解释其他理论，而它自身则不能从其他理论那里得到解释。但是，并非凡是具有这种关系的 A 都具有超越的性质。例如，在任何一个三段论中，结论都包含在前提中，因而作为前提的 A 可以说明作为结论的 B，而 B 却不能解释A。然而，并非这样的 A 都具有超越的性质。比如，下雨是出门带伞的理由，但是带伞却不是下雨的理由。我们不能因为前者能解释后者而后者不能解释前者，就说前者具有超越的性质。真正说来，西方形而上学的超越性只是"超经验"的意思。从这个方面说，只要指出超越是传统形而上学是论的性质就可以了。然而，这一点在他们的叙述中却显得不突出。原因是他们把自己对形而上学是论的态度夹杂在一起，说这种具有超越性质的东西是"难以刻画""不可知"的，给人的印象是西方哲学中究竟是否真有具有超越性质的东西竟是值得怀疑的。西方哲学的历史上是否曾经开启过这片领域是一回事，他们对这片超越的领域是否存在的态度又是一回事。承认了西方传统哲学形而上学的超经验的性质，它与中国哲学的区别也就自然凸显出来了。

郝、安二先生的态度反映出现代西方对传统形而上学的批判态度，这导致他们认为，再去谈论超越问题是没有意义的，并宣称西方人现在舍弃超越观念了。他们说：

> 在西方出现了一种普遍的、具有重要意义的、显然是决定性的转折，舍弃了那种诉诸超越观念的文化自我认识；可恰恰在这个时

候，许多中国知识分子似乎都在急忙声称，这个观念对于他们的文化十分重要。①

一些西方汉学家正在努力改正盛行于西方的对中国传统的解释，以便使它从人们硬套上去的超越的语言中解脱出来。正当此时，许多中国哲学领域中最有才智之士却似乎不愿意放弃"超越"，把它当作中国思想独特性的恰当的范畴。②

郝、安二位先生还认为，由于西方人已经从"超越"中解脱出来，放弃了"超越"的观念，中西哲学之间在"超越"问题上的对话便失去了基础：

> 我们在前面已经指出，诉诸以神学、科学和社会理论中的超越观念为基础的概念结构，在西方学术界已经大大衰落了。人们曾以超越范畴作为中西之间对话的共同基础，现在因为超越观念在西方实际上已经瓦解，这个基础可能会消失。③

这好像是一个玩笑。正当我们准备就超越问题及其与哲学的关系做深入讨论的时候，西方人却要退出讨论了。如果超越的观念是如此紧密地联系着西方哲学的命脉，以至于中国哲学也必须在此辩明自己的身份，那么，现在已经不是中国有无哲学的问题了，而是关系到西方人是否正在放弃哲学了。

---

① David Hall and Roger Ames, *Thinking from the Han: Self, Truth, and Transcendence in Chinese and Western Culture*, p. 193. 中译本，第 198 页。
② Ibid., p. 222. 中译本，第 229 页。
③ Ibid., p. 229. 中译本，第 235 页。

　　"形而上学终结了""哲学终结了"，西方人已经叫了一百多年了。可是实际情况是，哲学乃至形而上学至今仍然存活着。甚至，在过去的一百年里，西方出版的哲学著作也许比以前所有时代出版的哲学著作加起来还要多。其中也不乏有实质性创造的哲学大家，他们的名字有望与柏拉图、亚里士多德、笛卡尔、康德、黑格尔相提并论。更值得注意的是，那些力图摧毁传统形而上学的人，例如海德格尔，他们本身的著作依然被视为形而上学的。那些积极标榜反形而上学的分析哲学流派，其阵营中的人物如蒯因①和斯特劳森②，甚至还公开声称要回到形而上学中去。显然，他们都不可能回到传统意义上的形而上学中去了。那么他们的学说在什么意义上仍然是形而上学呢？如果说，形而上学就在于对超越的追求，那么，他们是否也有不同于传统的超越方式呢？因此现在的问题是，辩明超越问题不只是中国哲学的需要，也是现代西方哲学的需要了。应当承认，中国哲学中没有那种不能以经验感知的先天原理，也没有那种脱离了经验的概念。说到底，中国哲学就是没有建立起对于经验的超越的观念。正是因为中国传统文化中没有西方那种超越的观念，也没有感受过建立那种超越观念的需要，中国学者至今对于是论的理解仍感困难。

　　如果说，衡量哲学的标准在于形而上学，形而上学的标准在于超越，而超越仅仅是指对经验的超越，那么，中国简直就没有哲学了。这里需要说明的是，郝大维、安乐哲两位汉学家并没有从中国不存在超越的观念，就直接得出中国没有哲学的结论。他们长期从事中国哲学和比较哲学的研究，卓有成就，他们对中国哲学应当说不仅有很深的理解，而且是抱有同情的。不过，同情归同情，学术归学术。超越的问题毕竟是与形而上学之为形而上学，因而是与哲学之为哲学相关的。不对

① 参见蒯因：《从逻辑的观点看》。
② 可参见应奇先生论述斯特劳森哲学的《概念图式与形而上学》，学林出版社，2000 年。

此做出充分的说明，中国哲学的身份总是值得怀疑的，也许最多不过是低品位的哲学。可能由于有这种原因的存在，即使是同情中国哲学的人也会对中国哲学采取比较谨慎的态度。例如，我们这里引用的郝大维和安乐哲先生的著作《汉哲学思维的文化探源》，其英文原名是 *Thinking from the Han: Self, Truth, and Transcendence in Chinese and Western Culture*；他们的另一部著作《孔子哲学思微》，其英文题目是 *Thinking Through Confucius*；他们还有一篇发表在谈世界各国哲学的文集 [1] 中的应当是关于中国哲学的论文，题目是 "Understanding Order: The Chinese Perspectives"。在这些地方，他们都没有用"哲学"这个词。

指出以上这种情况并不是出于某种狭隘的情绪，而是为了讨论哲学的本质。如果中国文化确实不符合哲学的特点和要求，我们就并没有争的必要，因为我们还可以学习哲学，就像向西方学习自然科学一样。然而，当世界各国都在通过对自己文化的反思提出不同于西方哲学的观念的时候，哲学观念本身是否也在发展呢？有一种情况尤其值得重视：在现代西方，一方面，早就有人宣称哲学终结了；另一方面，哲学不仅继续占据着课堂，而且，新的哲学著作层出不穷，即使是主张哲学终结了的人的著作也是哲学的，甚至连这个口号也是哲学的。这又是为什么呢？所以，我们十分重视超越问题，要把这个问题辩论清楚。

第三节　西方哲学普遍观念的超越性质

"超越"的观念是西方传统哲学中一个十分重要的观念，它揭示出一个超越于可感世界之外的领域。这一"超越"的观念造成了西方哲学二元论的特征，与中国哲学形成了鲜明的对照。

---

[1]　Robert C. Solomon and Kathleen M. Higgins eds., *From Africa to Zen*, Rowman & Littlefield Publishers, 1993.

"超越"作为动词，在英文中写作 transcend，名词作 transcendence，其形容词为 transcendent 或 transcendental。在认识论成为哲学关注的主题时，相对于经验而言，transcendent 和 transcendental 也译作"超验的"和"先验的"。

在不同的哲学家那里，"超越"有不同的意义，我以为如下几个环节是很重要的。

第一，柏拉图的理念世界具有超越的性质，它是后世各种有关超越的理论的源头。虽然在柏拉图的对话集中，"超越"还不是一个哲学概念[①]，但是他的理念是具有超越性质的，这肯定不会错。柏拉图为同类事物寻找定义，他觉得可感世界的具体事物是变动不居的，不能充当一类事物的定义，于是就提出有理念这样的东西存在。它们不存在于我们可感的世界中，因而是独立存在于理念世界中的。柏拉图的所谓定义，现在看来，就是表示一类事物的普遍概念。不过，在柏拉图那时候，恐怕还没有"普遍"这个词。[②]所以，柏拉图表达得很吃力。比如，他谈到具有普遍性质的美德时，需要说明这不是指具有某些特定身份的人（如老人、小孩、男人、女人）所应有的美德，也不是指公正、勇敢、节制等各种性质的美德，而是指美德本身。还需要用比喻的说法。例如，谈到关于形的理念时，他需要拐弯抹角地把它和三角形、圆形区别开来。[③]

---

① 法国哲学家于连读了本节的英文版后对我说，在柏拉图《理想国》第 6 章的结尾处，出现了"超越"这个词，他说其英文是 beyond。我查原文，大概是指这段话："这个世界划分成两个部分，在第一部分里面，灵魂把可见世界中的那些本身也有自己影象的实物作为影象；研究只能由假定出发，而且不是由假定上升到原理，而是由假定下降到结论；在第二部分里，灵魂相反，是从假定上升到高于假定的原理；不象在前一部分中那样使用影象，而只用理念，完全用理念来进行研究。"(510b)（郭斌和、张竹明译，商务印书馆，1986 年）其中的"高于"一词，in Edith Hamilton 和 Huntington Cairns 主编的 *Plato: The Collected Dialogue* 中即"transcends"；在 John Cooper 编的 *Plato: Complete Works* 中，作"proceeding from"。但是在这两种版本的柏拉图英文译著中，索引中均未见"transcend"这个词。

② 在上引柏拉图的两部著作的索引中，有"universal"一词；但按图索骥，正文中均未见。

③ 参见柏拉图：《美诺篇》，70a—76a。

这说明，虽然人们在日常语言中随处使用着具有普遍性的词，但是，在柏拉图之前，还没有人对词所具有的普遍性质进行过反思。换句话说，柏拉图是第一个唤醒人们对普遍性的自觉意识的人。我们现在已经习惯在思想中用概念来把握具有普遍性的东西。然而，当不可触摸的具有普遍性的东西第一次在语言中向人们显示出来的时候，人们认为在可感世界之外存在着另一个世界，这是很自然的。柏拉图的理念论中包含着西方哲学史上最初的超越观念。在这个基础上，哲学区分出一与多、实在与现实、真理与意见、不变与变，等等。在这些成对的概念中，前者是对后者的超越。

第二，反映在基督教神学中的超越观念。上帝及其所在的天国被认为是超越的，它与人间是隔绝的，芸芸众生不能凭自己的努力从现实的世界跨进天国。但是，既然天国和人间是阻断的，上帝如何把恩惠赐予人间呢？于是，基督教神学引进了上帝既超越又内在的观念，即上帝既居于高高在上的天国，又是存在于我们的尘世中的。内在观念的引进实是出于上帝突破天国与尘世的隔绝的需要。

第三，近代西方哲学最大的特点也许可以被概括为人的觉醒，反映在超越的观念上即，超越不再是柏拉图粗鲁地用来标志理念世界的性质，而是标志人的理性思想的对象。在这个意义上，超越是指事物的本质对于现象的超越，本质是不能被感知的，它是思想运用概念把握的对象。这又进一步牵连出（思想对象的）客观性对于（感觉对象的）主观性、普遍性对于特殊性、无限对于有限等一系列的超越关系。

第四，康德对于超越观念的运用。当人们将超越的观念看作本质、普遍性一类对象的性质的时候，康德把超越的观念转而用于表示人的理性思想的特征。有鉴于无法在感性的基础上说明普遍必然观念的出处，且人类又具有某些具有普遍必然性的知识，康德把这些知识的形成归结为人类自己整理经验材料的结果。也就是说，人类可以按照自己思想上已有的格式整理材料，这种格式就是他所谓的范畴。范畴是逻辑规定性的，因而具有普遍必然性。标志人的认识能力的这些范畴或理念不是从经验中概括得到的，而是人自身固有的理性能力。在此意义上，它们是"先天的"（a priori）。相对于经验而言，范畴或理念是"超验的"（transcendent），因为"它在感官中是不能有任何与之重合的对象的"，是"理性本身发出的"，是"超出一切经验界限的"。[①] 他的《纯粹理性批判》一书，就专门讨论人的纯粹理性能力，以及人应当怎样使用理性能力。这样的学问考察的是从知识中剥离出来的人的先天认识能力，因而称为"先验（transcendental）哲学"。他说："我称全部这些认知能力为先验的能力，因为它只是先天的可能性，不与对象相关而只与我们认知对象的方式相关。这类概念的体系，可以名为先验哲学。"[②]

　　除了第二种意义上的超越，其余三种意义上的超越都是相互关联的，甚至也可以见出它们之间的发展轨迹。它们的区别在于，虽然柏拉图的理念以现在人们的水平很容易理解（即思想把握的对象），但是，柏拉图本人并没有这样说。他说，理念是存在于另一个世界的，甚至说，关于理念的知识只有神才能把握。如果人居然也有一点儿这样的知识，那是因为人的灵魂在来到我们这个世界之前就与理念一起存在于理念世界了。人的灵魂能回忆出一点儿那种知识，学习就是回忆。理念是超越的，但不是思想的对象。第三种意义上的超越是本质一类的东西对于现象、经验世界的超越，但它们同时也是思想的对象。并且，只有思想才能把握它们。到了康德，各种表示超越意义的术语都是指人自己的理性能力，这种能力不是通过经验的概括或上升得到的，而是人天生固有的，因而对于经验而言是超越的。这里值得注意的是，超越一步一步

---

① 康德：《纯粹理性批判》，邓晓芒译，杨祖陶校，人民出版社，2004 年，第 278—279 页。

② Kant, *Critique of Pure Reason*, trans. Pual Guyer and Allen Wood, Cambridge University Press, 1998, p. 149. 参见蓝公武译本，商务印书馆，1982 年，第 42 页；邓晓芒译本，第 19 页。

从表示外物的性质到表示思想对象的性质，最后成为标志人自己的能力的性质。

为了深入理解西方哲学的"超越"观念，还要谈一下与"超越"的观念密切相关的几个问题。首先是二元论的问题。讲到二元论，人们一般就想到笛卡尔关于身心二分的二元论。这是狭义上的二元论，即身体是感性的，思想是理性的。感性和理性的割裂还导致更广范围的二元分离：本质与现象，精神与物质，必然性与偶然性，知识与意见，客体（客观）与主体（主观），理性与非理性，绝对主义（或普遍主义）与相对主义，唯心主义与唯物主义，等等。西方传统哲学的主流是站在每个二元对立中的前者的立场上。

在西方哲学中，"超越"的观念同普遍而又绝对的观念是密切相关的。罗素曾经根据数学集合论，说明普遍观念对具体事物的某种程度的脱离。照他的想法，例如，"人"作为一个集合的概念，包含着个体的张三、李四……但是，"人"这个概念本身所表示的不是这个集合中的任何一个具体的人。这就是说，"人"作为集合的概念不能同时作为这个集合中的一个因素。我们从经验概括中得到的普遍概念大体就是这样的概念，但是经验性的普遍概念还不是绝对普遍的概念。这是因为，当我们理解这样一个概念的时候，我们总是联系到自己经验过的那些时空中的具体事物，这样的普遍性是随着我们经验范围的扩大而扩大着的。我们日常使用的大体就是这种相对普遍的概念，这种概念相当于"名"。超越的概念是所谓绝对普遍的概念，绝对普遍的概念是超时空的，它被设想为囊括了一切可能经验到的事物，即囊括了一切时空中同类的经验事物的概念，结果这个概念本身必定是与任何经验事物相脱离的。这就是所谓绝对普遍的概念，它们才是真正超越的概念。关于相对普遍和绝对普遍即超越的区别，英文中有"general"和"universal"两个词。前者只能指相对普遍，它有一个动词形式"generalize"，意为"概括"，说明它总是指从经验概括中得到的普遍。后者才可以用来指绝对普遍。

超越的概念不限于最高的范畴 being。任何概念，只要人们对其做超时空的使用，就可能成为超越的概念。例如，在"先有竹还是先有笋"这个难题中，难就难在这里的竹和笋都不是指某特定的竹和笋，而是一切时空即超时空的竹和笋，因而它们已经被当作绝对超越即超时空的概念使用了。然而问题的形式却要求人们对它们在时间中的先后给出答案，思想因而陷入困境。经验的概念和超验的概念是两个不同领域的概念。在前者中，我们的思考离不开经验事实；后者则要求人们做纯概念的思考，所谓纯概念的思考，只能是逻辑的思考。例如，在上述竹和笋的关系中，所能设想的只是二者的互为因果关系。

除了上述竹笋关系难题那样偶然的机会，日常思维极少有机会涉及超越的概念。但是在西方哲学中，尤其是在作为主流的理性主义哲学中，它们却是必不可少的概念。黑格尔《逻辑学》中的理念世界就是用这种概念逻辑地构造出来的。正因如此，他要求人们在运用这类概念时摆脱表象性思维。[1] 由于这种哲学运用的是绝对普遍的概念，又有逻辑的必然性，它所表述的内容也被认为是第一原理、客观真理。读者可能已经明白，这里说的这种哲学实际上是指 ontology，黑格尔的《逻辑学》就是其典型。这样的哲学要求我们进入一个超验的领域。学习西方哲学的关键就在于了解、熟悉纯粹概念的思考，换句话说，在于了解并熟悉超越的思考。

上述超越的观念与西方哲学的形而上学是密切相关的。康德说，"形而上学知识这一概念本身说明它不能是经验的"[2]。他的意思是说，形而上

---

[1]　黑格尔说："至于哲学难懂的另一部分困难，是由于求知者没有耐心，亟欲将意识中的思想和概念用表象的方式表达出来。所以假如有一个意思，要叫人去用概念把握，他每每不知道如何用概念去思维。"（黑格尔：《小逻辑》，第41页）

[2]　康德：《未来形而上学导论》，第17页。

学是对于经验领域的超越，他是据"metaphysics"这个词的前缀"meta-"具有"超过"的意思而言的。他同时又说，形而上学是"理性的自然倾向"[①]。他所谓的理性，是指人运用纯粹概念进行推理的能力。如果把推理也看作人的超越活动的方式，那么康德几乎就涉及了作为一种生存状态的超越了。然而，康德无论是谈到超验的还是先验的，所指的都是超越于经验的对象的性质。对超经验对象的呈现伴随着相应的理性能力，本来可以成为通达人自身生存的超越性的一条途径。康德没有去思考这一步。

第四节　超越的生存状态意义

无论是在中文还是在西文中，从字面上看，超越都有"超出、越过"的意思。这一方面是指越过了自身原来的地位或状态，另一方面则指达到了与原来不同的地位或状态。从一种状态到另一种状态，二者间似乎应该有断裂。如果二者间没有断裂，而是连续的，我们就称之为持存或维系。人们一般只看到感觉对象和思想对象之间的断裂，于是说思想对象是对感觉对象的超越；其实，与感觉对象和思想对象分别相关的人自身的状态，即感觉状态和思想状态这二者之间也是不连续的。生存状态的不连续是对象的不连续的基础。过去人们多半只是用眼睛盯着对象，由于不知道这种具有超越性质的对象的由来，就有独断论和怀疑论之争。从生存状态方面研究超越，是把从事哲学活动的方式看作人自身的生存状态，西方哲学那种超越的对象是西方人以某种方式——尤其是柏拉图主义传统下的方式——从事哲学的结果。同样，当用眼睛盯着对象，并且根据作为西方哲学对象的超越的表面特征去衡量中国哲学的道时，就看不到中国哲学的道也有超越的性质；只有兼顾哲学对象和哲学

---

① 康德：《未来形而上学导论》，第 160 页。

活动的相关性，得道作为人的可能的生存状态才是对日常生存状态的转换，道的超越性质也才可以得到说明。在这个方向上，需要说明的问题有：哲学对象与生存状态的相关性，不同生存状态之间的非连续性，以及非连续的生存状态的统一性。

一　哲学对象与生存状态的相关性

在西方哲学中，这个问题是在意向和意向对象相关性理论的启发下而被提出来的。提出哲学对象和生存状态之间的相关性，可以冲破哲学仅仅关注哲学对象的局限，放眼察看人自身从事哲学活动的方式。

意向和意向对象相关性的理论本来是布伦塔诺用以区分心理现象和物理现象的。他把心理现象描述为：心理现象包含意向和意向所指的对象这两端。也就是说，意向和意向对象是任何心理现象中都不可分离的两端。例如，爱过去被看成是单纯的意识或心理。现在的分析表明，其中包含着爱的意向和爱的意向所指的对象两个方面，缺少其中任何一个方面，就不会有爱的意识或心理。同样，恨有恨的意向和恨的对象，希望也有希望的意向和希望的对象。布伦塔诺还指出，在这两端中，意向是积极主动的方面。

胡塞尔从布伦塔诺的理论中得到启发，突破了心理现象的局限，把它用作观察一切意识活动的方法，其主要目的是为了揭示出具有普遍性的观念或范畴的自明的证据。要理解这一点，需要联系胡塞尔的哲学问题的形成过程。我们知道，他最初是学数学的，曾经探讨过数的起源问题，认为数是人们反复计点事物后积淀下来的。他的这个看法受到了弗雷格的批评。因为从计点事物得到的数只是经验归纳的结果，从经验归纳中得出的数是没有普遍必然性的，而数学运算中的数则是有普遍必然性的。弗雷格指出的数的这个性质也是（理性主义）哲学用作推论的那些概念或范畴的性质，而这些概念或范畴的起源问题，在历史上向来是一个悬案。例如，休谟论述过，从经验的概括中得不到具有普遍必然性的观念；康德则认为这些范畴标志着人的先天认知能力，既曰"先天"，那么其起源就是不可知的。数和哲学范畴在普遍必然性上的相同性质，使胡塞尔从对数学的研究转向了对哲学的研究。哲学史上曾经争论不休的问题是，普遍观念是否表达了某种实在？如果是，就要拿出证据；如果不是，就只能把它们看作一种并不实际存在的东西的"名称"，或者干脆取消它们。胡塞尔转换了问题的提法：既然我们事实上也使用范畴，那么，范畴这样的东西就是一个呈现在意识中的"给予"，是一种意识的对象。现在要问的是，与这种意识对象相应的人的意识方式是怎样的？他的回答是，具有这种意识状态的人称为"先验主体"。他甚至还根据人的意识活动具有主动构成意识对象的特点，描述过普遍观念产生的过程，即，意向在概括相似经验对象的基础上，可以进一步扩大到一切可能的相似对象，就得出了绝对普遍的观念。① 这种理论改变了把主体和对象割裂开来考察的做法，它不是站在传统哲学中的二元对立的任何一方的立场上，而是在意识的层面为对立双方提供说明。

　　不过这种理论的不足之处是，它只是停留在意识的层面，而人的意识总是伴随着各种活动的。据我的理解，海德格尔前期哲学提出的生存状态分析理论，就突破了胡塞尔停留在意识层面的局限。从形式上看，海德格尔《存在与时间》一书讨论的是"是"的意义问题。但是，它与西方传统哲学有很大的区别。"是"在西方传统哲学的 ontology 中是最高、最普遍的范畴；在海德格尔那里却不是范畴，而是取其系词"to be"的用法，代表每个人自己生命展开的过程。生命只能存活在一定的环境中，所以海德格尔将其表达为一个具有"being-in-the-world"（是于世中）结构的 Dasein（there-being，本是）。在这个结构中，"being-in"

---

① Husserl, *Experience and Judgement*, §81–89, in Donn Welton ed., *The Essential Husserl: Basic Writings in Transcendental Phenomenology*, Indiana University Press, 1999, pp. 282–298.

表示介入世界的方式，"in-the-world"表示所介入的环境世界。每个人都以这种或那种方式介入世界，根据介入的方式，世界展现出相应的面貌，自我实现了本人之为"谁"。通过对"是于世中"的结构环节的分析来讨论"是"的意义问题，就是所谓生存状态分析。我认为，海德格尔所谓的生存状态结构就是胡塞尔的意识结构的扩大。在这里，意向的对象扩大为人的生存活动介入其中的世界，意向扩大为人有意识地介入世界的种种活动方式，即生存方式。

海德格尔的生存状态结构揭示了对象和生存方式的相关性。它表现为，世界向人展现出什么面貌与人介入世界的方式密切相关。正如意识在构成意识对象时具有主动性，在海德格尔那里，人介入世界的方式对于世内事物之是其所是也是决定性的。例如，同一样事物或事情，对于不同的人来说会显示出不同的意义，是人自己站在不同的立场、角度去观察事物、与事物打交道的结果。

照海德格尔的说法，包含着生存方式及其对象两端的生存状态也当被视为现象。根据我的理解，这种现象比胡塞尔所研究的意识现象还要原始、根本。生存现象中包含着意识现象，意识的现象只是生存现象的一种可能的方式。这一点可以从海德格尔区分"应手状态"（readiness-to-hand）和"显在状态"（present-at-hand）的论述中得到证明。所谓"应手状态"是指人投入各种活动时的当下状态，从海德格尔举使用锤子进行劳动的例子看，尤指人的生产活动。当人全身心投入工作的时候，人所关注的只是工作本身，甚至自己也融入了工作。这意味着他对自己身边的器具，包括自己所使用的工具，并没有在意识上给予特别的照应。当然，这并不是说，他对工具之类完全没有意识，否则他是不能工作的。而是说，他对工作中涉及的工具采取了"环顾"（circumspection）的方式。只是当工作的某个环节出了问题影响工作的进行时，人才不得不对作为工作的某个环节的工具或设施予以特别的照应。例如工作中的锤子损坏了，锤子就在意识中显凸出来，对工具的照应就从"环顾"变成了"看"（seeing）。在"看"中，手边的事物成了处于"显在状态"的事物。我们加以描述、追问、研究的事物都是处于"显在状态"的事物，而处于"显在状态"的事物的根据和基础则是"应手状态"的事物。① 同样，显示在意识中的对象被关注的时候，已经是在"显在状态"中了。由此可见，人的生存活动是人介入世界、与世界中的事物打交道的原始而基本的方式。

事实上，马克思早就揭示了人的生存活动与世界的相关性。他在《关于费尔巴哈的提纲》中批评了那种"对对象、现实、感性，只是从客体的或者直观的形式去理解，而不是把它们当作感性的人的活动，当作实践去理解"② 的态度。这表明，马克思主张，在理解对象的时候应当联系人自己的实践活动，即对象是人与之打交道的对象，而不是脱离了人的活动对之做静观的对象。我们知道，马克思尤其强调的是人的基本生产活动，即获取生活资料的劳动。马克思的理论启示我们，世界在其现实性上总是我们生活、实践于其中的世界。我们与世界打交道的方式决定着世界的面貌，世界之为"什么"是在我们与之打交道的过程中向我们显示出来的。这并不否认世界是已然存在的东西；只有承认世界的已然存在，才谈得上与之打交道。但是，我们只是通过与世界打交道，才知道世界对我们来说"是"什么。单纯的"存在"和单纯的"是什么"都不是对人类而言现实的东西，现实的东西必定既是存在的，同时又是一个"什么"。就世界已然存在而言，世界是不依赖于人而客观存在的；就世界必须同时是"什么"而言，它取决于人介入世界、与之打交道的方式，世界是在人与之打交道的过程中获得意义的。

从事哲学也是人与世界打交道的方式，是人自己的生存状态。认为

---

① 海德格尔：《存在与时间》，第 88—94 页。
② 《马克思恩格斯选集》第 1 卷，第 54 页。

哲学是世界观，就是人对作为总体的世界的一般看法。要获得这样的看法，人必须从他当下的活动中抽身出来，因为任何当下活动中的人的意识总是伴随着具体的活动，不可能把作为总体的世界收入眼底。而抽身则意味着人从与身边事物直接的关联中脱离，采取了"观看"的态度。所以人们常说，哲学家是超脱的。对于一个声称见出事物本质的哲学家来说，由于本质不是感觉把握的对象，而是思想的对象，他必定是陷入纯粹概念思维的状态中的。同样，在中国哲学中，"形而上"和"形而下"是人自己追求道的方式。"得道的境界"这个说法直接就指出了，与作为哲学对象的道相关联的是人自己的状态。

揭示出哲学对象和从事哲学活动的关联，为我们从人的生存状态方面解说哲学的超越性质提供了线索。哲学对象的超越，其根源在于人自身生存状态的转换。而这种转换之可能，又在于人的不同生存状态之间的非连续性。

二　不同生存状态之间的非连续性

人的生存状态是多种多样的，它们相互之间是不连续的。例如，做数学题时人的状态与听音乐时人的状态是明显不同的。前者是所谓思想活动，是理性的；后者主要是运用听觉，是感性的。休谟和康德各自的学说都证明了感性和理性的不连续。休谟论说了，从感官得到的知觉不能达到普遍必然的观念，他的论述是围绕因果性观念展开的。之所以要讨论因果观念，是因为人们正是凭借着因果必然性的观念对超出记忆和感官的对象做推论，并且把这种推论的结果当作必然的。那么，休谟问，我们从哪里获得这种具有必然性的因果观念呢？他检查了我们的经验中有原因和结果关系的事件后发现，我们从这些事件中获得的印象只是时间上相继发生的事件，或者一件事情伴随着另一件事情，从中并不能得到有普遍必然性的因果观念。由于休谟坚守感官是一切知识之来源的立场，在这个基础上无法说明普遍必然的因果观念的来源，所以他对根据这种因果必然的观念推论得到的知识表示怀疑。康德却证明，人确实具有包括普遍必然的因果观念在内的一系列理性观念。他不是步休谟的老路，从感官知觉中去发现理性观念，而是根据人具有普遍必然的数学知识、自然科学知识，进一步提问：数学和自然科学知识是如何可能的？既然从经验中不能有普遍必然的观念的来源，唯一可能的是，人天生就有普遍必然的观念，它们是人的理性能力的标志。休谟从感官知觉中不能得到普遍必然的观念，康德从自然科学知识的普遍必然性推断出人先天具有理性观念。这正好说明，这两种能力都是人具有的能力，但是二者之间是不连续的。这就是感性和理性之间的不连续，它们之间是断裂的。

其实，不仅理性和感性之间不连续，就是在不同的感官之间也存在断裂的现象。视、听、嗅、味、触相互之间都不连续，眼睛看不见声音、气味、软硬，耳朵听不出色彩、味道和冷暖。聋人缺少声音的世界，盲人没有色彩的世界。再以听觉而言，人的听觉只能感知一定范围的声波，对于有些动物能感知的超声波，人是不能感知的。人类用仪器测出，声音波长的变化是连续的，人类因其听觉的局限才把它切断为听得见的声音和听不见的超声波。同样，视觉所见也是在一定波长范围内的电磁波，超出这个范围，人的视觉就感受不到了。自然界是否不存在飞跃而只是连续的？我不知道。起码声波和光波本身是不断裂的，把它们分为可听不可听、可视不可视的是人自己。

各不同感官之间都存在不连续的现象，何况分属不同官能的感觉和思想呢！同样，对于"思想"这个词，人们的使用是不一样的。宽泛地说，除了直接从感官得到的感觉，凡是意有所动、心有所指、理有所察，人们都不加区分地称之为思想，甚至把情绪也与思想混在一起。例如，当某人闹"情绪"时，人们也说他有"思想问题"。作为意识活动的"思想"可以细分出许多不同的种类和层次：回忆、想象、推理，等等。我们现在特别要关注的是运用概念的思想。因为超越的世界是概念把握的具有普遍性的东西。然而，即使做了这样的限定，思想又可根据概念普遍性的程度做进一步分析。一种普遍性是从经验中概括得到的，其普遍性受到经验的限制，因而是相对的普遍性。另一种普遍性就是绝对的普遍性，它不是从经验中概括得到的。因而，同为"思想"，二者之间也不是连续的。

与感觉和思想之间的明显不连续相比，以相对普遍的东西为对象的思想和以绝对普遍的东西为对象的思想之间的不连续不容易被察觉。尤其是在这里，人们使用着"思想"甚至"普遍"这样相同的词。二者之间的不连续表现为，从经验概括中不能得到绝对普遍的概念。相对普遍被认为只在有限、确定的经验范围内有效；绝对普遍之为绝对普遍则被认为对于一切经验都有效，包括已有的经验和可能的经验，由于这种普遍性本身不局限于任何特定的经验，而只能置身于时空之外。这样的概念并不指示可经验的对象，因而不能从对象方面获得自己的意义。于是，所谓理论思维的概念"红"不红，"存在"的概念也不存在。它们的意义在于相互之间的逻辑规定性。这样的思想是所谓"纯粹思想"，西方哲学的 ontology 正是从这种思想中演绎出来的原理体系。这样的"思想"与日常的思想显然不同，也不是能够从日常思想轻易过渡过去的。就好比有人主张"一尺之棰，日取其半，万世不竭"，却始终没有从"有"跨出一步进入"无"，得出这个过程趋向于零这个绝对值的结论；又好比有人能够认识直角三角形的一种特殊关系勾三股四弦五，却不能获得 $a^2 + b^2 = c^2$ 的普遍关系。在这两个例子的后一种情形中，在意识中是没有形象出现的，有的只是在纯粹思想中建立的关系，即纯粹的思想。

上面的分析表明，不仅感觉能力和思想能力之间存在着断裂，就是在诸感觉能力之间以及诸思想能力之间也存在着断裂，这往往在一种能力缺失时显示出来。例如，听觉终究不能代替视觉；不经过训练，日常伴随表象的思想也不会自动变成纯粹概念的思想。生存状态的不连续性有多种表现，一直延伸到日常生活中。例如，人们在不同地域、不同历史条件下形成不同习俗、信仰和价值观念，有的甚至还是尖锐对立的，以致造成人与人之间的冲突。

不同的生存状态关联着不同的对象，不同生存状态之间是不连续的。或者说，坚守在一种生存状态中就不可能产生或过渡到与另一种生存状态相关的对象。于是，这种对象对于这种生存状态来说，就是超越的。这就是西方哲学，特别是形而上学的超越性质的秘密所在。这就是说，如果我们坚持认为一切知识只是以感觉经验为基础，那么，就不能从经验的概括中得到绝对普遍的概念。如果有这样的概念以及由这种概念构成的知识，我们就会认为它是超越的。普遍的概念只显示在思想中，是思想把握的对象，但是把握普遍概念需要人们转换自己的生存状态，即，从感性地与世界打交道的状态转换到以概念思维的方式看待世界。展现给前者的是日常世界，展现给后者的则是一个本质的世界。如果有人像休谟那样，坚守感性的领域而不越雷池一步，他就会怀疑那种普遍必然的知识的存在，而主张我们所有的知识都只能从经验概括中得到，因而只能是或然性的知识。对于承认有关于世界本质的普遍必然知识的人来说，他们也承认在感性知识和理性知识之间存在着性质的区别，从前者向后者的过渡需要经过"飞跃"。教科书上的这种讲法也是"超越"的意思。

从道理上说，既然理性与感性之间存在着断裂，它们的对象应当是互为超越性的。但是，人们一般不说感性对象是对理性对象的超越，而只说理性对象是对感性对象的超越，或者，形而上学才具有超越的性质。这是因为，感性的生存方式更接近我们日常的生存方式，是基础性的领域。

三 非连续中的连续：我

各种生存状态之间有非连续的一面，但是它们之间又有连续的一面：无论一种生存状态怎样得到了实现，它们都是"我"的生存状态，"我"是连续的。说白了，"我"是一条命，生命的持续性就是它在时间中的连续性。换句话说，生命是在时间中的，没有生命也就没有了时间。日常生活中有把时间和生命看作一回事的说法。例如，"来日方长"，是指在某人的一生中还有机会；又如，知道生命快到尽头了，就说"时间不多了"。因为生命是时间性的，所以才要"只争朝夕"。时间是连续的，简直无法在将来和过去之间做切割。居有现在者总是绵绵不断地把将来消耗成过去；才说现在，已成过去。生命在它彻底终结之前总是连绵不绝的。意识可能中断，而生命一旦发动就没有中断，除非终结。

对于连续的生命的意识就是"我"。"我"可以以这样或那样的方式去生存，但是，无论这些生存方式怎样不同，甚至导致所谓人格分裂，也无论自己觉得如何今是昨非，决心脱胎换骨重新做人，这些都依附着"我"，是"我"的表现。这样的"我"不是以概括的方式得到的"异中之同""多中之一"，或"变中的不变"，也不是对于各种生存方式进行综合的力量或作用。而是说，"我"就是能生发各种不同生存方式的原始起点。作为生命起点的"我"在人类意识反思到的自我之前，意识也是从"我"这里觉醒的。这样的"我"在物质和意识、主体和客体的区分之前。物质和意识、主体和客体的区分，倒是要从"我"所展开的生存方式方面才能得到说明。当这样的"我"还没有分化出来的时候，意识是不能对它有所反映的，要勉强述说它，就只能借用"无"这个词。中国古代哲学中提到的具有"无"的特征的太极、无极，作为佛学十二因缘起始的"无明"和唯识论的"藏识"，以及现代西方哲学家海德格尔所谓的 Dasein（本是，此在），都是人类对于原始之"我"的哲学探索。现代生命科学揭示出，基因是生命最原始的起源单位，基因中蕴藏着生命展开的密码，意识也将从中开放出来，进而照亮各种"所是"。但是，停留在基因阶段的"我"还无从被揭示。生命科学揭示出来的事实与哲学的探讨并不相悖，只是生命科学是从外部对"我"的研究，哲学则试图在对自身生命的体察中追寻生命现象的原始起源；生命科学以基因为生命的源头，哲学视"有"出于"无"。哲学上所说的"我"所从出的"无"不是指绝对无物，而是混沌无明的状态。

将生存状态的根源追溯到"我"，使人窥探到了"无"的深渊，也使人看到了作为生命的"我"绵延在时间中的特征，这为阐述超越现象提供了依据。如果我们承认，实现在现实生活中的这种或那种生存方式无非是人类生命的要求和能力的展开，那么这一方面可以说明人类生命的要求和能力的多样性；另一方面也说明，不连续的生存方式及状态仍能结合为一，就在于作为生命本身的"我"是连续绵延的，"我"是实行超越的"操盘手"。从一种生存状态转换到另一种生存状态，这就是生存状态意义上的超越。

人类的生命过程一旦启动，就一定是超越着的。然而，对于生命是否启动，何时、何地启动，生命本身是不能决定的。但是，这个问题是抹不掉的。于是就有各种关于创世、人类起源的民间传说、神话故事和宗教教义，有哲学和科学的讨论。古代中国哲学关于这个问题的回答是：天地万物都是从太极中生出来的。张岱年先生说，"太极"观念始见于《周易·系辞上》："易有太极，是生两仪，两仪生四象，四象生八卦。"又说："按汉儒著作中，多次谈到太极。《周易乾凿度》(《易纬乾凿度》)云：'易始于太极，太极分而为二，故生天地。'郑康成注：'易始于太极，气象未分之时，天地之所始也。'《河图括地象》云：'易有太极，是生两仪，两仪未分，其气混沌。'"[1] 从混沌中分出天、地、人三才，这是中国古代人普遍持有的观念。中国古时候的人是这样想的，并

---

① 张岱年：《中国古典哲学概念范畴要论》，第 47 页。

且以这个想法为依据，认为人应当遵循这个宇宙万物生发的过程，这就是要谋求得道。至于包括人类在内的天地万物是否是从混沌中走出来的，古时候的人没有想过要去证实。事实上，这一点即使得到了自然科学宇宙大爆炸理论的支持，要想以体验的方式去证明是绝对不可能的。这个"假设"的目的在于引出关于"道"的学说，在关于"道"的学说指引下的中华民族生存的历史经验，是对这个假设的间接的证实。在这同一个问题上，我们注意到了海德格尔的说法。他认为，人是"被抛"入"是"的天命中的。他避免对人出场之前的混沌做假设，原因显然在于对传统哲学认识论的顾忌——不论是理性主义还是经验主义的认识论都要求对确立起来的命题做出证明。"被抛"的说法是就生命展现出来的事实说话，对生命展开之前的情况则存而不论。同样，"被抛"只是论说问题的出发点。重要的是，人要去"发现适应于'是'的天命的他的本质中的熟练的东西"，即，要"看护天命"。① 他的这个说法与中国传统哲学对道的追求是一致的。中国传统哲学和海德格尔哲学都肯定了，一切问题都是人来到了世界后才出现的。

　　一切都是因为人来到了世界才出现的。生存，才有了利益和吉凶；生存，才有了目的和立场；生存，才有了思想和观点；也是因为生存，才有了斗争和妥协。当下的生存从"我"开始，生命现象是"我"和环境的协调一致。

　　超越在最基本的意义上就是指人类生命的萌发、成长、壮大、衰老，超越的终结是死亡。人一来到世界就注定是超越的。超越是人类生命的特征。生命在超越中实现，超越是生命的展开，生命在不断的伸展中实现着自身的意义，展开人生的命运。

　　超越尤其是指生存状态的转换。生存状态之间是存在差异的，甚至可以是不连续的。不同生存状态的转换之可能，在于它们都是"我"的

---

① Heidegger, *Basic Writings*, p. 234. 参见海德格尔：《海德格尔选集》上卷，第 374 页。

生存状态，哲学形而上学产生的根源可以从这种生存状态的转换方面得到说明。

第五节　客观真理的主观态度

在西方哲学中，"超越"这个观念一向是用来描述形而上学理论的性质的，也就是说，"超越"是一个标志对象的超越性质的用语。我现在把它用来标志人自身生存状态的转换，并且认为，后一种意义上的超越是前一种意义上的超越的根源。那么这种观点能不能用来解释西方哲学史呢？我们知道，所谓超越的形而上学的理论在理性主义哲学中一向是被当作普遍的原理来追求的，它曾经被当作世界的客观真理、事物的普遍本质。客观真理、普遍本质意味着，其与人对它们采取的看法或态度无关。退一步说，直到现在，还是有一种意见认为，理论在形式上是主观的，但它反映的内容是客观的。果真如此的话，认为形而上学的超越在于人自身生存状态的超越的观点就是不能成立的。

在本节中，我将试图揭示，所谓客观真理也是联系着人的一种态度、一种观察世界的方式，而这种态度、观察世界的方式正是人自己的生存状态。或者说得更直白些，客观真理只显示在人的一种特定的观察世界的方式中。人能够以一种观察世界的态度对待世界，也可以不以这种态度对待世界，不同的对待世界的方式都是人自己的生存方式，它们都是展示人生意义的途径。哲学史上那些看来客观的理论，也总是多少透露出主张那种理论的人的主观态度。这里我选取柏拉图、康德、海德格尔为代表做一讨论。之所以选择他们三个人，是因为柏拉图是西方形而上学的开创者；康德则清楚地揭露了，所谓知识的客观性是人运用自己先天具有的理性能力的结果；而海德格尔更是明确表达了，形而上学就是人自己的生存状态。

一　柏拉图理念的思想性质

对于柏拉图的哲学，人们的关注点几乎全在理念方面：理念是多中之一，是单一性的，是变中的不变者，代表着事物的真正所是；关于理念的知识才是真知识，它们是不可感觉的，存在于与我们这个世界隔绝的理念世界中。柏拉图的理念论首次开辟了一个超越的领域，西方哲学后来的形而上学的超越性都是在这个基础上发展起来的。然而，我想指出，当人们注意到理念的超越性质的时候，也应当知道，理念这种具有超越性质的对象的产生是人自己实行了生存状态转换的结果，具体来说，就是从日常思考问题的状态转换到了概念性思考的状态。

现在我们知道，能够代表真知识的理念实质上就是共相，是绝对普遍的概念，它是思想把握的对象。我们能这样说，是因为我们多少已经习惯了进行概念性的思想。但是在柏拉图的时代，人们还未曾有过进行纯粹概念思想的体验。甚至，在柏拉图那里，恐怕还没有"普遍"（universal）这个词，"思想"（noein）这个词的意思与我们今天理解的也不一样。相关语词的缺乏反映出一个事实：不仅理念是一种新鲜事物，对理念的把握也需要一种新的自身状态（即思想方式）。由于人们还从来没有过这种思想方式，所以，开始提出理念的时候，柏拉图从未说过它是思想把握的对象。他说的是，人只能有我们这个可感世界的知识，理念世界的知识是神才能有的。[①] 由于人们还未能进入把握概念的生存状态，柏拉图也从未把理念称为概念。

---

① 柏拉图说："如果那种最完善的统治和那种最完善的知识是在神那里，那么，神对那里的统治就绝不能统治我们，那种知识也不能认识我们和我们这里的任何东西了。同样的情形，我们也不能以我们的统治去统治那里的东西，不能以我们的知识去认识神那里的任何东西；根据同样的理由，神虽说是神，却不是我们的主子，也不认识任何人的事情。"（《巴门尼德篇》，134d-e。中译参见王太庆译《柏拉图对话集》，商务印书馆，2004年，第477页；王晓朝译《柏拉图全集》第2卷，第767页）柏拉图的这段话透露出早期理念论的一个困难，即，理念世界和可感世界的划分导致两个世界的知识的割裂，人不能获知关于理念世界的知识。尽管柏拉图试图克服这个困难，然而，依照柏拉图前期的理念论，这个困难的存在是事实。

把握普遍概念对于柏拉图时代的人来说，是一件新鲜事，是思想的革命，这可以从柏拉图的对话，尤其是其早期对话中体现出来。且举柏拉图的《美诺篇》为例。在这篇对话中，苏格拉底与人讨论美德的定义。讨论开始的时候，人们所能想到的只是各种不同身份的人的美德，如男人的美德、女人的美德、老人的美德、小孩的美德、主人的美德、奴隶的美德。苏格拉底说，这不是问题的答案。因为，这就好比问什么是蜜蜂，结果却回答有许多不同种类的蜜蜂，但我们所要问的不是他们的区别，而是使蜜蜂成为蜜蜂的相同点。同样，对于"什么是美德"这个问题，我们所要问的是使美德成为美德的共同的性质，就像健康无论对于男人和女人都是健康一样。看来人们还是不能明白苏格拉底的意图，他们接着的回答是举出各种美德：节制、正义、勇敢、智慧、尊严、虔诚，等等。为了使人们明白他的问题，苏格拉底说，有各种各样的颜色，但是现在问的是颜色；又好像圆的、直的都是形状，现在要问的是形状。同样，在有关美德的问题中，要问的是作为整体的美德。[①]现在可以简单地说，苏格拉底所要问的就是具有普遍性的美德，这就是柏拉图所谓的理念。然而，为什么今天看来很简单的问题，在当时却表达得如此艰难呢？答案只有一个，即，那时的人们对于"普遍"这个概念本身并不知晓。思想中的概念具有普遍性和对普遍性本身的思想是有区别的。在前者中，思考的是事情；在后者中，思考的是思想。

具有普遍性的东西绝不是人们可以感知的东西，它只是出现在思想中的一个概念。人们不知晓有理念这样的东西存在，意味着没有这种相应的思想方式。柏拉图先想到了，所以他传达给大众，并且说，理念不在我们可感的世界中，它们存在于另一个世界，即理念的世界中。有关理念的知识也不是人所能具有的知识，而是神才能具有的知识。不过柏

---

① 柏拉图：《美诺篇》，71a—79d。参见柏拉图：《柏拉图全集》第 1 卷，第 492—504 页。

拉图毕竟传达了有关理念的知识。他是人，于是，他编造了另一种说法：灵魂在进入我们的肉身前居住在理念世界，所以，灵魂有时候能回忆起有关理念的知识。《美诺篇》设计了一个故事，让一个没有读过书的童仆在苏格拉底一步一步的启发下，画出了一个两倍于已知正方形面积的正方形。他的结论是：学习就是回忆。①

现在，当我们学会并且习惯了把握普遍性概念以后，对于柏拉图最初提出理念时所做的那些证明倒反而糊涂了。因为我们忘记了自己曾经不懂得这种思想方式，好像这一切是很容易把握的。只是当人类学调查表明，有些与世隔绝的原始居民至今还不会计数，才提醒我们，普遍概念的思想并不是天生的。现在，我们通过接受教育已经熟悉了纯粹概念的思想方式，尽管熟悉的程度不一样。在这种情况下，人们一般不去问，这种思想的状态或思想的方式是人类必定会有的还是不一定要有的呢？是人类一贯就有的还是某些人在一定历史时期创造的呢？对照中国哲学，我们不得不说，中国哲学并没有形成追求普遍性的自觉意识，中国传统哲学也没有像西方哲学那样向普遍的知识或第一原理的方向去发展。普遍概念以及把握普遍概念的思想方法是在柏拉图的理念论中首次出现的。

有证据表明，在古希腊被翻译成"思想"的这个词"noein"，在柏拉图之前并没有"概念、思想"的意思。据希腊哲学史家格思里说：

> 译成"思想"（noein）的这个动词，在巴门尼德以及他之前的时代，并不是对于某种不存在的东西的想象，它起初是指一种直接的认知活动。在荷马那里，它可能就是指与"有所见"差不多的意思，总之，是与视觉直接有关的。如《伊里亚特》15：422："其

---

① 柏拉图：《美诺篇》，81d。参见柏拉图：《柏拉图全集》第 1 卷，第 507 页。

时赫克托耳亲眼看见（enoesen orthalmoisin）他的堂兄沉没在尘埃中。"说得更确切些，当通过一个所看见的具体对象中的一种性质而突然明白了其中的全部意义时，就用到了这个词。阿佛洛狄忒装扮成老妪出现在海伦面前时，只是当海伦识破伪装、明白了自己面对的是女神时，才用到"noein"这个动词（《伊里亚特》3：396）。这样，它可以指以一种真实的印象取代虚假的印象，这并没有被认为是推理的过程，而是突然明白，心有所见。[1]

格思里用这条证据澄清，历史上的巴门尼德所谓的"思想与是'是'同一的"这句话中的"思想"一词还根本不是概念性思想的意思。他的结论是对的。因为在柏拉图以前，还从来没有人演示过理念间结合的理论。一种意识活动的方式只有通过意识活动的内容才能得到揭示。这种思想方式后来才逐渐被明确为纯粹概念的思考，并且被认为是理性的精髓，理性还进一步被看作人的普遍本质。事实上，在柏拉图之前，人类并不知道这种思想方式，以至于柏拉图不得不求助于不灭的灵魂。灵魂被认为是出入于人间和理念世界的。[2]

与上述情况有关的是，应当用思想把握的柏拉图的理念，屁股上还打着感觉的印记。这是指，译作"理念"的希腊文"idea"或"eidos"，与"看"是有关的。陈康先生说：

eidos、idea 的原义是什么？这两字同出于动词 idein。eidos 是中性的形式，idea 是阴性的形式。idein 的意义是"看"。由它所产生出的名词即指所看的。所看的是形状，因而与 morphe（形状。——

---

[1]　W. K. C. Guthrie, *A History of Greek Philosophy*, Vol. 2, Cambridge University Press, 1965, pp. 17–18.

[2]　参见柏拉图：《斐多篇》。

引者注）同义。①

　　顺便指出，与柏拉图开创的理念论密切相关的"理论"（theory），它的同词根的动词"theor-"也是"看"的意思。当然，作为具有普遍性的东西，肉眼是看不见理念的。西方人所谓以心灵的眼睛看，一方面指出了理念是在意识中被掌握的；另一方面，也透露出当时的人们还不熟悉和掌握这样的思想方式。

　　另外，"分有"（participate/share）也是柏拉图哲学的一个重要观念。可感世界的事物被认为是因为分有了理念才是其所是的。现在我们知道，这其实是普遍和特殊的逻辑统领关系，这种关系只能建立在概念思想中，或者说，这种关系的建立是进入纯粹思想活动的要求。然而，也正是因为初创时期的纯粹概念逻辑思想不成熟，才出现了柏拉图早期理念论的那种"分有"说。柏拉图之被讥为"粗鲁的唯心主义"，就是指他的这种理念论。

　　以上的论述想说明，理念，以及后来从中发展出来的（严格意义上的）普遍概念，并不是从天上掉下来的，而是与人类自己发展出来的一种思想方式相伴随的。换句话说，正如中国哲学中的道只是对于道的追求者，并且有过得道体验的人才真实存在一样，普遍概念及其运作只是对于具备概念思考能力的人来说才是存在的。这样的思想活动被称为纯粹概念的思想。而纯粹概念地思想是人自己的一种可能的生存状态。

　　笛卡尔的"我思"是纯粹概念的思想方式的真正成熟。"我思，故我在"这个广为传播的命题就是引领人们进入普遍性领域的门槛。在这一点上，人们可能会被笛卡尔自己说过的话搞糊涂。他说，"什么是一个在思维的东西呢？那就是说，一个在怀疑、在领会、在肯定、在否定、

---

① 柏拉图：《巴曼尼德斯篇》，第41页。

在愿意、在不愿意，也在想象、在感觉的东西"①。尤其是，他在这里提到思维也是愿意、不愿意、想象、感觉，这显然同运用概念的思维不一样。既然如此，能否说"我看，故我在""我散步，故我在"，或如有人说的"我说，故我在"呢？对此，黑格尔看得很准，他引述笛卡尔的话做了如下的说明：

> 他（指笛卡尔。——引者注）说："我把思维了解为出现在我们意识中的一切，了解为我们所意识到的东西；因此，意志、想象（表象）、感觉也都是思维"，这一切都包括在思维中。"因为当我说'我看'，或者'我散步'，'所以我存在'，并且把用身体来完成的看和走了解为思维的时候，结论就不是绝对确定的"（因为我所说的是具体的我），"因为我在梦中就常常可以自以为在看、在走，虽然我并没有睁开眼，并没有移动位置，说不定我即便没有身体，也仍然可以这样想。可是，当我把思维了解为对于看或走的"（主观）"感觉或意识本身时，因为它"（感觉和意识）"那时与心灵（mentem）相联，只有心灵才能感觉到或思维到自己在看或走，这个结论也就完全确定了"。②

看、走或说都是有意识的活动，但它们都是带有某种内容的"变相"，是一种具体意识，而笛卡尔所说的思维则是纯粹意识。黑格尔说，"因此我们应当仅仅着眼于包含在这个具体的'我'中的纯粹意识。只有当我强调指出我在其中思维的时候，其中才包含着纯粹的存在；存在仅仅与普遍的东西相结合"③。同时，当"我"把自己等同于（没有内容

① 笛卡尔:《第一哲学沉思集》，第 27 页。
② 黑格尔:《哲学史讲演录》第 4 卷，第 72 页。
③ 同上书，第 73 页。

的）纯粹意识时，"我"也不再是具体的我，而是"普遍者"了。从具体的看、走、说、想象、愿望的我到作为纯粹意识的思维的我，这二者之间存在着一种明显的生存状态的转换。进入这种状态的就是所谓理性主义者。如果说柏拉图首先提出了存在着超越的对象，那么笛卡尔的重要性在于揭示出，这种超越的对象只对超越了日常状态的人显示。不过，由于从一开始，实现这种转变的目的就是为了见出普遍的东西，所以，自身生存状态方面的超越在笛卡尔这里同样是被忽略掉的。在这里，生存状态的超越只是通过相反的方式被表达出来，表达为身体和思想之间的一条不可逾越的鸿沟，即所谓身心二元论。

身、心处于二元鸿沟的两端。二元之为二元，有互不沟通的意思，但人却是一个，这里本应当见出人是二者沟通之处。但是，在感觉所面对的现象世界和思想把握的本质世界仍然分裂为二的情况下，达到这个结论还太早。在接下来的发展中，西方哲学对于感觉和思想的对象做了分别的探究。当本质世界和现象世界都被归结为人与世界的相处关系时，才见出人自身生存状态的切换对于不同世界的呈现的积极意义。而生存状态的切换，就是人自身生存状态的超越。

二　康德的先验哲学

在康德那里，超越的对象的根子在人自己，这一点可谓显而易见。尽管康德本人没有明确地这样说，但是他的先验哲学实际上是在引导人们做这样的超越。康德明确地表示，作为现象后面的本质的那种超越于经验的对象是不是存在，是人根本不知道的，人所知的只是显示在我们经验中的现象。不过，我们也具有所谓客观的知识，即数学知识和自然科学知识。这又是怎么回事呢？这正是他《纯粹理性批判》一书起始的问题。这个问题的难点在于，经验提供给我们的是偶然的东西，不过数学知识和自然科学知识却是具有普遍必然性的，因而是客观的。如何解释这种现象？康德以为，结论只能是，我们人自己有一种先天的具有普遍必然性的认知能力，是这种能力把杂多的经验材料整理成了具有普遍必然性的知识。康德《纯粹理性批判》一书的目的，就是要把这种理性能力表述出来。

康德的整个论述本身就是引导读者进行超越的过程。他以数学知识和自然科学知识为事实，要求人们跟他一起分析出包含在其中的经验材料和先天认知形式两部分。当读者随着他一起思考的时候，注意力就不是放在数学和自然科学本身的内容方面，而是转移到了使这类知识可能的条件，即人认知或思考数学和自然科学时的思想格式方面。这种思想格式，即康德所谓人的先天认知形式，是超越于经验的，因而被称为"超验的"（transcendent）。康德的《纯粹理性批判》一书正是关于这个超验领域的研究，因而他称自己的哲学为"先验哲学"（transcendental philosophy）。他说：

> 我把一切与其说是关注于对象，不如说是一般地关注于我们有关对象的、就其应当为先天可能的而言的认识方式的知识，称之为先验的。这样一些概念的一个体系就将叫做先验哲学。[①]

"先验"和"超验"这两个词都是形容词，都有"超越"的意思。所不同的是，后者描述的是数学和自然科学中不属于经验，而是人自己先天具有的那种能力，后者不能在经验中被发现，也不能从经验的概括中得到，是超越于经验的，所以称为"超验的"；这些超验的能力正是康德所要研究的，以超验的能力为对象的研究，就是"先验"的。康德对于上述二者的区分透露出，在从事数学和自然科学的研究时，人动用

---

① 康德：《纯粹理性批判》，第 19 页。

着超验的概念。但是，人对于自己的这种理智活动方式并不自觉，要获得对这些活动方式（被表达为先验的范畴体系）的观察点，则要后退一步。这就好比说，"不识庐山真面目，只缘身在此山中"。要识得庐山真面目，就要从庐山中退出来走到远处观看。只有进入康德哲学，同样从当下使用先天概念的状态中脱身出来，才能对这些概念被运用时的情况做反思的研究。后退一步，就是人自身状态的转换。只有实行了这种转换，才能进入先验哲学。换句话说，那些所谓具有普遍性质的纯粹理性或知性范畴只是对于实行了自身状态转换的人才显示出来。在我看来，近代西方哲学所谓"主体性"的真正意义就在于揭示了，述说着事物的本质、客观真理的那种具有超越性质的形而上学，是人自己生存状态超越的结果。

以上说的是理性主义。经验主义哲学并不主张超验世界的存在，关于生存状态转换、超越的观点能不能用到他们身上呢？

对于站在西方哲学内部的人来说，理性主义和经验主义的差别是很大的。不过，站在西方哲学之外，譬如站在中国哲学的立场上看，理性主义和经验主义的共同点是很明显的，他们都崇尚普遍的知识。在这个一致的前提下，所不同的是二者对知识可能达到的普遍性程度的看法。经验主义并不承认有绝对普遍的知识，而只承认有相对普遍的知识；理性主义则认为有绝对普遍的知识，就像柏拉图说的理念的知识、康德所说的有关纯粹理性的知识。关于经验主义和理性主义的一致和差别，有康德的话为证。康德说：

经验永远也不能给自己的判断以真正的或严格意义的普遍性，而只是（通过归纳）给它们以假定的、相比较的普遍性，以至于实际上我们只能说：就我们迄今所觉察到的而言，还没有发现这个或那个规则有什么例外。所以，如果在严格的普遍性上，亦即不能容许有任何例外地来设想一个判断，那么它就不是由经验中引出来的，而是完全先天有效的。①

普遍性问题是进入西方哲学的隘口。柏拉图对于西方哲学决定性的影响，就在于引领哲学走向了追求普遍知识的道路。他由此而划分了真理和意见、理念世界和可感世界。经验主义者行进在这条道路上，他们不反对知识应当具有普遍的品格。但是，他们反对或怀疑有超越了经验基础的那种普遍知识。然而，既然把普遍性设定为目标，而普遍性又是有程度之差的，当然是越普遍越好。在这个问题上，经验主义者已经给自己下了绊脚。因为他们在承认哲学追求普遍知识的同时，又把普遍性限定为经验归纳范围内的普遍性。正如康德揭示的那样，经验主义者的普遍性只具有"假定的、相比较的普遍性"。而一旦设立了普遍性这个目标，总是挡不住人们走向更高直至最高程度的普遍，即绝对普遍。康德所谓的形而上学是"理性的一种自然倾向"，"每个善于思考的人，都要有形而上学"。②

在理性主义者那里，一方面，出现了一个超经验的对象领域；另一方面，人自身处在相应的纯粹概念思考的状态。这是我们断定其超越性质的理由。从表面上看，经验主义把自己限制在经验之内，似乎没有超越的问题。然而，正如此前所指出的，只要他们追求普遍的知识，这里就有了超越。哪怕是相对普遍的对象也已经不是感觉可以把握的对象了。要把握这种对象，人需要从感觉的状态那里后退一步，以便把经验中的内容收入眼中，并把其中相同的因素结合为一。但是这样的"一"是没有感觉形象的，因而不是感觉的对象，而是思想上的一个概念。这里说的"后退一步"，是指从感觉的状态转变到思想的状态，这就是超

---

① 康德：《纯粹理性批判》，第 3 页。
② 康德：《未来形而上学导论》，第 160、163 页。

越。经验主义者和理性主义者都实行了超越，他们的区别只是程度上的，是五十步和百步之差。总之，不论是经验主义哲学还是理性主义哲学，西方哲学从认识论上划分的这两大流派都因为对普遍知识的追求而表现出自身状态的一种超越。

三　海德格尔：形而上学是人自身的超越

纯粹思想的对象对于经验对象的超越，其根源在于人自身生存状态的切换。这一点已经在海德格尔的生存状态分析的理论中得到展示。他在《存在与时间》①一书中，把包括世界和人自身在内的一切都看作显示在人生中的现象；各种不同面貌的世界是人以不同方式介入世界的结果；而人之能介入世界，归根结底是因为每个人都是一个以时间为特征的生命，时间向着将来的"绽出"是生命展开的过程，也是人介入世界的过程。人生是超越着的，这就是各种超越现象的根子。

对于大多数读者来说，要从海德格尔的《存在与时间》中读出以上结论恐怕有些困难。主要的原因是，海德格尔同时承担着批判西方传统哲学的任务。他既要阐述自己的思想，又要以自己的一套东西分析、解说、摧毁传统哲学，在语言的使用上就存在困难。最突出的就是"是"这个词。整部《存在与时间》是要追问"是"的意义。在传统哲学中，"是"是最普遍的范畴，是理性思想把握的对象。海德格尔虽然使用着同一个词，但是在他那里，"是"不是逻辑规定性的范畴，而是从词性上说作为系词的那个"是"字。人们在语言中大量使用着系词"是"（西方语言对系词的使用比汉语更频繁），在系词"是"的使用中把"所是"显示出来。"所是"各式各样。所以，我们使用同一个"是"时，它们的意义其实是不同的。"所是"的不同是由"是"的意义的不同造成的。

---

① 如果把 being 译成"是"，那么这本书就应叫作《是与时》。以下引此书的中译本时，只将其中的"being"改译作"是"。

通常人们只盯着"所是",而把"是"的意义问题忽略掉了。

以上不过是海德格尔重新提起讨论"是"的意义问题的话头。他话锋一转说,我们使用系词"是",或做陈述,或下判断,或表疑问。总之,这些"是"的方式都是人自己的生存状态。因此,"是"的意义问题当从人自己"是"的过程中去探索。[①]人自己也是一个"所是",但是,与众不同的是,人这个"是者"在是其所是的过程中是明白自己的"是"的,人的这种"是"的方式被海德格尔称为"生存"(existence)。人的这种"是"的方式使得人能够从自己"是"或生存的过程中把"是"的意义宣示出来。他称这种研究方式为"释义学的现象学"(hermeneutic phenomenology)。[②]从"是"的角度看人,人就是"本是"(Dasein/there-Being)[③]。对"是"的意义的追问,就在于对"本是"的生存状态的分析。

一部《存在与时间》就是对"本是"做生存状态的分析。通过分析,海德格尔说明了世界是怎样根据人介入世界的方式而显示出如此这般面貌的;人自己又如何在与他人共同介入世界的过程中是其所是,即成为"谁"的;进一步从人的种种"是"的方式追问到作为整体的"是"的结构性特征——时间,时间的绽出是人介入世界的原动力。其实,这最后一点揭示的正是生命的特征。

不必细说海德格尔的全部学说,我们从与本章意图相关的方面,特别介绍海德格尔有关形而上学的生存状态基础的学说。

海德格尔从人的生存状态方面说明了形而上学范畴的出处。形而上学在西方哲学史上一向是第一哲学或纯粹原理。所谓纯粹原理者,其他的各种理论都能从它那里得到解释,而第一原理本身则不能从其他理论

[①] 海德格尔:《存在与时间》,第9页。

[②] 同上书,第47页。

[③] "Dasein"这个词的流行译名是"此在",译为"本是"主要是出于把"being"译为"是"的考虑。

那里得到解释。相应地，第一原理所使用的概念被认为不是从经验概括中得到的，而是天赋的。人运用概念做推论标志着人的先天理性能力，而范畴的意义在于它们的逻辑规定性。这些观念是从柏拉图到黑格尔逐渐形成、发展起来的。在黑格尔的《逻辑学》中，全部哲学从作为最普遍范畴的"是"开端，从中（辩证）逻辑地推论出其他各种范畴。黑格尔称全部的范畴体系为绝对理念体系。自然界和人类社会都是这个绝对理念体系的展现。这种哲学以恢宏的气势试图揭示全部宇宙的本质，人们曾为之而兴奋，但是过后人们总觉得其中缺少了些什么。一切都得到了揭示，都是那样必然，连自由也在于对必然的把握。绝对理念体系是运用概念的思想才能把握的。反过来说，进行概念思想的人，即理性的人才代表了人的本质。但是现实中的人却不都是从事理性思维的人，难道人的其他的意识活动或生存方式都没有价值吗？从生活的角度看，只从事理性思维的人倒是片面的人。于是，就有人为意志、表象、权力意志、情绪等呼吁。但是这些意识活动与作为概念思想的意识的关系究竟如何？它们能平起平坐吗？海德格尔的与众不同之处在于，他以追问"是"的意义的形式，把全部问题置于人的实际生存活动的基础上，以"是"的各种意义表示人的各种生存方式的意义。这样就避免了对理性活动之外的人的各种生存方式的排斥。

那么，从人的生存方式方面出发，能不能解释理性思维方式的起源呢？海德格尔的回答应当是肯定的。根据他的学说，如果承认所是是根据"是"的方式而是其所是的，那么"是"应当是所是或是者的根源，作为范畴的"是"只是所是层面上的东西。从另一条路径看，即使对所是的显示也可以做层次的分析。人与世界上的事物打交道有直接和间接两种状态。所谓直接的，指的是运用工具的当下劳动。人能运用工具劳动，当然说明人对所使用的工具有所了解。但是，在劳动中，对工具的了解并不出现在纯粹的意识中，而是体现在工作的进行中。这里，突出的倒是工作本身，工作越是顺利，工具越不起眼。只是当一种缺损的状况出现时，例如，工具用得不顺手，或工具干脆坏掉了，工具才凸显出来。海德格尔称前一种情况为"应手状态"，称后一种情况为"显在状态"。在"应手状态"中，人以"环顾"的方式对待事物；在"显在状态"中，其方式则为"看"。[①] 这两种情况并不是并列的，前者是后者的基础，没有前者，就不可能有后者。所以，当我们用概念解释事物时，事实上已经有了一种理解，这种理解可以称为"前概念"。[②] 海德格尔此说的意义在于表明，一切概念都是在实际生存的基础上产生出来的，概念本身不能成为第一性的东西。

问题到此并没有解决。如果能够从生存状态分析方面说明西方传统哲学中那个最普遍的范畴"是"的起源，海德格尔的说法就比较可信了。海德格尔果真尝试了。在《形而上学是什么?》[③] 一文中，海德格尔仅就传统哲学中作为范畴的"是"从生存状态方面做了分析。海德格尔首先意识到，在传统哲学中，"是"作为最普遍的范畴是无所不包的，以至于人们说，世界是各种各样的是者，此外就是"无"。这里只透露出一点信息，即，他谈到是者全体时提到了"无"。那么，"无"是什么呢? 海德格尔的这种提问方式曾遭到卡尔纳普的嘲笑：既然是"无"，还要问"无"是什么意思，简直是典型的形而上学的胡说。[④] 然而，卡尔纳普并没有真正理解海德格尔。海德格尔在这里不是把"无"看作一个概念，他在这篇文章的一开始，就要求讨论这种形而上学问题的人把自己摆进去，要在谈到形而上学的"无"的概念时，对自身状态方面发生的变化做反思。换句话说，海德格尔要追问的是"无"的"基本经

---

① 参见海德格尔:《存在与时间》，第 15、16 节。

② 同上书，第 183—184 页。

③ Heidegger, *Basic Writings*, pp. 89—110. 中译参见海德格尔:《海德格尔选集》上卷，第 135—153 页。

④ 卡尔纳普:《通过语言的逻辑分析清除形而上学》，第 13—36 页。

验"。这种经验是"畏"。据海德格尔的说法，"畏"与害怕不同，害怕针对具体的对象，畏却是莫名其妙的，没有任何确定的对象。他说：

> 畏使我们忘言。因为当是者整体隐去之时正是无涌来之时，面对此"无"，任何"有"之说都归于沉寂。我们在畏之茫然失措境界中往往不择语言，只求信口打破此一片空寂，这只是"无"已当前之明证。当畏已退之时，人本身就直接体验到畏揭示"无"。在新鲜的回忆中擦亮眼睛一看，我们就不能不说："原来"我们所曾畏与为之而畏者，竟一无所有。事实是：如此这般曾在者就是"无"本身。①

> 在畏之"无"之明亮的黑夜里，是者的真相才大白，原来这样：是者是——而非"无"。②

我觉得海德格尔这些话表达得很精彩、很机智。"无"本不可说，现在被海德格尔说出来了。在这里，"无"不是概念，而是一种物我一境的体验。尽管海德格尔称呼这种体验为"畏"，可能有西方文化的背景，是我们所不熟悉的。但是，"无"作为一种境界，是中国及印度的哲学所熟知的。这种"无"的体验是作为概念的"无"的根源，也是一切不是"无"的是者得以显现的背景。"只有以'无'所开启出来的原始境界为根据，人的'本是'才能接近并深入是者。"③

海德格尔回答形而上学是什么，不是从一种哲学文本方面去想的，而是深入到从事形而上学思考的人本身的状态中，这种状态是产生形而

---

① Heidegger, *Basic Writings*, p.101. 海德格尔：《海德格尔选集》上卷，第143—144页。

② Ibid., p.103. 同上书，第145页。

③ Ibid. 同上。

上学文本的原始起源。从经验到所是，到使自己嵌入"无"的境界，再从"无"的背景中凸显出是者整体，都是人自身的活动。这种活动，海德格尔就称之为"超越"。"'本是'凭借隐而不显的畏嵌入'无'中的境界就是越过是者整体的境界：超越境界。"[①] "形而上学就是超出是者之上的追问，以求返回来对这样的整体获得理解。"[②] 他的结论是："此超越活动就是形而上学本身。由此可见，形而上学属于'人的本性'。"[③]

哲学一向被认为是求知的活动。亚里士多德说，人们探索哲学是出于对自然万物的惊异，甚至与"philosophy"词源上相关的"智慧"也主要是从认知的能力方面去进行规定的。然而，当我们揭示出，哪怕形而上学也是人自身的生存状态，生存状态的超越是形而上学文本的超越的根源时，哲学的起始连同它的形态、表达方式就都期待着新的阐述。

---

① Heidegger, *Basic Writings*, p. 106. 海德格尔：《海德格尔选集》上卷，第 149 页。

② Ibid. 同上。

③ Ibid., p. 109. 同上书，第 152 页。

第八章 两种不同形态的哲学

对超越的生存状态分析，揭示了中西两种形而上学不同的根子在人们从事哲学活动的方式方面。根据这个认识，中西哲学形态的差异可以进一步得到说明，通过比较研究达到中西哲学会通的前景也可以有所展望。

第一节 知识和人生

求知识和求做圣贤是中西哲学起点上的差异，由此而引出中西哲学形态方面一系列的差异。但是，这种说法似乎立即就会遭到反对：难道中国哲学不是知识吗？又难道西方哲学不讲人生吗？这是需要加以说明的。

一 本质的知识

在宽泛的意义上，人们把一切知道的东西都称为知识。在日常生活中，这种态度并没有引起过质疑。然而，当我们读西方哲学的时候却发现，情况并非这样简单和朴素。西方哲学主要是以追求普遍的知识为方向，普遍的知识也是关于事物本质的知识。柏拉图对于这个方向的形成具有决定性的作用。他曾经对人的认知做过各种区分。从起源方面说，有听到的、看到的知识和与生俱来的知识之分。^① 从作用方面说，有意见和知识之分：（真）意见虽然也能在实际生活中起引导作用，但是，它没有必然性，也不能用来教人^②；知识应当是可教的^③。他也讨论过知识的性质，即知识应当是对流变事物背后确定的本性的把握，知识本身应当是具确定性的。^④ 从许多不同角度和方面的讨论中，最终蒸馏出真正的知识，即真理。这样的知识是关于事物本质的知识。从形态上说，它是普遍的知识。

以普遍知识标志西方哲学的特点，这似乎很无聊。人们会问，难道中国哲学不具有普遍性吗？甚至人们日常交流的语言，也是因为有普遍性才可以被相互理解。难道对具有普遍性的东西进行思考不是一件十分自然的事情吗？然而，从希腊哲学史上看，柏拉图初次在"理念"的名义下表达具有普遍性的东西的时候，并没有直接用"普遍"这个词，因而显得很繁复，甚至似乎有些笨拙。^⑤ 这只能解释为，对普遍之物的反思意识并不是人类本来就有的。柏拉图的理念论之所以被认为对西方哲学具有决定性的意义，其贡献就在于启动了西方人追求普遍知识的自觉意识。对照中国传统哲学，这一点就显得更明显。中国传统哲学中并没有"普遍"这个观念，"普遍"这个词是翻译西方哲学术语后才出现的。如果我们也明白，西方哲学中的"普遍"是一种逻辑的规定性，需要逻辑地理解，那么我们就不会试图用中国传统文化中表述时空范围之广阔的词来附会西方哲学中的"普遍"。任何知识都具有的普遍性和一种关

---

① 例如，柏拉图：《斐多篇》，75b。

② 柏拉图：《美诺篇》，97c。

③ 柏拉图的《普罗泰戈拉篇》表达了这样一个想法：知识是可教的，美德是不可教的。美德，希腊文"arete"，"本性"之谓。该篇对话又认为，如果美德是知识，那么，美德就是可教的。

④ 柏拉图：《克拉底鲁篇》，440d。

⑤ 例如，柏拉图：《美诺篇》，74a 以下。在现在的人看来，他只要说，他所说的"美德"和"形"是普遍的概念就可以理解了。然而，他没有用"普遍"这个词，而是说此"美德"不是这种、那种人的美德，就像"方""圆"是"形"，现在要说的是"形"本身。

于普遍性的知识是不同的，西方哲学是关于普遍知识的学问。

今天中国的大学的课程设置，是在近代以来引进的西方学科分类的基础上形成的。这种分类就是根据"普遍""特殊"的思想框架划分的结果。其中哲学被认为是普遍的学问，而其他学科则被认为是特殊领域的学问。这不是说，其他领域的知识不是普遍的知识——亚里士多德说过，"任何事物的认识均凭其普遍性"[1]；而是说，普遍性在程度上是有差别的。相对于更高程度的普遍性，次等程度的普遍性就成了"特殊"。特殊也是有普遍性的，只是其普遍的程度稍次而已。中国人有自己的学问，但是没有西方那种学问分类，这与中国哲学没有像西方哲学那样关注普遍性问题是相关的。

对普遍性的关注出于对事物本质的关注。或者，反过来说也一样，关注事物的本质需要思想普遍的东西。什么是本质？教科书上说，本质是关于事物内在的、固有的联系。而所谓事物内在的、固有的联系，即事物的规律。这样，关于事物本质的知识也就是关于事物规律的知识。老实说，想学哲学的人往往在这里感到了困难。句子是背得出的，但感觉恐怕一点儿也没有。更加令人困惑的是，当我们还没有把本质捉摸透的时候，现代西方批判传统哲学举起的旗帜上却赫然写着：批判本质主义！

二　本质观念的出处

西方哲学对事物本质的寻求，如果联系其语言的特征，也许容易理解一些。在柏拉图和亚里士多德的时代，希腊文中还无"本质"这个词，那时用的是 ousia，是系词 einai（to be，是）的阴性分词。柏拉图的《巴门尼德篇》中用到过这个词，陈康先生将它译为"自在的是"[2]；吴寿彭先生将亚里士多德《形而上学》中的同一个词翻译为"本体""怎

---

[1]　亚里士多德：《形而上学》，1003a15。
[2]　柏拉图：《巴曼尼德斯篇》，第83、98页。

是""实是"①；余纪元先生主张译为"本是"②。要了解这个词的意思，须联系西方人的语言习惯。他们对一种事物做陈述、下判断，多半离不开系词"是"。例如，说"雪是白的"不错，说"雪是冷的""雪是会化成水的"也都对，还可以有许多说法。这里，"白""冷""水"，每一个被系词联系着的词都是所是，那么，雪究竟是哪一种所是呢？原来，从系词的多种用法中倒产生出许多麻烦。以上是我的说法。实际情况是，柏拉图从苏格拉底诘问智者时所提的这类形式的问题中受到启发，即在对"美德"的各种各样的回答中询问"美德"本身，在对"美"的各种各样的回答中询问"美"本身，也就是要在多中求一，在变中求不变。这就是所谓求定义。到了亚里士多德那里，这进一步发展成一门关于"是者之为是者"的学问，即关于 ousia 的学问。这就是他的《形而上学》的主题。于此，我们体会到上面提到的对于 ousia 的各种翻译。甚至在亚里士多德那里，也还没有"本质"这个词。只是他已经提到，对于一个事物之是其所是，有两种意义是必须提到的：一是"有"这个东西，另一是这个东西的"是什么"。到中世纪时，它们才分别被翻译成"存在"（existence）和"本质"（essence）。③

当然，语言的解读只提供了西方哲学有关本质的观念产生的文化背景。究其实质，本质观念的提出凸显出人类的一种"欲望"。它不是生理方面饮食男女的欲望，但也属于人类生命的欲望，即要更多地了解生命所在的环境的欲望。柏拉图笔下苏格拉底的问答显示，起初人们并没有意识到，对于环境的更深了解要进入普遍概念的层面。当人们把注意力集中到问题的形式，即比较对同一个问题给出的不同"所是"时，这种更深了解的欲望就体现为求得对多中之一的把握。柏拉图是进入这种

---

① 亚里士多德：《形而上学》，983a27、1028a3。

② 余纪元：《亚里士多德论 on》，载《哲学研究》1995 年第 4 期；该文载宋继杰主编：《Being 与西方哲学传统》，第 212—229 页。

③ 参见 A. C. Graham, *Unreason Within Reason*, pp. 87–88。

意识状态的第一人。用这种眼光去读柏拉图的对话就会发现，他在提出有理念这种东西存在的同时，也总是引导人们进入一种能够把理念显示出来的意识能力或状态。例如，柏拉图在《泰阿泰德篇》中谈到，听得见的东西是看不见的，看得见的东西是听不见的，这是因为人有分别感知它们的器官。那么，当我们知道"同""异"及"类似""不类似"时，显然不是直接从某一感知官能那里得到的，而是"心灵"对感知到的东西加以比较的结果。通过感官得到的称为感知，经过心灵的"比较"和"看"得到的才是知识。[①] 感知和知识的区分必定也伴随着相应的认识能力的划分，即感性认识能力和观念性思想能力的划分——这二者在人的实际生活中本来是被综合着使用的（这也是任何学习西方哲学的人理解和接受这种划分的可能的基础），划分是一种抽象和"提纯"。把观念性思想活动提纯出来加以运用，我认为，就是马克思在《关于费尔巴哈的提纲》中提到的"被唯心主义抽象地发展了"的"能动的方面"。[②] 所谓事物的本质，正是在这种思想方式下才能被把握的对象。学习西方哲学就是训练自己进入这样一种思想状态，即生存状态。

三　哲学的分类

对于普遍知识的追求决定了西方哲学的形态、分支和问题。哲学作为最普遍的知识是一个由纯粹概念或范畴表达出来的原理体系，它也被称为第一哲学、纯粹哲学或曰本体论（ontology）。这个原理体系统摄着自然界、人类社会和精神生活。哲学的这种格局在集西方哲学之大成者黑格尔那里得到了典型的表达，他的整个哲学体系由三部分构成：逻辑学（即作为纯粹原理的本体论）、自然哲学和精神哲学（包括法哲学、历史哲学、美学）。所谓纯粹哲学原理的萌发、成长、成熟经历了

---

① 柏拉图：《泰阿泰德篇》，185-186。
② 《马克思恩格斯选集》第 1 卷，第 54 页。

漫长的历史时期，人们对它的性质、作用甚至是否成立也各有不同的看法。其中的关键问题在于，这种哲学原理是运用逻辑的纯粹概念推论的产物，它设立了一个感觉不能到达的世界。这就遭到了站在经验立场上的哲学家们的怀疑和批判。近代认识论就是在对这类问题的争论中成为哲学分支的。在康德看来，本体论是应当被批判的。然而，他说的本体论只限于用作对上帝存在的证明的本体论，他并不反对人类有一种天生的运用范畴的能力。这种能力就是先验的原理，把它应用于整理经验材料，就产生出数学知识和自然科学知识。超出经验范围的运用，就是形而上学。事实上，康德所谓的先验原理就是本体论（这一点，我在写《本体论研究》一书时没有看出）。只是，本体论原来被当作表达事物本质的最普遍的原理，现在则成为人脑子中认知事物时意识活动的原理。二者的一致之处在于，它们都是通过逻辑的范畴体系得到表达的。

随着时代的变迁，哲学的分类也发生着变化。其中有两个现象是值得注意的，一是康德以后美学和价值学的兴起，二是人文领域的哲学化。康德写了《纯粹理性批判》，揭示了所谓客观知识原来是人自己理性能力的运用，同时也说明传统哲学是围绕知识问题展开的。于是，人们不免问，人的能力除了体现在认知方面，还体现在哪些方面呢？康德本人随后又思考了表现在道德和判断力方面的理性能力。照这个方向，人的问题就可能成为哲学的中心问题，从而突破传统哲学作为关于普遍知识、世界观的学问的局限。自从海德格尔以后，西方哲学的发展正显示出这一趋势，这是西方哲学方面向今后的中西哲学会通发出的召唤。关于这个问题，我们在本章最后一节中详细讨论。

四　真理问题

中国哲学中没有西方哲学中那种纯粹原理的东西，在中国哲学中寻找类似西方哲学中那样的本体论、像对西方哲学那样对中国哲学做分类是不行的。那么，找一些哲学问题进行对比如何？我以为，也要谨慎。且不说有些问题的术语出处就在西方哲学，就算中国哲学本来也有这些术语，仔细辨认之下，也会显示出它们各自谈的本来不是一个问题。这里且以真理问题为例做一辩证。

如果说，像本体论、价值论、美学、普遍性、超验、理性和感性等术语本来不见于中国传统哲学，它们都是随着西方哲学的传播经过翻译才逐渐为中国人所知的话，"真理"这个术语则确定无疑是中国早已有之的。据查，佛学中有"真理"这个术语："显教对于有为之事相而谓无谓之真如为真理。"①南朝梁代郗超称，"林法师神理所通，玄拔独悟，数百年来，绍明大法，令真理不绝，一人而已"。萧统也有"真理虚寂，惑心不解"的说法。②然而，郝大维和安乐哲在《汉哲学思维的文化探源》一书中明确表示，"中国古代文化中没有真理的概念"③。已故英国汉学家葛瑞汉在《论道者》"导言"中说，在中国古代，"关键问题并不是西方哲学所谓的'真理'是什么，而是'道在哪里'的问题"④。我是同意这个观点的。但是，我在读他们的书的时候发现，西方人对这个问题的论述相当烦琐。西方人关于真理的特征有许多论述。在郝大维、安乐哲写的书中被提到的就有符合论、融贯论、语义论、剩余论、同一论、不引证论、实用论；照另一种分法，还有操作主义、约定论、工具主义和行为主义等等，不一而足。常言道，歪理十七八条，真理只有一条。可是在专门讨论真理的哲学里，问题竟是这么复杂。

其实，起始的时候，问题也并没有这样复杂。就通俗的理解，真理是关于事物的真相。然而柏拉图觉得，各人凭自己的观感表达的东西往

---

① 参见丁福保编：《佛学大辞典》"真理"条，文物出版社，1984 年。
② 转引自《中国大百科全书·哲学卷》"真理"条，中国大百科全书出版社，1984 年。
③ 郝大维、安乐哲：《汉哲学思维的文化探源》，第 114 页。台湾大学的陈文团 2006 年在上海的"中国学论坛"上也发表了同样的观点。
④ 葛瑞汉：《论道者：中国古代哲学论辩》，张海晏译，中国社会科学出版社，2003 年，第 4 页。

往相互抵牾，于是把注意力放到现象背后的本质上，只有本质才反映事物的真理，真理就成了思想所把握的具有普遍性质的东西。本质和现象的分离同时导致真理和日常关于事物的见解的分离，即日常关于事物的见解不被承认是真理，它最多只是对外界事物粗朴的反映。这种真理观、本质观开辟了人类活动的新境界。但是，人们日常生活的态度却也是不容易抹杀的。所以，西方哲学在提出真理本身具有逻辑融贯性（coherence）的同时，又提出真理当与实际符合的问题。所谓与实际符合，并不是回到或接受日常的观点，而是指理论的实现。西方哲学的真理本身的逻辑性，也使得它具有形而上学的性质。现代人通过语言的分析对命题真值的种种讨论，无不带有清除传统形而上学的真理观的意图。

如果我们看清了，西方传统哲学关于真理的学说与普遍、本质的知识相关，那么，我们就会毫不犹豫地说，中国传统哲学中并不存在西方那种真理学说，中国哲学史上也不存在像西方哲学史上那样关于真理的种种争论。从佛学移植过来的有关真理的说法，显然既不是逻辑性质的，也不企求其在现世的实现，其目的在于见出世事为空。这并不等于说，中国人缺乏预见，眼光短浅。中国自古以来就意识到世界上的事情是处在变化中的，因应世事的变化在于审时度势。能否审时度势，强调的是人的状态，而且主要是关于社会人事的，而西方哲学的真理主要是关于自然界事物知识的理论。

第二节　穷理尽性以至于命

一　人生哲学

与西方哲学相比，中国哲学的主旨在于求得得道。这个结论葛瑞汉先生说过，现在国内有些讨论文章也开始这样说。但是，迄今为止，我们还没有见到一本中国哲学史的著作是照着这个方向去写的。值得提到的是冯友兰写的《中国哲学简史》[①]，这是一部专门写给西方人看的书。他介绍中国哲学的精神时说过这样的话："有各种的人，对于每一种人，都有那一种人所可能有的最高成就。例如从事于实际政治的人，所可能有的最高成就是成为大政治家。从事于艺术的人，所可能有的最高成就是成为大艺术家。人虽有各种，但各种人都是人。专就一个人是人说，所可能有的最高是成为什么呢？照中国哲学家们说，那就是成为圣人，而圣人的最高成就是个人与宇宙的同一。"[②] 不过我们知道，冯友兰先生并没有把他的这一见解贯彻到底。他写中国哲学史，正如他自己承认的那样，是站在西方正统哲学的立场上的。这有 1933 年冯先生为《中国哲学史》写的第二篇"自序"为证。他说，"此书第一篇出版后，胡适之先生以为书中之主要观点系正统派的。今此书第二篇继续出版，其中之主要观点尤为正统派的。此不待别人之言，吾已自觉之"[③]。但可能由于这本"简史"是写给外国人看的，冯先生才较多地考虑中国哲学不同于西方的特点。于是我们看到，他有几处写到了修养，并在章节的小标题中彰显出来了。这毕竟与冯先生本人在这本"简史"前所写的《中国哲学史》有所不同。

如果我们肯定，中国哲学的精神在于谋道求做圣贤，毅然放弃依傍西方哲学的观念和分类，如实审视和反思中国传统文化典籍，那么，曾经由于套用西方哲学的观念而被排除在外的许多典籍、学说就闪烁出哲学的光芒，中国哲学史就会给人以新的面貌。根据这样的思路，首先要

---

① 冯友兰先生写中国哲学史凡三次。第一次两卷本发表于 20 世纪 30 年代初，有英文译本。第三次共七册，前六册从 1964 年起到 1989 年陆续出版，第七册写成于 1990 年 6 月，在内地首次出版是 1999 年 8 月。《中国哲学简史》是冯友兰先生 1947 年在宾夕法尼亚大学的英文讲稿，1948 年在美国出版，1996 年译成中文，由北京大学出版社出版。
② 冯友兰：《中国哲学简史》，北京大学出版社，2000 年，第 6 页。
③ 冯友兰：《中国哲学史》，自序二。

考虑的是，中国传统哲学究竟论述了哪些主题？我自己没有受过中国传统文化的系统训练，只凭耳濡目染，粗略地想，觉得至少有三大方面的问题：一、关于以谋道为人生宗旨的根据、人与天地同源的学说；二、关于人能否得道的人性学说；三、关于如何得道的学说，关于社会政治和身心修养的学说。兹做一简单叙述。

二　太极的观念

中国古代哲学没有像西方那样去追溯构成世界万物的始基，所谓"五行学说"与西方关于万物始基的学说在提出的动机及功能上是有区别的。中国典籍中最早提到"五行"的是《尚书·洪范》。篇中说，"五行，一曰水，二曰火，三曰木，四曰金，五曰土。水曰润下，火曰炎上，木曰曲直，金曰从革，土爱稼穑。润下作咸，炎上作苦，曲直作酸，从革作辛，稼穑作甘"[①]。这里是讲五种自然事物的性质，以及利用它们的性质办事所达到的不同效果。周武王征询殷遗民箕子治理天下的办法。箕子说，鲧当年治水用堵的办法，破坏了自然的事理，上帝震怒，就没有教他治国安民的办法，而是把办法教给了禹。办法涉及九个方面（九畴），其中第一个方面即"五行"。这里的"五行"，并不是针对构成世界的基本因素的问题的答案。如果读者有兴趣了解一下其他八个方面的内容——它们都是关于治理天下的大政方针的——问题就更清楚了。

张岱年先生认为，春秋时代的人们也没有把"五行"当作构成万物的基本因素。他引证《左传》昭公二十五年记郑国游吉的言论："则天之明，因地之性，生其六气，用其五行。"又昭公三十二年记晋国史墨曰："故天有三辰，地有五行。"在做了这些引证后，张岱年先生说：

---

① 《尚书正义·洪范第六》，载阮元校刻：《十三经注疏》上册，第 188 页。

"值得注意的是，这都是将五行归属于地，与天的六气、三辰相对待。这说明当时的人认为五行是地上的基本事物，还不是天地总体中最根本的东西。"[①] 张岱年先生列举了战国以降提到"五行"的各种意思，总结说："总之，在先秦时代，人们认为五行是人类生活的五种基本资料。董仲舒以后，思想家多认为五行是构成万物的五种元素，但不是最基本的元素，五行是从属于天地阴阳的。"[②] 请注意，找出万物的"最基本的元素"正是古希腊哲学家的心思。

希腊人追问万物始基，后来引申到对事物普遍本质的追求。经受西方哲学的熏染后，人们一般倾向于认为，追问本质的思想是深刻的思想，哲学就是关于普遍本质的学说。在这个意义上，哲学也是追求真理的学说。这样想的时候，人们不知不觉就掩盖了另一种也是往深处追问的思想，即对"所以然"的追问。日常生活中，人们会说，不仅要知其然，而且要知其所以然。这"所以然"就是追问事情如此这般的来历。来历和本质都是对于事物原因的追问，但却指向两种不同的思想方向：前者追溯事情的历史，后者以显示在思想中的具有普遍性的概念作答，最终形成历史性的和逻辑性的两种思想方式。

中国古代哲学取的是历史性的思想方式，它不在意追问事物的本质，而是追问事物的来历。循着这一思路，天地万物和人自身的来历就成为最深、最基本的问题，它指引人产生"太极"的观念。《说文》云，"极，栋也"；又，"栋，极也"。段玉裁注曰："极者，谓屋至高之处。"段玉裁又引《丧大记》注曰，"凡至高至远皆谓之极"。据张岱年先生说，"太极"观念始见于《周易·系辞上》："易有太极，是生两仪，两仪生四象，四象生八卦。"两仪指天地，太极是天地未分时的统一体。郑玄《周易注》解释说："极中之道，淳和未分之气也。"李鼎祚《周易

---

① 张岱年：《中国古典哲学概念范畴要论》，第 90 页。

② 同上书，第 92 页。

集解》引虞翻说："太极太一，分为天地，故生两仪也。"[1]以上的说法肯定了万物有一个源头，这个源头就是太极。

对源头的追问如同对本质的追问一样，其中包含着人类自身生存状态的一种超越。不过，追问本质突出的是从感性到理性的超越，追问源头则体现了从有限到无限的超越。庄子在《齐物论》中说："有始也者，有未始有始也者，有未始有夫未始有始也者。"庄子的话揭示出，循着这种问题的形式，是可以一直追问下去没有止境的。但是，人的生命是有限的，在有限的生命中把握无限，只有一种途径，就是使自己做一次超越，从对"有"的把握达到对"无"的把握。所以庄子在同一篇中说："古之人其知有所至矣。恶乎至？有以为未始有物者，至矣，尽矣，不可以加矣。"根据庄子这里的说法，那么所谓"一尺之棰，日取其半，万世不竭"的说法就是无止境的，因而是无意义的，因为持这种说法的人"不知至"。"知至"就是要明白，当不断分割下去时，所剩的棰就越来越小，最后趋向于零，即无。达到了无才能"知至"。

张岱年先生注意到，并不是所有的古代哲学家都把太极当作最初的源头。例如，道家就企图用"道"来压倒儒家的"太极"。[2]他引庄子的《大宗师》说："夫道有情有信，无为无形，可传而不可受，可得而不可见。自本自根，未有天地，自古以固存。神鬼神帝，生天生地。在太极之先而不为高。"这并不改变追问天地万物起始源头的方向，只是在这个源头究竟表达为"太极"还是"道"的问题上有一点不同。换句话说，这只是用词不同的问题。儒家和道家如果在这里有所区别，就要看他们对"太极"和"道"的含义的理解有何不同。在这个问题上，其实他们是一致的，因为他们都用"无"来释这个开端。例如王弼对"易有太极，是生两仪"的注："夫有必始于无，故太极生两仪也。太极

---

[1] 张岱年：《中国古典哲学概念范畴要论》，第47页。
[2] 同上书，第48页。

者，无称之称，不可得而名，取有之所极况之太极者也。"[1]至于道家以"无""无名"释道，更是大家知道的，不必在此列举。当然，联系到"有""无"，问题还是复杂的。据张岱年先生整理的情况，南北朝时，太极是"有"是"无"成为一个问题。祖述郑玄之说者，以"太极"为"有"，推崇王弼、韩伯康者，以"太极"为"无"。张岱年先生又提出，到了宋代的时候，周敦颐的《太极图说》提出了"自无极而太极"的说法，肯定了"太极"出于"无极"，或者，"太极"本来就有"无"的性质。[2]然而，对于"太极"就是万物的起始这个观念，未见有人怀疑。

"太极"的观念之所以值得重视，是因为这个观念反映出中国古代哲学思考的取向，也是解说各种问题的最终依据。中国哲学的一个大问题是，人究竟应当怎样规范自己的行为？要依循自然。为何要依循自然？因为人本身就是与天地万物一起从太极的演化中分离出来的，世间的变化是自然界（天、地）与人相互作用的过程。天、地、人三者称为三才，它们各以阴阳、柔刚、仁义为特征，六种德性是做卦象设六个爻位的原因。说见《周易·系辞下》："易之为书也，广大悉备。有天道焉，有人道焉，有地道焉。兼三才而两之，故六。六者非它也，三才之道也。"又见《说卦》："昔者圣人之作《易》也，将以顺性命之理。是以立天之道，曰阴与阳；立地之道，曰柔与刚；立人之道，曰仁与义。兼三才而两之，故《易》六画而成卦。"说六个爻位是依据天、地、人的六种德性而设立的有点勉强，但是，说世间的变化在于天、地、人的相互作用，这个观念已经为中国人所接受。所谓"天人合一"说的根源应当在此。根据上述思想，人类社会的制度规范也应当效法自然而制定出来。孔颖达序《礼记正义》曰："夫理者，经天地，理人伦，本其所起在天地未分之前。故《礼运》云，夫礼必本于大一。……礼者，理也。

---

[1]　阮元校刻：《十三经注疏》上册，第 82 页。

[2]　张岱年：《中国古典哲学概念范畴要论》，第 49—51 页。

其用于治则与天地俱兴。……若羊羔跪乳，鸿雁飞有行列，岂由教之者哉！是三才既判，尊卑自然而有。"[1]

从西方哲学的观念看，"太极"这样的东西必定是神秘而不可证实的。黑格尔的《哲学史讲演录》写到中国哲学的时候根本就没有提到"太极"这个词。然而，这个观念却透露出中国哲学观的基本信息。这里不仅反映出中国哲学探根寻源的历史性的追问，而且在这种追问的方式下展开一幅与西方人不同的世界图景。大致来说，西方哲学中的世界是一个以普遍性程度为尺度的等级世界，普遍性越高，其在这个世界中的地位越高。居于这个等级世界最高位置的自然也就是绝对普遍的观念，即被表达为系词"是"做成的范畴。越是普遍的东西越是本质的东西，因而也是认知的目标、解释的根据。除了前面提到的学术分类是在这种观念的指导下做出的，种种观念还深入各门学术中，指引着学术的发展。西方人从事理论，是建立普遍以解释（认知）和规范（推断）特殊，看出的是一个秩序的世界。中国人通过"太极"的观念表达的是和谐的世界：万物和人类皆出自太极，又归属于太极。太极即"大一"，有阴、阳两种力量作用于其中。广为流传的两条阴阳鱼圆融地构成的太极图就是这一观念的一个视觉符号。它们黑白分明，你中有我，我中有你，浑然一体。人类并不外在于这个世界图景，而是其中的一分子。中国古代信奉天人感应，天意人事不可截然隔离。虽然演到极处事涉荒唐，如以五行相克论朝代更替，排生辰八字断五行属相，但它们毕竟也指导着人伦、农事，对于人的实际生存来说意义重大。有些事从不同的角度审视，也有不同的意义。如，遇到自然灾害或异样天象的时候，帝王往往要下罪己诏。从科学的眼光看，这似乎是荒谬的；从阶级斗争的眼光看，这是统治阶级的花招。然而，其中至少表达出中华民族对自然

---

[1] 阮元校刻：《十三经注疏》上册，第 1223 页。

的敬畏之心。可以这样说，西方哲学见到一个秩序的世界，中国哲学突出一个和谐的世界。

"太极"的观念是中国哲学的最高观念。有同人以为，中国哲学最高的观念是天，然而《周易》已经写得明白，天、地、人皆自太极出。问题在于如何对太极的确实性做证明。在西方哲学的影响下，证明主要有逻辑和实证两种方法。不过西方人已经认识到，任何一个自洽的逻辑系统，其最初的假设都不能在其自身中得到证明，西方哲学的 ontology 作为最高原理系统从来没有得到过证明。实证主义则一方面把逻辑限于对语句表达形式的规范，另一方面则诉诸感觉。综合起来说，一个命题符合逻辑句法，同时句子中提到的各项能被感知，这样的命题才是真命题。上述两种方法都不宜用来证明太极。首先，太极不是逻辑的起点。逻辑是超时空的东西，太极则讲一个"生"字，即，天地万类都是从太极中生发、发生出来的，因而它是时间性的。其次，"太极"这个观念所指的东西也不是感官所能感知的。就太极作为起始点而言，人是从太极的演化中走出来的。在起始点还没有人，人怎能感知？人能感知已经是演化的结果，人又怎能感知开端？就像每个人都是从母亲的子宫中孕育出来的，但谁能记得被孕育的感受，并用这种感受来证明自己被孕育过程的确实性呢？以上两种方法都不能用于对"太极"这种东西的证明。"太极"观念是中华民族生存的最高指导观念。简单地说，太极中有阴、阳二气，交相作用而生万物，人类要根据这个变化的情况适时应变，为的是谋生存、求发展。对这种观念的最终证实就是，人类是否能及时变化并成功地生存繁衍。此外，我们知道，现代科学正收集到越来越多的证据，证明曾经有过一次宇宙大爆炸，地球和银河系是这次大爆炸后逐渐分化形成的。那么在爆炸之前，宇宙是什么样子的呢？我以为，科学的假定与"太极"的观念是有暗合之处的。不过，也只是暗合而已。

"太极"的观念对于中国哲学具有全部学说之根据的意义，中国哲学史上对它的探讨也是经久不息的。宋代的时候，尤其形成过一次高潮。在历代的讨论中，人们又提出了一系列相关的观念，如无极、太一、道、体用、有无、自然、阴阳，以及由这些观念进一步引申出的其他观念，如形而上、形而下、时、祸福吉凶，等等。有人说太极是气，也有人说太极是理，甚至还有人说，"人人有一太极，物物有一太极"（朱熹：《太极图说解》）。这些各有差异的说法也微妙地决定着中国人看待世界的方法和人生的态度。总之，"太极"的观念是一个基本的观念，它是中国哲学的重大问题，也是讨论中国哲学史的一条线索。沿着这条线索，中国人对世界的看法和人生态度的根据显示出来。

三　人与哲学开端的问题

中国人是人，西方人也是人，这没有错。然而当大家来谈论人的时候，中西双方对人的认知是不同的。例如，郝大维和安乐哲在他们的《汉哲学思维的文化探源》一书中说，西方文化讨论人的问题，可以概括为三个方面或层面：第一，从物质、心灵、机体和意志的关系方面去看；第二，深入到灵魂的方面，又可以从思维、行动（即意志）和情感的方面去看；第三，从性别方面去看。[1] 第一个方面既是哲学的，也是科学的；第三个方面是由于女权主义的兴起而突出的问题。真正哲学的，我以为就是这第二个方面。第二个方面暗示，西方传统哲学中的人基本上就被规定为认识主体、道德主体和审美判断主体。然而，当从这三个方面去看中国文化中关于人的观念时，郝大维和安乐哲发现这种视角是不适用的，他们的任务就是要指出这种"不适用"。[2] 为了说明这种不适用，他们不是放弃用这种方法去看，而是显示用这种方式看的后果。结果，儒家关于人的学说竟是一连串否定性的东西："无我"的自

---

[1]　郝大维、安乐哲：《汉哲学思维的文化探源》，第 34 页。
[2]　同上。

我，无心的自我，无躯体的自我，无目的的自我，以及无意志的自我。①

相互理解，是进行比较的目的。如果仅仅指出以西方的观点看中国关于人的学说有很大的困难，并没有帮助人们达到积极的理解。这里我想起庄子的话，他说，"以指喻指之非指，不若以非指喻指之非指也。以马喻马之非马，不若以非马喻马之非马也"（《庄子·齐物论》）。中国哲学关于人的学说究竟怎样，不应当对应着西方的相关学说去阐述，而是要根据中国人自己的说法去说，即"然乎然""不然乎不然"。

探究中国关于人的说法可先查字书。《说文》曰："人，天地之性最贵者也。"段玉裁的注引了《礼记·礼运》中的两段话："人者，其天地之德，阴阳之交，鬼神之会，五行之秀气也。"又曰："人者，天地之心也，五行之端也。食味、别声、被色而生者也。"为什么说人是天地之德呢？照孔颖达的说法，天的性质是覆，地的性质是载，人是感受着天覆地载而生存在天地间的。那么，人实际上就是天地性质的体现者。阴阳鬼神，今天人们将之当作迷信，但是，古人似乎理解得更实证。他们认为，阴阳就是天地，从气的方面说就是阴阳，从形的方面说就是天地。单有阴或单有阳都不能有所生成，阴阳交错，才生成万物，人是阴阳交错的结果。对于鬼神的解释是，"鬼谓形体，神谓精灵"。"鬼神之会"不过是"阴阳之交"的另一种说法。五行基本上是指金、木、水、火、土，但不尽然，似也可指任何系列的事物。这里指的是仁、义、礼、智、信，它们是各种系列的五行中最为"秀"者。怎样理解人是天地之心呢？古人认为，人居住在天地的中央，一动一静都受天地的感应，就像人的腹内有心脏，人就是天地的心脏。所谓五行之端的"端"是"首"的意思，在此有两种意思。一种意思是说，五行为各种系列的事物，是作为天地之心的人首次将它们区分出来的，即"食味""别

---

① 郝大维、安乐哲：《汉哲学思维的文化探源》，第 26—43 页。

声""被色";另一种意思是说,万物都是由五行而生的,而仁、义、礼、智、信是五行之"秀",人得到了它,就得到了五行之首。①

此外,中国人讲"性",即本性、人性,这与西方人所谓人的本质也不同。徐复观说,"性字乃由生字孳乳而来"。他引《说文解字》"生"之本义"象草木生出土上"称,"性之原义,应指人生而即有之欲望、能力等而言,有如今日所说之'本能'"。②中国人也谈"命",即性命、生命。现代人从科学方面研究生命,把生命看作蛋白质的新陈代谢运动。现在的技术水平虽不能使人不死,却也能大大延长人的寿命,甚至还能在试管中培育生命。但是"命"这个字的原意,照《说文解字》即"使也,从口令"。段玉裁注曰:"令者,发号也,君事也。非君而口使之,是亦令也。故曰命者,天之令也。"这就是说,除了君主发出的命令称为命,天即自然也在发出命令。命令是人所必须遵守的,尤其是来自天的命令,天让人来到这个世界,人遵守着自然的要求去展开生存,这应当就是生命的过程,即命运。

中国人就是这样表达了对人的基本看法,这个看法上承太极中生发出万物的观念,下接各种人生规范和社会礼仪的制定。其中反映出中国

---

① 以上的解说根据《礼记正义》卷二十二孔颖达的疏。原文如下:"'故人者,其天地之德'者:天以覆为德,地以载为德,人感覆载而生,是天地之德也。'阴阳之交'者:阴阳,则天地也,据其气谓之阴阳,据其形谓之天地;独阳不生,独阴不成,二气相交乃生,故云'阴阳之交'也。'鬼神之会'者:鬼谓形体,神谓精灵;《祭义》云,气也者,神之盛也,魄也者,鬼之盛也,必形体精灵相会,然后物生,故云'鬼神之会'。'五行之秀气也'者:秀谓秀异,言人感五行秀异之气,故有仁义礼智信,是五行之秀气也。故人者,天地之德,阴阳之交,是其气也;鬼神之会,五行之秀,是其性也……'故人者,天地之心也'者:天地高远,在上临下,四方人居其中央,动静应天地,天地有人,如人腹内有心,动静应人也。故云'天地之心'也。王肃云:'人于天地之间,如五脏之有心矣。'人乃生之最灵,其心五脏之最圣也。'五行之端也'者:端犹首也,万物悉由五行而生,而人最得其妙气,明仁义礼智信为五行之首也。王云:'端,始。'用五行者也。'食味'者:人既是天地之心、五行之端,故有此下之事也,五行各有味,人则并食之。'别声'者,五行各有声,人则含之,皆有分别也。'被色'者,五行各有色,人则被之以生也。被色,谓人含带五色而生者也。五行有此三种,最为彰著,而人皆裹以生,故为五行之端者也。"

② 徐复观:《中国人性论史》,华东师范大学出版社,2005年,第6页。

哲学在做深层次问题追问时与西方哲学取向上的差异。中国哲学把追问其来历作为对一切事物深入的追问，这就是寻常所说的"不仅要知其然，而且要知其所以然"。"所以然"追问来历，包括追问如此这般的东西形成的原因。在人的问题上，不是要问人的本质是什么，而是要问，人是如何成其为人的。对这个基本事实的认定将决定人应当如何生活，即人为什么要把追求得道当作自己的目标。

西方哲学对事物做最深的追问在于把握其本质。我们已经明白，本质是通过普遍概念之间的关系来得到表达的。在人的问题上，西方哲学中就有"人是理性的动物""人是政治的动物"的说法。这种说法比较古老。到了近代，突出的是人的主体性问题。主体性问题的缘起，是因为人们在本质之外关注到了另一个问题，即人何以能够认知关于事物本质的知识。这一追问凸显出了，人不只是认知的对象，更是认知的主体。所以，近代也往往被认为是主体觉醒的时代。由于问题本身是从认知方面，特别是针对本质知识（即康德所谓具有普遍必然性的数学知识、自然科学知识和形而上学知识）被提出的，人就被看成是本质知识的构成者，即，人是一个具有"纯粹理性"的主体。然而，这时凸显出另外一个问题：所谓"纯粹理性"只标志着人认知本质知识的能力，据此而说人的本质就是纯粹理性的动物显然是不完整的。这是因为，人不仅面对着自己创造出来的以普遍必然的知识为标志的本质世界，还面对着知识世界以外的世界，例如一个作为审美对象的世界、一个人际交往的世界。于是，从康德开始，人不只是被当作认知的主体，也被当作道德的主体、审美的主体、价值判断的主体来关注了。从认知的对象到认知的主体，进而越出认知主体的范围到各种主体，还可以有多少种主体呢？主体能成为主体的根据吗？现在，西方开始关注这样一个问题，即主体自身不能成为主体的根据，主体的根据在于"生活世界"或"是于世中"。西方哲学的这条寻找人的轨迹预示着什么呢？让我们后面再讨论。

主体在中国哲学中不是一个显突的观念。但是，中国人却是真正以主体的身份从事哲学的；西方哲学突出了主体的观念，然而，他们至今还在寻找主体。

四　中国哲学的目标和主题

世界起源于太极的分化，人也是从自然中走出来的。这个最古老、最原始的观念是中国哲学的起点，它决定着中国哲学的目标和主题，决定着从事中国哲学的道路和方式。中国哲学的目标在于求得生命的自觉。其理由很显然，既然人是从自然界走出来的，自然便决定了人的"本质"，即人性。生命是人性的展现，人生的目的就在于让生命得到充分、自然的展开，在于获得生命的自觉。达到生命自觉性的人就是圣人。

关于怎样的人是圣人，《说文解字》认为，"圣（聖），通也。从耳，呈声"①。段玉裁注曰："圣（聖）从耳者，谓其耳顺。《风俗通》曰，圣（聖）者，声也，言闻声知情。"可见，古人最初把由听取而通达事理称为"圣"。《尚书·洪范》中提到"圣"字，但不是与"听"相关，而是与"思"有关。该篇记载周武王请教箕子治天下之道，箕子借天意陈述了九方面的问题，或如今天所谓治理国家的基本经验。其中第二方面的"五事"是关于人君自身的修养的，即要做到貌恭、言顺、视明、听聪、思睿。该篇对"睿"字做进一步解释曰，"睿作圣"。思与听有别，但是它们都被视为达到"通"的途径。王安石说："睿思则无所不通，故作圣。……思者，事之所成终而所成始也，思所以作圣也。既圣矣，则虽无思也，无为也，寂然不动，感而遂通天下之故可也。"②孔颖达也点明

---

① 《汉语大词典》（1993）引李孝定《甲骨文字集释》，对许说有所质疑："（甲骨文）象人上着大耳，从口，会意。圣之初谊为听觉官能之敏锐，故引申训'通'；圣贤之义，又其引申也……许君以形声说之，非是。听（聽）、声（聲）、圣（聖）三字同源，其始当本一字。"
② 王安石:《洪范传》，载《王文公文集》上册，上海人民出版社，1974年，第284页。

"圣"的意思是"通"。他疏《左传·文公十八年》的一段文字说:"齐、圣、广、渊、明、允、笃、诚,天下之民谓之八恺。"又说:"圣者,通也,博达众务,庶事尽通也。"① 由此可见,圣的主要意思是"通"。然而,为什么是"通"而不是"明"?我以为,"明"可以指见到了事情的现状,也可以指与此相关的纯粹意识的状态;"通"则指事情的通达。如果这里的事情是指人也参与其中的事情,那么,事情的通达就不能只限于有明白的意识,更不是停留在口头上,而是要投身于实际生活。只停留在口头上,用禅宗的话来说,就是"口头禅"。

现在我们要么把圣人看作高不可攀,要么嗤之以鼻。这都与中国历史上封建王朝的刻意宣扬有关。封建王朝出于巩固政权的需要,把经过装扮的典型吹捧起来。典型树得越高,越脱离实际,反而越引起了人们的反感。其实,所谓圣人就是生活的通达者。生活在社会中,处理人际关系当然是生活通达的重要方面,所以我们现在提到圣人,就马上联系到其伦理的意义。但是,伦理的意义绝不是圣人的全部含义,在生活的各个领域、各个方面都有一个通达与否的问题。因此,中国文化中又把精通各种技能者称作"圣",如书圣、诗圣、棋圣、茶圣,等等。生活的通达者又是得道者。许慎《说文解字》释"道"曰,"所行道也。一达谓之道"。

得道成圣,说难也不难,因为道贯穿在我们的生活中;说易又不易,因为生活的通达不只决定于人的欲望,而在于人与环境的契合。环境既指自然,也包括社会。环境不是一成不变的,人的活动改变着环境,环境又影响着人的观念和生存方式,生活就是在这些因素的综合变化中展开的。人能不能达到这种生活境界?即,人能不能成为圣人?中国哲学整个地就围绕这个主题展开了。在这个主题下,中国哲学形成了

---

① 《春秋左传正义》卷二十,载阮元校刻:《十三经注疏》下册,第 1862 页。

它一系列的问题领域。举其要者有如下几个方面。

有关于我们生存于其中的世界的论说。中国哲学从来都把周围的世界看作与人在同一个过程中产生出来的东西，人本来就是与周围环境协调的产物。追随环境世界的变化，以达到人与世界的契合，既是人生的目的，也是哲学的主题。从这个立场去看，中国哲学中表达出来的是一个生发、变化中的世界，产生出《周易》这种关于世界变化和人努力适时应变的学说。从世界本身变化的情况方面看，有关于太极、阴阳、五行的学说。从中又发展出有关理气和体用的学说，等等。

有关于人的本性和人与自然关系的学说。既然人与世界出于同一个过程，于是就有关于从自然过程中生发出人的本性的学说，即所谓"天命之谓性"，有关于性命、善恶，即所谓人性论的讨论。对于人性的讨论尤其与人能否成为圣贤密切关联。在这一方面占主导地位的观念是，既然人人都出于天命来到这个世上，从道理上来说，人人都应该能够成为圣贤。问题在于，人如何发现和光大自己的本性。宋明心学"吾心便是宇宙""致良知"的说法，正是受佛学启发对于人性的发掘和光大，不宜被作为认识论的课题来看。在人与自然的关系方面，"自强不息"和"厚德载物"的观念经儒家的强调而得到流行；也有"制天命而用之"或"天人感应"的学说，那是不同时期出于不同情况、特定目的的说法，其之基于人与自然出于同一过程的观念则是一致的。

中国哲学关于社会生活的论述尤为丰富，其中包括社会制度的建设和人际行为规范两个部分。中国古代最盛的一门学问称为"经学"。有人以为"经学"专指儒家学说，尤指六艺。非也。马宗霍著《中国经学史》曰："经者，载籍之共名，非六艺所得专。"[①]"经学"的"经"，意为"经理、治理"。《尚书·周官》曰："论道经邦，燮理阴阳。"又，《周

---

① 马宗霍:《中国经学史》，上海书店出版社，1984 年（据商务印书馆 1937 年版影印），第 1 页。

礼·天官·大宰》曰："以经邦国，以治官府，以纪万民。"经学即有关治理天下的学问。由少数人治理天下显然与现代民主政治的观念相悖。不过，要是我们承认，人类是从蒙昧中走出来的，并没有谁预先告知人类应当怎么活，那么，中国古代关于建设社会生活的那些论述，难道不是人类对于自身生命活动的自觉性的体现吗？中国古代关于组建社会生活的指导思想，如我们前面已经提到的，是人与自然同源的观念，人类的自觉就是"为天地立心"（张载语）。从这个观点去看，经学中充满着哲学思想。与之相关的小学，即文字训诂，则是追溯中国古代哲学思想的起源和方式的重要资源。检视中国古代哲学史资料的时候，我们不应重诸子而轻经，也不应把经学的内容仅仅看作两汉以后的人的思想。此外是关于人际行为的学说。这部分内容看似就事论事，其实不然。如前一章所交代的，有了"形而上"与"形而下"的结合，一个表面看来平淡的行动就可能是具有深刻意义的自觉行动。这样的意义往往是在记录一个行为的文字之外的。如果我们用这样的注意力读《论语》，《论语》绝不会如黑格尔读出来的那样浅薄。我们还要摒弃以西方哲学的分类看中国有关伦理的学说在哲学中的地位的做法。照西方人的看法，哲学的核心是一套纯粹的原理系统，它统摄着自然界和人类精神生活。即使如黑格尔所说，原理所表达的绝对精神通过人类精神回到了自身，然而那个绝对精神却总是确定的。而在中国哲学中，并不存在这样一个先天原理，即于连所谓"圣人无意"。天地人生将怎样展开，在中国哲学中永远是人类需要不断探索的过程。在中国哲学中，人不是附属于原理的，人就是哲学的中心问题，伦理也是实现人类自觉的体现。

总之，中国哲学的目标在于追求成为圣贤一类的人物，这实质上是生命不断寻求自觉性的过程。围绕这个目标，展开了关于天、地、人同出一源的假说，关于人性的学说，关于社会政治和伦理的学说。

第三节　中国哲学的道路
—— 身心修养

中西哲学在目标、论题上的差异也表现为各自从事哲学活动的方式的差异。西方人从事哲学活动的方式主要是思想训练，中国人从事哲学活动则是身心修养的过程。

中西哲学从事哲学活动的方式与其各自追求的目标一致。西方哲学既以普遍知识为哲学的目标，最普遍的知识即所谓 ontology 是纯粹概念或范畴逻辑地构成的原理，这样的知识当然不是感官的对象，而是需要启动人类意识的一种特殊方式，即一般所谓思想的对象。反过来说，只有通过这样的思想方式，事物的真理、本质或规律才能被把握。说得具体些，这个思想训练的过程始于对理念的把握，完成于对概念做逻辑的运作。人只能看见、摸着存在于时空中的具体事物。当我们被启发说，现在我们要注意的不是具体事物，而是具体事物的类或共相时，我们就只能在意识中呈现出一个名称。但这只是意识步入思想的第一步，因为日常生活中人们运用一般的名称时，其意识中仍然依托着这个名称所代表的众多的具体事物。不如此，则不能把握一个一般名称的意义。换句话说，日常意识用到一般名称时，是根据经验中的具体事物来理解名称的意义的。这里，一与多是结合着的。但是，意识也可以这样操作：把名称与其所代表的具体事物分离，以为名称代表着一种独立存在的东西，把它当作众多事物的根据或本质，名称就变成了思想所把握的概念。柏拉图的对话中对于什么是美德本身、什么是形本身的这种追问的形式把人的意识引向对事物普遍本质的关注。但是单有一个个概念还不是知识，只有当概念组成判断以后，才有所谓具有普遍性质的知识。把这些脱离了事物的概念组成判断，这就进入了纯粹思想的领域。通过思想尝试概念间可能的结合和不可能的结合，把概念间可能结合的方法整理出来，我认为这应当就是逻辑的产生。大体上说，学习西方传统哲学就是学习这种逻辑方法过程中的思想训练。

中国传统哲学被称为"圣贤之学"，其着眼点不在于西方人所追求的那种本质知识，而是成为一个得道的人，这样的人也被称为圣贤。圣贤之学是中国古代最高的学问，以至于受汉文化熏陶的日本人在将"philosophy"译成"哲学"之前，曾先将其译成"希贤学"。与之相关，身心修养是中国传统哲学的途径和精髓。

根据西方哲学的观念和框架整理的中国哲学史，总让人觉得缺少精、气、神，不像是自家的东西。究其原因，恰在于其离弃了修养的主旨。无论是照观念还是分类来看，西方哲学中都没有修养置喙的余地。即使勉强提到，西方哲学也只是将其置于道德问题中。而道德，在西方哲学中只是实践哲学的一部分，其地位在纯粹哲学（形而上学）之下。所以，依照这个框架，修养即使被提到，也只具有一种附属的地位。然而，我觉得，对于中国哲学来说，修养绝不是从属的东西。身心修养是中国哲学的道路，中国哲学是实现在身心修养中的。身心修养不仅是中国哲学的途径，也是中国哲学的精髓，各种哲学问题都是联系着身心修养展开的。离开了身心修养，中国哲学史的精神丧失殆尽，对其哲学问题的解说不免支离。朱熹《近思录》所引周敦颐的话，可以说是对中国古代从事哲学活动的方式的总结："圣希天，贤希圣，士希贤。"又说："圣人之道，入乎耳，存乎心，蕴之为德行，行之为事业。彼以文辞而已者，陋矣。"[①]这整个就是修养的过程，单凭文字功夫是不行的。

现代人以为，哲学总应该表达一下对世界的一般认知。即使是这个问题，在中国哲学中，也是需要通过修养的途径来把握的。明末黄宗羲作《明儒学案》，在其"序"中劈头就说，"盈天地皆心也。变化不测，

① 朱熹：《近思录》卷二，载《朱子全书》第十三册，上海古籍出版社、安徽教育出版社，2002年，第176页。

301

不能不万殊。心无本体，工夫所至，即其本体。故穷理者，穷此心之万殊，非穷万物之万殊也"①。心充塞在天地中，这种言论——如果不说它是胡诌的话——对于今天已经接受过实证科学教育的人来说，也许充其量是诗意的表述。然而这里包含着自《周易》以来中国哲学对于世界的一个总看法，即，包括人在内的天地万物都出自无差别的太极，它们处在同一个分化的过程中。以这样一幅世界的图景为背景②，才会有孟子"万物皆备于我"、庄子"天地与我并生，而万物与我为一"这样一些广为人知的说法。不过，要真正理解这些说法，还是需要读者自己下一番修养的功夫。这究竟是怎样的功夫呢？我觉得张载说得很明白："大其心，则能体天下之物，物有未体，则心为有外。"什么是"大其心"呢？就是要突破见闻的局限，胸怀天下："世人之心，止于闻见之狭；圣人尽性，不以见闻梏其心，其视天下，无一物非我。"(《正蒙·大心》)可以这样说，中国古代哲学所表达的那个世界，是哲学家们自己"大其心"的结果。而"大其心"，则分明需要哲学家们自己下功夫。没有身心修养的功夫，中国哲学的世界图景是不能得到揭示的。反过来说，学习中国哲学，接受这样一幅世界图景，也是身心修养的过程。

揭示、认定世界图景并不是最终的目的，它不过是中国哲学问题的起点。中国哲学既然以做圣贤为目标，问题就自然围绕着何样的人才是

---

① 黄宗羲：《明儒学案》，载《四朝学案》上册，世界书局，1936年。

② 关于世界的这幅图景，宋周敦颐有精辟的叙述。他说："无极而太极。太极动而生阳，动极而静；静而生阴，静极复动。一动一静，互为其根，分阴分阳，两仪立焉。阳变阴合，而生水、火、木、金、土。五气顺布，四时行焉。五行，一阴阳也；阴阳，一太极也；太极，本无极也。五行之生也，各一其性。无极之真，二五之精，妙合而凝。乾道成男，坤道成女。二气交感，化生万物。万物生生，而变化无穷焉。唯人也，得其秀而最灵。形既生矣，神发知矣，五性感动，而善恶分、万事出矣。圣人定之以中正仁义而主静，立人极焉。故圣人与天地合其德，日月合其明，四时合其序，鬼神合其吉凶。君子修之，吉，小人悖之，凶。"(转引自朱熹：《近思录》，第167页)从中我们可以看到，被中国哲学当作最深问题的不是世界是什么，而是世界何以如此这般，即追问它的起源，而不是本质。既曰阴阳一太极，又曰太极本无极，是要解说一切有差别的东西形成的原因：只有无差别的东西才能成为一切差别的源头。不然，人们又要问，太极何以有阴阳？中国哲学最深的追问不是指向本质，而是追溯历史。

圣贤？为什么要学做圣贤？是否每个人都有可能成为圣贤？如果是，怎样才能够成为圣贤？这就产生出中国哲学的论题，这些论题几乎都是围绕修养展开的。有人概括了宋明理学讨论的主要问题：理气、心性、格物、致知、主敬、主静、涵养、知行、已发未发、道心人心、天理人欲、天命之性、气质之性等。其中又衍生出许多问题，如从理气问题衍生出理气先后、理气动静、理气同异、理气强弱等问题。[①]其中每一个问题都与修养有关，离开了修养几乎不能够真正理解这些问题，因而也谈不上从事中国哲学。

　　人性问题是中国哲学的主题。人性问的是人是什么。一谈到人是什么这个问题，西方人就想到人的本质问题。但是中国哲学在这个问题上想到的是人的来历问题，即落实到人与天地同源，万物出于太极；此外，则是对人当下是什么做回答。本质是具有普遍性的东西，是思想的对象，用定义来表达；人当下是什么则需每个人自己去体验、去挖掘、去培育。中国关于人的问题的讨论中，包含求做圣贤的根据和求做圣贤的可能。这主要不是"论证"的问题，而需要以身心修养去领会。中国哲学中体验、挖掘出来的人性的意义是相当丰富的。张东荪曾对《论语》中涉及"德目"的单个字做过统计，计有：孝、弟、仁、忠、信、敬、爱、谨、重、威、温、良、恭、俭、让、和、义、敏、慎、庄、慈、善、劝、勇、宽、约、恕、刚、惠、文、知、清、果、达、直、立、诲、修、贤、圣、厉、毅、泰、博、实、正、讷、逊、矜、贞、谅、节、济、恒、安、弘、隐、狷、明、聪、敢、笃、绥，等等。[②]所谓"德目"，其所表述的是人在各种场合的生存状态，尤其是那些具有积极意义的生存状态。它们表述了人的种种"是什么"，不仅相对于非人，也相对于他人，甚至也相对于不同场合下的不同的"我"而言。例

---

①　陈来：《宋明理学（第二版）》，华东师范大学出版社，2004年，第12页。

②　张东荪：《知识与文化》，第46页。

如，以"勇"和"宽"而言，它们就是人在两种不同的场合所需要的德性。不过，也可能在需要有这种德性的时候却没有这种德性，或表现得过分，甚至表现得相悖。但这也是人的生存状态，是人性，是人，只是那时事情就不那么"亨通"，倒可能"有悔"了。种种德性都是人的生存状态，是人性的表现，包括积极的方面和消极的方面。人有这些德性，它们是人性。但是，虽然有这么多的德性，但在什么时候表现何种德性，则需要人自己在实际生活中体察、磨炼，这也是修养的过程。修养的目的是使自己保持敏锐性，以便做出适当的应对。应对是否得当，一种德性究竟是积极的还是消极的，其判别的标准在于是否符合人自身生命的保存和发展。中国哲学中的人性问题是与修养密不可分的。

要把中国哲学描述人性的"德目"全部翻译成英语，至少现在是不可能的。因为"德目"所表达的是生存状态，英语民族还没有像中华民族那样注意挖掘、体察过自身的生存状态。他们偏重做对象的考察，把伴随着生存状态的意识活动剥离出来作为对象进行考察，就有心理学、先验哲学和现象学。这三者的区别只是把意识做进一步的分离，各以分得的那种意识方式为考察对象。"德目"也不可全被归入道德，其中还有气质和性情，这是超出西方传统伦理学的范围的。

中国哲学中的修养是全方位的人性修养。修养的全面性还可以通过"德"字的意思来了解。《易·乾·文言》曰，"君子进德修业"。进德也是"修养"的意思。"德"固然有"道德"的意思，但也有"本性"的意思。例如《老子》第二十一章说："孔德之容，惟道是从。"王弼注曰："孔，空也。唯以空为德，然后乃能动作从道。"这是说，保持一种虚空的状态，才能动作起来追随道。这里的"德"之所指即空虚的状态。又，第二十八章说："知其雄，守其雌，为天下溪。为天下溪，常德不离，复归于婴儿。……常德不忒，复归于无极。……为天下谷，常德乃足，复归于朴。"这三处"常德"显然也不只有道德的意义，我以为也指生存状态。据王弼注，"此三者，言常反终，后乃德全其所处也"。《大学》云，"大学之道，在明明德"。这里的"明德"即指人皆有之的澄明、智慧本性。德，本性之谓。修养，在于砥砺人的本性之德，即砥砺人性，以使其得到充分的展示，包括实现为治国、平天下的事功。道德的修养是起点，但绝不是全部。在这个意义上，修养所要发掘的人的德性甚至是超越道德的，它在未有道德之先。所以，庄子可以说，"德人者，居无思，行无虑，不藏是非美恶"（《庄子·天地》）。

在中国哲学中，人性中本来就有成就圣贤的根据。儒家说，"满街皆是圣人"。这句话是从佛教那里学来的。照佛教的说法，"人人皆有佛性""见性即佛"。意思是说，只要人对自己的本性有了自觉，就达到了佛的境界。但是我的本性是什么呢？我作为一个人当然是在自己的本性中，我在生活中，有各种社会关系，能想、能说、能作为，有职业、有收入、有欠缺，也有毁有誉。然而，恰恰因为我生活在各种关系中，我关注的往往是生活向我显示出来的各种东西，我为之而喜悦，为之而痛苦，为之而牵肠挂肚，却忘记了这些都是对我才显示的。如果没有我，也不会有这些喜怒哀乐。佛教基本上把人生看作苦难，哪怕有暂时的快乐，也逃不过生、老、病、死。所以，"见性"不过是学会停留在性上不起意，从而从痛苦中得到解脱。佛教详细论述过从日常意识中一步一步"见性"的功夫，宋明儒家借鉴了佛教的这套"见性"的功夫，但是又做出了重大的区别，即，儒家不认为生活是要得到解脱的苦难，而是以"见性"的自觉投入生活。从日常意识到"见性"，又以"见性"的自觉投入生活，我以为，这就是形而上、形而下的全过程，就是中国哲学的道路。而实践这个道路的过程整个地就是修养的过程。

照西方哲学的分类，认识论问题在中国哲学中相应地就是"知"的问题。然而，值得注意的是，在中国哲学中，"知"是"德目"中的一种。孔子说，"知者不惑，仁者不忧，勇者不惧"（《论语·子罕》）。孔子还把仁、知、勇列为君子之道之一："君子道者三，我无能焉：仁者不忧，知者不惑，勇者不惧。"(《论语·宪问》)"知"既然是一种德性，那么，谈论"知"的时候，较之于获取关于事物的知识，中国哲学更注意的是人培育和发挥"知"的德性。如，《管子·心术上》云："人皆欲知，而莫索其所以知。其所知，彼也；其所以知，此也（旧本作"人皆欲知而莫索之，其所以知彼也，其所以知此也"。从王念孙校改。——引者注）。不修之此，焉能知彼？"① 从《大学》讲"明明德"到《中庸》讲"诚""未发"，都与"知"有关，都是为了擦亮能知的"心"，以便昭察万物。能知的"心"与"性""命"密切相关，有时候它们简直就是一回事。在中国哲学中，"知"的问题是探讨"心性"的重要入手处，是通向生命自觉的重要途径。中国哲学重"知"，当然也积累了所知，即知识。然而，对照西方哲学来看，这方面的区别更大。西方哲学家讨论知识的性质，他们区分意见和真理，或曰常识和知识。只有那些具备普遍必然性的知识才是真知识，它们是理性思维把握的对象。哲学本身不是任何特定的知识，而是最普遍的知识。中国宋朝时的理学家们虽也称他们的学问"放之四海而皆准"，也有非具体知识的意思，但它绝不是逻辑意义上的普遍必然。他们的"理"实际上就是中国自古以来谈论的"道"。道是渗透一切的，它虽然不是单凭感官可以直接把握的对象，在这个意义上也可以说不离感官而又超越感官，但道绝没有进入西方哲学的纯粹概念的领域。西方哲学对于感性和理性的划分不适宜描述中国哲学中得道的意识，在西方哲学内也找不到一个词可以标志得道的意识，正如西方哲学中没有中国哲学中大部分"德目"标志的那些名称。中国哲学有时候把与道相对的意识能力称为"意"②，以区别于见闻。甚至，得道也不是纯粹意识的活动，而是"通达"于各种事情的。得道时

---

① 转引自张岱年：《中国古典哲学概念范畴要论》，第 215 页。
② 王弼所谓"得意而忘象"，得意就是得道。

的"意"是伴随着行动的意识，是人自身的生存状态。西方哲学发展到近代，开始从知识转而关注认知者，这就是所谓认识论的转向。理性和感性就是在这时候开始得到明确区分的。但是他们关注的重点问题是，人何以能获得普遍必然的知识。也就是说，他们关注与作为普遍知识的"所知"对应的意识方式，即"所以知"。其结论是，人具有某种先天的理性能力，这正是康德的《纯粹理性批判》所揭示的。由于普遍必然的知识同时被认为是客观的知识，具有这种性质的知识的地位的提高，也相应地抬高了理性认识能力的地位，以至于人类的其他认知能力有被遮蔽之虞。中国哲学所说的"知"是不与任何具有特定形式的知识对应的"知"，只倡导"感而遂通""发而中节"。要做到这一点，就需要修养："感之道无所不通，有所私系则害于感通。"[1] 它注意磨砺人性，是一切知识和适当行为可能的根源。王阳明的"致良知"正是在这个方向上的一个发挥。粗略地说，在知识问题上，中国哲学强调的是能知的"心本体"，其目的在于唤起生命的自觉，知识本身倒是被次等关注的东西。甚至，为了把握"心本体"，所知被看成一种需要暂时解脱的负担和执着，以便以虚灵的本体敏锐而新鲜地揭示生命世界中的现象，并在应对各种挑战时将生命的力量释放出来。中国哲学的这部分内容也是通过修养的途径展开的。可以这样认为，中国哲学从其核心处说，就是身心修养；从事中国哲学就是实践身心修养；站在身心修养之外，很难理解中国哲学的文本；离开了修养，就没有中国哲学。

　　一种意见认为，我们的祖宗奉行中国哲学两千余年，即使它在先秦后的相当长时期内具有活力，但好像江河日下，正当儒学在宋、明两代达到高峰时，这两个皇朝却被断送给了本来并不习儒的外族，"致良知"到头来却导致贫困落后。我们今天还有必要去提及修养吗？我想，不应

---

① 朱熹：《近思录》卷二，载《朱子全书》第十一册，第179页。

当这样说。时刻准备着应对生活的挑战，这是儒学的题中应有之义。我们一旦静心察知挑战的性质，及时转变我们的生存方式，适当应战，是一定能够解除困境的。这就是所谓"寂然不动，感而遂通"。不怕挑战的严重，怕的是不知道去应战，更怕挑战在即却看不到。一百多年来，中国人在一步一步摸清挑战，不断调整自己的生存方式以应对挑战，尤其是能够从"文革"转变到以经济建设为中心的改革开放，其生存方式转换何等大啊！我们能实行这样的转换，能说没有文化背景的支持吗？我们越觉得一切都很自然的时候，就越说明文化背景支持的强大。其他民族当然也会改革，会转换生存方式。但是，只有中国哲学是将修养作为核心议题的。

修养是一种功夫，是人自觉调整自身生存状态的活动。调整自身生存状态的必要性在于，人的生命是生命体和生命环境相契合的现象，环境和生命体两方面都是不断变化发展的，二者是在变化中契合的。适宜的环境是生命现象能够存在的必要条件，生物的进化和灭亡就是生命体和环境在变化发展中契合与否的结果。在诸多的生命体中，人对于这种契合是有自觉意识的，修养就是这种自觉意识的表现。修养是通过自身生存状态的转换，达到生命体与环境的契合，目的在于使生命现象得到延续和发展，使生命得到充分的表现。这就是对生命意义的追求。中国哲学中"道"的基本意义即所谓"通达"，说到底，就是生命的通达。生命的通达有多方面的要求，它的基本要求在于人和环境的和谐平衡。当人类把自然当作征服的对象而遭受自然的惩罚，反过来威胁人类自身的生存时，人们就会想起，中国哲学的这一观念是何等重要啊！

修养是多方面的。从身体的锻炼、日常起居的"洒扫应对"、掌握技艺，直到参与社会生活，这些都是生命通达的题中应有之义，都可以通过修养来提高自觉性。修身，也包括身体的锻炼。武术、气功是通过自觉锻炼将人的体能发挥到极致，其中渗透着中国哲学的精神，不仅表现为"武德"，还直接表现在拳术中，即根据人与自然同源相通的道理，创立各种模仿动物的形意拳。现在，由于武器的运用，武术在械斗中的作用减弱了，但是其强身健体的功能还是不能被取代的。中国古代以阴阳相互作用解释世界，也以同样的道理解释身体，把身体的机体及其功能看作阴和阳两种力量或因素的相互作用过程，阴阳平衡才能健康。经络学说的基本观点是，人也像宇宙一样，是联结着各方面的一个统一体。所以，中国的"哲学家"往往也精通养生。下面摘录明儒王畿"徵学""卫生"的"调息法"[1]，他对儒、道、释三家的调息法做了总结和比较：

> 息有四种相。一风，二喘，三气，四息。前三为不调相，后一为调相。坐时鼻息出入觉有声，是风相也；息虽无声，而出入结滞不通，是喘相也；息虽无声，亦无结滞，而出入不细，是气相也；坐时无声，不结不粗，出入绵绵，若存若亡，神资冲融，情抱悦豫，是息相也。守风则散，守喘则戾，守气则劳，守息则密。前为假息，后为真息。欲习静坐，以调息为入门，使心有所寄，神气相守，亦权法也。调息与数息不同，数为有意，调为无意。委心虚无，不沉不乱。息调则心定，心定则息愈调。真息往来，呼吸之机，自能夺天地之造化；心息相依，是谓息息归根，命之蒂也。一念微明，常惺常寂，范围三教之宗：吾儒谓之燕息，佛氏谓之反息，老氏谓之踵息。造化阖辟之玄枢也。以此徵学，亦以此卫生。了此便是彻上彻下之道。

修养是养成个人才情、气质的需要，更是养成人际相处时的道德品

---

① 黄宗羲:《明儒学案》卷十二，第111页。

性，参与社会生活的抱负、襟怀的需要。在这一方面，儒家尤其见长。儒家是很实际的，他们承认一个基本的事实，即人是生活在社会中的，求为圣人不能脱离实际。所以孔子不"素隐行怪"①，即不做各种离奇的事情以博取名声。孔子的这种态度屡遭道家人士嘲讽，孔子并不生气，他尊重道家试图远离社会生活的高远追求。但是，他很明白，社会生活是无法脱离的。他东奔西走，希望能够受到任用，来实现自己的政治抱负，结果没有成功，被讥为"丧家之犬"；他带着弟子奔走各国时，有时饿肚子，许多时候只能在荒郊野地栖息。尽管有种种困难和不如意，他和弟子们始终情绪饱满，有时还在野地里奏乐相悦。后来他主要从事教育，从日常的小事直到天下大势，诲人以做人行事。他研究《周易》，又脚踏实地，实践着"极高明而道中庸"。他的言论和行为之所以对中华民族产生了巨大的影响，我觉得，是因为生活本来就是孔子所认识到的那样：对待生活既不可无理想，又不可脱离实际。怀抱理想而实事求是地生活，这就是生命的意义。

从事哲学除了求得生命的自觉，还有什么其他的目标呢？

---

① 参见《中庸》："子曰，'素隐行怪，后世有述焉，吾弗为之矣'。"

第九章　突破普遍主义哲学的框架

我所谓普遍主义哲学，是指以作为普遍知识的哲学为唯一哲学的观念。普遍主义哲学是西方传统哲学的主流，它带动了西方哲学的发展，在西方文明进程中发挥了巨大的作用，为自然科学的产生提供了必不可少的思想方法。然而，科学技术发展到现阶段，当人类面临新的生存挑战时，普遍主义哲学观却可能成为思想解放的严重束缚。这一点在我们的中西哲学比较研究中已经得到显示，它甚至剥夺中国哲学的合法性。为了突破普遍主义哲学观的桎梏，也需要对它做一番考察。

第一节　作为普遍知识的西方传统哲学

从柏拉图到黑格尔的哲学就是以普遍知识为目标的哲学。由于这一传统是西方哲学的主流，也可以说，西方哲学就是以普遍主义为特征的哲学。能不能这样说？有人颇怀疑。他们会说，西方哲学中一向也有伦理学，近代以来更重认识论，也产生出美学、价值学（axiology）；即使谈到知识问题，西方哲学还区分推理的知识和事实的知识；甚至也有神秘主义哲学。这些知识并不限于普遍知识。究竟能否把西方哲学的特征确定为普遍知识？这要让事实说话。

西方哲学以古希腊哲学为开端，古希腊哲学又以柏拉图、亚里士多德为重镇。柏拉图为了克服人们对事物（主要指伦理的东西）可能给出的各种不同的甚至对立的答案，为了寻求事物的定义，设定有与事物同名的理念，它有多中之一、变中之不变的特点，这样的知识才被认为是真知识。这种通过寻求定义得来的真知识号称能给事物以确定的解释。然而，它实际上却是与我们以自然态度获取的知识（即柏拉图所谓关于我们的世界的知识）不同的另一种知识，故柏拉图称之为心灵的眼睛才看得出的知识，甚至是神才有的知识。其实，我们今天知道，柏拉图提出的理念就是思想所把握的具有普遍性质的概念。只是当时的人们还没有习惯把握概念的意识活动方式（即思想），所以，就把理念托付给心灵的眼睛。亚里士多德则直白地说出，柏拉图以理念表示的真知识，实际上就是普遍的知识，并且把最普遍的知识和博学（knowing all things）联系在一起：“这样，博学的特征必须属于具备最高级普遍知识的人；这是就他知道归属于普遍下的全部事物而言的。”[1] 亚里士多德把智慧和普遍知识联系在一起：“智慧就是有某些原理和原因的知识。”[2] 所以我们有理由认为，普遍的知识就是关于原理和原因的知识。亚里士多德还指出，“最普遍的就是人类最难知的；因为他们离感觉最远”[3]。这是对普遍知识的性质的反思。我们须注意亚里士多德所谓的普遍和柏拉图的理念论揭示的普遍的一个差别。在柏拉图那里，普遍的东西是在可感世界之外的；亚里士多德承认普遍的东西离感觉最远，但并没有说普遍可以脱离感觉，存在于感觉之外。柏拉图和亚里士多德的这一差别，贯穿在以后西方哲学发展的过程中。既然亚里士多德把普遍知识当作哲学的对象，他就用这把尺子去剪裁以

---

[1]　亚里士多德：《形而上学》，982a20–21。
[2]　同上书，982a1。
[3]　同上书，982a23。

前的学问，勾勒出了前苏格拉底的希腊哲学史。比如泰勒斯，他当时以"希腊七贤"之一闻名于世，有一些传奇故事说明他是一个有多方面成就的人。然而经亚里士多德的叙述，突出了他的"水是万物始基"的言论。人们就从"希腊七贤"中把他剥离出来，列为希腊哲学第一人。

一部西方哲学史可以说就是围绕着普遍知识的建设而展开的，这一方面表现为哲学本身试图使自己成为最普遍的知识或曰第一原理；另一方面，哲学又不断地对普遍性本身进行反思，使得普遍性本身的特点逐渐彰显。

普遍的东西究竟是在感觉中（虽然它离感觉很远），还是独立存在于感觉之外？这个柏拉图和亚里士多德的悬案以变换的方式一再出现在西方哲学的历史中。中世纪的时候就有唯名论和唯实论之争。人们概括这场争论说，唯实论认为普遍的观念标志着事物的实在；而唯名论则主张，普遍观念所标志的只是事物的名称，并不存在事物的实在这样的东西。到了近代，又有理性主义和经验主义之争。大体上说，理性主义继承了中世纪唯实论的传统，他们明确了所谓普遍的知识就是关于事物本质的知识；经验主义则沿着唯名论的路线，对于事物是否存在本质以及是否有关于事物本质的普遍知识表示怀疑甚至反对。这种争论决定了西方哲学整体上的二元论特征，不只是笛卡尔身心对立意义上的二元论，也是现象与本质、理性主义与经验主义、主体与客体、逻辑与事实、必然与偶然等意义上的二元分裂。

在不断的争论中，普遍性本身也越来越清晰了。普遍性是用以标志理论以及组成理论的概念的一种性质。普遍性越大，表示这种概念及其所组成的理论的适用性也越广。根据这个观念，当然是普遍性越大的理论越有价值，西方哲学的主流在于寻找这种具有最大普遍性的知识。康

德称之为"严格的普遍"①，亦即绝对的普遍。与之相对的是从经验的概
括中得到的相对的普遍性。于是我们有关于普遍性问题的如下几个特
点。第一，普遍性分为绝对普遍性和相对普遍性，绝对普遍性和相对普
遍性的另外一种表述是"无条件的"普遍性和"有条件的"普遍性。绝
对的普遍是无条件的普遍，相对的普遍是有条件的普遍。西方哲学的精
彩之处在于开辟了绝对普遍的领域，其争论也集中在这个领域。第二，
绝对普遍性没有例外，这样的普遍性同时意味着必然性。康德在《纯粹
理性批判》中说，"必然性和严格普遍性就是一种先天知识的可靠标志，
而两者也是不可分割地相互从属的"②。第三，绝对普遍的概念不能从经
验的概括中得到。绝对普遍性既然不是从经验的概括中得到的，而经验
的东西总是在一定时空中的。那么，换一种说法就是，绝对普遍的东西
就是具有超时空性质的东西。关于这一点，胡塞尔是经过弗雷格的点拨
才明确的。可见即使在西方，哲学的语言也并不是一般知识分子天生就
懂得的。第四，绝对普遍的概念作为西方哲学特有的概念，是从逻辑方
面加以规定的概念，它与日常语言的概念不是同一种概念。③第五，有
普遍就有特殊，普遍和特殊在西方哲学中是逻辑的关系。在具有普遍和
特殊关系的两个概念中，特殊概念是逻辑地包容在普遍概念中的；反过
来说，从普遍概念中可以推演出特殊概念。

有的学者，包括有些西方学者，不同意西方哲学的特点在于普遍知
识的说法。他们会说，西方哲学史上也有神秘主义，那是需要通过亲身
体验、个人沉思才能进入的领域。西方历史上诚然出现过各式各样的神

---

① 康德说："经验永远也不能给自己的判断以真正的或严格的普遍性……所以，如果在严格的
普遍性上，亦即不能容许有任何例外地来设想一个判断，那么它就不是由经验中引出来的，而
是完全先天有效的。"参见康德：《纯粹理性批判》，第3页。
② 同上。
③ 关于这一点，马克思、恩格斯在他们的《德意志意识形态》一书中有精辟的论述，参见马
克思、恩格斯：《德意志意识形态》，第515—519页。

秘主义，但是，它们既然不是西方哲学的主流，因而也不可能掩盖主流所代表的西方哲学的特征。更有甚者，有人对西方传统哲学中有上述主流的存在的说法也不买账，声称欧洲哲学或文化中并没有过什么主流。据说其理由是，西方文化还在发展中，现在被当作边缘的某些因素谁知道会不会在将来得到弘扬呢？审其动机，无非是要为不同于传统主流的文化、哲学开辟道路。然而，如果连传统中存在着主流的东西也不承认，那么不仅中西哲学的比较无法进行，哲学观念的更新更无从谈起了。在与我的交谈中，法国人于连针对上述后现代主义的说法评论说，这种看法只是站在内部看问题，如果与中国哲学比较，能说西方哲学没有自己占主导地位的特征吗？于连的批评是有道理的。特征总是相比较而言的，孤立的东西谈不上有什么特征。

第二节　中国哲学不是普遍知识的哲学

不过，谈到与中国哲学相比，人们可能会说，中国哲学作为一种知识，难道不也具有普遍性吗？如果中国哲学也是普遍的知识，那么，中国哲学和西方哲学的区别就要到其他方面去寻找。的确，要否定中国哲学具有普遍知识的特征，似乎比肯定西方哲学具有普遍知识的特征还要难。一种"普遍"的现象是，在现代中国，学校的课堂上教授的是"普遍"的知识。唯其如此，学生毕业后才能到对口的专业去工作。"普遍"这个词已经在日常语言中被熟练地使用了。人们甚至可能认为，我们使用的语言中充满普遍性，没有普遍性恐怕连交往沟通也不可能。首先要说明的一个问题是，以为普遍性不必输入、它是每个民族的哲学及其语言中天生就具备的特征，这个想法是值得辩一辩的。人可以思想普遍的东西或以普遍的东西为对象去思想，但是，并非一切思想活动都思想着普遍的东西。即使在西方，从柏拉图首创思想普遍的东西的过程看，人类接受以普遍的东西为对象去思想其实是很艰难的。我们知道，柏拉图最初提出的理念是具有普遍性质的东西，但是当他引导人们把握理念的时候，却显得很笨拙、很困难。例如，他要人们把握"美德"的理念时说，它不是具有各种身份的人（男人、女人、老人、孩子、主人、奴隶）所专有的美德，也不是各种具体的美德（比如节制、公正、勇敢等），就好像问的是蜜蜂而不是一只一只的蜜蜂，又好像问的是形本身，而不是三角形、圆形等各种特殊的形。现在的人们觉得很简单，他只要说，这里要求的是普遍的美德，而不是具体的、特殊的美德就可以了。然而，在有关的对话中，我们竟没有发现他使用"普遍"这个词。[1] 这只能说明，在此之前，人们并不熟悉普遍的东西，是柏拉图首次将这样的东西呈现给人类。人们对于把握这种对象的意识活动也不熟悉，以至于柏拉图也不能说那是思想把握的对象，而只能把它安置到可感世界之外的理念世界中去。由这种具有普遍性质的概念组成的知识，就是普遍的知识。西方哲学的核心，所谓纯粹哲学，就是这样的知识。

所谓凡是能够进行交流的东西都是普遍的，这种说法是不完整的。如果我们这里指的是柏拉图式的绝对普遍，那么，只是对于接受了绝对普遍的人们来说，他们才能在绝对普遍的层面上进行交流。上帝存在的本体论证明从一个"无与伦比"的观念出发，推论"无与伦比"的上帝不可能没有"存在"的特性，这就是一个在绝对普遍层面上的思想过程。对此，托马斯·阿奎那说，这种证明只是对于那些获得了上帝之"无与伦比"观念的人来说，才是能接受的；反之，对于没有形成一个"无与伦比"的上帝观念的人来说，这个证明就是不能接受的。用现

---

[1] 由 John Cooper 主编的 *Plato: Complete Works* 以及由 Edith Hamilton 和 Huntington Cairns 主编的 *Plato: The Collected Dialogues* 两书的索引中都有 "universal（s）" 这一条，前书列出《美诺篇》《斐多篇》《智者篇》《泰阿泰德篇》4 篇对话中共 6 处相关页码；后书除列出前书所列全部出处外，还增《吕西斯篇》1 处。这 7 处正文虽然所讨论的内容实际上是涉及"普遍性"的，却没有一处出现过 "universal（s）" 这个词。

代哲学的话来说,交流也是一种游戏,游戏之能进行,只是对于那些遵守游戏规则的人来说才是可能的。正如踢足球不同于下围棋,人类交往的方式也各不相同,交流也不限于语言。一个手势、一个眼神,对于关切的人来说,都传递着信息。有些交流不仅可以不用语言,甚至还必须超出语言。例如,中国人说"听话听音"。在这种场合,听不出包含在同样词句中的意义的人就是不够聪明的人。又如,一首好的诗是能给人以意境的。但是,意境是在言辞之外的。此外,情绪的感染、斗志的鼓舞、快乐的分享,这些都是交流中的事,却并不限于语言,更不限于普遍的语言。

说到中国哲学是不是一种普遍知识的问题,人们最容易想到的是理学家的话。他们说,理"放之四海而皆准"①,有什么还在四海之外呢?这样的理难道不是最普遍的知识吗?然而,我们知道,宋儒所谓的"理"是对"道"的称呼。所以,理也正如道一样,不是一个逻辑规定性的概念。理充斥在包括人自身在内的事物以及社会生活得以展开的运动过程中,它是人需要全身心加以体察才能把握的东西。显然,宋儒的理不是逻辑规定性的范畴。没有这样的范畴,便构不成绝对普遍的知识。而且,当人们说"放之四海"的时候,毕竟也没有把"理"当作与实际事物("气")分离的东西。

或者说,宋儒有"理一分殊"之说,这难道不是说出了普遍和特殊的关系吗?但是,严格来说,西方哲学中的普遍和特殊讲的是两个概念间的逻辑关系,然而中国哲学中的"理一分殊"讲的是天地万物如何遵循着同一个理从太极中分化出来的故事。由于万物遵循着同一个理从太极中分化出来,于是,二程认为,"一人之心即天地之心,一物之理即

---

① 语出程颢、程颐:《二程遗书》卷二上。原文如下:"理则天下只是一个理,故推之四海而准,须是质诸天地,考诸三王不易之理。"

万物之理，一日之运即一岁之运"①。朱熹也说："人人有一太极，物物有一太极。"又说："太极非是别为一物，即阴阳而在阴阳，即五行而在五行，即万物而在万物，只是一个理而已。""'动而生阳，静而生阴。'说一'生'字，便是见其自太极来。今曰'而'，则只是一理。"②当然，这里所说的内容对于全部中国哲学来说具有原始根据的性质。但是，不能因为它具有原始根据的性质，就认为它是普遍知识。因为"理一分殊"不是逻辑的关系，而是"生"的过程；作为逻辑关系的普遍和特殊是没有时间性的。也可以认为，普遍和特殊是同时并存的，是结构性的；而"理一分殊"却是历史性的。同样，《老子》说："天下万物生于有，有生于无。"（第四十章）"道生一，一生二，二生三，三生万物。"（第四十二章）《老子》讲的也是一个"生"的过程，而不是逻辑关系。

也许有人说，照逻辑的要求，中国哲学可能不是一种绝对普遍的知识，但是至少应当承认，中国哲学具有相对普遍即经验有效的知识。这样说或许是对的。但是，这样去看的时候，就已经取一种反思的观点了，即观察者的注意力已经在知识的形式方面，而不是在知识的实际应用方面了。用禅宗的话来说，以指指月，目的在于月，而不是看。"普遍"这个观念就是看指的结果，是对指的描述。起源于希腊的西方哲学正是从关注表述的形式起步，提出要寻找"真知识"，一步一步走向了绝对普遍的知识。我觉得，中国哲学很少关注到知识的形式方面的特征，至少，对形式方面的关注没有发展成为中国哲学的主流。也正因为这样，从来不会有人认为"恻隐之心人皆有之"这句话有什么问题。而如果从形式方面去考察，那么，一个普遍的命题是不能有例外的。但是我们知道，缺乏恻隐之心的人也是有的。我想，中国人读孟子这句话的时候，并非纯粹把它当作对事实的判断，而也是当作一种道德劝诫。

---

① 程颢、程颐：《二程遗书》卷二上。
② 朱熹：《朱子语类》卷九十四。

　　从中国哲学和西方哲学形态差异的方面看，即从两种哲学各自的目标和途径方面看，中国哲学与作为普遍知识的西方哲学的差别就更明显了。中国哲学和西方哲学都有其"形而上学"。对于中国哲学来说，形而上是修养，是功夫。形而上学就是有关修养和功夫的学说，学说的真实有效性最终依赖的是每个人自己的体会。譬如，以《中庸》第二十二章短短的一段话为例："唯天下至诚，为能尽其性。能尽其性，则能尽人之性；能尽人之性，则能尽物之性；能尽物之性，则可以赞天地之化育，则可以与天地参矣。"其中的"诚"既是自然展现的过程，也是自觉遵循自然过程而行动的人的状态和感受，这样的人能参与天地的化育。要理解这些意思，除了自己在实际生活中加以体察，便没有其他的途径了。又如，中国哲学中的太极是一切分化出来的事物的源头，人显然不能实证太极的存在。然而，人通过自己的静修而入于无的境界，又随着从无的境界中觉醒的过程，去体验各种事物在意识中的开显，以这样的方式表达了从太极（无）中分化出万物的想法。太极并不是一个逻辑地包容其他事物的概念，而是人们凭体验领会的一切分化出来的事物的无所区分的源头。而对西方哲学来说，形而上学是运用概念的思想所把握的有关超经验领域的知识。于是，其知识的真实性就须依赖运作概念时所当遵循的逻辑，普遍必然性其实是运用逻辑做概念思考的结果。譬如，哲学思考最高、最普遍的范畴"是"时，不能设想它是一个孤立的范畴，而要同时意识到其他所有的范畴，它们组成了一个范畴的体系。其中，"是"是统领其余范畴的。唯其如此，其他种种范畴才可以从"是"中推演出来。

　　中西哲学对于普遍性的不同态度，对于中西文化其他门类的学问也施加了不同的影响。最显著的一点是，西方文化对于全部学问的分类是，以哲学为最普遍的学问，其余的各门学科都是特殊的学科，因而都是从属于哲学的。这种从属关系，照康德的看法，是理性对于经验材料的整理的结果；用黑格尔的话来说，是《逻辑学》中展示的绝对理念的"外化"。普遍和特殊的哲学原理甚至深入具体学科的内部，一种学问往往先设立定义、定理、模型，以此为起点展开论述。物种分类就是以这种格式进行思考的典型。所谓研究工作从特殊到普遍，叙述从普遍到特殊，这种治学方法几乎没有人不遵守。普遍和特殊实际上是对于知识的形式的要求。中国哲学向来不注重这种形式，看重的是语言所表达的实际内容，在哲学方面，尤其看重身心修养，"若不能存养，只是说话"①。所以，中国哲学并没有根据知识的普遍性程度对全部知识进行分类。从肯定的方面说，因为"道"贯穿一切，人的生存活动的各种方式都可以成为得道的途径。只要"文以载道"，不管是什么体裁，举凡语录、散文、诗歌、小说，都可能同时又是哲学。慧能与神秀比高明的不是论文，而是各自写的一首偈，每首偈各二十字。②还需一说的是中医。中华民族能够克服各种疾病生存繁衍至今，中医在其中发挥着不可或缺的作用。然而，中医学说绝不是从定义、定理推论中得到的。阴阳平衡是中医的基本信义。然而，当针对不同的人、不同的体征时，要确定阴阳处于何种具体状态全凭医生当下的判断。甚至，阴阳关系也不纯粹是今人所谓器质方面的病理关系，而是包含心理和情绪在内的，故有"养气先养心"之说。

要言之，普遍的东西是对语言表达方式进行反思的结果。当人们认为，中国哲学乃至日常的语言中表述都充满了普遍的观念时，人们已经取反思的态度了。但是，中国历史上并不采取这种反思的方式从事哲学活动，即使目不能见者如"道"这种重要的观念也不是在反思中得到把握的。而西方哲学自希腊哲学起就开始了反思的历程，在反思中不仅呈

---

① 程颢、程颐：《二程遗书》卷一。
② 神秀的偈："身是菩提树，心如明镜台；时时勤拂拭，莫使惹尘埃。"慧能的偈："菩提本无树，明镜亦非台，本来无一物，何处惹尘埃。"

现出程度有差的普遍,因而区分出特殊与普遍,还挖掘出一个作为哲学研究的核心领地的绝对普遍的领域,而且在此基础上进一步形成了必然(逻辑)知识和偶然(经验)知识的差异,以及围绕着这些知识的性质展开的各种争论。

第三节　当代反叛传统哲学的运动

一般以为,黑格尔是西方哲学之集大成者,黑格尔以后,出现了各种偏离、修正乃至反叛传统哲学的倾向。自黑格尔以来,如果还有人坚持传统哲学,也多半是退居在学院中,而活跃在前台、对现实生活产生影响的哲学,基本上都对传统哲学取批判态度的。各种批判的立场和程度虽有不同,却都有突破传统哲学观念的表现。这意味着,哲学将不再固执于普遍知识的目标。但是,对于西方哲学界来说,要想更新哲学观念,突破普遍主义的束缚是一个关键。

关于当今西方哲学变化的态势,德国人施太格缪勒在《当代哲学主流》[①]一书中是这样描述的:当代哲学在形式方面有两个特征,一是"哲学职能上的划分",二是"不同流派的哲学家之间相互疏远和越来越失去思想联系"。施太格缪勒认为,哲学本来是以对实在的概念认识为目标的学问,也有向人们提供有关终极事物的知识以及伦理学知识的职能。然而,不论其有多少职能,它们都是"结合在一起的"。与此相对照的是,在当代哲学中,"这些不同性质的哲学职能越来越独立了"。他提到的这些职能独立的哲学有:1. 世界观哲学;2. 人生哲学;3. 一种独立

---

① 施太格缪勒:《当代哲学主流》,王炳文、燕宏远、张金言等译,商务印书馆,1986年。据中译者介绍,这本书最初出版于1952年,以后不断修订。中译本的上卷是根据该书的第6版(1978)译出的,而下卷所据的第7版是1986年的修订本。可见,作者在用心追踪哲学发展的踪迹。

和超越于各门科学之外的理论认识（指布伦塔诺、胡塞尔的哲学）；4. 从专门科学中概括出一般观点的哲学（当指科学哲学，尤指研究科学范式的哲学）；5. 包括对前科学概念和前科学语言进行研究的，也属于理论认识的一种基础性的研究（指维也纳学派和分析哲学）。他列举当代哲学的五种职能，并不是要说它们与传统哲学没有联系，是凭空出现的；而是说，它们不再像传统哲学一样，相互之间结合为一，以至于在哲学家之间出现了鸿沟。开始可能还只是观点上的分歧，后来便暴露出，它们的出发点和思想方法就是不同的。最后，"不仅一个哲学家无法理解另一个哲学家的陈述和论证，而且他对另一个哲学家所从事的是一种什么性质的工作也感到迷惑不解，他不仅再也不知道另一个哲学家所说的是什么，而且他甚至于再也不能说出另一个哲学家所从事的，以及他用'哲学'这个名称所指的，是一种什么样的活动。这时就达到了完全不能互通信息的阶段"①。

施太格缪勒自 1952 年首次发表《当代哲学主流》一书以来不断修订。此后又出现了一些重要的情况，是施太格缪勒未能顾及的，即作为一种哲学思潮的"后现代主义"的出现。虽然人们可以把黑格尔以后的许多哲学家（包括尼采、弗洛伊德、海德格尔、维特根斯坦，甚至伽达默尔等）都写进后现代主义哲学家或其先驱的名单中，不过真正说来，后现代主义哲学举起自己的旗帜也不过是近二三十年的事情。他们的基本特征是反传统。我们知道，西方哲学传统主要是指以柏拉图主义为代表的西方主流哲学，这种主流哲学自始就有亚里士多德主义，以及后来的中世纪的唯名论、近代的经验主义等作为其对立面。但是，后现代主义对传统的反对在深度上超过了历史上的柏拉图主义的种种对立面。与后现代主义相比，那些对立面与柏拉图主义的冲突充其量只是同一种形

---

① 施太格缪勒：《当代哲学主流》上卷，第 26—30 页。

态的哲学内部的观点冲突。而后现代主义则涉及对这一哲学形态本身的批判。

例如，法国后现代主义者利奥塔指出，"知识"不仅限于科学知识和学问，人类通常说的知道、理解、常识、本事都是知识，"知识还包括了'如何操作的技术''如何生存''如何理解'等观念。因此知识只是一个能力问题，这种能力的发挥，远远超过简单的'真理标准'的认识和实践，再进一步，延扩到效率（技术是否合格）、公正和快乐（伦理智慧）、声音和色彩之美（听觉和视觉的感知性）等标准的认定和应用"①。所谓"真理的知识""科学知识"事实上就是传统哲学所信奉和研究的普遍知识，以及在追求普遍知识的方向上产生出来的知识。指出有许多其他的知识不在普遍知识的范围内，然而它们对于人类生存来说并非不重要，这实际上是对传统哲学形态之合理性的拷问。又如，美国后现代主义者罗蒂的反基础主义不仅是针对唯理论的，也针对经验论。在罗蒂看来，二者"都以主客二分为理论前提"，只不过它们各执着于二元论中的一方，即唯理论取"理性命题"（具有公理意义的一般命题），而经验论则取"观察命题"（经验）为基础。②不能从具有公理意义的一般命题（实为普遍必然的命题）出发，也不能从经验观察命题（实为经验归纳的命题）出发，搞哲学就成了问题。德里达把 ontology 当作解构的目标，也是向西方传统哲学的核心发起的攻击。

后现代主义批判哲学事实上触及了西方哲学之为普遍知识的性质。如我们前面所说，不论是理性主义还是经验主义都以普遍知识为目标，其区别只在于普遍的程度不同，即理性主义的绝对普遍知识对应于经验主义的相对普遍知识。然而，这个问题似乎总是与他们失之交臂。他

---

① 利奥塔：《后现代状况》，湖南美术出版社，1996 年，第 31 页。转引自刘放桐：《新编现代西方哲学》，人民出版社，2000 年，第 619 页。
② 刘放桐：《新编现代西方哲学》，第 626 页。

们从各种角度对传统哲学提出批判，如德里达之批判"在场的形而上学""逻各斯中心主义""语音中心主义"，甚至明确申明解构主义就是针对 ontology、解构 ontology 的，然而却没有明确提出对作为普遍知识的哲学的态度。罗蒂反对本质主义、反对基础主义，实质上也涉及了普遍知识的问题。然而，反对普遍知识毕竟不是他的关键词。在利奥塔那里，知识问题是他批判传统哲学的一个抓手。然而，他同样回避了传统哲学追求普遍知识这个核心问题，而启用"叙事"这个词，以"原始叙事"和"被合法化和理念化的叙事"分别表示广义的知识和严格普遍的哲学知识。

为什么要强调，对传统哲学的批判要抓住普遍知识这个环节？这是因为，所谓形而上学、逻各斯中心主义，乃至本质主义、基础主义，进一步说，整个西方哲学二元论的特征，都是在追求普遍知识这个方向上发展出来的。西方当代哲学，尤其是后现代主义的哲学著作，多少也表达出了对普遍哲学观念的反抗。例如，在题材方面，哲学不再限于讨论传统的形而上学、认识论等这些与普遍哲学密切相关的课题，而是去分析人的生存状态（海德格尔）。有些重要的哲学观念甚至就出自作者个人的感受，如萨特之"恶心"、加缪之"荒谬"。又如，像"疯狂"这种非理性的现象本不属于哲学讨论的对象，而福柯则写出了《疯狂史》。这些都昭示着哲学观念的变化。然而，如果不直面普遍主义，新的哲学观念的发展总是受阻的。这一方面是说，传统哲学总是高举着普遍的大旗，把一切反对普遍主义的学说赶入相对主义的泥沼；另一方面是说，反对普遍主义哲学的人也感受到了这一威胁。相对主义在历史上就吃了败仗，因为普遍性也意味着有效性，任何反对普遍主义的观点其本身如果是有效的，就具有普遍性，不然就是无效的。相对主义不能抵御普遍主义的原因在于，相对主义和普遍主义原来是出于同一思想方向的，只不过普遍主义取绝对普遍，相对主义取相对普遍；它们都承认普遍性的价值，即一种理论的普遍性越大，其适用性也越广。相对主义者往往站在经验主义的立场上，在经验的范围里找不到绝对普遍的理论的根据，才怀疑或反对普遍主义。为了免于陷入相对主义的窘迫，后现代主义的作家一般强调"破"，而不敢"立"。2001年，德里达在上海社科院访问时就试图洗刷只"破"不"立"的指责。他说，解构主义不仅是"破"，也有所"立"。他借海德格尔的话说，哪怕是提出"这是什么？"这个问题时，也已经有所立了。这样的"立"显然是很孱弱的。德里达强调，解构主义的目的是打破一切束缚思想的枷锁。伽达默尔责问他是否要否定一切传统，他却又否认。以德里达为代表的后现代主义哲学家就这样处于进退维谷的窘境，他之受到相对主义甚至虚无主义的指责并非没有原因。

当前，一方面，普遍主义的思想倾向还很盛行，商品生产的规格化、技术的推广、时尚的流行、社会生活的制度化及趋同化等似乎是与之呼应的；另一方面，要求打破普遍主义统治的呼声也不绝于耳，国际政治多元化、保留文化多样性、对人权的不同解释、崇尚个性的发展似乎又是反普遍主义的。普遍主义和反普遍主义双方的冲突十分尖锐，并且也由于与实际生活的两种态度相关而显得十分重要。虽然有后现代主义为主力，反普遍主义的声势较大，然而，如前面所分析的，对于后现代主义来说，关键在于"立"。而说到"立"，总要有根据；没有根据，就不能"立"。正是在"根据"这个问题上，普遍主义显示出它的韧劲。如果抛开经验主义和理性主义的对立不谈，那么就可以说，以普遍知识为目标的西方哲学整个来说就是不断寻找普遍的知识，反过来，又用普遍的知识去规范特殊、具体的知识的过程。① 在被如此规定的知识体系内部一旦设立了普遍的知识，从中分析或推论出的特殊知识的有效性至

---

① 我读书的时候听汪子嵩老师说，哲学的核心问题就是一般和个别的关系问题。这应当是他对西方哲学的形态特征的概括。

少在形式上是得到保障的；反之，没有人认为可以从经验的概括中得出普遍必然的知识。对于这样建立起来的整个知识体系而言，最普遍的知识（即哲学原理）就是根据。它们或者是由天赋观念组成的（笛卡尔），或者是出自人的理性能力的运作（康德）。对于习惯了西方哲学思考方式的人来说，放弃普遍性等于放弃知识的根据。

那么出路何在呢？

第四节　走向生命的自觉

上面的考察认为，后现代主义对传统哲学的反叛涉及普遍性问题。这个问题是以知识为目标的西方哲学性命攸关的问题。攻击普遍性，整座知识大厦是否会崩溃呢？普遍知识对于人类生活的重要性能被忽视吗？但是，还可以反过来问，为什么人类需要普遍知识呢？这样的追问势必要求人们跳出知识哲学的局限，追溯人类生存的目的和意义。哲学作为最深的追问不应该排斥这种追问，而这样的追问如果能够揭示不同生存方式的根源，那么，它应该也是具有不同形态的中西哲学的源头。这里首先要说明的是知识哲学的局限；其次，要关注人类生存状态本身导致的哲学观念的更新。

一　突破知识哲学的局限

其实，围绕知识而构成的那种形态的哲学的局限性已经得到了很多揭露。紧随着黑格尔，叔本华、尼采把哲学的注意力放到了人的意志、生命冲动方面，他们显然已经意识到追求普遍知识原理的传统哲学方向的局限。此后，弗洛伊德心理学、存在主义哲学的走红，都有填补传统哲学中知识所缺乏的内容的意思。关于西方传统哲学中关于知识的观念的局限，我觉得特别要提到两方面的问题：一是后现代主义哲学对知识观念的扩大；二是即使传统哲学中存在具有逻辑特征的知识，其最终根据仍然需要到人自身的生存状态中去寻找。

自柏拉图起形成的西方传统哲学所谓的知识，是有关事物本质的知识。本质是在感觉之外的东西，它只能是思想的对象。由此决定了，严格来讲，所谓知识只是指通过概念、判断、推论表述的知识。这样的知识才具有普遍必然性。康德探讨数学知识何以可能、自然科学知识何以可能，说的就是这种知识。根据这种知识观，尽管经验概括的知识也具有相对的普遍性，但是，它被认为只是或然的知识。西方哲学一向看重的就是这种知识，以至于其余的知识几乎不被重视。这就是为什么，像利奥塔这样的后现代主义者要提醒人们法文的"知识"（savoir）一词的立意。"savoir"一词不仅可作名词，有关于对象的知识的意思；也可作动词，意为人的认知、知道、记牢、能够、会等。这样的知识超出了认识的范围，但是它们对于人类生活来说，并不具有较小的意义。

应当承认，西方传统哲学关于知识的观念对于科学的发展有决定性的意义。但是，人类生活的各式各样的内容并不能被全部纳入这种知识的框架中。例如，价值问题。在西方哲学知识观的框架中，对价值的研究首先要求设定一个普遍的价值概念，即定义；然后，根据这个定义去判断某一个事物是否有价值。确实，对于习惯这种思想方法的人来说，没有这样一个关于价值的定义，简直无法判断一个具体的东西是否有价值。然而，研究的结果表明，这是困难的。一种尝试是把价值判断与真伪判断区分开来，把真伪判断确定为关于客观真理的判断，其涉及的内容与任何个人的态度无关；而价值判断则是与人的欲望、喜好相关的判断。不过这马上就会受到责问：一道数学题应当是真伪判断，然而，这并不排除有人对于解这样的数学题有强烈的兴趣，而另一些人则毫无兴趣，这不同样也有价值的东西在里面吗？亚里士多德有一句话，"我爱我师，我更爱真理"。既然真理也是可爱的，这也不支持对真理和价值的区分。甚至，要把价值作为一个概念来理解都是困难的。因为任何概念都起码应当保持同一性，而在实际生活中，一部分人认为有价值的事情，另一些人未必认为有价值。甚至有这样的情况，被两部分人分别认为有价值的东西不仅可能是不同的，而且可能是正相反对的。于是就有激烈的争论，直至发展成你死我活的斗争。价值也像时间一样，当不去问价值是什么的时候，人们很清楚；然而，要是问什么是价值，人们却糊涂了。

这种糊涂是接受了西方传统哲学的思想训练的结果。在实际生活中，人们需要不断地处理各种问题，人们做出判断、比较、权衡、选择和决断时不会犹豫。这些本来是实际生活中的问题，也通过实际行为去解决，行为中包含着对事物的理解，有一种"知"渗透其间。但是，这种"知"不是西方哲学所追求的那种知识。与有"知"的行为相比，哲学的知识是理论。理论的方法是建立普遍—特殊的概念系统，运用这种方法，人类获得了一幅有关自然事物的有条理的图景。然而，我觉得，概念性思考是人自身的一种状态。在这种状态中，不仅感觉（现实）的世界与概念（理论）的世界分离了，人自身也从日常生活状态进入概念思考的状态，而这两种分离又是以人与所考察的对象的分离为基础的。然而，价值始终呈现在人自身实际的选择、决策、行为过程中。价值是一种与人自身的生存状态无可分离的现象，人无法把价值当作独立于人的东西作壁上观，因而也无法把价值看成与现象分离的概念。

我们知道价值，但这种知道不是西方哲学要求的那种知识，价值存在于人类有目的性的行动中。与价值一样，道德和审美也不是哲学所要求的那种知识。道德、审美和评价是人类生活中不可或缺的内容，或者说，它们是人类生存的方式。在这些活动中，人们当然有所知，然而却不能形成概念式的知识。为什么不能形成关于它们的概念知识呢？因为概念知识的前提是实行人与对象的分离，用普遍—特殊等思想格式去规范对象。然而，首先，善、美以及价值离开了人的参与是不存在的，人不可能获得与他彻底分离的善、美和价值。其次，人可以根据某种思想格式去规范对象，但是，人自己是规范者而不是被规范者。被规范的人（即使是作为道德主体、审美主体和评价主体的人）总是不现实的人，而是抽象的人。再次，如果硬要把道德、审美和评价活动纳入哲学所要求的那种知识，那么，实际生活中的道德、审美、评价活动就变了"味"，就成为一种"理论"；这种理论讨论的是善如何定义、道德命题形式上的性质是什么、美是主观的还是客观的，等等。结果，研究伦理学的人自己可以是一个寡廉鲜耻的人，探讨美学原理的人也可以是一个索然无味的人。

我们说道德、审美、评价不是知识，是极而言之，以区别于西方哲学自柏拉图以来追求的那种普遍知识。之所以要极而言之，是因为柏拉图主义在西方传统中占据着统治的地位，它的影响是如此之深，以至于与其相比，其他形式的知识都被忽视了，几乎造成了知识的专政。黑格尔以后，这种一家独尊的知识观屡遭冲击。前面提到，利奥塔要恢复法语中"知识"一词的原意，就是要唤起对于被知识哲学挤走的知识的关注，以打破知识哲学的专政。此外，值得注意的是，一位匈牙利裔的英国哲学家波兰尼提出，有与"明晰知识"（explicit knowledge）相对的"默会知识"（tacit knowledge）。"默会知识（却）不采取语言的表达形式，它是我们行动中所拥有的某种知识，是一种内在于行动的知识或者构成行动的知识。"①

西方哲学号称"普遍的知识"，其实"普遍的知识"是有局限的知识。普遍知识不是人们普遍知道的知识，普遍知识的"普遍"主要是指

---

① 郁振华：《默会认识论视野中的"在世"观念》，载《学术月刊》2006年第3期。郁振华先生对波兰尼的默会知识理论有深入、系统的研究，可参见他的"On the Tacit Dimension of Human Knowledge"（Bergen, Norway, 2006），以及他发表在国内刊物上的一系列论文。

这种知识的逻辑性质，即这种知识内部的概念之间和命题之间有普遍与特殊的关系，却并不意味着它覆盖人类有所"知"的一切领域。人文科学的知识就不在此列。更不要说还有包括各种"技"在内的广义的知识，它们不是单凭概念式的思想能够把握的知识。

从人类的生存方式方面讲，普遍知识的局限就更其突出。知识只是人认识世界的结果，但是人却不仅仅要认识世界。马克思早就讲过，"问题在于改变世界"。海德格尔也注意到，康德提到过认识世界与拥有世界的问题，并且评论说："虽然这两个表达都以人之生存为目标，但它们还是意指着不同的东西的，'因为前者（即认识世界）仅仅是理解他所旁观到的游戏，后者却是参与了这一游戏'。"[①] 这里就提出了为什么改变世界比解释世界更重要的问题，以及为什么在认知世界之外还要提出拥有世界的问题。这些问题无疑将我们带到了人的生存的目的这个问题面前。不过，现在暂且让我们把这些问题放一放。我们还要再看一下，普遍知识这种现象本身与人的生存方式有什么关系。

西方哲学知识以外的那些"知"的领域的存在，揭示了西方哲学知识的局限。不止如此，对西方哲学知识内部的探索，也揭示出哲学知识不是其自身的根据，它的最终根据在人的生存状态和方式方面。谈到知识的根据，不可不谈到知识的形式。西方传统哲学注重的知识形式是普遍和特殊的关系，即，知识就是建立起普遍的概念和命题与特殊的概念和命题之间的关系。这种形式让人感受到逻辑的严密性。就这一点而言，经验主义和理性主义是一致的。其区别在于，经验主义和理性主义对普遍性的认定有差异，经验主义只肯定经验概括的普遍，而理性主义则诉诸绝对普遍。照经验主义的说法，如果承认一切认知都是以感官知识为基础的，那么，就不可能得到绝对普遍的概念。而照理性主义的说

---

① 海德格尔：《论根据的本质》，载海德格尔：《海德格尔选集》上卷，第 187 页。

法，只有运用绝对普遍的概念，才能保证以此为根据而推论出来的命题的必然性。尽管有这种差别，我们还是可以发现，普遍的东西对于西方哲学的知识观念具有根据的意义。对于西方传统哲学来说，只有普遍的知识才是知识。然而，不论是经验主义的相对普遍还是理性主义的绝对普遍都是不能触摸的东西，而是某些意识的对象，这些意识笼统地说都叫作思想。然而，如果我们用现象学的方法去"看"这些意识，就会发现它们其实是有差别的。相对普遍的观念呈现在意识中的时候，或隐或显同时出现在意识中的，还有平时经验到的这个观念所指的那些对象；而理性主义的绝对普遍观念呈现在意识中的时候，并不伴随任何经验的对象，与之同时出现的应当还有一些相互规定的观念。例如，对于同一个词"大"，意识可以把它当作有许多大的事物在背景中支撑着的一个观念，这是一种"理解"；意识也可以脱离一切曾经经验过的大的事物，仅仅在与"小""中"一类纯粹观念的相互关系中去把握它，这又是一种"理解"。在日常中，我们一般是连带着大的事物理解"大"的观念的，这种观念是相对普遍的观念，在中国传统哲学中叫作"名"。这里，离开了"大"所指的大的事物，人们就不能理解"大"是什么意思了。这种绝对普遍的观念是西方哲学的发明，叫作范畴或纯粹概念。虽然中国传统哲学中没有这种观念，但不是说中国人学不会，学的过程就是转换自己的意识方式的过程。同一个词可以有不同的理解或意义，词没变，变的是人自己的意识方式。意识方式的变换除了是我们自己的选择，又有什么其他原因呢？这样说来，如果西方哲学的知识是以普遍的东西为根据的话，那么，产生普遍的东西的根据又在于人自己的意识方式。

眼光放大一点，人不只是一个世界的观察者，而且是一个生存在世界中的生命体。他的一切活动都是生命的展开，意识是伴随于人的各种生存活动的，世界上的事物是在人的生存活动中进入人的意识、被人把握的。各种可能的意识方式说到底都存在于人自己的生存方式中，因而意识方式的转换说到底是人的生存方式的转换，即人自身的超越。①

命题和真理的根据在于人自身的超越，这个观点最初是海德格尔说出来的。在发表于 1929 年的《论根据的本质》一文中，海德格尔明确道出："超越乃是根据问题必得在其中出现的那个区域。"②海德格尔这里所谓的"超越"，即"此在的超越"，就是指人自身生存状态的转换。他说，要"根据此在之超越来揭示根据之本质"③。

以上的讨论想要说明，西方哲学号称的普遍的知识，其实只是人所能知的各种知识中的一种。普遍知识的"普遍"是这种知识的形式的特征，它其实并不涵盖人类生活的各个方面。现代西方哲学正在努力突破普遍知识的藩篱，他们的努力已经揭示，知识的形态与人自身的生存方式相关。与普遍知识相关的是人运用概念的思想活动，人类独具的这种生存方式由于发展出自然科学而显示出巨大的优越性，它把人与自然的原始关系抬升到一个新的水平。在其中，人获得了较大的自主，使人类生命的意义在一个方面得到了大力张扬。然而，生命的意义并不穷尽于此，其根本意义只在于生存。而这是需要通过各种生存方式才能得到维系的，各种生存方式也只有在是否有利于人的生存这个主旨方面才能得到评价。从这个角度来看，如果与普遍知识相关的人的生存方式掩盖甚至压抑了人类其他方面的有利于维系人类生命的生存方式，那么这才是需要突破普遍知识、反对科学主义的真正理由。

以上的问题已经被提到当代哲学的议事日程上来了，这些问题突破了普遍知识哲学的框架。在这个意义上，传统哲学的观念在我们这个时代正悄然发生变化。哲学活动是人的生存方式，哲学关注人的生存方式，人在从事哲学活动中走向生命的自觉。

---

① 参见本书第八章。
② 海德格尔：《论根据的本质》，第 168 页。
③ 同上书，第 196 页。

二　哲学生命的自觉

亚里士多德说，哲学起于惊异。人生追问各种问题，以此有了各种明白。还有一问，人为什么要追问各种问题？如果哲学也是最深的追问，那么，最深的追问就是关于人为什么有惊异、要追问各种问题？这不是生物学、心理学能解答的问题。这个问题问的是人自身的目的。康德说，"在世界上，人能够把文化上的一切进步使用到其上的最重要的对象，就是人自己，因为人就是他自己的目的"①。中国人习惯说的"以人为本"表达了同样的意思。

当我们从西方哲学发展的轨迹中判断出哲学在走向生命的自觉，并回过头来检视中国哲学时，我们以往不知道归于何处的许多中国哲学资料便焕发出了光辉。中国哲学以成圣贤为目标，而圣贤并不神秘，他们应当是些生命的自觉者。所谓生命的自觉者，就是能够审时度势、使生命的意义得到充分发展的人。生命的自觉者却不是一劳永逸的，人们总是要根据自己时代的生存条件和生存方式的变化做出生活的抉择。中国哲学是对前人生命自觉的总结，每一代人又总是有自己的体会。用这个眼光去看中国哲学，许多似乎神秘甚至枯死的材料才显示出其永恒的意义，值得做深入的体会、研究。这里，只能略举其要。

一个重要的问题是获得生命自觉的意识方式。西方哲学以求知为主，认知的意识活动主要分为感性和理性两种；即使是直觉，也分为感性直觉和知性直觉。这两种意识方式都是认知对象的方式，它们不是生命达到自觉的那种意识，因为感性、理性分别对应着感觉事物和概念的意识方式。在认知的态度中，意识已经对显示在自己生命中的东西采取了观照的态度，即已经有了主客二分。生命是一种生命体和生命环境相互契合的现象，关于生命的自觉意识是对这种结合着两端的现象的自

---

① 康德：《实用人类学》。转引自海德格尔：《论根据的本质》，第186页。

觉，在其中没有主客的二分。"得道"这个词被中国人用来表示生命的自觉意识，得道不只是"拥有"世界，而且须自觉地与世界"融为一体"。然而现实中的人总是已经以这种或那种方式介入世界。在其中，人总是有自己的意向、愿望、喜怒哀乐，这些意愿不一定与生命环境的走向一致。如何才能使人从中抽身出来回到与自然一体的状态，然后随着自然的展开而展开呢？这个意思在《周易·系辞上》中就叫"通天下之志"。如何才能达到"通天下之志"呢？须是"寂然不动，感而遂通天下"。这里要注意的是这个"感"字，我以为这是中国传统哲学揭示的进入得道状态的人的意识方式。

这里的"感"不是西方哲学所谓的感性、感觉（perception）。感性的"感"只是"感"，而中国哲学的"感"则是"感应"的"感"。朱熹引明道先生曰："天地之间只有一个感与应而已，更有甚事？"[1] 又引伊川先生曰："有感必有应。凡有动皆为感，感则必有应，所应复为感，所感复有应，所以不已也。感通之理，知道者默而观之可也。"[2] 西方哲学的"感"是主客分离的"感"，中国哲学的"感"则是主客密切相关的"感"。张载释"寂然不动，感而遂通"曰："无知者以其无不知也，若言有知，则有所不知也。惟其无知，故能竭两端。《易》所谓'寂然不动，感而遂通'也。"[3] "竭两端"，就是兼顾主客两端的意识。"惟其无知"，即不主观地知。这样的"知"是主客相通的。中国哲学中常用"神""妙"形容它，"神而明之，存乎其人"（《周易·系辞上》）。

这种意识方式由于无法被纳入西方哲学对意识的分类，就被冠以神秘主义、非理性之名而被抛弃。其实，它并不神秘。从日常起居直到从事某些技艺，举凡人所从事的各种活动，当从娴熟入于精通，以至于出

---

[1] 朱熹、吕祖谦：《朱子近思录》，上海古籍出版社，2000年，第33页。
[2] 同上书，第30页。
[3] 司马光、张载：《温公易说 横渠易说》，上海古籍出版社，1989年，第81页。

神入化，说的就是这种状态。每个人都能从自己某方面的活动中获得对这种感觉的体验，只是在以认识世界为目的的现代教育中没有它的位置，以至于它被深深地掩埋起来了。

问题在于，在现代科学技术如此发达的时代，有无唤醒这种意识状态的必要？我觉得是十分必要的。从浅的方面说，对于中华民族来说，科学技术已经成为我们这个时代生存环境的特征。对于这样重大的事情，我们不仅应当有所"感"、有所"应"，而且应当感得敏捷、应得迅速。从 19 世纪后半叶直到今天，中华民族一直有一种忧患意识，这种忧患意识正是感应的功效。它激发中华民族学习西方的科学技术，为的是救亡图存、富国强民。今天，这个任务还没有完成。不过，只要有了这种意识，就能奋起直追，中华民族就能自立于世界民族之林。为了应对生存环境的挑战，就需要改革，需要转变自己的生存方式。"感而遂通"也有利于整个民族认清世界发展的趋势，克服改革的阻力。再说得细一点，为了生存的目的，"寂然不动，感而遂通"对于学会和接受新的生活和思想方式也是大有裨益的，因为这种修养的方式本质上是不墨守成规的。"寂然不动"要求入于无的状态，唯感是应。中国人学习科学的思想方式并不迟钝，与扎根在中国传统文化深处的上述哲学精神是不可分的。中国传统文化中没有第一哲学，没有既定的原理，也没有"上帝"的观念。这是值得庆幸的。

这里看上去似乎有一种矛盾，即，中国通达式的感应与西方客观的观察世界是两种截然不同甚至对立的意识状态。通达式感应的要点是纳主客两端于一体，而西方哲学对世界做观察则是以主客分离为前提的。这两种意识方式能够共存吗？我觉得，实际上的矛盾并不像字面上表述出来的那样不可调和。对于中国人来说，接受与西方哲学意识相关的科学是接受一种"技"，其根本目的是应对生存的挑战。一百多年前，国人提出"中学为体，西学为用"。今天，当我们深入了解了中西哲学的意识方式，以及它们各自的出发点，我们更觉得这个口号是值得奉行的。中国人视哲学为安身立命之学，西方人从亚里士多德时起就把哲学看作有闲的消遣。直到现在，西方人还常常用"游戏"（game）这个词来表达生活。其实，人类的生活很艰难，远不像游戏那样悠闲。在世界卫生组织担任过副总干事的胡庆澧先生说，很久以前，地球的海洋中曾经充塞着一种绿色的藻类生物，后来灭亡了；过了很长时期，地球上又遍布着一种爬行类动物恐龙，后来也灭亡了；现在地球上到处是人类的踪迹。他问，人类会遭遇前两次生物灭绝的命运吗？我想，前两次的情况是由于那些生物还没有达到生命的自觉意识，人类要避免那样的命运，就一定要达到生命的自觉。这样的问题如果并不是虚构的，那么，我想，西方人也是不得不对此加以考虑的。只要他们加以考虑，他们就不能只停留在知识的层面，不论他们是用伦理学、价值学还是美学（统称人文学科）作为补充的形式。要达到生命的自觉并不容易，这不是靠少数人的自觉，而要靠全人类的自觉，这不仅要求人与自然的和谐，更要求人与人之间的和谐。然而，人是受利益驱使的，追求利益本身是无可厚非的。在对利益的追求中，人类生命绽放出它的活力和光彩。不过利益也会蒙蔽人，人间的一切争斗，从个人、群体的争斗直到阶级、国家间的战争，无不出于利益之争。追求利益也使人过度地消费自然，以致有生态失衡之虞。然而，生活本身总是有机会提醒人类：人类最基本、最高的利益就是生存，即让人类生命得到持久而全面的发展。从这个根本目的出发，人类调整自己和自然的关系，也组织自己的社会生活。这里没有既定的原则，一切皆出于对生命的探索。我们现在的生活方式中包含着前人探索的成果，不能轻易放弃，每一代人又要根据变化的情况做出自己的探索。这些问题不在本书的范围内，然而却可以为接下去的讨论提供一点线索。

附　录　将形而上学进行到底

在 20 世纪 70 年代，中国内地有一句耳熟能详的话："形而上学猖獗。"这是那个时期用来批评工作中的思想方法的，指的是一种片面、静止地看问题的方法。对"形而上学"的特征做这样的刻画，主要流行于苏联和中国学术界，其根源出自黑格尔。但是，黑格尔本人并不反对一切形而上学，他反对的只是他之前的尤其是康德的形而上学。康德的形而上学使用的概念排斥对立的概念，拒绝对立的概念可以转化并提升为新的概念，因而是片面的和静止的。为此，黑格尔用辩证法改造旧的形而上学。然而，无论是黑格尔所谓的旧形而上学还是他自己的辩证法，都是对在古希腊就已产生的广义形而上学的传承。本文所要讨论的，正是这种广义的形而上学。

形而上学曾经是西方哲学的骄傲。它承载着西方哲学的主旨，表达着西方哲学的原理，是西方哲学的精华。种种重要的争论都在形而上学的框架中展开，西方哲学由此深入发展。不过进入现代以后，形而上学中出现了错综复杂的局面。从经验主义传统发展出的一派坚决要求清除形而上学，而以胡塞尔为代表的现象学家试图维护形而上学的地位；另有一派以海德格尔为代表，则试图通过对形而上学根源的挖掘开发出新的哲学出路。

形而上学的处境使西方哲学出现了天下大乱的局面。这不仅使往往只能见木不见林地分治西方哲学流派的中国学者困惑不解（要么一派学说与另一派学说尖锐对立，要么两派学说之间互不往来），更严重的是，一向习惯于依傍西方哲学整理中国传统哲学的学者失去了方向和目标。西方哲学的天下大乱，是及至黑格尔时占统治地位的那种形态的哲学失去了它的统治地位的结果。群龙无首，对于西方哲学和中国哲学来说都是机会：哲学正在寻求新的出路、新的界定。

哲学以形而上学为核心，这是不错的。西方哲学目前的困境并不在于它以形而上学为核心，而在于它脱离、忘却了形而上学的根基。将形而上学进行到底，就是要复活形而上学的根基，从而让各种形态的哲学获得新的无限生机。形而上学根基的复活是形而上学观念和作用的更新，也是哲学这门学问的观念和意义的更新。在这个过程中，中国传统哲学将提供重要的启示。中国传统哲学中并不存在西方哲学史上的那种形而上学，但是却埋藏和滋养着一切形而上学的根基。于是，问题出现了：究竟什么才能够说是形而上学的根基？为此，首先要澄清传统的形而上学究竟是什么？

一 西方传统形而上学的"超越"特征

形而上学是一门历史悠久的学问。在其漫长的发展过程中，有过许多自我标榜为形而上学或者批判形而上学的著作，因而人们理解"形而上学"这个词的角度并不完全一致。不过，不论这些理解多么不同，有一点可以肯定：凡是形而上学都具有"超越"的特征，或者说，"超越"就是形而上学的特征。

形而上学的"超越"特征并不是一开始就被认识的。"形而上学"这个词最初作为亚里士多德的一部著作的名称出现的时候，只是指"物理学之后"，即亚里士多德的学生编完了老师的《物理学》（*Physica*）之后又编定的一部书的名称。事实上，亚里士多德的《形而上学》所研究的内容与他在《物理学》中所研究的内容属于同一个领域，都是关于世界的知识。《物理学》讨论事物的本原、时间和空间、运动和变化、偶然性和必然性、有限和无限，等等。这些在《形而上学》一书中也有讨论。但是，这两本书之间确实也存在着深刻的区别，即《物理学》是关于自然世界的直接的知识，而《形而上学》则是对上述知识形式做反思水平上的论述。《形而上学》中一段表明该书宗旨的话很说明问题："有一门学术，它研究是者之所以为是者，以及是者由于本性所应有的禀赋。这与任何所谓专门学术不同；那些学术没有一门普遍地研究是者之为是者。它们把是者切下一段来，研究这一段的性质；例如数学就是这样做的。"这里的关键词是"普遍"。由于印欧语系中系词的广泛应用，希腊人可以把世界上的任何事物都表达为"是的东西"——"是者"。于是，"是者"就成了表示全部事物这种意义上的普遍观念，对"是者"的研究就是一门最普遍的学问。把《形而上学》一书置于《物理学》之后，也暗示出形而上学是物理学、数学这种特殊学问提炼、上升后得到的普遍学问。在亚里士多德那里，学问是分等级的，越普遍的学问越高级，最普遍的学问就是哲学。普遍的知识才能揭示世界的本质，才称得上是真理。这里虽然没有提到"超越"这个词，毫无疑问，普遍是对个别、特殊的超越。哲学上的超越是与普遍相关的。

亚里士多德可能是哲学史上第一个使用"普遍"这个词的人，但是，追求普遍知识的想法在他的老师柏拉图那里就确立了。鉴于人们在日常世界中获得的种种意见因人而异、变化多端，甚至互相冲突，柏拉图认为必须找到多中之一、变中的不变，以作为世界的知识或真理，于是就提出了"理念"这样的东西。柏拉图虽然没有使用"普遍"这个词，但是，理念作为多中之一、变中的不变，就是普遍性的。在亚里士多德那里，普遍的知识是从知觉、经验、技术这个上升的序列里得到的；但是在柏拉图那里，具有普遍性的理念并不是从可感世界的意见中上升而来的，理念是可感事物的根据，具有优越性，因而是独立而先在的。如果普遍性是从经验上升而来的，那么它只能是后在的，并且随着经验的扩大而增强，这样的普遍性是相对的；先在而独立、不依赖经验的普遍性则是绝对的普遍性。柏拉图和亚里士多德在这个问题上的区别在于，柏拉图达到了"顿悟"式的普遍，亚里士多德则限于"渐进"式的普遍。顿悟式的普遍是绝对的普遍，它比渐进式的普遍有更强的超越性。由此，柏拉图隐约地说到了理念的超越性质。他说，理念是"心灵"看不到的"实在"，把握理念往往要借助于假设，就好像要借助于画出来的点、线、面来代表数学上的点、线、面一样。这样的假设之所以必要，是"由于心灵不能突破与'超出'（beyond）这些假设，因此不能向上活动而达到原理"。心灵在当时是指人类直接感知世界的意识，后来经过笛卡尔的反思才明确，把握理念的意识是纯粹的思想。理念的世界是对我们感知中的世界的超越；与之相关，纯粹的思想是对感知的超越。

形而上学与普遍的知识、超越是密切相关的。这在柏拉图和亚里士多德那里已经显露了端倪。但是他们二人关于普遍和超越的见解既有相关性，又有区别。柏拉图的理念论是绝对普遍的，与之相关的超越可以说是绝对的超越；亚里士多德所谓的普遍知识则只具有相对的普遍性，与之相关的超越也是相对的超越，这就是说，经验知识的普遍性可以被不断超越而不断扩大，这是一个无限的过程。绝对普遍的知识是目标，它指引着相对普遍的知识不断向上，失去了这个目标，整个对普遍知识的追求就会泄气；相对普遍的知识是绝对普遍的阶梯，没有追求相对普遍的过程，就像飞机要起飞而没有跑道，绝对普遍就不能呈现。作为严格意义上的形而上学的标志的，应当是绝对超越、绝对普遍的知识。所以，虽然"形而上学"这个词最初是作为亚里士多德一部著作的名称出现的，但是柏拉图的理念论中已经孕育着严格意义上的形而上学，后世关于形而上学的讨论也主要是围绕着从柏拉图哲学中生发出来的一些问题展开的。康德把柏拉图和亚里士多德分别看成理性主义和经验主义的首领，他自己那部彪炳于史册的《纯粹理性批判》则主要是继承着柏拉图的哲学来发挥的。

人们一般把康德的《纯粹理性批判》看作一部关于认识论的书，这样说也不错。但是，更确切地说，康德自己把纯粹理性批判看作"对一般理性能力的批判，这是就与一切知识有关的理性之可能独立于所有经验而做追求来说的；因而也是对一般形而上学的可能性或不可能性进行裁决，对它的根源、范围和界限加以规定"，因为"在形而上学中，理性不断地陷入困境"。而理性之所以会陷入困境，又在于形而上学是脱离经验的、在纯粹概念中的运转："理性概念是关于完整性的，即关于全部可能经验之集合的统一性的，这样一来，它就超出了任何既定的经验而变成了超验的。"这里提到，理性概念对于经验而言是"超验的"（transcendent），这些概念在理性中的运作就成了"先验的"（transcendental）。这样的运作就是形而上学。

所谓超验和先验，其基本意思就是"超越"（transcend/transcendence），只是在康德这里分别指对经验的超越和超越了经验以后的运作，所以中文分别将其译成"超验"和"先验"以示区别。这里我想特别指出，康德并没有把一般超越的意义看作形而上学的特征，而只是把对经验的超越看作形而上学的特征。本文下面将要强调的是，形而上学的根源在于一般意义上的超越。康德将超越局限于对经验的超越，这个观点一直影响到今天。例如，《简明不列颠百科全书》"形而上学"条写道："一种哲学研究。其目的在确定事物的真实本质，也就是确定存在物的意义、结构和原理。"所谓"事物的真实本质"并不是直接感觉到的，它是超越于经验的。又如，《西方哲学英汉对照辞典》在交代了"形而上学"这个词在亚里士多德那里的出处以后写道："现在形而上学一般是指对实在的最基本的成分或特征的研究（本体论），或者对我们在叙述实在时所用的基本概念的分析。"这里的"实在"是上述"真实本质"的另一种说法。这一条里还介绍了打算彻底清除形而上学的卡尔纳普以及一些逻辑实证主义者的看法，他们"把形而上学看做是声称对超越经验科学领域的事物的本质具有知识的领域"。再如，《中国大百科全书·哲学卷》则写得更简洁：形而上学"指研究超感觉的、经验以外对象的哲学"；此外还提到了与辩证法相对立意义上的那种形而上学。

上面这些材料说明，形而上学是一种超越于经验的学问。西方人是这样认为的，中国学术界也是这样接受的。那么，为什么本文要特别提出一般超越的观念？难道一般超越的观念能说明形而上学的根源？它的意义是什么？我们能从什么地方发现一般超越的观念？要深入这些问题，需要我们回到中国传统哲学中做一番研究。

二　中国传统哲学所理解的"形而上"

中国传统哲学中根本就没有西方的"形而上学"那样的东西。康德说："As concerns the sources of metaphysical knowledge, its very concept implies that they cannot be empirical." 这句话译成中文是："就形而上学知识的源泉而言，形而上学知识这一概念本身就说明它不能是经验的。"在西方哲学中，"metaphysics"这个词的前缀"meta-"在古希腊语中既有"after"（在后）的意思，也有"beyond"（超越）的意思。所以，因为亚里士多德的那部以此为名的著作编定在《物理学》一书之后，称之为"物理学之后"是可以的；同样，将其理解为"超越物理学或超越自然"也是可以的，甚至倒更符合亚里士多德那部著作的内容。所以，康德可以说，凭"metaphysical knowledge"这个概念就可以知道，这门学问不能是经验的。但是被翻译成中文以后，我们无法从"形而上学"这个词里看出"超出经验"的意思。

　　之所以从中文的"形而上学"这个词里读不出"超出经验"的意思，不仅是受制于语言的问题。从根本上说，中国传统哲学中从来就没有"经验"与"理性"之间的划分。《辞源》中就没有"经验"这个条目。虽然古籍中偶见"理性"——"是以圣人导人理性"，意为修养品性——，但它与西方哲学所谓"理性"（reason）无涉。而经验与理性的划分则是西方哲学的重要标志。尤其是从柏拉图创立了理念论后，西方哲学开辟了理性的领域，理性成为哲学最主要的标志。在后来的发展中，纯粹理性被揭示为思想对纯粹概念做逻辑运作的能力。至于经验，人们往往将之与日常生活的经历等同；但是一旦与理性相对，经验主要就是指从感觉器官获得的内容，它比我们从生活中获得的内容范围要窄。例如，有些在生活中被直觉到的东西，像中国哲学中"得道"的感受，就既不是直接从感官中得到，也不是从概念推论中得到的。所以，经验不能等同于生活，它是与理性相对而被规定的。中国传统哲学中既然没有"经验"与"理性"的划分，对于西方的"形而上学"自然也就不会有现成的理解了。

　　中国人最早是通过传教士艾儒略知道"形而上学"这个词的。时在明朝天启三年（1623），艾儒略的《西学凡》在杭州刻印出版。据说这部书分六科介绍了当时欧洲大学的课程，用"理学"这个名称介绍了亚里士多德的"斐禄所费亚"（philosophy），即哲学；其中包括一门"默达费西伽"（metaphysics），即现在所谓的"形而上学"。

　　将"metaphysics"译为"形而上学"的"形而上"，出自《周易·系辞上》中的"形而上者谓之道，形而下者谓之器"一句。下面一句是"化而裁之谓之变"。东晋的韩康伯注曰："因而制其会通，适变之道也。"他解释这几句话的意思，显然是针对人自身的生存状态而言的，要人把握形势的变化而改变自己的生存方式，以适应变化的生活环境。他已经讲得很明白了，只是根据中文的习惯，文中并没有写出"人"这个主语。后来，唐代的孔颖达进一步为之作疏："是故形而上者谓之道，形而下者谓之器者，道是无体之名，形是有质之称。凡有从无而生，形由道而立，是先道而后形。是道在形之上，形在道之下，故自形外已上者谓之道也，自形内而下者谓之器也。形虽处道器两畔之际，形在器，不在道也。既有形质，可为器用，故云形而下者谓之器也。"在孔颖达看来，在道、形、器三者的关系中，形是偏近器的，这是就道"无体"和形"有质"而言的；又据"有从无而生"，道对形就有在"外"、在"先"、在"上"的关系；还因为形偏近器，所以由形到器称为向"内"、向"下"。说"道无体""形有质"，这没有问题，但关键在于怎么理解"上"和"下"。如果把它们理解为方位，那么，有形质的才能有上下关系，但道是无形质的，怎能与有形质的东西有方位的关系呢？如果说，"上""下"在此只是区分尊卑、主次的意思，这就与"非器则道无所寓"的哲学精神抵牾了。孔颖达疏的注意力离开了人，放到了道、形、器的关系方面，问题讲得复杂了，反而不明白了。

这里我们不免要提到三国时魏人王弼那个著名的说法："言者，所以明象，得象而忘言；象者，所以存意，得意而忘象。"这里虽然没有直接提到道、形、器的关系，而是谈意、象、言的关系，但实际上谈的是同一个问题，只是谈问题的角度有所不同。王弼谈的是读《周易》的方法。其中"意"所对应的是"道"，"道"无形质，不能直接看到，只能以"意"存之。"象"对应的是"形"，《系辞上》中有"在天成象，在地成形"的说法，说明"象"和"形"是同一类东西。关于王弼提到的"象"，楼宇烈注曰："'象'，《释文》：'象，拟象也。'以卦而言，指卦象……泛言之则为指一切可见之征兆，如《系辞上》：'见乃谓之象。'卦象，据《系辞上》说：'夫象，圣人有以见天下之赜，而拟诸其形容，象其物宜，是故谓之象。'""形"和"象"一样，都是"泛言之"的征兆。"言"当然是指《周易》中那些解释性的文字，它和"器"也不是一点儿关系都没有。《说文解字》曰，"直言曰言，论难曰语"。"器"显然不是"论难"中的事物，而是可以"直言"的东西。

上面这些准备性的工作引导人们注意：读《周易》要把握它的真谛，需要经过两步"忘"的过程：先要读"言"而"忘言"以便"得象"，然后进一步要"忘象"以便"得意"。这里的"忘"很值得玩味。一般来说，"忘"不能有意忘之，有意忘之恰恰是不能忘记的。所以，"忘"不是真正忘记，而是在理解了"言"的基础上把注意力从"言"转换到"象"，以及在理解了"象"的基础上把注意力转换到"意"。所谓"忘"，乃是人自己生存状态的转换。

如果上面的解读可以成立的话，那么，"形而上者谓之道，形而下者谓之器"中的"上"和"下"就有了着落。所谓"上"并不是方位，并不说明"道"在"形"之上或"之前"（antecedent），而是人自己从与"形"打交道的状态向与"道"打交道的状态的转换。从与"形"打交道转换到与"道"打交道，需要从与"形"打交道的状态中解脱出来，这就是"忘形（象）"。比较起来，我觉得"上"比"忘"要恰当。因为，"忘"是要在意识中消失掉，而从与"形"打交道转换到与"道"打交道不是在意识上完全消除掉"形"，只是意识状态或注意力的转移；不通过与"形"打交道这个中间环节而直接进入与"道"打交道，恐怕比较困难。再者，中国哲学并不以为脱离实际生活高高在上是高明的，相反，任何高明的东西都是体现在日常生活中的。因此，不仅要从与形器打交道的状态上升到得道的境界，还要返回来，将得道的体察实现在日常生活中。如果我们把前一条途径称为"上"，那么，后一条途径就是"下"。"忘"字显然可以说明前一条途径，但是却没有对应的词表达后一条途径。而"下"则能与"上"对应。也就是说，从"器"到"形"再到"道"是一条上升的途径，从"道"回到"形"再回到"器"就是一条下降的途径，二者一起才表达出从事中国哲学的完整途径。但是，不管怎么说，王弼提出的"忘"字揭示出，从"形（象）"到"道"是人自身状态的变换，"形"本身是不可能转换为"道"的。

如果我们把《周易·系辞上》中涉及上面引文的原话引完整，更能见出所谓"上""下"是针对人自己的状态而言的。其原文是："是故，形而上者谓之道，形而下者谓之器，化而裁之谓之变，推而行之谓之通，举而错之天下之民，谓之事业。"其中的"化而裁之""推而行之"和"举而错之"都是对人的生存状态的动态的描述；尤其是最后一句更是隐约指出，这样转换生存状态的人就是圣人。照中文的文法习惯，可以把这里的"形""化""推""错"都读作动词，即"形"不只是指形器，也可以指"造形"。《系辞上》中接着上面那段引文的话是："是故，夫象，圣人有以见天下之赜，而拟诸其形容。象其物宜，是故谓之象。"那么，"形"和"象"也是圣人"拟诸其形容""象其物宜"的结果或过程，"道"是呈现在"拟诸其形容""象其物宜"的过程中的。

照上面的说法，"形而上"的意思是人将"天下之赜"形容出来，进一步转换自己，以进入得道的状态。但是，同样，"形而下"的意思是指，让自己从得道的状态中转换出来，以回到与"器"打交道的状态。"形而上"和"形而下"构成了中国古代从事哲学活动的完整过程——在日常生活中体察高明的"道"，又以"得道"的境界贯彻到日常生活中去，即所谓"极高明而道中庸"。

中国古代哲学不只停留在"形而上"的方面，也包括"形而下"的方面。就"形而上"的方面而言，它也不限于超出经验的层面。甚至，它根本就没有在经验和纯粹概念思想的理性之间进行划分。说不超出经验的层面，是因为得道是一种体验，而不是纯粹概念的把握。如果像西方哲学那样把意识划分成感性和理性，那么，就没有得道体验的容身之处。反之，如果承认确实存在着各种水平的得道的体验，那么，西方哲学对意识的划分就是不完全的，意识的形式比西方哲学的划分要多样和复杂得多。得道的体验就是其中重要的一种，人们有时用"境界"一词来称呼它。当然有一种关于得道的"境界"的意识。然而，这却不是纯粹的意识，而是对于主客相洽的状态的自觉。

游弋在"形而上""形而下"之间的中国古代哲学与以"形而上学"为核心的西方哲学之间最大的差别在于，在中国传统哲学里，所谓"形而上""形而下"这种语言所表达的是，面对着世界，人如此这般介入其中的方式；在西方传统哲学里，形而上学是由纯粹概念表达的原理体系，它代表着世界的本质。这是两种形态不同的哲学，它们各有着自己的宗旨和从事哲学活动的方式。就西方传统哲学方面来说，它追求的是关于客观世界的真理，或曰普遍知识，学会逻辑地思想是从事哲学活动的途径；就中国传统哲学方面来说，从事哲学活动的目标在于进入得道的境界，"形而上"和"形而下"是人调整主客关系以进入得道境界的过程，这个过程就是所谓身心修养。

对中国哲学的"形而上""形而下"的考察，不仅把它与西方哲学"形而上学"的差异凸显出来了，而且也把中西哲学形态上的根本差异凸显出来了。正是由于有这种差异，当这两种哲学相遇的时候，它们相互之间的理解和交流就有了困难。站在西方哲学的立场上，中国哲学不与逻辑沾边，也不讲真理或普遍知识，甚至也没有经验与超经验、感性与理性的划分，中国传统哲学之为哲学的合法性都受到了质疑。因为现在西方哲学处于强势地位，就出现了以上的舆论。事实上，这种强势只是表面现象。如果我们能够突破术语的藩篱，深入其中的实际意义，那么，中国哲学"形而上""形而下"所表述的就是人自己生存状态的转换。在人的生存状态这个主题上，哲学不仅追溯到了各种问题的源头活水——它能够对中西哲学史上各种问题的产生做出解释——，而且，哲学最终表明自身是一门关于生命自觉的学问。在西方，只是 20 世纪的海德格尔哲学，才以与形而上学的"超越"密切相关的方式提出了生存状态分析这个主题。

三 "超越"的意义

西方人创立了超越的形而上学，但超越不只具有一种理论的形而上学的特征，而是人类生命的根本特征。认识到这一点，西方哲学经历了漫长的过程。最初，西方哲学家划分了理念世界与现实世界、思想与实际、理性与感性、理论与实践，等等。前者均具有超越后者的性质，但他们都没有把超越看成人自己的特征。甚至到了康德那里，超越经验的纯粹理性概念已经被明确为人自己的先天能力的表达，最多也不过是在认识论的范围内肯定了人具有超越经验的能力，而并不是一般地说超越就是人自己的生命活动的特征。直到 20 世纪 20 年代末，海德格尔才点明了这个主题。

海德格尔的《是与时》（*Being and Time*，也译为《存在与时间》）这部著作实际上讲的是"性命之理"。然而，他毕竟是从西方哲学的背景中走出来的，也是讲给西方人听的。所以，他仍然使用着西方传统的哲学术语，却又改变着术语的意义，以至于不得已还创造了一些新的术语。这使得欧洲人和中国人一样，读他的书似乎很困难。鉴于此，我打算直截了当地把我所理解的他的思想用中国人比较熟悉的话讲出来，只是在必要的地方对他使用的术语做些解释。

海德格尔前期哲学中的"是"就是用来表达"性命"的词，虽然他根本就没有提到过"性命"这个词。不过你看，他说"是"的基本意义是显现，"是"显现出来了就是"所是"；"是"不在别处，它就在每个人自己这里，每个人自己就是一个在"是"中的所是；对这个所是，他称之为"此是"（Dasein，流行译名为"此在"，我曾经译为"本是"），这里的"此"是指生命栖居于其中的周遭环境，生命现象包含生命及滋养生命的环境，它有"是于世中"的结构；生命的展开就被表达为"是于世中"这个结构的展开，是"是"（生命）以种种方式介入世界的过程；每个生命都是有终结的，说明"是"的特征是时间，反过来说，因为时间是"是"的特征，所以，"是"总是要展开为所是（在西方传统哲学中，由系词做成的哲学概念"是"的意义极广，它可以表达任何东西，在形而上学中则表示从逻辑上规定的最高、最普遍的范畴。但是，像海德格尔这样的用法是没有的。为此，海德格尔曾经做了语源学的考察。他居然发现，希腊文和拉丁文中的系词词根"es"和梵文中的系词词根"asus"原来就有"生活［生命］、生"的意思）；一切都是在人介入世界的生命过程中展开出来的。介入的方式决定世内是者之为是者，此即"是"对于"是者"的优先性。对以上这些观点的细节的说明可以查阅《是与时》一书，这些观点是深入了解海德格尔关于形而上学的超越性思想的前提。

　　西方哲学史上对形而上学的争论曾经集中在两个主要的问题上：第一，形而上学的理论是否表达了世界的实在？肯定者认为，形而上学理论表达的东西已经超越了感觉的领域，它表达了世界的真实本质或实在，而感觉到的东西则是不真实、不实在的。否定者认为，形而上学概念只是人们用来方便表达世界的一种符号或名称，实际世界中并没有这些概念所指的东西的存在；或者认为，世界的本质是否如形而上学理论所表达的那样，根本是一个不可知的问题。第二，人类能否获得形而上学理论？这牵涉到形而上学概念的来源问题。肯定者说，形而上学概念是天生就有的；否定者或怀疑论者则通过对感觉经验的仔细考察后认为，如果人类的一切知识都起源于感觉经验，是对感觉经验进行制作的结果，那么，其中肯定产生不出形而上学观念，因为这些观念超出了经验。面对这两个问题，海德格尔的主张是，不管形而上学观念是否能够从感觉经验中得到，人们具有形而上学观念是个事实，它们总之是呈现在我们自己的生命活动中的一些所是，即一切所是都是"此是"的"是"的方式的结果。那么，现在的问题是，与形而上学这种所是相关的"是"的方式究竟是怎样的？这时，他就得出了形而上学在于人自身的超越的结论。

简单来说，他的论述过程是这样的：形而上学把"所是"或"是者"全体当作研究对象，是者是一切东西的总称，是一切所是的整体。但是，人怎样能得到这个作为整体的是者的观念呢？（这个问题实际上出于西方哲学史上经验主义的责难，整体的是者应当包括全部时空中的所是；然而人的生命是有限的，正如中国先秦时期的庄子所说，"吾生也有涯，而知也无涯"。如果人类的一切所知都须亲历才能得到，那么，以有限的生命是不能得出整体的是者观念的，因为后者是无限的。）海德格尔揭示出，人有时会陷于一种物我两忘的境地，这就是"无"的境界。正是基于"无"的体验，人们才能够说，凡不是"无"的一切就是是者。"只有以'无'所启示出来的原始境界为根据，人的'此是'才能接近并深入'是者'。"这就是说，当一个人说他把握了形而上学的是者的观念时，他必定已经使自身超出是者整体之外，嵌入"无"的境界。"此是凭借隐而不显的畏嵌入无，这就是它对于整体是者的超越，这就是超越。"这里透露出西方哲学中发生的一个重大变化：过去"超越"这个词指的是形而上学这种理论及其观念的性质，或者也可以指这些理论和观念所表达的本质世界或实在世界；现在第一次在海德格尔这里被用来表述人自身的生存状态，表述人自己的活动。海德格尔说："此超越活动就是形而上学本身。由此可见形而上学属人的本性。……形而上学是此是内心的基本现象。形而上学就是此是本身。"

以上是海德格尔《形而上学是什么？》一文中的思想。他从形而上学理论或观念的超越特征说起，揭示超越的根子在人自己，人的本性就是超越，得出"形而上学就是人的本性"的结论。康德说过，世界上什么时候都要有形而上学。他强调，"尤其是每个善于思考的人，都要有形而上学"。海德格尔则认为，"只消我们生存，我们就总是已经处于形而上学中了"。这显然不限于"善于思考的人"。如果人总是已经处于形而上学中了，那么，人就应该总是在超越中。这一点是需要进一步做出说明的。

《论根据的本质》一文中有对上述问题的回答。顾名思义，这篇文章是讨论根据的本质的。莱布尼茨表述的根据律说，"没有根据便一无所有"，换一种说法就是，"任何是者都有一个根据"。依据这种说法，在海德格尔看来，根据的问题就是关于是者之为是者的问题。由此可见，海德格尔说的根据比一般所谓理论的根据还要深。理论的根据作为现成的东西仍然还是一种所是或是者；海德格尔所谓的根据则是使是者成为是者的根据，当然包括理论的根据那样的根据。海德格尔追问根据的本质，就是追问使是者成为是者的"是"。上述关于形而上学的文章谈到作为整体的是者何以可能的问题，这里关于根据的本质的问题所要问的，同样是一般的是者何以可能的问题。只不过，在《形而上学是什么？》这篇文章中，这个问题是从生存状态分析的角度被谈论的，即海德格尔认为人的"无"的境界是一切是者得以显现的背景；而《论根据的本质》则是从"是论的差异"（ontological difference）的角度去谈的。所谓"是论的差异"，是指"是"与"所是"的关联和差异："是"必是为所是，是者也必依"是"而是其所是。说到这里，我恐怕读者要头晕了。海德格尔的这种表述是从西方哲学的语言中脱胎而来的。他要用"是"这个词来表明，他的哲学始终是传统哲学的继续并在其中占据着最高、最核心的地位。但是，他所谓的"是"又不是柏拉图以来被理解为范畴的"是"，而是经过他改造了的。在其前期哲学中，"是"指的是"此是"之"是"。如果径直用通俗的话来说，这里讲的就是性命之理。"是"就是性命，"此是"是有命的每个本人。"是"必"是其所是"，即每个被赋予命的人必定要将生命展开、实现出来，在生命中展开、实现出来的一切就呈现为所是。反过来说，是者必依"是"而是其所是，即一切是者都是在我生命中的所是。如此，下面这些话就比较容易理解了："术语上要澄清和说明的这个超越，是属人的此是的东西……它是作为先于一切行为而发生的基本机制而属此是的。"这是说，这里说的超越是指人的超越，而不是观念或理论的超越性质。超越是与生俱来的，或者说，超越就是生命的特征。"如若人们选用'主体'这个名称来表示在各种情况里我们自己之所是并把它理解为此是，那么，我们就能说，超越标志着主体的本质，即超越是主体的基本结构。主体绝不是事先就作为'主体'而存在，然后好像有了客体才超越过去。实际上，成为一个主体意味着成为一个在超越中和作为超越的是者。"这是说，有了生命的活动，有了超越，才有了主体和客体的分别，而不是相反。"'此是超越着'，这句话是说，此是在其是的本质中形成着世界。"整个世界都是在生命自身的超越活动中展现出来的。生命自身中的超越，不是超越到生命之外去。现在流行"内在的超越"这个词，我觉得用它来说生存状态的超越是不妥当的。因为生命的超越绝不仅仅停留在内心，生命的活动也一定要形之于外。世界都是在我的生命中展开出来的，用中国哲学常用的话来说便是"宇宙即是吾心"。至于我们何以认定超越是生命的特征，对这个问题的回答写在《是与时》这本书里。这个书名就已经表明，"是"（性命）的特征在于"时"（时间）。

对海德格尔的上述引证是想说明，西方现在开始有人谈性命之理了。看来性命之理是哲学最深、最高的问题。人们原来认为，形而上学是哲学最高的问题，现在也要从性命方面入手才能揭示它的源头。中国哲学自始就在不断开掘着性命之理这个源头，"形而上""形而下"也是在这个大背景下才可以被解读为人自己生存状态的转换，只是没有使用"超越"这个词而已。而西方哲学之所以会使用这个词，也与它这种学理的形式有关。历史上，西方哲学以"超越"这个词来描述思想对象与感觉对象的关系，说前者是对后者的超越；而这二者间的区分最早出于柏拉图对理念世界与现实世界的区分。超越之所以必要，是因为这两种对象之间有断裂。也就是说，在感觉的对象中不能自动进入思想的对象，或者说，感觉中产生不出思想。超越就是要从对感觉对象的把握转到对思想对象的把握。对象本身是不会从一种状态变为另一种状态的，而人是能够从感觉的状态转入思想的状态的。超越发生在人自己生存状态的转变中。如果说从感觉到思想是哲学的要求，那么，哲学的要求说到底是对人自身转变生存状态的要求。

人自身的生存状态是多种多样的。即使在感觉的层面就有视、听、触、味、嗅的区别，五种感觉器官各自联系着自己的对象，要获得不同的知觉对象，就必须动用不同的器官。这里就有生存状态的转换。之所以有转换的需要，是因为不同的感觉状态之间是不连续的。色彩有明暗，声音有强弱，气味有香臭，触觉有冷热、软硬，味道有咸淡、刺激，等等。这些差别只是程度上的差别，或者说，它们各自内部的差别是连续的差别，在一个相关的感觉器官内就能感受这些差别。但是，色彩中见不出声音、香臭、软硬、味道，它们之间的差别不是程度上的差别，而是性质的差别，因而是不连续的。从一种感觉到另一种感觉的转换就是超越，其中一定伴随着相关感觉器官的启动，所以感觉对象的转换也是人自己生存状态的转换，人自己生存状态的超越才使得感觉对象的超越实现出来。但是，人自身感觉器官的转换往往不如感觉对象的转换那样明显。这是因为各种感觉都被意识统摄着，在意识中进入另一个层次，成为意识中的统一的对象。意识能够对感觉做综合、统摄，同时也能对其做解析。人能据础润而知将雨，看月晕而识风至，听到熟悉的脚步就能想到某人，这些都是意识自身分分合合的作用，是意识自身中的转换或超越。只是这种转换与感觉之间的转换又有了性质上的不同。

　　生存状态的转换是发生在人自身中的，它往往不容易被察觉，能够被察觉的是某种生存方式实现出来的结果。逻辑规定性的概念就是这种结果之一，与之对应的生存状态就是思想。从逻辑规定性的概念与感觉中的事物的差别中，人们发现了在意识中发生着的从感觉到思想的转换。但是严格来说，这里所谓的"思想"这个词是不精确的，因为逻辑地思考一定是思想，但思想不一定是逻辑的。逻辑概念和一般思想得到的东西之间的差别，使我们能够把逻辑思想与一般思想区别开来。逻辑地思想是从事西方传统哲学活动时人的重要生存状态，它对于感觉和一般的思想是有所超越的。西方哲学的形而上学主要是就逻辑规定性的概念所构成的理论而言的，它是对感性对象的超越。但就其根源而言，它则是人自身进入了逻辑地思想的状态。超越的形而上学出于人自身的超越。

　　形而上学的超越属于人的生存状态转换，而人的生存状态转换却不限于形而上学的超越。形而上学的超越是从感性到理性、从一般地思想到逻辑地思想的生存状态的转换，是人认识自己生存于其中的环境世界时状态的转换。这种转换是单向的。中国哲学"形而上""形而下"的说法却不限于认识状态的转换，"形而上"和"形而下"直接就是人自己介入环境世界时的生存方式的转换。介入既有"上"也有"下"，因此不是单向的。所谓"形而上者谓之道，形而下者谓之器"，关注的就是生存状态的转换。

　　对形而上学超越性质的探讨依次揭示出来的是，理论的超越在于人自身的超越，人的超越在于其生存状态的转换，生存状态的转换是多种多样的，形而上学的超越只是其中之一。传统形而上学试图提炼出关于世界的原理，其中隐藏着一种认识世界的途径，哲学认识论就是从中发展出来的。但人不是单纯的认识者，人活在世界上。"活"就是活动，"活"才是生命，活动也是为了生命的延续和繁荣，它是通过生存状态的转换也即生存状态的调整实现的。生存状态的转换是形而上学的根据，形而上学深入下去，一定会进入生存状态转换这个领域。将形而上学进行到底，就是关注人类生存状态的转换。

四　将形而上学进行到底

人类一直生活在调整、转换自己生存状态的过程中，远古的时候如此，进入现代社会后也是如此。从这个意义上说，形而上学是人的本性。哲学以形而上学为核心，从事哲学的活动可以说是人类对自身生命自觉的过程。哲学的产生是生命自觉的标志。

根据历史记载和考古发掘，有些人类族群没能存活到今天，能够存活到今天的各民族都是在他们各自的条件下成功生存下来的。粗略地说，凡是存活至今的人类都是结成群体的，这使得人类弥补了个体不足以抵御猛兽的致命弱点。迄今为止的人类学考察发现，即使比较原始的人群中也有一定形式的婚姻制度，都有某种被斥为"乱伦"的婚姻禁忌。这不仅可以防止群体内部争夺异性的争斗，事实上也使人类生命的传承获得了体质上相对于动物的优势。人类能够根据环境提供的工具生产自己的生活资源，靠山吃山，靠海吃海，这是人类超出自然状态关键的一步。所谓文明、文化，就是人类生存方式的建立、传承和革新，它们表现在各民族的制度、习俗、礼仪、信念、节庆等方面。文化是人类长期调整和革新自己的生存方式和生存状态的结果。哲学是对这一过程的反思。

中国最古老的哲学著作《周易》的主题是"性命之理"。其《说卦》曰："昔者圣人之作《易》也，将以顺性命之理。"它的六十四卦不过是模拟自然界的各种变化的一些例子，重要的是针对各种情况，人（君子）都要采用不同而适当的应对方式，其每一卦"象曰"就记载了这种方式。例如，《乾卦》象曰，"天行健，君子以自强不息"；《坤卦》象曰，"地势坤，君子以厚德载物"；最后一卦《未济》的告诫是，"火在水上，未济。君子以慎辨物居方"。《周易》讲变，绝不是单纯为了明白有关天地的知识，其最终目的是为了应变。中国哲学就是沿着这个方向发展的。这里的环境不仅指自然界，也指人类自己组建的社会。由于社会生活涉及人自己，也更复杂，所以中国哲学更多地关注人伦方面的问题。西方哲学开始时未必把单纯的认识世界当作主题，只是由于柏拉图的提倡和后人对他的追随，才在很长的时期内将关于世界的普遍知识当作哲学的主题。在这个方向上，哲学很接近智力的兴趣。只是到了近现代，尤其是进入现代以后，西方哲学在人文学科方面有很多建树，新建了美学、心理学、价值学等。其传到中国以后，人们只知道西方人的学问分科很细、很丰富是个优点。其实，这也暴露了，西方传统学问的分类原先主要是针对世界的，人的问题没有被容纳在其中；或者它用与观察世界同样的方法来观察人，总有许多方面的问题不甚确切。重新审视人的问题，说明人的问题是绕不过去的。然而，只要还是用观察自然世界的方法观察人，对人的问题的审视就有隔靴搔痒之嫌。海德格尔就不主张在他的《是与时》一书之外另写一本伦理学的著作，认为自己的《是与时》一书所思考的问题已经深入传统是论和伦理学二者的根子深处了。或者反过来说，关于自然世界的知识和伦理学，说到底，都是出自性命之学。

这里不免使我想到近代以来中国人经常思考的一个问题：既然中国传统哲学固守着"性命之学"这个根本主题，何以与西方一接触就显露出中国的落后？其实，不同地域的不同生存方式本来并没有先进与落后的区别。所谓一方水土养一方人，只要人们能根据他们生存的条件组织起适当的社会秩序，使生命得到延续繁衍，就都是生命意义的体现。（大概正是看出了这一点，才有人对原始文明在现代化大潮中的消亡表示惋惜和忧虑。）只是当人们用物质享受比较生活质量的时候，才通过量的多寡显示出生活的优劣。只要一个社会在内外比较中显示的贫富差别不是太大，物质就不会成为影响幸福的重要指标。绝对平均则是根本不可能的。涉及人类间的争斗时，就是另一种情况了。这时武力就是重要的因素。西方人显然是将由对自然的观察产生的科学方法用于制造武器，他们远渡重洋来到中国，中国人就面临生死存亡的危机了。对于中国人来说，这是新的生存挑战。每个民族遇到这样的挑战，都要救亡图存，这就是性命之理。所谓船大转身难，以中华民族人口之多、疆域之广而能进行改革，应当是体现出了对性命之理的大规模的自觉了。

　　"形而上""形而下"地调整或转换中国人的生存方式，是我们现今遭遇的生存境况的要求，因而我们要发扬中国历史上一贯倡导的那种形而上学精神。在古代，受到人类生产力较低的限制，多数人只是关注生活中比较直接的问题，对于一些根本和长远的问题往往无暇顾及。这方面的工作是由少数不需要直接参加生产劳动的人来完成的，他们对于人们生活方式的形成具有重大的影响，大多数人还只是相信和追随这些少数的人。在实践中被接受并且被证明成功地引导了大众的这些少数人在西方被称为先知或智者，在中国则被称为圣人。被认为是记载了中国最早的历史的《尚书》中就充满了这些圣人的言论，孔子也自认是对他们的继承和发扬。人们在包括孔子在内的许多人的言论中看到的，往往是对在生活的各个领域如何行事为人的教诲。如果再仔细想一下，他们发表这些言论的根据究竟是什么？那就要到《周易》以及其他许多哲学著作中去找了。这就是形而上学，这里有对天、地、人的起源及关系的基本看法，即使科学的探索也未能动摇它，而只是使这幅图景更加具体、更加实证化。中国哲学的形而上学精神的核心是"道"，"道"的基本意思是"通达"，即事情能够进行下去、展开出来。中国的形而上学精神包括"上"和"下"两个方面，它是要站在"性命之理"这个根本、长远的立足点上来规划和实践个人、群体乃至人类的生活，"极高明而道中庸"。

生活越是变动激烈，就越需要形而上学。中国历史上积累了丰富的形而上学，但即便如此也不能将之奉为教条。《周易·系辞下》说："《易》之为书也不可远，其为道也屡迁。变动不居，周流六虚。上下无常，刚柔相易，不可为典要，唯变所适。其出入以度，外内使知惧，又明于忧患与故。无有师保，如临父母。初率其辞，而揆其方，既有典常，苟非其人，道不虚行。"这里讲的变易的道理，与西方哲学讲的规律不同。规律是不以人的意志为转移的，变易之道虽有《周易》可为典要，但如果没有人适当行事，还是不行的。忘记了这个形而上学的道理，在纷至沓来的各种学说面前就可能陷入困惑。

如果说在古代，只有少数人关注形而上学，其杰出者为圣人，那么，进入现代社会以后就不会再有圣人了。与圣人相连的社会是训政社会，即由少数人训导多数人。现在进入了民主时代，每个人都可以发表意见，一条重要的信息顷刻之间就可以传遍五洲四海。就目前的情况看，各种意见还比较庞杂，然而我们终将会思考，人们提出各种意见的最终根据是什么？尤其是当提出涉及人类重大命运问题的时候。如果最终根据是人们发表适当意见时必须具备的前提，那么，一个多数人掌握形而上学的时代可能就要到来了。

这里已经把形而上学等同于最终根据，这需要解释。如前面所说，形而上学是指人转换自己生存方式的自觉。人总是已经处在一种历史传承下来的生存状态中，这是无可选择的。之所以要转换生存方式，主要是因为生存环境不断在变。环境指的是自然环境和人自己活动的结果反过来造就的环境。对于个人来说，在既定的生存状态下，想这样变、想那样变甚至不想变的都有。听谁的？如果仅仅事涉个人，那么不需要大家讨论。不过人类是以社会的方式存在的，个人只有在社会里才能有自己的存在。那么，个人的问题也总离不开集体的问题。这个问题在"形而下"方面就体现为集体与个人的关系问题，与之相关的是"义"与"利"的问题。一般来说，个人出于自己的生存需要而对"利"有一种天生的趋求，这似乎是不用教的。基督教所谓的"原罪"就是看到了人性的这个方面，其维系社会存在的"善"是托先知传达上帝的话来提倡的。孔子则深入地把它具体化为仁、义、礼、智、信等个人的行为规范。儒家对"义"重于"利"的强调，说明了从个人超越到群体去思考和行事之不易。在历史上，社会利益、"义"经常被统治阶级曲解和利用，因而人们对此颇为反感。但不管怎么说，社会存在是个人生存的前提。从个人出发超越到群体的思考，又将群体性思考的结论落实到社会生活的组织和个人生活中去，这就是民主时代人的形而上学的功夫。

说到个人和集体，后者有范围的等差。从家庭到工作单位，从地区到民族、国家，都是集体。在最终根据里被考虑的究竟是哪一等级的集体呢？这要看个人所遇到的事情如何。最平常的是家庭、朋友。能够与家人、朋友相处好的，就有了对个人的超越，就是一个好的起点。中国传统中提倡对父母的孝顺，更包含一种人人可实行的切近的超越。一般来说，集体的范围定得越大，似乎越隐蔽而不可察。其实不然。现在，一个国家的一项政策立即就能影响到每个人的生活。只要是人们在生活中遭际到的、会对人们的生存产生影响的人，都应当被考虑在这个集体之内。事实上，地球上的每个人都已在相互影响之中。且不说贸易往来和文化交流，人类自己的活动造成的环境污染、气候变暖以及恐怖主义等问题已经使全人类联系在一起了。这样说来，甚至人类生活于其中的自然环境也在人们对最终根据的考虑之中。在西方哲学的分类中，"善"只是属于伦理范围的事。而中国哲学最初则是这样来述说"善"的："一阴一阳之谓道，继之者善也。"中国人看天地万物都是在阴阳的相互作用中，有阴阳的相互作用，才有天地万物，也才有人。让这个过程继续下去就是善。那么谁是"继之者"？按照中文的习惯，这句话可以不设主语。今天的人们来追问时，这个主语不是人还会是谁呢？人要让天地间的阴阳相互作用持续下去，人就是天地的心，地球因为有了人才是一个活的生命体。这就是"形而上"追溯的最终根据。有了这个根据，还要"形而下"地一层一层贯彻到自己的生活中去。

在中国人的实际生活中，形而上学的精神其实已经有了很好的体现。在全局与局部的关系中倚重全局，在长远与眼前的关系中照应长远，在义与利的关系中强调义，这里既有"形而上"，也有"形而下"。如果这些都是人们的实际生活中不可避免的情况，那么，在这个过程中上上下下地转换自己的生存状态，就是形而上学的活动。历史上，每个民族都是通过先知或者圣人来引导大众做生存状态转换的；如今，圣人已逝，每个人都被要求根据自己当下所处的实际情况适当转化自己的生存状态，每个人都被要求成为生命的自觉者。换句话说，在民主时代，每个人都是形而上学家。

西方传统的形而上学终止了，新的形而上学必将繁荣起来。

《中西哲学比较与文明史研究丛书》
首批出版书目

———

《求道：在古今中西之间》

方松华　主编

《两种不同形态的哲学：中西哲学生存状态分析》

俞宣孟　著

《亚里士多德逻辑哲学》

周昌忠　著

《茹退集》

夏金华　著

图书在版编目（CIP）数据

两种不同形态的哲学：中西哲学生存状态分析 /
俞宣孟著. — 北京：商务印书馆，2022
（中西哲学比较与文明史研究丛书）
ISBN 978 - 7 - 100 - 20827 - 7

Ⅰ. ①两… Ⅱ. ①俞… Ⅲ. ①比较哲学 — 研究 — 中
国、西方国家 Ⅳ. ①B1-03

中国版本图书馆 CIP 数据核字（2022）第035532号

两 种 不 同 形 态 的 哲 学
中西哲学生存状态分析
俞宣孟　著

商 务 印 书 馆 出 版
（北京王府井大街36号　邮政编码 100710）
商 务 印 书 馆 发 行
山东韵杰文化科技有限公司印刷
ISBN 978 - 7 - 100 - 20827 - 7

2022年8月第1版　　　开本 640×970　1/16
2022年8月第1次印刷　　印张 23¾

定价：98.00元